2019

北大清华人大
社会学硕士论文选编

储卉娟 卢晖临 晋军 李丁 编

中国发展出版社
CHINA DEVELOPMENT PRESS

图书在版编目（CIP）数据

2019北大清华人大社会学硕士论文选编 / 储卉娟等编. -- 北京：中国发展出版社，2019.11
ISBN 978-7-5177-1089-9

Ⅰ．①2… Ⅱ．①储… Ⅲ．①社会学－文集 Ⅳ．①C91-53

中国版本图书馆CIP数据核字（2019）第258843号

书　　　名：2019北大清华人大社会学硕士论文选编
著作责任者：储卉娟　卢晖临　晋军　李丁
责任编辑：孙　勇
出版发行：中国发展出版社
联系地址：北京市西城区裕民东路3号9层　100029
标准书号：978-7-5177-1089-9
经　销　者：各地新华书店
印　刷　者：北京市兴怀印刷厂
开　　　本：880mm×1230mm　1/32
印　　　张：14.75
字　　　数：424千字
版　　　次：2019年12月第1版
印　　　次：2019年12月第1次印刷
定　　　价：58.00元
联系电话：（010）88913231　68990692
购书热线：（010）68990682　68990686
网络订购：http://zgfzcbs.tmall.com//
本社网址：http://www.develpress.com.cn

版权所有　翻印必究
本社图书若有缺页、倒页，请向发行部调换

目 录

前 言 …………………………………………… 储卉娟　1

洞察、抱负与突围：关于乡村教育的质性研究………… 陈莹骄　1
扶贫产业中的"家庭经营"与"规模效应"……………… 何奇峰　56
网络媒体的劳动控制与拍客自主性……………………… 谭芷晔　116
打工妹为何返乡"闪婚"………………………………… 王婷婷　169
东北工业体制的建立：1945-1952 ……………………… 解鸿宇　228
祠堂背后的社会构建……………………………………… 熊志颖　285
城市噪音与实验音乐场景研究…………………………… 徐　冉　342
转型社会中的包工队……………………………………… 朱　涛　398

附录：三校2019年社会学硕士论文题目汇总 …………………　459

前　言

到底怎样才能写出一篇优秀的、值得出版的论文？

就程序而言，我曾经以为答案显而易见：首先，你，必须是你自己，提出一个真正激发好奇想要钻研的问题；然后，踏实地去读书，确定这个问题并没有被很好地回答，你的疑问依然在，要回答它，仍然需要更多的信息和思考；接下来，踏实地规划，调查，整理数据或者材料，在现实中不断增进自己对这个领域的了解，寻找答案；最后，踏实地写文章，尽量有证据有逻辑地说出自己的答案，并且告诉他人，你的发现与之前研究提供的答案相比，为什么是必要的。换言之，一篇好的论文，无论对研究者自己还是对他人，大概都应该有其存在的价值。哪怕这个新的答案并不那么深刻，或者并未带来大的挑战，但它至少为自己、为这个世界增加了一些新的、真正的智识，而不只是已知世界的自体繁殖。

但在成为教师的这短暂六年里，我却很少遇到有学生能够顺畅接受以上简单的逻辑。更多的时候，我遭遇的是以下对话：

老师，有题目了，我对粉丝感兴趣，我想知道她/他们为什么要追星？（不是因为爱或者无聊或者社交需要吗？）也对，那我就没有什么感兴趣的问题。

老师，我觉得韦伯、涂尔干、福柯、布迪厄、鲍德里亚他们已经说得很好了。

老师，越调查越复杂，越调查越无聊，总之调查让我更加迷惑。

老师，调查的事情我说完了，我的理论意义在哪里？我怎么提升？

"真的提不出什么研究问题，没什么特别兴趣""每个字都认识，但除了字面意思，这个理论到底在说什么""确实问不下去了""理论实在升不上去了"……一再听到学生真诚地表达迷惑和抑郁,我也只能暂时放下"怒其不争"的简单情绪,尝试从他们的角度来理解为何这些障碍会真实存在。

有趣的是,这次入选北大陈莹骄同学的论文《洞察、抱负与突围:关于乡村教育的质性研究》也许提供了一个思路。她在西部农村的调查中发现,"教育改变命运"虽然很容易被接受和传播,但它要真正突破普通学生的生活经历,成为孩子们关于现实的"洞察",成为驱动行动的"抱负",其实是非常困难的。家庭环境、教育背景、同侪、媒体、自身的禀赋复杂地交织在一起,构成了每一个孩子需要"突破"的"社会再生产"之魔咒。来自宁夏县乡初高中的扎实而细致的案例,意外地为北京高校教师带来启发:当我们不断重申显而易见正确的研究逻辑时,也许忽视了这些逻辑背后其实假设了一套固定的"学生"综合能力。要对自身和社会有所好奇,他/她需要形成洞察(个体或某种文化的成员对自身所处的更大社会结构以及自身处境的主观认识和解释过程)的能力;要读懂理论所设定的答案,他/她要有能力突破自身的时代限制,与不在场的、时代环境迥异的作者对话;要能把调查做实做深,他/她必须会和完全不同的人聊天,要能够让对方主动打开通往自身的通道;要实现最后论文的写作,他/她还必须具有冶炼材料、裁章断句的高超技巧,才能在最具体的细节和最抽象的社会机制之间自由往复。

然而,我们的学术培养机制足以支持这套综合能力的普遍养成吗?即使不提聊天技巧和写作能力的培训,最初的"提问"环节可能就埋伏了巨大的障碍。就像陈同学的论文所展现的,单凭专注于升学的中学教育,根本无法让所有囿于乡村生活经验的孩子突然"懂事",意识到社会分层的存在,开始奋力攀爬突围。同样,以专业学习为主、主要封闭在校园内的大学教育其实也很难形成、甚至在某种程度上会阻碍形成将学生和真实社会连接在一起的集体文化。根据威利斯的说法,文化洞察本质上是在集体文化中形成的,只有透过集体文化,一个人才能够看到自己的真实处境,而在"看到"之前,究竟要如何才能产生兴趣和好奇心呢?

或许正是因为这种尴尬鸿沟的切实存在，也因为社会生活越来越复杂，越来越需要投入才能与个人经验产生连接，至少在我接触的范围内，最近这些年学生的论文呈现出非常明显的"自我经验化"趋势：只有对自己熟悉的生活才能感受到兴趣，能够提出问题，但问题的角度和深度又非常受困于个人有限的体验。接下来向何处扩展、延伸和深化，即使穷尽想象力，也根本想象不出来。最终呈现出来的，与其说是一篇探索性的研究论文，不如说更像是用浮夸理论概念包装过的个人经验重述。

作为社会学的教师，这种情况自然无法满意，但作为社会学研究者，我们又不得不接受这可能是一个更大社会机制起作用的结果，这个社会机制甚至包括了我们自己。就像潘绥铭老师在2011年的三校论文集前言中已经指出的那样："感悟与了解，了解与感悟，这在传统的简单社会中本来就是人生如斯，人人如此，根本不成为一个问题。可是现代化来了，社会分工了，于是在我所知的社会学硕士培养过程中，不仅缺乏了操作培训，也缺乏了领悟培养。尤其要命的是，这两者往往水火不容，你死我活。"

认识到"再生产魔咒"，并不表示未来就注定要变得糟糕。魔咒是可以突破的，每年入选的论文都证明了突破的可能性。相反，我希望这种认识能够帮助所有同学重新理解硕士论文认真写作的意义。如果说现有的专业培养本身因为结构性的原因并不足以普遍性地培养出学生的"洞察"和社会学研究能力，那么，对于接受了多年社会学教育的学生而言，无论你接下来是要读博士进入真正的研究阶段，还是要进入实际社会和职业生活，硕士论文的研究工作也许应该被理解为一次重要、必要且不可或缺的自我教育。

以本次入选的论文为例。何奇峰在调查中发现了农业生产自然规律对扶贫工作模式的限制，细致描写了修路、养羊、种花、打工、家庭等乡村生活之间的关联，在这个基础上，他得以摆脱常规组织或者产业机制研究的粗糙和悬浮，让读者看到"家庭经验"和"规模效应"的真正含义；谭芷晔和朱涛找到了和自己生活轨迹相去甚远的小群体——网络拍客和包工队，在对小群体生活细节展现的过程中，深化了对劳动过程的理解,相信读者会在阅读过程中亦可清晰感受到劳动在社会情境中的嵌入性,从而理解"当代中国"的丰富细节;王婷婷和谢鸿宇致力于回答"为什么":打工妹为何返乡闪婚?新中国成立前后东北为什么建立起那样特殊的工业体制?完全陌生却又和我们密切联系的生活困境和时代脉络,在众多故事和具体博弈中逐渐浮现;熊志颖关注江西乡村祠堂重建,参与式的观察提供了大量长久被忽视的过程性细节:祠堂如何重建,为何重建成如此这般的样式,各地经验如何交流,如何影响和塑造最终的社会空间,将什么人裹挟其中,最终造就了怎样的社会团结,是传统宗族的复兴,还是新社群的结成?最终这个研究促使我们面对一个更重要的问题:经历了祠堂重建的乡村,究竟迎来了怎样的新变化;徐冉作为一名欧洲留学生,关注北京城市噪音和实验音乐场景,这本身就是对自身经验的主动扩展,有趣的是,即使是作为北京居民的阅读者也将不得不承认这是完全陌生而新鲜的领域,在这里容纳了普通人和艺术家对城市生活氛围主动的反应乃至对抗,而在这个故事里,我们能够新鲜而刺激地看到一个根本性的问题:普通人如你我,究竟可以如何在充满限制的世界里表达自己?

也许这些文章的作者在进入调查和写作之前,也会面临同样机制的限制:我到底要研究什么?对这个世界一无所知的我,究竟该如何扩展想象力和发展好奇心?跟谁聊天,怎么聊?我到底要说什么?但与很多臣服于结构性制约的人不同的是,这些同学决定主动且严肃地投身那个陌生的世界,挑战自己的常识认知,在过程中不断打破限制,最终找到感兴趣的问题,发现必要的信息,形成自己的答案,并给这个世界提供新鲜的智力刺激。

所以,我最终想说的是,进行一次认真的论文研究和写作,并不是简单的道德义务或者规则要求,这是社会学学生真正的成人礼。希望大家能够不负多年所学。

储卉娟
2019 年 8 月 10 日

洞察、抱负与突围：关于乡村教育的质性研究[①]

陈莹骄　北京大学社会学系 2015 级
指导教师　卢晖临

第一章　问题的提出

以"不平等与社会再生产"为核心关切的教育社会学是一个令研究者泄气的领域。学校教育并非 20 世纪美国民主神话中的社会平衡器，西方批判视角的理论家早已雄辩地揭示：教育作为社会再生产的场域与社会统治的工具，往往更有力地维系了现有社会的不平等，它将这种不平等合法化、神秘化，以获得被统治者和被剥削者的认同。

鲍尔斯与金迪斯立足于宏观视角，指出资本主义美国的大众教育对不同阶级的学生具有差异化的期待与培养，最终为资本主义经济服务（Bowles & Gintis, 1977）。布迪厄的文化再生产理论将"决定论"扎在了工人阶级所孕育的惯习之中，这种惯习使得工人阶级子弟在中产阶级文化为主导的教育系统和学业评价过程中处于不利地位，最终学校教育发挥了掩盖阶级强制性和任意性的神秘化作用（钱民辉，2005）。伯恩斯坦将"再生产"理论引入更为精细和微观的层次，他指出工人阶级子弟在家庭社会化中被导向含混的、局限于具体社区关系和经验的限制型符码（谢小平，2011）。相比使用精致性符码的中产阶层子弟，工人阶层子弟的语言惯习更难适应学校要求，最终两类

[①] 本研究得到国务院参事室"中国社会变迁追踪研究"课题资助。

语言实践成为了未来劳动分工之技能要求分化的预演。

以上西方学者的结构性解释为中国乡村教育经验研究提供了丰富的理论养料，但如果完全借助以上理论视角分析中国乡村子弟的教育经验，我们勾勒出的常常是劣势累加、无力回天的绝望图景。

在宏观层面，1990年代以来的务工潮以及随之而来撤点并校的浪潮加快了乡村人才的社会侵蚀进程。在义务教育阶段，来自乡村中上家庭的优质生源流向城市，而滞留的农村子弟逐步展现出劣势聚集的局面，集体效能感严重降低。面对流失的生源，教师群体的士气走低，教学质量下降，乡村教育系统逐渐恶化。另一方面，义务教育资源的市场化供给逐步扩张，经济资本的差异越来越能左右教育资源的分配，这使得教育的城乡差异被进一步放大。教育的城乡差距越来越体现为城乡两大身份群体在社会地位与资源分配上的不平等。义务教育阶段之后，高中阶段的普高与职高的教育分流在一定程度上发挥了筛选分层作用，将新一代导向不同的社会阶层和分工位置。在这场分流中，农村地区接受义务制教育的学生们无疑站在绝对的劣势地位，大多被导向处于劣势的职教学轨。我国当下分层的文凭系统经由体制内外组织的招聘选拔制度，进一步获得了合法性，乡村学生在教育系统中的劣势被再现在劳动力市场之中。

在中微观的教育竞争中，教育领域的"拼爹"不仅拼的是家庭的经济条件，还比拼着父母的教育水平和见识。在这个层面，乡村学生的劣势是无法通过父母在外打工提供足够的金钱支持得以弥补的。相比城市中产家庭父母扮演"经纪人"的角色，对子女教育事无巨细的参与和精细的规划，农村家庭粗疏的教育参与根本无力与之抗衡。西方理论家所揭示出的"再生产"图景仿佛加诸我国乡村学生的魔咒，在教育与地位获得的角斗场上为他们预定了必输的命运。

面对令人窒息的"社会再生产"结构性现实，我们无法逃避社会工作者和乡村教育者常常面对的问题：到底是该帮助乡村学生们接纳自己的处境，心安理得地实现"再生产"的预言？还是坚信逆袭神话，孤注一掷地超越自己的阶层和处境？前者让乡村子弟恬淡知命，但无助于实现社会平等的理想；后者却是对具体的乡村孩子不负责任，很可能导致其遭受理想和现实的强烈碰撞。

为了回应这个实践的难题,为了探索突破"再生产魔咒"的策略与机会,我们不能拘束于诞生于西方社会语境中的结构性解释,而应该进入我国的广袤田野。本文试图在一项质性研究中探索乡村学生及其家庭教育过程中所体现出的结构与能动性之间的辩证关系,希望客观地评价在我国制度场域中,处于不利境地的农村学生及其家庭的能动性体现在哪里,这种能动性到底能发挥到何等程度。借此,本文试图讨论偏重结构的"再生产理论"在我国城乡义务教育阶段的解释力度;教师、家长和学生如何面对和理解场域中的"再生产魔咒"?他们是否有突破"再生产魔咒"的希望和动力?如何才能萌发起这种动力和希望?其中关键的结点在哪里?

本文试图探索农村子弟突围的可能性,哪怕这种可能性始终只属于寥寥少数。

第二章　核心概念与文献综述

本文着力在中微观层面来描述和解释乡村学生所面对的"再生产的结构性约束"以及所拥有的"能动性空间",将借鉴布迪厄的"惯习"与"文化资本"两个核心概念来讨论农家子弟结构性的劣势,将参考保罗·威利斯的"洞察"和经典的"抱负"这两个概念来呈现乡村子弟及其家庭的解释能力和行动能力。

一、核心概念:洞察与抱负

简单来说,"洞察"是个体或某种文化的成员对自身所处的更大社会结构以及自身处境的主观认识和解释过程,但这种主观的认识和解释可能会受到偏见和意识形态的干扰,因此丧失部分的准确性。在《学做工》(保罗·威利斯,2013)中,工人阶级子弟准确地洞察到高中文凭的贬值以及工厂劳动注定是异化和无意义的,借此突破了职业教育的意识形态。但是他们"洞察"的形成又不得不基于一些偏见,例如他们将脑体分工以性别分工的方式来理解,将文书工作看作"娘娘腔"的劳动,而将艰辛的体力劳作当作"男子汉"的劳动。体力劳动所带来的男性气质的符号意义,促使工人阶级男孩们甘愿承受体力劳动者身份带来有限的物质结果,最终顺应了资本主义劳动体制的要求,承继了父辈工人阶级的地位。虽然威利斯最终也得出了与社会再生产理论一样的结论,但他生动地展现出了工人阶级子弟在"洞察"和"部分洞察"中的珍贵能动性,因此为突破以上令人绝望的阶级决定性留下了空间,看似再生产的结构性现实中始终酝酿着工人阶级变革的可能性。

"能动性"除了体现在解释能力,也体现在人立志和行动的能力之上,本文将通过"抱负"这一概念来予以把握。

教育抱负是家庭社会经济地位与教育和地位获得之间的重要的中介因素,家庭对子女教育抱负对其教育获得以及职业地位获得产生了显著的影响(Sewell & Hauser, 1993)。Haller 和 Miller(1972)是较早对"抱负(aspiration)"概念进行剖析的学者,他们认为抱负是有层次的,强调一个人的抱负具有相对性和多变性。在特定的时段,一个人的抱负呈现为谱系状的愿望丛,根据是否接近个人核心关切与实现的难易程度,具有最高的愿望和最低的要求。随着时间的推移,这套愿望丛还将发生变化。刘谦(2015)评论这篇文献:"人们抱负的不同排序和组合,折射出个人对参照系标准的理解以及自我定位。"

这种复杂的定义带来了具体研究操作中的困难。许多学者尝试拆分这一含混的概念,根据 Koo(2012)的综述:"许多学者将教育目标中的'抱负'和'期望'(expectation)分别区分为理想性的目标与现实性的目标,抱负反映出那些被社会普遍认为令人向往的目标,而期待反映出的是,个人基于自己的社会位置以及对社会运作的理解,所认为合理或可能的目标。"Koo(2012)在研究北京流动儿童和家长的教育目标时,以理想性和现实性两点区分描述了抱负和期待的差别,她发现流动儿童家庭普遍具有较高的教育抱负,但面对北京市对打工子弟就学和考试的壁垒,他们却同时抱有较低的教育期待。

此外，印度裔人类学家阿帕杜拉（2004）以动词的形式（aspire）而非名词的形式（aspiration）来探讨"抱负"。他在一篇文章中提出了"立志的能力"（capacity to aspire）。他认为："在不同阶层的人群中，立志的能力的实际分布是不平等的……立志是一种引航性的能力（navigational capacity），涵养于真实世界的揣摩和反驳中……"他发现，处于文化霸权之下的庶民常表现出一种"矛盾的顺从"，其顺从背后潜藏的矛盾性说明庶民具有自己天然的文化诉求，只是尚缺乏发声的机会。在关于"抱负"的政治学中，他认为，为庶民赋权便是去提升他们立志的能力，建立起抱负是改变现状的最根本的一步。

总的来说，"抱负"在学界并非一个清晰界定的概念，这与行动者主观意义的复杂性是对应的。目前，"抱负"与"期望"的差别还有待进一步厘清。Haller和Miller对抱负的层次之分析最具启发性，他们的研究提示我们要注意人们的谱系状的"愿望丛"会受到个人偏好、实现之难易以及时间节点的影响，仅仅以理想性和现实性的差别来区分一个人的"抱负"与"期望"是不完备的。

本文认为：（1）"抱负"与"期望"最大的差别是，"抱负"始终与能动性密切相关，即阿帕杜拉所指出的引航的能力，包含了对未来的设想与现实的反驳。相对应，"期望"（expectation）的概念与统计计算中的期望值（value of expectation）是同一概念，体现的是审时度势后做出的机械判断，是一种消极的估计，而不是积极的行动和改变。（2）与设想和反驳相联系的"抱负"并非是天然诉求或跟风式的欲望，它同样也是体认自身处境与社会运作的规律的成果，不是天马行空，而是一种理性的设想。（3）此外，我认为"期望"和"抱负"在时间节点上的差异值得关注。因为"抱负"具有挑战性，需要召唤行动与改变的力量，因此很难用来指示处在即刻发生的时间节点上的目标。而"期望"是一种消极的、机械的估计，反倒是更适合用来指代处在眼前时间点上的目标。所以越是迫近的时间点，"抱负"便会消失，而一个人的"期望"直到迫近的时间点才更加明了。"抱负"与"期待"之间存在此消彼长的特点。

二、不利处境与高教育抱负间的可能机制

在我国农村,面对子女教育条件的诸多不利,这些低社会经济地位的家长是否有可能对子女怀有较高的教育抱负?

在理论讨论的层面上,布迪厄偏向于做出否定性的回答。他在《实践理论大纲》中转引休谟的人性论:"我们刚刚知道不可能满足欲望,欲望就自己消失了",认为人的实践具有"适应客观机会结构"的特点,即"由于持续被客观条件灌输的倾向性,引发了可以与这些客观条件兼容,并在某种意义上事先与客观条件要求相适应的憧憬与实践。所以最不可能的事就被排除了"。(布尔迪厄,2017)

在经典的定量研究中,答案似乎也是否定的。Sewell 和 Hauser (1993)基于布劳和邓肯的地位获得模型,建立了威斯康辛地位获得的社会心理模型。他们发现教育抱负是家庭社会经济地位与教育和地位获得之间的重要中介因素,揭示了家庭社会经济地位对父母与子女教育期望的正向影响。换句话说,低社会经济地位的家长和学生普遍抱有较低的教育抱负,因此导致了其子女学业成就偏低。目前我国学者的研究也基本印证了以上观点在中国的适用性(杨春华,2006;王甫勤等,2014;张保中,2015)。

但以上定量研究的问题在于:(1)大部分定量研究所关注的是父母或子女的"期望"而非更加复杂的"抱负"(Wu,2018;张保中,2015)。这种对"期望"提问很可能揭示出被访者最保守最消极的机械的自我估计,却不能展现出"抱负"所蕴含的召唤行动的潜力。(2)以上学者在测量"期望"时,没有考虑到时间节点因素的影响。"期望"是一种消极的、机械的估计,用以测量处在迫近时间点上的目标时才更有效明了。如果访问对象是年级较低的学生或文化水平较低的农村家长,受限于其认知能力和背景知识,在回答教育期望时,他们也许最多只回答到"大学"阶段,但这并不代表,一个农家父母没有动力让自己的孩子持续深造,攻读博士。因此,以上研究成果并不能证明处于不利社会经济地位的家长无法形成和处于优势地位家长一样的教育抱负。

此外，质性研究者发现自知子女处于不利教育条件的家长在问卷和访谈中依旧抱有较高的抱负或期望，但他们在实际行动中并未积极参与子女教育（拉鲁，2014；熊易寒，2010；刘谦，2015）。针对这一现象，高明华（2012）援引了两条解释路径：一是借助 Mickelson（1990）研究黑人学生对教育矛盾态度时提出的"抽象态度"和"具体态度"的概念，强调意识形态对教育通道的肯定和现实经验中攀上教育通道的困难两个层面对人主观愿望的影响；二是借用 Swilder（1986）的文化知识库存（repertoire）或文化工具箱（tool-kit）的概念，指出低阶层家庭有限的资源和特定的文化惯习无法实现他们的抱负。

但无论如何，现实情况绝非布迪厄理论所述，憧憬并不是简单根据"客观的机会结构"而形成。人的主观愿望受到了文化和意识形态等多因素的影响，甚至紧迫的现实环境与不利的处境还有可能激发个人形成更强的反驳和否定现状的主观动力——立志的能力（Appadurai，2004）。

Prodonovich 等（2014）综述了诸多运用和发展"立志的能力"理论框架的研究，其中 Bernard 和 Taffesse（2014）进一步阐释"抱负"，认为它"是令人想获得的目标和偏好……在潜在意味上，是一种需要努力才能实现的目标"。我们如果把阿帕杜拉的"抱负"定义为一种文化能力，就会发现：（1）以上目标和偏好不是个人性的，而是由文化确立的，形成于社会生活的最深处（Appadurai，2004）；换句话说，人们立志以实现的目标是在自己的文化社会环境中形成的，通往一系列关于好生活的具体经验的库存，这与人们"承认的需要"有关（Prodonovich，2014）。（2）如果支撑立志能力的资源没有被平均分配，则追求渴求目标的努力也不会被平均分配。在现实与未来之间，"抱负"这种引航能力需要我们理解现实和未来之间的节点和通路之间复杂的组合，只不过处于弱势位置的人很少有机会去发展这种能力。

阿帕杜拉（2004）将立志的能力比喻为读懂"一张通往未来旅途的地图"的能力。这张地图写满了陌生的符号和文字，我们需要足够的信息和经验才能读懂这张地图。对于处在弱势地位的学生来说，如果个人的社会文化群体的经验无法展现通往目标的通路，那么他们通往更高的教育目标是困难的。相反，如果学生们能得到相关的知识和经验，就能做出有力的选择，走上这条旅途（Bok，2010）。

第三章　研究过程与研究设计

一、田野点简介

黄高县①隶属于宁夏回族自治区，位于六盘山北麓。此地山多田少，气候干旱，经济落后，属于西海固连片贫困带的一部分，既是中国 1980 年代以来扶贫事业的起点，也是目前国家精准扶贫的重要工作区。城市化浪潮无可阻挡，黄高这个积贫积弱的小县城在西部建设和转移支付的支持下，正焕新为一座现代城市。2017 年末全县常住总人口 42.62 万人，城镇化率为 50.5%，回族人口 22.62 万人，占总人口的 48.7%。笔者的调研区域集中在黄高区旧寨镇，距市区约 20 公里，服务半径 13 公里，下辖 15 个行政村，总人口近 30600 人。旧寨镇，坐小车大约 30 分钟内可以抵达城区。

本研究的田野点主要是本镇一所九年一贯制学校，名为旧寨学校，其学生几乎全部来自旧寨镇附近的 15 个村庄。2016 年共有教学班级 25 个，其中小学部 7 个，初中部 18 个；在校学生 892 人，其中小学部 296 人，回族学生占 14.2%；初中部 596 人，回族学生占 75.7%。

自 2004 年以来，伴随国家"危房改造"项目、农村寄宿制项目、对口帮扶项目、校舍安全改造工程等，校园面貌焕然一新，硬件设施基本与城区学校无异，几乎成了镇上建筑最好的地方。在校所有学生均享受国家营养早餐和营养改善计划生活补助；住宿生 448 人，均享受国家"一补"生活补助。2011 年以来自治区教育部门布置了教师提前退出机制，为年轻教师腾出编制。2011-2015 年，自治区公开招考特岗教师接

---

① 本文地名人名均按照学术规范化名处理。

近1.28万名,83%以上的特岗教师在农村任教。在自治区以上政策的干预下,旧寨学校的教师队伍结构日益优化。目前学校共有专任教师92人,其中中学部教师74人,小学部教师18人;专任教师任职资格率和学历合格率均达100%;随着中年教师渐渐退离核心教学岗位,年轻特岗教师开始担任教学中坚,旧寨学校年龄结构老化的问题已得到明显改善。

本研究主要关注初中阶段的教育实践,因此下文主要呈现学校初中部的情况,并将用"旧寨中学"代称这所乡村学校。

二、研究设计

抱负及其所激发出的行动力是学生和家长能动性的体现。但根据威斯康辛模型对影响学生教育抱负诸多因素的探索成果,"抱负"的产生会受到多种因素的影响。其中,学生"可测量的能力"(measured ability)和"学业成绩"(grades)是影响教育抱负并且影响学业成果的重要因素(Sewell & Hauser, 1993)。也就是说,如果认知能力有限或者学业成绩极差,很有可能会严重抑制学生和家长突破高中瓶颈的能动性空间。

罗斯高(Scott D.Rozelle)所带领的REAP团队(Rural Education Action Program)曾做过大量抽样调查,他们发现甘肃、陕西的农村初中生中分别有56%和49%比例的孩子IQ小于90,即存在认知能力低下的问题[①]。这也许与婴幼儿阶段抚育不当和智力发育迟缓有关(Luo等,2015)。本研究的田野观察也发现了疑似与认知能力局限相关的学业受限现象。旧寨中学各班大约有30人左右,每个班都至少有2-3个孩子尚未掌握基本的汉语阅读与写作能力;至少有5个以上的孩子彻底无法理解立方和立方根的意义。如果这些孩子真的存在认知能力的局限,那么其教育抱负和突破高中瓶颈的能动性空间必然是受限的。

为了能更好地呈现出"教育抱负"的形成与作用机制,本研究试图对研究对象的"能力"和"学业成绩"进行适当的控制。首先,主要选

[①] 引自2017年罗斯高在一席演讲中所展示的图表数据,http://share.iclient.ifeng.com/vampire/shareNews?&fromType=vampire&aid=29876137。

取小学成绩优良（即语数两科均在85分以上）的学生作为主要研究对象。当地家长对小学教育缺乏足够的重视，大多不会对小学阶段的孩子提供过多学业帮助。凡是能够"自力更生"获得优良成绩的学生都基本证明了自己的学业资质。以这种方式，力求控制"能力"这一变量，剔除了因为认知限制和学业成绩不佳所导致的低教育抱负的现象。

排除了以上类别后，着力探讨具有学业资质的旧寨学生为什么"学业动力不足"，并探索如何激发出突破高中瓶颈的动力。为了回答这个问题，在小学阶段成绩优良的学生中，分出四个类别，作为主要的研究对象：第一类，具有很强的学习动力，初中学业成绩名列前茅的学生，共6个案例；第二类，学习动力不强，但因为外在力量的约束，仍保持较好初中学业成绩的学生，共2个案例；第三类，学习动力不强，同时缺乏外在约束，初中学业成绩逐渐下降的学生，共4个案例；第四类，学业动力曾发生波动，由弱转强，共2个案例。在探讨学业动力方面的问题时，主要以这四类学生的质性材料作为解释依据。

虽然不是每个旧寨学生都生活在完整和睦的家庭中，但为了更好地揭示出父母亲在子女就学过程中扮演的角色，本研究要选取家庭个案的标准主要是：（1）家庭完整、父母基本和睦的家庭作为描述对象，以便能分别展现出父亲、母亲在教育过程中扮演的角色；（2）这个家庭中，至少有一个初中就读的孩子学习资质尚可，小学基础良好，具备考上高中的客观潜力，以此排除威斯康辛模型中所揭示的"能力"和"学业成绩"变量的干扰；（3）综合考虑民族、外出务工与否、子女数量、教育参与程度等其他因素。

三、研究过程

本研究的撰写主要基于2017、2018年对黄高县和旧寨镇的2次长时段调研。

第一次调研开展于2017年6月22日到7月27日，历时35天，主要针对县域基础教育情况开展综合调研。参观城区公立和民办私立初中，与城区教师开展座谈会；访问进城务工人员家庭，了解教育城市转移的现象；在县教育局收集基础教育阶段统计数据与中考招生政策；收集当地媒体中公开的各高中录取公示名单，等等。此外，在教育局的介绍下，成功入场旧寨中学，与个别教师建立了良好的关系。在学期末的最后一周，为旧寨中学住宿生的晚自习代班，获得了七年级（2019届）和八年级（2018届）部分学生的信任。在学校放暑假期间，以家访的形式访问了9户旧寨家庭。

在家访对象的选择以及访问内容方面，最初没有设立明确的目标。被家访的孩子既有七年级下学期就执意退学的学生，也有成绩优良的学生，每次访问时间在2-5个小时之间，通常会被留下吃一顿饭。如果家长在场且有空闲，便与家长交谈。如果家长无暇或外出，便与初中生交流。通过观察和访谈，主要关注乡村初中生暑期家庭生活中的日常活动与学业活动。在家访的后半阶段，注意力开始集中于旧寨学生"学业动力普遍不足"的现象，开始思考乡村学生是否能够突破高中瓶颈的问题。

第二次调研开展于2018年3月26日至4月15日，历时20天。已基本明确了研究议题，并将旧寨中学选作田野点，旧寨学生、同辈群体以及家庭作为主要研究对象。笔者与师弟陈忠共同行动，入住教师宿舍，深度参与学校生活。主要工作是：（1）分别进入七年级、八年级的两个班级，全程随班观察，了解学生们课堂、课间与晚自习的日常生活。（2）自2018年4月2日，为2019届八年级成绩优秀的学生开展"英语提高小组"，并与这些具有强烈学习动力的学生进行日常交流。（3）利用周六周日和清明节假期进入学生家庭，与学生家长开展访谈。（4）为了反映旧寨中学学生家庭背景信息和学生对学习的主观看法，对七、八年级学生发放了内容简明的问卷。

在选择随班样本时，主要有两点考虑：一方面为了保持与2017年调研的延续性，以此选择了人际关系更熟悉的八年级B班，虽然八年级B班的学业成绩可能在年级中偏后。另一方面，选择一个成绩居中的班级以增加样本的典型性，以此标准选择了2020届的七年级A班。本研究中关于学生的大量信息和判断均来自随班过程的观察和交流，而非来自于标准化的访谈。

所开展的英语提高小组成员由英语教师推荐，都是2019届八年级学生中各班名列前茅的同学，为他们讲解教师很少有闲暇涉及的完形填空和阅读理解。由于英语小组自愿参与，从开课的第二天就有学生不顾英语教师的反对而退出小组。这些退出的学生大多成绩良好，完全跟得上小组节奏，但他们缺乏学业动力，在没有外在强制的情况下，他们不愿花费更多时间学习，而更愿意享受自由散漫的自习课。相反，最终参与英语小组并留到最后的接近12位学生都具有较强的学业动力，并且成绩在年级名列前茅。凭借英语小组的互动，基本赢得这些同学的信任。于是在调研的后期，得以对英语小组中4名学生开展了家访活动。

笔者和陈忠利用周六日和清明节假期入户家访，共完成12户。若以学业基础和学业动力两个变量为区分标准，家访的对象主要包括了三类学生：（1）学业基础优良，但缺乏学业动力的学生，2户。（2）学业基础优良，基本具有学业动力的学生，共6户，其中包括七年级2户与八年级4户。（3）曾放弃学业的学生，4户。在这次家访过程中，主要访谈对象是学生家长，参考了半结构化的提纲，主要关注家长的教育抱负与实际教育参与情况。

为了收集有关旧寨学生家庭情况和教育抱负相关的资料，利用早自习带课教师在场的环境中发放并指导学生填答了一份问卷。要求学生们独立填写，避免问卷填写中出现交头接耳的情况，以免干扰数据的真实性。在下学期，2018届九年级学生中已有相当一批流失，不能反映出年级总体情况，因此把问卷样本限制在七、八年级的全体同学。

第四章　县域教育生态中的旧寨中学

只有被置于黄高县教育生态的大背景下，旧寨中学的故事才有可能被完整地托出；只有在基础教育阶段阶层分割的对比之下，旧寨学生的人生分途之旅才真正显现出残酷之处。本章关于乡村初中教育的民族志将从分析黄高县初中教育生态开始说起。

一、分层的义务教育

初中三年教育属于我国九年义务制教育的一部分，理论上来说应该为民众提供均等的教育资源,尽力保证教育公平。然而事实上,黄高县的初中学校已经分成层次分明的三个类别:即民办重点初中2所、城市公立初中6所和乡村公立初中6所。这种分层现象是由城乡居住隔离、重点学校制度和民办公助学校"择优招生"的通道共同导致的。

首先,"免试就近入学"政策是我国平衡义务教育资源、减少择校热潮的重要策略。然而,教育是嵌入在社会中的,经济资源分配的不均等必然导致教育资源分配的扭曲。即便在彻底贯彻的前提下,城乡和阶层的居住隔离必将导致各个学区的资源差异。帕特南(2017)在《我们的孩子》中写道:"什么样的社区就有什么样的学校。"学校是其所在社区的缩影,即便各个学校的师资和物质资源能够做到均等,但学生群体从校外带进来的种种资源和习气同样会影响学业成就。著名的《科尔曼报告》(1966)曾以严谨的数据证明了一个现实:不论学生自身的社会背景如何,最大程度决定学生成就的学校因素是学生群体的社会组成。城乡学区的阶层差异最终也会表现在城乡学校之中。即便城乡教育资源做到充分的均等化,位处于阶层劣势学区的乡村学校也无法与城市学校达到平等的地位。

其次,这种城乡间阶层或身份的差别带来了乡村家庭教育城市化的势能。不同于北京等城市严密的人口控制政策,黄高县已经打开了流动人口进城就学的壁垒,只要提供买房或者租房证明,子女均可在城里就学。如果某个家庭在教育部门或其他政府单位内稍有关系,他们甚至可以将子女转学到城区中评价较高的小学和中学。在种种教育转移的机会空间之下,旧寨镇有能力的家庭都纷纷将子女转进城市就学,打工潮所带来村庄内经济分层以及各个家庭社会资本的差异很快转化为村庄下一代的教育分层。

再次,名亡实存的重点学校制度依旧在教育分层方面发挥着虹吸作用。重点学校制度本是我国新中国成立初期为集中资源培养人才所设立,直到1990年代中期,教育部门开始认识到重点学校制度对教育公平的负面影响,明确取消义务教育阶段的重点学校制度。但作为观念事实,重点学校的意识依然在教师、家长和普通民众中盛行,可谓名亡实存(吴愈晓,2013)。在黄高县,早年重点学校制度下形成的两所重点中学依旧保持了自身在资源和声望上的优势。在"去重点"的政策要求下，这两所中学依旧维持着重点的地位，一方面在教育资源配置依旧存在不均衡的情况，另一方面激发起不同阶层家长们强烈的择校冲动。

最后，2003年后在黄高县兴起的民办公助初中进一步增强了优质生源的虹吸效应。相比公办初中"免试就近入学"的政策约束，民办初中享有一定"择优招生"的便利通道。根据市教育局《关于黄高市2018年民办初中学校招生范围的说明》："这两所民办初中对象是市辖区的城市和农村小学六年级毕业生。招生计划的20%实行电脑派位，80%由学校通过面谈方式确定。"而占据80%招生计划的"面谈"实际上仍然是选拔性考试，根据参加过考试的学生介绍，考试内容十分灵活，对学生综合能力与知识积累有较高的要求。

尤其值得关注的是这两所民办初中在教育生态中"赢者通吃"的优势地位。黄高县民办初中的前身是当地两所公立重点高中的初中部。2003年，教育部门为了提升高中的办学质量，将这两所初中部撤销。依托两所初中部的校舍和编制教师，当地迅速成立了两所新的民办公助初中。这两所初中在接收优质公办教育资源的基础上建立，进一步将重点学校的光环与民办招生通道的优势相结合。虽然两所民办初中在2008年后逐渐脱离了对校舍和编制教师的依赖，但正如普特南和科尔曼报告所揭示的，学校资源并不是影响学业成绩最关键的因素，两所民办学校一旦顶上了重点的光环并获得招生筛选的通道，它们就能够垄断黄高县的优质生源，获得教育生态中的优势地位。根据在旧寨镇的调查，基本上所有小学成绩优异的旧寨镇学生都会在老师的建议下报考这两所民办初中。虽然大部分学生都是失望而归，但仍有少部分资质优异的乡村子弟被"掐尖儿"选中进入民办初中就读。由于普通城区公立初中执行"就近免试入学"的政策，大量被民办初中"掐尖儿"的实际上是城市公立初中片区内的优质生源，造成了对城区公立初中生源的巨大冲击。

总的来说，（1）黄高县两所民办重点初中在教育生态中占据绝对的优势地位，已经垄断了当地小学毕业生中的优质生源。其生源中来自城区公立初中片区内的学生占多数,来自农村公立初中片区的学生占少数。(2)城区公立初中一方面遭受民办初中的冲击,另一方面大量接受来自农村公立初中片区的"随迁子女"和"转学生"生源,教学质量和升学成果受到一定影响。(3)处于最劣势位置的是被重点民办初中和城区普通初中双重剥夺的乡村初中,由于生源匮乏、学风恶化、劣势聚集,在乡村初中就读的学生开始面临严峻的"高中瓶颈"。

二、阶层分割、劣势聚集与高中瓶颈

旧寨中学是黄高县遭遇生源萎缩、劣势聚集和高中瓶颈的乡镇中学的典型代表。根据仅有的数据来看,旧寨中学生源的减少最迟从2011年就已经开始显现,计划生育政策导致的年轻人口减少可能是原因之一,但并非全部。旧寨属于民族地区,对计划生育政策的执行力度历来没有中原地区严厉。根据笔者在旧寨中学初一、初二两个年级的问卷调查结果,旧寨中学学生家中平均有3个孩子,计划生育对人口结构变化的冲击程度应低于全国平均水平。教育城市化所带来的学龄人口转移可能是生源减少的重要原因。

表1 旧寨中学在校学生数量变化(2011-2017)

年份	2011	2012	2013	2014	2015	2016	2017
初中在校学生数	824	766	719	705	663	596	540
回族学生比例(%)	—	53.5%	59.1%	67.1%	71.2%	75.7%	—

相对来说,旧寨镇的汉民村比回民村出现了更严重的子女教育城市化的现象,这也是导致旧寨中学回族学生比例增高的原因之一。这一点从汉民村与回民村小学撤并情况就可以窥见端倪。全镇15个行政村分别为7个汉民村、5个回民村与3个混居村。在撤点并校推行之前,每个村庄都有自己的小学。但截至2016年,5个回民村中有4个保留村小,在校生人数在100-350人之间。3个混居村都保留了村小,在校人数在100人以下,其中绝大多数是回民学生。而7个汉民村小中,除了旧寨村小与旧寨初中合并为九年一贯制学校,目前只剩下一所村

小，在校生已不足 50 人。

就以旧寨某汉民村为例，目前本村户籍中处于义务制教育阶段的学生有 192 人，其中只有大约 53 人在村镇中小学就读，大约占总义务教育阶段学生的 1/4，剩下 3/4 的学生已经转移到城区就学。学生的转移是逐步实现的，目前 1/2 左右的户籍儿童仍在本村接受幼儿园和学前班教育，而到了初中阶段，仅有 1/6 的户籍学生仍然在乡镇接受教育，有相当一部分学生是在村镇接受一段时间小学教育后，陆续转往城区的。

汉族学生教育城市转移的比例明显高于回族学生，推测背后的原由主要是回族人口在经济方面处于相对的弱势位置。回族学生在旧寨中学就读比例的逐年提高也意味着处于经济弱势家庭的学生比例逐渐提高。

基础教育的城区转移几乎是对农村家庭经济实力和社会资本的一场筛选，只有"有能力"的家庭才能实现子女教育的城市化。从最基本的条件来说，中小学阶段的孩子在城区读书需要租房或买房，还需要有亲人接送和照顾。这首先要求家长具有一定的经济实力，这样才能承担城市就学较高的日常开销，甚至要供养一个成人专职照顾孩子。其次还需要家庭成员的密切配合，例如母亲专职陪读，或老人与其他亲友的帮助。此外，就学信息和人脉关系在入学和择校过程中也是必不可少的。一部分旧寨家庭各尽所能，逐步地将子女从乡村教育系统中转向城区。而另一部分旧寨家庭因为缺乏能力或者缺乏动力，其子女仍然滞留在乡村教育系统之中。

随着旧寨镇学龄人口的城市转移，如今滞留在村镇教育系统中的孩子往往来自经济条件或其他层面处于弱势位置的家庭。在经济条件方面，旧寨初中生的家长大多缺乏技能，无法在劳动力市场中获得相对稳定优厚的收入；即便有的家长能够获得较高的报酬，却往往因为孩子过多或其他家庭负担，导致整体家庭经济欠佳。教育选择越来越显示出经济区隔的意涵。此外，部分旧寨家庭面临着家庭矛盾、照顾者缺少和社会资本的缺乏等阻碍，无法将子女转向城区就读。

如今随着"优质"生源流失，旧寨中学中越来越出现学生"劣势聚集"的现象。根据 2018 年对旧寨中学七、八年级所做的问卷调查，

45%的学生来自建档立卡贫困户。虽然留守比例不高，但家庭破碎和父母关系紧张却影响着超过1/4的旧寨学生，14.8%的学生反映自己的父母经常争吵；7.4%的学生父母离婚；3.4%的学生父母一方去世。其次，学风校风恶化的趋势开始显现。根据政教处主任的描述，风气的恶化大约是从五六年前开始的，学校中逐渐出现学生携带砍刀钢管的现象。

此外，近年来该校惨淡的高中升学率令教师和家长十分痛惜。黄高县教育生态中，生源的城市转移与民办初中"掐尖儿"的现象已经在处于劣势的乡村初中里造成了恶果。仍然滞留在乡村学生开始面临严重的"高中瓶颈"。表2是根据2017年网络媒体中黄高县各高中录取公示名单所整理的数据资料。

表2 2017年黄高县城乡初中升学情况

升学情况 初中	高中升学情况			重点高中		普通高中	
	初一人数	占比	升学率	录取人数	占学额	录取人数	占学额
民办重点	1718	21.7%	89.2%	1103	65.5%	430	21.7%
城区公立	4151	52.4%	40.7%	431	25.6%	1257	63.4%
乡镇初中	2037	25.8%	21.9%	150	8.9%	296	14.9%

从数据中可见，（1）民办重点初中的升学率高达89.2%；其2017届初一学生人数只占全县初一学生总数的21.7%。但升学时，却占重点高中招生学额的65.5%，占普通高中招生学额的21.7%。可见，民办重点初中的学生基本上都能考上高中，而且占据了重点高中一半以上的学额。

（2）城区公立初中的升学率为40.7%，其2017届初一学生人数占全县初一学生总数的52.4%。升学时，占重点高中学额的25.6%，普通高中学额的63.4%。可见城市公立初中的学生升学率受到民办初中的挤压，已低于全县平均升学率，且学生的主要去向是普通高中。

（3）再看乡村初中的数据，其升学率仅为21.9%，远低于2017年黄高县拟定的52.2%的普高招生比例，其升学率仅为城区普通初中的一半，为民办重点初中的1/4；其2017届初一学生人数占全县初一学生总数的25.8%，与民办初中学生占比相当。但在升学时，仅占重点高中招生学额的 8.9%，占普通高中招生学额的 14.9%，比例小得可怜。

为推动城乡教育均等化，自治区与市政府至晚于 2015 年就实行 60% 普通高中录取名额"切块到校"的政策。但根据笔者的调查，在现实中这一政策的效力遭到了部分扭曲。重点高中"切块到校"名额的使用设定了分数限制，由于旧寨中学的高分段学生数量稀少，导致重点高中的"切块到校"名额并没有被充分使用，从 2017 年的录取情况来看，17 个重点高中名额只使用了 3 个。虽然旧寨中学有 31 人升入了普通高中，但其中大部分都是凭借个人分数录取，真正使用"切块到校"政策的学生并不多。

总的来说，乡村初中就读的学生面临着非常严峻的"高中瓶颈"，这种瓶颈现象在旧寨镇等生源流失严重的地区更为明显。

第五章　病木秋实：父母的洞察与抱负

部分农村籍的家长们洞察到农村学生在教育方面的不利处境，他们用脚投票，最终进一步加剧了旧寨子弟的"高中瓶颈"。那么对于"剩下来"的处于劣势的农村家长，他们对子女的教育发展抱有怎样的态度呢？他们冲破"高中瓶颈"的能动性空间又在哪里呢？本文依据冀家和马家两个案例的田野资料，试图做一些初步的分析。

一、从洞察到抱负：家长的能动性

旧寨夫妻大多由两种经济合作模式主导：一种是"夫妻双双种田-兼业"的平等模式，下文中冀家是其典型代表；另一种是"丈夫外出打工-妻子在家务农"的男人当家模式，下文中的马家当属一例。

冀家是一户典型的"滞留"村镇的汉民家庭，冀家夫妇育有三个孩子，头两个是女孩，最后一个是男孩。这个家庭虽没有被评为精准扶贫户，但根据经济实力和社会关系情况的综合评价，在村中处于中等偏下位置。冀家父亲年幼丧父，小学便辍学出苦工。不知出于怎样的曲折缘故，他与兄弟姐妹都断了往来，失去了亲属的照应。冀家的大女儿和小儿子都资质良好，初中早期成绩优良，这让夫妻二人燃起了希冀。但是他们参与子女教育的能力和精力是有限的。冀家的生活与见识基本局限在乡镇之内，二人经营着10亩土地，喂了6头牛，还争取一切机会在村镇周围打零工，日薪在90-150元左右浮动。夫妻二人虽有分工，但是收入能力相近，生活世界重合，家庭权力平衡。

马家代表了旧寨另一类家庭经济模式，即"丈夫外出打工－妻子在家务农"的男人当家模式。马家是回民家庭，其家庭文化和经济机会方面与汉民仍存在差异。这个家庭共有9口人，祖辈老马两口与儿子同住，夫妻二人育有四个女儿和一个儿子。其中大女儿和二女儿分别就读于旧寨中学的七、八年级，成绩都属于优良。这个家庭共种了20亩地，其中10亩是自家承包地，另外10亩是租的，还养了4头牛。六十几岁的老马两口年纪大了，在农活劳作方面只能算是半劳动力，农业劳动的重担大多落在了马家母亲的肩上。这位"80后"母亲仅念到二三年级，随后她的生活被结婚生育、田间劳作与家务劳动主导，和冀家夫妇类似，她的生活局限在旧寨镇之内。马家父亲不同，他15岁就逃离学校，到银川和新疆打工，随后几乎走遍了中国大多的省份，在建筑行业摸爬多年，他已成为参与体力劳动的小包工，在村庄社区中算是见多识广、小有能耐。这位父亲不仅赚钱养家，而且是家中说一不二的"当家人"。虽然他颇有能力，但因为家中孩子太多，经济不宽裕，马家被纳入了精准扶贫户。

除马家父亲对教育竞争有所洞察，旧寨绝大多数家长对教育场域的结构性约束认识不清。他们只经历过短暂的学校教育，对竞争规则一片茫然。当孩子在乡村学校表现优异时，他们可能会低估了子女们的"高中瓶颈"。而当他们判定子女不是块"读书料"时，又容易过早地放弃希冀，安然接纳了"社会再生产"的命运。然而，对教育系统的陌生并不意味旧寨父母无法对子女教育形成意见和抱负。事实上，他们关于教育的认识并非源于教育系统本身，而是源自于自己的社会经验。

"上高中－上大学－好工作－多赚钱不下苦"是旧寨家长口中反复的劝学逻辑。"好工作－多赚钱不下苦"这一逻辑得自于农村家长在社会劳动参考框架中所感受到的"缺失"与"被剥夺感"(刘谦,2015)。这被剥夺感和缺失感所带来的不仅仅是"习得性无助",还会带来对自身处境的"反驳"与社会资源分配规律的"揣摩"。一方面,"反驳"激发了父母对子女的职业抱负,他们关乎"坏工作-辛苦钱少"的具体经验可以成为了对子女的警告。另一方面,作为社会竞争失败者的农村家长依旧置身与胜利者相同的文化社会环境之中,体会到同一套社会资源分配的机制的支配,他们虽然对教育系统一窍不通,但是能够洞察到"文凭"在社会资源的分配机制中的作用,因此和城市中间阶层一样产生了让孩子"上高中-上大学"的教育抱负。

冀家父母的生活局限在村镇,整日埋头于体力劳作,但他们在自己的生活中凝结出可贵的"洞察"。近40年来冀家所在的汉民村走出了数名大学生,这些走出乡梓的学子如今纷纷跃升为中高层政府官员、专业人士等,最不济的也在城区里获得了"铁饭碗",不仅成为家族和村庄的骄傲,还多多少少能够荫庇亲眷,甚至让远方家门都在"狐假虎威"的意义上获得村庄内的某种优越感。"上大学"的神奇魔力一方面让冀家夫妇叹服与欣羡,朴素地将"读书"看作是好事。另一方面,在与这些村庄榜样甚至其亲眷的对比中,冀家夫妇深切地体会到自己的不幸:念书太少,没有足以提供便利的社会关系,只得全凭双手,终日辛劳。他们抱怨哀叹,但同时对子女发出警告:"不要像我这样下苦",并苦口规劝子女好好读书。可以说,他们让子女"上高中-上大学"的教育抱负是奠基于当下所体会到的强烈的被剥夺感。

"不要像我这样下苦"是生活艰辛的旧寨家长常常向子女发出的警告,这种对"下苦"的洞察和反驳,甚至不需要村庄中的成功者作为参照。马家母亲对自己村庄中的读书传奇所知寥寥,她的家庭也不曾受到轻视和欺辱。即便如此,农业生产、家庭劳动以及子女抚养等等繁重而琐细的操劳也能激发其对"女人命运"的洞察和反驳。她的微信签名三年来没有更换,始终是这样一句话:"女人的命真苦,地里回来还要做饭,没有一个人伺候你,悲哀啊。"她通过一种"诉苦"的语调来督促女儿读书,用自己辛苦的婚姻生活作为恐吓——"别像我这样下苦！"即便这个农村妇人对何为大学、何为好工作所知甚少，她也能明了"上高中－上大学－好工作"就是摆脱如此苦楚的通路。

> 冀家母亲：我自己没有文化，经常回来就给孩子安顿。要好好上，别学我这样，下苦还要看人脸色，如果你能有点什么职业，谁的脸色也不用看，苦也不用下。你看像我这样，除了庄稼还是庄稼，干活的时候只是干活，再没有什么前途。现在这些女娃，初中完了考不上就出来，十七八、十八九就嫁掉了，这个给娃娃压力太大……在我家里，我把你体谅下，不让你干活。这不代表你嫁人到别人家体谅你。这个活儿你敢不做？你会做也让你做，不会做也让你做。我经常给她们几个说，念成念不成都是你们的，我也没有办法。我还是为了你好，我现在半辈子过了，一直都下苦去了……要是实在上不成了，你就嫁人吧，也不会饿了嘛。对着嘛？你能考上就好好上，反正是……反正我就这么跟她们说。我自己已经没希望，希望都在她们身上。她几个不好好学我也没办法。

对于常年外出包小工程的马家父亲，他对子女"上高中－上大学"的抱负不仅来源于当下生活中的缺失与被剥夺感，他还在与其他阶层和职业接触后，极大地扩充了关于"何为好生活"的具体经验库存，继而勾勒出子女理想工作和生活的图景。他积极地揣摩社会资源分配和就业市场的规则，更加深了关于自己家庭在社会阶序和社会竞争中的处境之洞察。

首先，马家父亲洞察到"打工"这条道路所面临的整体性的危机。他所熟悉的当地建筑业正在走下坡路，而相对轻松的当地服务业工资偏低。相反，知识和技能在社会中的回报增大，然而职业技术学校在培养技能方面的性价比低得可怜。他认为只有"上大学"才能长知识长本事。其次，随着年龄渐长，走南闯北的马家父亲开始将"稳定感"而非"挣大钱"作为生活的目标，他期盼着子女不必像他这样苦苦打拼，而是"沾上国家的盘盘子"，稳稳当当，哪怕收入不高，但是能一辈子有靠，不必为荒年或衰景而忧愁。而教师和银行职员等稳定工作需要一张大学文凭。最后，马家父亲在建筑项目转包过程中的庇护、支配和等级关系中深切体会到体制内外身份的等级差异。"上大学"是一条通达优越身份的路,充满了传统中"读书出仕"的味道。在相对剥夺感的作用下,他敏锐地洞察到,"上好大学"实际上是获得优越地位的一劳永逸的通道,值得下血本去追求和争夺。在体制内外身份的竞争中,争到了便"一辈子风风光光",争不到就"一切的一切都结束了"。基于以上洞察,马家父亲比其他家长更清晰更具体说出了"上高中－上大学－好工作－多赚钱不下苦"的意义,他的抱负更明确坚定,实际行动中他参与子女教育的力度也更强。

立志是一种"对现实世界的揣摩和反驳的能力",也是读懂"一张通往未来旅途的地图"的能力,这种能力在人们中的分布是不均的。因为通往未来的地图上写满了陌生的符号和文字,人们需要足够的信息和经验才能读懂这地图并走上旅途(阿帕杜拉,2004)。

显然,在旧寨家长中,马家父亲对子女未来地图的解读能力似乎更强一些。但即便是在经济、知识和见识方面均处于劣势,旧寨父母依旧具备能动性的空间,即对现实揣摩和反驳的能力,并没有像布迪厄实践理论中描述的那样,将"自己的憧憬和实践调试到与客观条件相适应的情况"。总体来看,旧寨家长自己作为教育竞争和社会资源竞争中的失败者,借助由岁月和经验所积累的知识与洞察,形成了模糊或者清晰的子女教育和职业的抱负。这种抱负关乎他们心中"何为好生活"的知识库存,也关乎"何为苦日子"的具体感知。父母作为失败者并非一无物可赠予儿女。他们在品尝失败后所形成宝贵"洞察"就是一笔可以传递给子女的财富,为子女通往目标的道路上起到引航作用。"沉舟侧畔千帆过,病树前头万木春。"在这个意义上,笔者将农家父母的教育抱负以及其背后蕴含的深刻洞察,称为"病木秋实"。

二、家长的教育参与:观望、顺水推舟与疏放管控

虽然处于不利地位的家长或多或少都在生活中体会到缺失,也在岁月磨砺中逐渐洞察到社会资源分配的机制,但这种"洞察"并不会直接转化为对子女教育的抱负。旧寨镇绝大多数家长都彻底承认了教育的裨益,但却出现了不少看似对子女教育不管不顾的案例。这种现

象的产生与家长教育参与中"观望"的特点有关。

"观望"已经成为了旧寨家长为人父母的文化惯习，实际上是经济约束下教育投资的效率原则之体现。旧寨家长觉得小学早期课程简单，便对子女放手，以考察子女的学业资质。如果孩子表现不错，父母才会在小学后期或初中早期着力参与子女教育；如果在小学早期发现孩子"不是学习的料"，父母也许心中仍存着微茫的希望，但实践上渐渐放手，放松甚至放弃子女学业。这种为人父母的文化或惯习也许与当地子女多而资源少的经济现实有关，如此做法能够实现家庭内部筛选，将有限的资源和精力用在刀刃上，但也一定程度上使得在早期阶段遇到学业困境的孩子失去了逆转的机会。

冀家父母早在"观望"阶段就大致摸清了三个子女的资质，他们对子女教育的参与也有了主次排序。其中二女儿被父母看作"憨厚"，初中早期就不太管了。虽然在2018年3月家访时她正在为中考积极备战，但是父母已毫不避讳在饭桌上讨论她职校该选什么专业，不论是家长还是女孩都早已默认了职校的前景。同理，马家夫妻的二女儿曾在小学低年级时学业落后，夫妻两人便渐渐撒手，"让她混着长大"。谁知二女儿在初中阶段突然"逆袭"，夫妻喜从天降，无从解释，只能归因于孩子开窍了，重新开始关注和参与其学业过程。

即便子女顺利通过了观望期，成为了父母抱负的承载者，农村家长对子女的教育参与仍是不足，呈现出"顺水推舟"的特征。所谓"顺水推舟"，一方面是指农村父母有选择性地关注和参与子女教育时，客观上受到经济约束、生计繁忙或文化不足等限制，他们的关注和参与往往是疏放而缺乏规划的，很少像城市家长以"经纪人"的身份直接干预和规划子女教育，而只是顺势提供些微帮助和督促。

冀家父母平日的体力劳作相当辛苦，暑假前后打工机会最多最紧，正是夫妻二人最忙碌的时候。两人早出晚归，回家后还要照顾养殖业，一旦工作完毕，他们都累得迅速入睡，两个月来连电视遥控板都没碰过。然而，黄高县两所民办初中的"小升初"选拔也是在夫妻二人最忙的七八月份开展招生工作。冀家夫妇因为做活儿脱不开身，没有亲自去中学咨询，只听取了亲戚和邻居不准确的说法，导致被寄予厚望的小儿子错失了唯一能够改变教育环境的机会。另一方面,"顺水推舟"也指旧寨家长在主观上常常被一种"不确定感"所困扰。他们在参与教育时常常感到茫然无措,对自己所做出的努力感到深深的怀疑。虽然尽其所能地帮助子女求学,但他们却很少体会到自信心与掌控感,不认为自己的努力具有关键的意义。相反,他们始终将责任和转机寄托于孩子自身、学校或者神秘的机缘之上。

冀家父亲性格憨厚,脾气温和,口齿远没有妻子伶俐,平日里他也很少像村中常见的威严父亲那样训诫子女。他真心期盼小儿子能够考上高中,但是在对儿子的教育参与和日常督促方面,他既缺乏信心也缺乏动力。相对来说,冀家母亲承担了更多学业督促的任务,但她除了"喊两嗓子",在进一步帮助孩子方面显得无能为力。她主动与班主任微信沟通,老师建议让孩子回家听听教材磁带,提升英语听力。冀家母亲尽其所能做出过努力,她搭车到黄高城的书店里给儿子买了一个复读机,希望孩子能够提高成绩。虽然付出了金钱,但是她却没有能力和精力监督儿子听磁带,最终这个寄托了母亲希望的复读机被丢在角落,收效寥寥。这件事更加深了冀家父亲的判断:都得靠孩子个人学,否则花钱买书报补习班都没用。

2018年旧寨学校更换校长,教学管理为之一振,学风明显好转。小儿子刚入初中,就赶上校长对教学的严格管理,分在班主任认真负责的班级,可谓天时地利。冀家母亲十分欣慰,不时感叹运气好。这份幸运不是由家长的努力或干预得来,而是因为不为个人意志而转移的外在环境巧妙地提供了机会。冀家父母在子女教育方面似乎从未真正获得过信心或掌控力,他们所能做的只是期盼,使出微薄的力量,等待着水流能将小舟载到理想的远方。

马家父亲的教育参与远比他的妻子与冀家夫妇更为自信与有力,他对子女教育的苦心规划与严格掌控是相对少见的。作为旧寨典型的"严父",他试图运用家长威严来对子女施加约束,推动子女的学业提升。她的妻子评价说:"他有个好心,但不给好脸。"这位父亲试图凭借自己的威严尽力做到对子女的有效管控,可如果将他的"严格"与城市父母对子女事无巨细的注视相比,却会发现,他的"严格"只是一种非常粗疏的管控。这个外出做工程的父亲在县乡做活,工期不定,虽然夜里能够回家休息,但很难与子女的生活作息时间相合。无论他多么有心,都难以在子女教育方面亲力亲为,日常运作中的教育权力和教育参与实际上都落在了母亲的肩上。马家母亲和冀家夫妇一样,在子女教育方面抱着顺水推舟的态度,她尽其所能地帮助子女,但从未体会到信心和掌控感。

总的来说,正如以上两家案例所呈现的那样,旧寨绝大多数家长对教育场域的结构性约束认知不明,因而无法对教育制度和生态的形成直接反思。事实上,他们关于子女教育的态度和认识并非源于教育系统本身,而是源自于自己的社会经验。这些家长作为社会竞争的失败者仍然具备对现实揣摩和反驳的能力,洞察到基于对自身处境以及对社会资源分配的机制。当子女中有人在小学的观望期中被认定为具有学业资质,旧寨家长都有能力对子女产生"上高中-上大学-找好工作"的抱负,这种抱负推动他们积极参与子女的教育过程。通过观察其洞察与抱负,我们发现农村家长推动子女求学的能动性空间是客观存在的,在马家父亲这样的家长身上,甚至可以观察到这种能动性的积极发挥。

第六章　春花迟开:学生的抱负

在抱负的层面上,旧寨家长大都具备明确的主观能动性,尤其当子女展现出学业资质时,家长的抱负便会转化为教育参与的实际行动。但令人遗憾的是,家长们观望、顺水推舟和粗疏管控的参与方式具有明显局限。如果子女无法燃起动力,那么他们将很轻松地躲开父母的监管,也很难从父母的支持中受益。因此,想要突破"高中瓶颈",学生们的主观能动性就显得格外关键。因此本章着重讨论旧寨学生抱负的情况以及流变过程。

冀家母亲曾感叹:"困难家庭的娃娃,更应该发奋的嘛。"然而,实际的困苦并不能自然转化为子女教育突围的抱负或行动力。总的来说,旧寨学生改变自己不利处境的"能动性空间"似乎产生得较晚。

对于大部分具有学业资质的学生，其抱负往往晚熟或者在形成过程中波折重重，因此在教育突围过程中助力有限。这些孩子仿佛含苞已久的春花，在即将错过花期时才匆匆盛放。

一、不问明天的漫长童年

一位任教多年的老师评价旧寨七、八年级的学生们："一个个都茫然着呢，什么想法都没有！"实际上旧寨初中生并非无知无识，他们只是普遍缺乏"立志的能力"。这种散漫、自在而轻松的状态仿佛是童年的延续，这漫长的童年阻隔了对未来的眺望，自然阻碍了抱负的产生，更延缓了农村学生主观能动性的形成。

旧寨镇的农村小学对孩子的规训力度是远小于城区的，但从另一个侧面来说，农村生活或许更符合儿童的自然需求。首先，村小学班额少，空间大，离家近，与城区小学动辄50人以上的拥挤班级差别显著。其次，由于学校凋敝萎缩，家长干预意识较少，农村小学相比城市小学更倾向以非正规的方式运作，学校日常管理具有较强的随意性。再次，由于师资有限，如英语、科学等副科都没有认真开设，往往改为自习或自由活动课，导致孩子们的课业任务大大减少，作业任务更轻松。将广阔乡野间奔跑追逐的顽童改造为教室桌凳夹缝间凝神听讲的学子是困难重重的社会化过程。旧寨孩子们在小学阶段所接受的身体规训是有限的，他们得以保持小孩子爱跳爱闹、左顾右盼和喊叫追逐的状态直至初中阶段。

旧寨孩子们的小学生活几乎是在"成就自然成长"（Lareau，2011）。首先，旧寨家长对子女资质的普遍"观望"态度，使他们很少像城市家长那样规划和约束子女的学业和生活安排，这为旧寨孩子提供了大量的自由安排的时光。其次，在家庭生活中，成人和孩子之间有一条清晰的分界线。这种界限一方面来自于当下农村生活中成人劳作子女就学的自然生活隔离。另一方面是来自成人和孩子的等级化关系：家长倾向于下达指令，规约子女的行为，而不是以平等对话的方式分享经验。此外，部分农家的缄默的家庭文化（程猛，2018）也难以营造出城市中间阶层家庭中交谈频繁的亲子亲密感。其结果是，旧寨儿童尽可能地躲避父母偶尔施加的干预和命令,以享受自己散漫而自由的时光,缺乏与父母言谈交流的机会。

大部分旧寨孩子自在的童年是在电视、手机和伙伴群体中度过的,他们在熟悉的村庄社区中广交朋友,享受着丰富的群体游戏生活。由于缺乏父母的引导和约束,他们没有形成良好的学习习惯,反倒形成了不利的习惯:如边看电视边写作业、手机成瘾等等。由于各农村社区的经济分化尚未过于悬殊,同质性的社区成为了遮挡阶层伤害的屏障。他们对自己的家乡和学校抱有认同感和确信感。这种确信和快乐让他们平顺安稳地生活在贫穷社区和不问明天的儿童世界中。另一方面,这种确信和快乐也让他们丧失了对自身处境的洞察与外部世界竞争的警惕。

无疑,在黄高县教育分层的现实下,进入旧寨中学就读的学生已经在第一步分层中落败。但这些学生毫无察觉,成年人的警告顶多是暂时将他们拎出水面。当他们逃开成年人的监控之后,便沉浸在那个属于青少年的烦恼与快乐的当下世界。以上这种意识状态笼罩着不少七、八年级的旧寨学生。

二、空洞而抽象的未来图景

旧寨初中生并非没有任何抱负。家长口中"上高中-上大学-好工作-多赚钱不下苦"的抱负是七年级学生极为熟悉的,即便是厌恶学业的孩子也能鹦鹉学舌般地讲出这套逻辑并形成一定的认同。然而,这套抱负的逻辑对学生们来说到底意味着什么?多大程度上成为激发他们突围行动的抱负?

对于大部分七、八年级的旧寨学生来说,"上大学"无疑是一个正向但空洞的概念。当面对"大学里学的是什么""有哪些大学"等问题时,绝大多数七年级和八年级的孩子都显得一片茫然。学生对未来的想象,无疑是以自己生活世界中的材料搭建而成的,凡是超出乡村空间与地方情境的世界总是格外模糊。

"好工作"似乎比"大学"更容易理解。当提问上大学之后他们想做怎样的"好工作"时,旧寨学生们最高频的答案是"教师"。在他们的生活世界中,"教师"是唯一符合"上大学－好工作"逻辑的职业,也是乡镇区域内学生们唯一可见的体面工作。教师展现出的生活图景成为学生建立教育和职业抱负的材料。

然而,老师在与学生的非良性互动中常常夸大并展现职业中的困窘,使得部分学生发现原来"好工作"赚不了几个钱,还格外辛苦费神。这种"部分洞察"无疑抹杀了部分学生唯一具体的"好工作、好生活"的想象。此外,教师职业本身所展现出的那种室内的、与文本相关的办公室工作令一部分好动的男孩感到不适,他们那热爱广阔自由的空间的身体无意识地抵触这份"好工作"。

相对而言,"上高中"是更为切近的目标。"抱负"不是一种消极的盼望,而是激发行动力的目标,"是否想上高中"的问题实际上只能测量出"愿望",而"是否为高中努力"也许才是测量教育抱负更好的提问方式。

表3 旧寨七、八年级初中生的教育愿景、抱负与期望[①]

	是否想上高中	是否为高中努力	自己是否能考上
七年级(选择"是")	92.7%	83.3%	47.1%
八年级(选择"是")	85.1%	64.9%	31.1%

根据七、八年级的调查问卷,发现旧寨初中生"上高中"的"抱负"之测量结果是很高的。考虑到旧寨中学每个班级中有将近一半的基础薄弱生,他们的教育抱负会被令人气馁的学业成绩明显拖低,可以推断具有中等或良好学业基础的七年级学生基本上都对自己持有"上高中"的教育抱负。

但实际上问卷测量的有效性值得怀疑,因为各个学生被测量出的"抱负"之强度和具体程度有很大差异。"为高中努力"对大部分旧寨学生而言恐怕只意味着尚未放弃学习。根据观察,大部分具有学业

---

① 本问卷发放于2018年4月,七年级样本量206人,八年级样本量148人。高中的七年级学生有190人、八年级学生有122人。对于"是否想上高中"和"是否为高中努力"两个问题的缺失案例占比分别低于1%与2%,而对于"自己是否能考上高中",七年级缺失案例占比6.8%,八年级占比2%。

资质的孩子并不愿意为"上高中"的目标将过去自由支配的玩乐时间投入学业活动。大多数七、八年级的学生即将面对的中考一无所知，也缺乏明确的了解兴趣。

Mickelson（1990）研究黑人学生矛盾的教育态度时提出了"抽象态度"和"具体态度"的概念，主要强调意识形态对教育通道的肯定和现实经验中攀上教育通道的困难两个层面对人主观愿望的影响。对大部分具备学业资质的旧寨学生来说，"上高中"很可能是外界灌输下形成的抽象态度，并不足以激发突破高中瓶颈的行动。只有少部分学生"上高中"的抱负强度很高，他们将读书升学看作当下的重中之重，对升学和高中的相关信息更敏感，日常生活中"为高中努力"的过程是艰苦卓绝的斗争。与七、八年级的大多数旧寨学生不同，这少部分学生的"抱负"是具体而切身的态度，只有这样"具体的抱负"才可能激发出突破"高中瓶颈"的切身动力。可惜的是，这样切身的动力只属于七、八年级班级中寥寥几个学生。

三、晚熟而曲折的抱负

"上高中"的教育抱负并不是自然产生的，而是经历了从抽象态度向具体态度转变的过程。旧寨学生的抱负大多是晚熟的，由抽象到具体的转变节点大多发生在九年级下学期，中考已经迫在眉睫。过去的一两年时间里，具有学业资质的旧寨学生大多抱有的空洞而抽象的"上高中-上大学"的抱负，尚未产生切身的感触与激励。在遇到学习的辛苦和困难时，他们所采取的是短视的、趋利避害的算计，遵循的是情感和身体的自然逃避反应，而将话语层面认同的目标抛到一边。在童年的延续中，他们散漫而随意地度过了初中大多的时光，直到中考成为迎头难题时，他们才幡然醒悟，终于意识到自己正面对严峻的考验。

此外，一部分旧寨学生的抱负形成经历了曲折的过程。从七年级下学期开始，教师会失望地发现一些读书的"好苗子"开始逐步放松甚至放弃"上高中"的目标，其中男孩子占了绝大多数。实际上，"好苗子"的学业危机是同辈团体逐渐壮大的结果：形单影只的男孩子往往更容易成为校园霸凌的对象，因此无论成绩好坏，他们都积极地建立小团体以抵御干扰。一旦投入在关系紧密的小团体中，他们会自然地受到同辈群体的影响，孕育在"反学校文化"中的洞察将逐渐取代家庭中接受的"上高中-上大学"的抽象目标，这些学生开始积极参与违反校规校纪的行动，并对外出打工产生期待。

在七、八年级之间，杨文龙的教育抱负跌宕起伏。他小学基础良好，反应速度快，七年级上学期学习态度端正。因为患有先天性心脏病，不能参与太繁重的体力劳动，家人期盼他能够好好学习，脱离体力劳动。但在初一下学期访谈时，他坚决地声称自己不念书了，要外出打工。那时他参与了跨年级的同辈团体，团体老大从学校逃走去银川打工，身边也有个别同学"自己出去闯"。但在2018年调研时，他正渐渐地回到学业的轨道。据他说，那些曾经"出去闯"的同学最终都铩羽而归，从同学们身上他看到了教训。想到自己的心脏疾患与体力活，他明白了父母所说的"上高中"的重要意义，开始积极地投入学业。即便如此，处于八年级下学期的他始终无法心无旁骛，一方面是友谊无法迅速割舍，另一方面是惯习所限，难以适应学业生活。

即便像杨文龙这样资质优良的学生终于在八年级后期曲折地形成了具体的抱负，他们的主观能动性依旧深深受制于身体化的结构——惯习。惯习是历史与生活留在身体和性情中的印记，是家庭、学校和社区持续塑造的结果。布迪厄的社会再生产理论敏锐地指出，工人阶级生活经验孕育出的与中产阶级截然不同的身体化惯习无法受到制度化教育评价体系的赞赏，这是工人阶级子弟在学校教育中处于劣势的重要原因。这现象在旧寨中学渴望"上高中"的农村子弟身上也有清晰的体现。大部分农村学生（尤其是男孩）在社区和学校中锻造了喜爱肢体冲撞、倾向于身体运动性、喜欢户外的空气与空间等惯习。这使得他们难以忍受终日枯坐的学习过程。此外，乡村小学和初中早期有限的规训并没有塑造出有利于学业竞争的习惯，例如订正错题、字迹清晰端正、考前复习或者揣摩出题规律等等。

旧寨学生们普遍立志较晚，不利之惯习积累较深，当终于产生突破"高中瓶颈"的动力时，他们需要调动强大的意志力和行动力来克服自身不利的惯习。这是一场自我塑造的战役，特别是在外界约束缺失的情况下,这场战役显得极为艰难。当他们迟至初三才树立起"上高中"的抱负时,留给他们克服旧习气的时间已不多了。

由于在初中早期,相当一部分有潜力的旧寨学生几乎对中考相关信息毫无兴趣,从未想过中考是一场"一考定终生"的选拔[①],不知道中考落榜便永远与大学告别。直到进入八年级末和九年级初,他们才认清了现实的严峻,也体会到自我塑造的苦痛,巨大的压力和强烈的懊悔足以击溃少年们心中燃起的教育抱负。最终许多本有潜力升学的旧寨学生都中考惜败,不情愿地被导向了职业教育的学轨或劳动力市场。

第七章 嫁接之难:洞察和抱负的传递

一面是旧寨家长的洞察与抱负的清晰明确的能动性空间,另一面是大部分旧寨初中生匮乏的学业动力与抱负的晚熟,这令我们思考:为什么大部分旧寨家长以洞察与抱负为内容的能动性并没有在关键的初中阶段对子女产生足够的积极影响?为什么家长不幸的经验没有对子女发出足够的警示,而他们对文凭的理解没有帮助子女树立起具体的教育抱负?

关于亲子间抱负的关系,已有文献提供了许多启发。家长对子女教育的抱负并不是直接"遗传"给孩子的,从父母期望到孩子的教育抱负之间存在复杂的机制(Kerckhoff, 1989; Sewell 和 Hauser, 1993)。亲子间目标的符合性与"孩子对父母抱负感知"具有相关性(Smith 1982; Wu, 2018);同时,被传递目标的抽象性和传递的清晰性也是重要的影响因素。在那些具体明确而高度可见的目标上,父母与青少年可以取得的符合性远远强过那些抽象离散的目标(Jennings & Niemi, 1974)。本章将着力呈现,旧寨家长抱负在传递过程中可能遭遇的困难。

[①] 全国中小学生学籍信息管理系统在2014年全国联网试运行。学籍管理电子化的重要成果之一是从技术上规避了中考复读生的产生。农村学生复读或留级的比率高于城市学生,因为他们倾向于以延长学习时间来弥补教育资源的相对匮乏。

一、传递之难

旧寨父母让有潜力的孩子"上高中－上大学－好工作－多赚钱少下苦"的抱负的背后是家长借助由岁月和经验所积累的知识与洞察。这抱负之逻辑是明晰的,却抽象不可见;这洞察与经验是具体可见的,但却离散而复杂。因此这种由丰富洞察而构成的简单抱负在亲子间的传递难免困难重重。

旧寨父母们不是教育专家,他们只能在自身文化处境中摸索帮助和引导子女的办法,但他们有限的能力、亲子关系与互动方式往往限制了他们的探索。总的来说,家长洞察和抱负的传递面临以下三个核心困难:(1)言语能力的限制;(2)亲子权威－支配关系的双面性;(3)亲子间经验不同构导致的词难达意之困境。

一位农村妇女曾感叹:"我发现这文化不够,给孩子说都说不来……他根本不听你的。"要想一席话把学生说得心悦诚服,这需要把握合适的训诫时机,还需要循循善诱和敏锐清晰的语言技巧。即便对于教育工作者,这种技巧也需要长时间的打磨,更何况是仅有小学、初中学历的旧寨家长。美国中产阶级注重亲子沟通的"协同培养"模式看似理想,但实际上是繁琐而疲惫的,需要家长具有一定的知识储备与论辩能力。大多数旧寨家长具有体力劳动者朴实而少言的特点,四体勤勉,但却难免有些口笨嘴拙,语言词汇量较少,叙事缺乏生动性。言语能力的限制无疑大大减少了亲子间关于抱负的交流可能。

农家也有不少"善言"的家长,他们更有机会通过"劝说"和"沟通"的方式循序渐进地将自己的洞察和抱负传递给子女。但"善言"的能力只是条件之一,亲子间是否具备理想沟通情景是另一个重要条件。马家父亲是一位具备善言能力、丰富洞察与有效干预力的家长,但他的威严成为以言语传达洞察和抱负的阻隔。由于无法在子女监管上亲历亲为,马家父亲运用警告、威胁和拳头建立起不在场的威慑,以督促子女求学。他有一颗好心,但没有好脸,这副形象让子女们感到恐惧而疏远。我们发现,家中五个孩子与父亲的互动大多以"命令－服从"的方式进行的,少有放松自在的闲聊时刻。即便父亲赋闲在家,孩子们都会自然地躲开父亲，一方面逃离他的监督，另一方面避免父子独处时沉默的无趣或尴尬。正如马家的案例，父亲的家长权威能够有效地督促子女投入学业，但却成为传递洞察和抱负的阻碍，这可能导致年纪尚小的子女无法理解父亲的苦心，无法燃起自主学习的动力，甚至使亲子关系进一步恶化。

即便父母善言、亲子沟通顺畅，洞察和抱负的传递仍面临一个结构性难题，即构成父母"洞察"和"抱负"的材料是他们人生的经验，而这些经验尚未向子女敞开。舒茨《社会世界的意义构成》（2012）探讨了理解何以达致的问题。人们将数个独立的意义体验整合为更高层级的意义脉络，这种意义脉络构成了人们认知、判断和自我解释的经验基模。可以说，家长的"洞察"就是在历经多样的体验后，在更高层面上整合而成的经验基模，进一步构成了"立志的能力"。当家长试图传递抱负时，调用的就是这套作为经验基模的手头知识。如果要理解他们的言语，孩子们的诠释基模需要与父母的经验基模大致吻合。问题在于，十三四岁的不问明天的青少年与他们三十多岁的辛劳父母之间共同的经验并不算多。尤其在当下父母忙于劳作、孩子住校上学、网络世界繁盛的情形下，亲子间经验不同构的问题格外突出。因此，再精妙的言语技巧依旧无法彻底突破心灵、达致理解。

二、曲解之易

实际上，逐渐离开童年状态的旧寨初中生正成长为具有能动性的个体或群体之一员。他们在集体文化中重估父母和教师的话语，以学校、家庭和互联网场域中的经验为基础形成了自己的"洞察"。在七、八年级的阶段，有的旧寨学生燃起了外出打工的热忱，也有的学生铩羽而归后才明白了"上高中－上大学"的意义。这一系列摸索和体悟的过程，都是这些孩子们借由对自己生活世界的揣摩、将目光投向未来的旅途的尝试，都是他们能动性增强的体现。

然而，他们的"洞察"形成于青少年狭小的经验空间，其中充斥着偏狭的文化洞见。这种偏狭的"部分洞察"很容易使他们曲解父母所传递的抱负。

在父母的劝学中,关于"上高中、上大学、好工作"的言语内容常常是空洞的,因为这些成年人实际上也缺乏相关的具体认识。但关于"多赚钱,少下苦"的言语背后却指向了丰富的经验和意义脉络。但解读"下苦"对旧寨学生来说并不容易。一方面,由于农业机械化进程的推进以及教育重要性的增加,农村子弟已经不再是农业的半劳动力,很多孩子自小并没有参与过繁重的体力劳动。但另一方面,村镇范围内的重体力劳动仍是旧寨学生最熟悉的场景。务农、养牛和做建筑工是最常见的劳动类型,劳动者背晒太阳、浑身灰土,工作环境恶劣。尤其当家长以自我贬低的方式不断发出警告:"别像我这样下苦",旧寨学生们自然而然地将"下苦"与眼前重体力劳动联系在一起。他们从未真的"下苦",但却对"下苦"产生了清晰的躲避与轻视的态度。

另一方面,互联网与网络媒体不光在品味和消费方面,还在劳动选择方面塑造了旧寨青少年的意识。"×手"是一个娱乐平台,受众主要是非高等教育群体,内容多为短小的视频,其中不乏普通劳动者记录自己的生活琐细。通过"×手"等网络平台,旧寨学生们看到城市空间中诸多的服务业劳动机会,如美容美发、餐饮服务、导购销售等等。旧寨学生们得以从这些劳动者的生活片段中管窥"社会"的样貌,以建立自己选择的参考系。然而,透过娱乐平台来认识劳动力市场和社会不免有失偏颇,因为服务业劳动过程本身就和顾客的消费过程结合在一起,展示在×手视频"媒体瞬间"的劳动情景往往只呈现了面向消费者的光鲜亮丽的面向。相较城市服务业光鲜的工作环境,旧寨学生们更清晰地认识到了农民身份的卑微,体味到满身灰土的建筑行业劳动是不体面的。因此,在父母对重体力劳动的贬低和琳琅光鲜的服务业之间,他们渐渐形成了一种劳动的阶序,即父母从事的农业、养殖业和建筑业属于低端的"下苦",而外出打工是一种更优等的劳动方式。

实际上,当旧寨家长在表述"不要下苦"时,其最显白也最低的目标是不要干农活或建筑工了,但绝大多数的家长之希冀并不在于此,他们想表达的是安稳和体面的工作,最好是体制内的铁饭碗,最终要改变阶层处境。因此他们才期盼子女能够顺利踏上"上高中-上大学"的道路。然而,由于父母的讷言和亲子关系的阻碍,父母的经验以及抽象层面的抱负并没有顺利地传递给孩子。大部分旧寨学生只理解了"不要下苦"的字面涵义,即"不要当农民"或不要做"建筑工",却无法直接理解何为安稳和体面的体制内工作。他们只片面地吸收了父母所传达的最低目标,而没有领会到父母的最高抱负,仅仅理解了自己应该规避什么,而没有了解到自己应该去追求什么。由于"上高中-上大学"所勾勒的图景是艰辛而模糊的,一些有潜力突破"高中瓶颈"的学生也忍不住将目光投向了看似光鲜的服务行业和上门宣传的职业技术学校,渐渐形成了服务行业的职业抱负。其至一些学生通过58同城或者同城公众号等网络媒介迅速找到了服务员、后厨学徒、理发店学徒等工作。

旧寨学生的"部分洞察"之一就是过于浅白地解读了"下苦"的含义,认为避免了重体力劳动的服务业是理想的归处,却没有理解父母所期望的安稳、舒适和体面。武驰曾是一名有潜力的学生,受到老师和家长的格外关注。但九年级时,他执意辍学,自己联系进入向往的餐饮业,成了一名后厨学徒。这份工作远没有设想的那般光鲜。

> 武驰:学厨师很辛苦,和工地上干活差不多。厨师一般大多干的都是体力活,尤其是臂力。我感觉我现在还不算强,但现在比以前要壮实多了,以前在家的时候提上一桶碳感觉特别费劲,有一次我休假回去,(再提)特别轻松……我们店里干厨师就没有不受伤的,刀伤还有烫伤,我一个兄弟直接把手烫伤一大片,现在也不能休息,都算是轻伤、小伤。

武驰逃离旧寨中学时已经对校园纪律的拘束深恶痛绝,渴望着成年与收入所带来的自我掌控感。但真正踏上了餐饮学徒的道路,他才渐渐发现自己陷入了劳动力市场和工作环境的控制之中,其控制的严厉程度不亚于家庭和学校,例如后厨学徒需要一天工作10个小时,一个月只有2天休息日。念书时,他渴慕打工路上的先行者可以享受城市的美食、歌厅和酒吧,羡慕他们在消费方面迅速实现了城市化,但并未意识到服务行业工资低迷的问题。如果旧寨学生们无法"学会一门手艺"，那么服务行业的非技术性劳动力价格（月薪大约2000元）不仅远低于父辈从事的建筑技术工（月薪大约4000元），甚至低于建筑小工（月薪大约3000元）。

正如威利斯笔下子承父业的"小子们"，17岁的武驰尚且将吃苦和艰辛看作成长的标志，失意的香烟和消愁的酒精当作成熟男人的味道。他虽然尝到了"混社会"的苦楚，却在苦楚中彰显男性气质，逐渐坚定了自己所选的道路。

第八章　突破之机：少数学生的懂事与突围

结构性的约束并非密不透风，家长与学生都保有可贵的能动性空间，但吊诡的是"再生产"的规律常常以"心甘情愿"的方式得到实现。不过旧寨学生中仍有不超过10%的学生在初中早期就秉持强烈而明确的"上高中"的抱负。笔者开办的短期英语小组中基本汇集了2019届八年级（共167人）所有资质尚可且具备强烈学习动力的学生，共十余人。旧寨教师对这十几人比较放心，他们大概率就是从"高中瓶颈"中突围的少数农村学生。

一、懂事的孩子

如果非要从有限的6个突围者个案中总结一个共性，笔者和一些旧寨教师都会说出"懂事"二字。"懂事"在现代汉语辞典中的含义为"了解别人的意图或明白事理"。这个词语常常被家长和教师来形容一些早熟的孩子。一方面，"懂事"描述了孩子的成熟的认知态度，即他们能够领会通常只有成年人才理解的事理人情和苦处。另一方面，"懂事"描述了孩子们的实践能力，即他们表现出类似成人的行事方式和劳动能力，可以分担成年人的责任。例如体谅父母赚钱和劳作的辛劳，在花钱方面勤俭有度，沉稳而积极地承担家务和农业劳动等。

但在学业方面，懂事的孩子最大的特点是能够在自己有限的生活阅历中辗转理解或形成了父母或老师的洞察，小小年纪时就窥见成年人社会关系的逻辑。因此他们能够敏锐觉察到关乎自己学业和未来的重要信息。在父母对学业发展方面一窍不通的情况下，他们仿佛是自己的探路先锋，主动收集并解读信息，而且对事理之理解较为准确。

马丽是2020届七年级A班的学生，资质不错，学业优良。在接受访谈时不过十二三岁的年纪，但她的思考和行事都显示出远超年龄的成熟。她的母亲不太识字，她的父亲在黄高城做小生意，对教育的参与实在有限。六年级的马丽好像是自己的家长，积极地收集"小升初"考试的信息并做出努力。即便惜败，她对自己的失败和别人的成功也有所解读，而且她的解读中蕴含着对成人世界运行规则的"洞察"。

马丽：我本来是想报B中（民办重点初中B），B中的考试题有些是基础的，A中（民办重点初中A）的题特别难。大多是新闻，比如说咱们这儿最高的山是什么山？还有问一些科学家和数学家，有些题我们都没见过。

访员：六年级时你就了解A中的题型和B中的题型？

马丽：嗯……就是B中的我听说过，A中的我没有。因为B中下面有一个文具店卖卷子，就是关于B中考试的卷子，我们班有人买了，我们一起做，再就是我们数学老师给我们讲。

访员：但你们中没有考上的，只有杨某考上了是不是？

马丽：后来B中我没有去报上。我爸把我领到B中，去了之后人说名报完了，只报一天。有些人说是报两天嘛，但实际只报一天，一天名额就已经报满了，只能去A中考了。我们学校就杨某一个考上B中。他爷爷是咱们小学的一个老师，以前也算当过校长嘛，人脉比较广一点，我们学校就只有他一个，我们别的考了都没有考上。以前杨某在班里学习是中等，我感觉，他爷爷也是靠人脉吧。

访员："人脉"这个词你哪里听到的。

马丽：（害羞地笑）上课学过呀，就是我们上小学的时候老师一直就考词语嘛，给我们划下过。

访员：那你觉得"人脉"是啥意思？

马丽：就是"关系"。

　　除了能够相对清晰地理解家长的洞察与抱负，教师和身边亲友等的洞察甚至关于大学与工作的传闻，都成为了塑造他们教育抱负的重要来源。根据笔者的观察，教师在课堂或私下场合常常向学生们传递有关学业发展的关键信息，但只有像马丽等懂事的学生才能有所颖悟。而村庄榜样的传闻常常被过分夸大或者歪曲，但这对激励懂事的孩子已经足够了，他们很擅长用各式可能的经验素材来逐渐充实他们关于"上大学-好工作"的抽象抱负。

　　马丽：嗯……如果现在不好好学，中考肯定是考不上么，还是要为了高中。我们老师说就是要打好基础。就算高中考进去，也得把基础打好才能跟上。现在不努力，将来会后悔的。我现在的想法就是好好学考到高中，看努力一点能考上大学么……我自己心里的想法，就觉得我自己要考出去……

　　访员：你有没有什么好榜样吗？就是能认识的。

　　马丽：有有有！我们那下面有一个，他们家有两个儿子都考上大学了。我听人说一个在外国当翻译家，一个好像在银川做什么工作……前年，他们家两个儿子同时结婚，我们都去了，但是他们都大，交流不上。

　　"懂事"的结果是这少数孩子在初中早期就明确树立了"上高中-上大学"的相对具体的教育抱负，这些逐渐具体的教育抱负还激发出了他们奋发学习的不懈行动力。在旧寨涣散的学风与家长普遍的疏放式的教育参与等不利环境下，他们能够打理自己的生活，负起学业的责任，因此能够顺利维持学业。当然，这些具有自主学习动力的懂事孩子还具有其他有利于学业发展的品质，这与"懂事"的特征相关性尚不明确。例如他们都能够具备适应于学校教育的惯习，例如耐受长期枯坐、在班级中言谈较少，甚至耐得住奋力苦学之辛劳。这些特征使他们巧妙地隔离了父母、社区和同辈群体的不利影响，能够适应应试教育的竞争风格，彻底成为现代教育制度塑造的新人。

　　在6个案例中，只有两个男孩来自于父母一方文化水平为高中的家庭，他们的家境也相对殷实。但剩下4个女孩均来自父母文化水平在初中及以下、经济条件中下的家庭，甚至有一个案例来自于典型的贫困户家庭。值得玩味的是，4个女孩的懂事与父母的教养方法无法得出令人信服的相关性，因为家庭中一母同胞的兄弟姐妹并没有体现出相似的品质。笔者猜测，"懂事"这一心性品质的形成与多种因素相关，例如家中的排行与兄弟姐妹间的比较、亲子关系、性别、性格禀赋和偶然性的事件，等等。这多种因素耦合的神奇结果在父母看来似乎玄之又玄。因此，他们往往把孩子的"懂事"理解为天生的，而非自己有意培养的结果。

正是因为造就"懂事的孩子"之机制是如此复杂，学者们对不利阶层的突围过程始终缺乏明确的解释机制。这种有助于突破高中瓶颈的"懂事"的特征在教育"再生产"的研究中常被归于"剩余范畴"，似乎只是"再生产"模式之下可以被略去的误差。和前辈学者一样，本文也难以总结出明晰的综合性机制，但笔者试图从分析性的角度，描述出个案中所呈现的有助于少数旧寨孩子"懂事"的因素：（1）父母"抱负"和"洞察"的传递与孩子的理解；（2）突围学生对教师的遵从以及与同辈群体的隔离；（3）蕴藏在农家生活中的文化资本与有利于学业的身体性惯习。从以上三个角度来探讨少数旧寨学生突破高中瓶颈的可能路径。

二、洞察与抱负的有效嫁接

虽然在总体上无法断定孩子的懂事与父母的塑造有关，但是在一两个案例中，少数父母却能在适当的时机干预或参与了子女的教育过程，依托于良好的亲子关系和沟通行动，他们将自己的"洞察"和"抱负"最大程度地传递给子女。

马燕的母亲是一个成功传递"抱负"与"洞察"的家长，关键在于她兼具了善言与有志的两个特点。在旧寨，无论夫妻之间在经济方面扮演怎样的角色，母亲往往都在子女日常生活和教育参与方面扮演更重要的角色。她们时刻在场，要照顾孩子的吃穿用度，督促孩子写作业，参加孩子的家长会，等等。但相比同样担负更重责任的城市母亲甚至外出打工的农村父亲，大多数局限在村镇间的农村母亲明显缺乏"立志的能力"，而马燕的母亲是一个特例。她同样仅有小学文化水平，也是在村镇以内劳作，但她对自身处境和社会资源分配的洞察却超过了一般的母亲，因而她对子女的教育抱负也更加明确与坚定。加之她善于言谈，在与子女亲密的互动过程中，她的"洞察"和"抱负"能够以潜移默化的方式平顺地传递给女儿，很早就塑造了孩子同构的教育抱负与良好的学习习惯。在旧寨回族村庄妇女地位较低的现实下，这样"有志"的母亲确实是少数，这与她逐渐脱离农业生产、参与生意经营有关。生意经营中所展现或锻炼的素质同样在子女教育中发挥了重要作用。如果这样的案例对于作为核心照顾者的母亲能够得到更多的启发与支持，将在子女教育方面发挥更明显的作用。

此外，亲子之间同构的经验并非无法实现，家长关于劳动力市场的洞察并非无法传递。当十几岁的男孩急迫地想逃脱学业，进入社会时，有的父亲能够在合适的时机以合适的办法达致沟通，传递"洞察"。马德祥和马家父亲有类似的外出打工经验，他时常追悔自己的初中弃学："当年如果听父母的话，没有跑出去打工，今天最差也是个教师。"当他有潜力读书的大儿子也出现了动力不足、目标涣散的现象时，他设法将自己的经验传达给了儿子。

> 马德祥：大儿子那时初一初二还不好好上，到初二的时候我一看不行。我晓得有一些办法，就是在外面打工的时候把他领上，让他见识，让他到那个劳务市场，那个打工的人群里面转一转，给他说这人是干嘛的，文化层次有多高，这些人以前也就是不好好上学的。完了把他领到那个超市里面，外面环境好的大商场里面让他看一下，跟他说那个老板创业的人，这些是干嘛的。他自己也特别喜欢听，就知道了那个上学特别好。到初三就好好学习了，不知道咋回事就考进银川某重点高中。当时考上了就特别高兴，相当于大学已经一个台子搭进去了。最后考了个二本，现在在上研究生。

虽然旧寨学生们不可能如武驰这般亲身体验属于成人的世界，但他们在父母的指点下去具体地了解，也可以形成和父母同构的"洞察"。

在这个过程中,让子女具体地感知到父母的经验是非常重要的。

三、循规与自我隔离

上一节着重探讨了旧寨父母在塑造"懂事的孩子"中发挥的作用,但数个案例提示我们,虽然缺乏父母的明确塑造,旧寨孩子仍然具有获得洞察和抱负的其他来源。学校无疑是激发他们"洞察"和"抱负"的重要场所,教师扮演了很重要的指引角色。

对教师权威的服从是建立教学关系的关键。学生与教师的互动过程存在多个阶段,在低年级阶段,学生的能动性与洞察力都很有限,他们更倾向于服从老师的要求。笔者发现,那些懂事的孩子常常在求学的早期存在过盲目服从教师的阶段。或是出于对惩罚的恐惧,或是出于纯粹的胆小,他们从顽劣的儿童成功地被规训为循规的学生,一定程度上在教师的要求下养成了较好的学业习惯。以上过程对于他们未来突破"高中瓶颈"无疑是十分有利的。

逐渐地,懂事的孩子们和其他青少年一样在自身经验或者同辈群体文化之中重估父母和教师的话语,但他们"重估"并不是反抗和颠覆,而是对"知识-尊重的公平交换"的教学范式产生了深刻的认同,在日常教学活动中表现出高度"循规"的特点。对于旧寨学校"棍棒支配"的教育范式,这些具备强烈学习动力的孩子表现出了更高的赞许和认同,这与旧寨中学大部分学生很不相同。

> 马凯:我要是犯了错,觉得还是老师打我比较好。要是不打我,我还觉得心里不舒服……好像老师他不想管我了。

随着班级内群体与成绩的分化,放弃学业的学生组成了紧密的同辈团体,并在群体中获得文化洞察。懂事的孩子也在形成个人的洞察,但他们的观察和体悟往往埋在心里,不与外人道,因此相对缺乏"反学校文化"在集体中充分表达、酝酿发酵并最终成为群体共同定义的过程。有志于学业的学生隔离于班级中的同辈团体,虽然也许有一两个学习伙伴,但似乎从未真正加入任何紧密的团体,更有意和无意地与学业成绩不甚理想的学生保持距离。总结起来,原因有以下几点：（1）懂事的孩子占比很少，其中又因男女性别的分野，很难形成亲密的团体；（2）学业繁忙使得他们并没有足够的时间像团体成员那样"厮混"在一起，缺乏情感性的交往；（3）学业排名的竞争让他们之间存在或多或少隔阂；（4）他们缺乏类似争夺和斗争等令人热血沸腾的情境，无法形成牢不可破的团结感。

在最需要友谊和团结感的青少年时期，这些懂事的孩子却得忍受学业的压力与孤独的苦涩。他们在学校空间和村庄社区中时常都保持着一副沉默寡言、闷头闷脑的模样。这种形象无论是在追逐打闹的学校走廊还是呼朋唤友的村舍路边都是格格不入的。这些懂事的孩子之所以能够忍耐如此孤独，一来是因为他们的天性中爱好安静，不喜欢社交访友，因此在孤独和久坐中不觉凄然或憋闷。一些内向的女生不声不响，似乎在成长历程中更少受到同辈群体和外在环境的影响，对恶劣的教育环境免疫，对长期静坐的学业生活更适应，以此能实现顺利的突围。也有的学生并非天生具备如此性情，但他们在成长历程中受到约束和规训，又受到了"抱负"的感召，而逐渐适应了当下"离群索居"的状态。马凯在八年级 B 班中的外号叫"呆子"，便是他人嘲笑其闷头读书不理人的样子时传开的。但实际上，在家庭这样安全的环境下，马凯的表达欲和表达能力都很强，完全不是一个木讷的书呆子。他木讷和呆板只是在"异己"环境中的保护色，为了尽量维持一种安全的边缘状态，以便将自己与干扰源隔离开来。

值得深思的是，这些懂事的孩子在同辈群体中所面对的孤立境遇正是突破"再生产"之历程的微观写照。所谓突破"再生产"，就是要剥离自己原生的文化环境和行为方式，也就意味着要从孕育这种文化与行为方式的群体生活中剥离出来，以防止原生的惯习与文化对自己的侵染。他们依照自己的天性，或者有意避开干扰，只为了最大效率地积累某种受到教育评价体系赞赏的能力或惯习。这就是以个体方式突破"再生产"的最常见也最有效的方法。

四、苦学与农家的文化资本

Lareau 和 Weininger（2003）提出了对"文化资本"概念的反思

与操作指南。她们认为"文化资本"不是指上层的高雅文化,也不是与"能力"相对的剩余范畴,而是一种"强加教育评价标准的能力",是在教育系统中争夺评价标准合法性斗争中的资源。因此,面对不同的教育系统和守门人机构,"文化资本"的内涵是截然不同的。因此,Lareau 强调,每一项研究在说明"文化资本"内涵时,都必须要明确备注"文化资本"发挥作用的制度化评价标准,这套标准包含正式与非正式两部分,而后者尤其关键。

本文尝试在中国的教育系统与县域语境内对"文化资本"的内涵展开重新思考,尤其关注基础教育与中考环节的正式与非正式评价标准,以此来评估农家子弟在这场文化资本的比拼中到底站在什么样的位置。具体而言,是将"文化资本"理解为一种帮助学生在教育机构和教育制度中获利的资本。它不是固定和绝对的,而是随着学校环境、所学科目以及制度化评价标准的变化在发生改变。例如,农村相对传统的教育方式强调背诵记忆,优秀农村孩子在"强记"方面格外优秀,这样他们在初中语文和英语方面占有优势。但当他们面对篇幅冗长的政治和历史时,擅长一股脑都背下来的学生傻了眼。这时他的"强记"优势发挥的空间减小,而"博闻"与"理解式阅读"变得更加重要。可见"文化资本"是非常灵活的资源,在场域转换中容易失效。通过区分权宜性与情境性的"文化资本"概念与固定明确的"文化资源"概念,我们便能够破除"文化资本"与"阶级再生产"之间决定论式的解释逻辑,即文化资源的差距绝不是无可弥补无法超越的。

无论在教师还是在家长的表述中,农村子弟最明确的文化资本就是两个字——苦学。2019 届八年级马梅的学业资质并不拔尖,但她的吃苦能力是令人感叹的。

马梅父亲:她一老早上一亮就起来了。

马梅母亲:人起来就喊我们,等我们起来,人家已经起来在院子里,在那门洞里转着背书呢,晚上有时候就写到 12 点 11 点……学得头都蒙了,人还要学呢。……她拼命学着呢,冬天把手和脚冻肿了,就那么刻

> 苦学习着呢……你看你看就在这桌子上,她就一直写着呢,到晚上还写。昨晚上我们也累得很,睡得早,我来看的时候,灯还亮着,还写着呢……他们老师也说我们这女子蒙得很,就是个死学,你给娃把牛奶都买上。也是经济情况紧张得很,给娃就没买过。

由于理论概念的匮乏,这令人欣慰的现象只能被通俗地概括为"苦学"等概念,因而彻底排除了社会学研究的可能性。但事实上,正如布迪厄在《国家精英》中提出的,"天赋"某种程度上根本是"文化资本"的神话般的表达方式,"苦学"也并非天生神力,其得以成立的条件具有极强的研究价值,因为它很可能揭示出农家子弟争夺学业成就所具有的唯一而重要的资源。农村学子"苦学"的身心机制与自小塑造他们的家庭环境、社区氛围与思想观念皆有联系,揭示这一联系将为基层教育工作者提供重要启发。

本文只是为解释"苦学"的身心机制做一点探索。笔者认为,马梅的"苦学"一方面与其强烈而清晰的教育抱负直接相关,其形成机制在前文已有呈现。而故事的另一半是马梅等学生坚韧的身体,这是农家子弟独有的禀赋。农村子弟普遍拥有比城市孩子更坚强的身体,这与他们成长历程中参与农业和家务劳动的锻炼有关,这些乏味而机械的劳动内容锤炼了他们身体的韧性。在过去,儿童更多参与劳动,体验"吃苦"的时代,农村子弟的身体韧性更强。

> 高老师:我过去教书的学校是山区,而且交通也不方便,但是那些娃娃很好啊,比现在这些娃娃好。那时晚上吃完晚饭,满学校娃娃都在背书。我早上5点半起来,那时娃娃也起来,他们早起就是为了在校园里抢一个路灯,路灯底下能站三四个娃娃。

相反,虽然今天农村男孩的体力和运动能力仍然普遍高于城市学生,但他们是在无忧无虑、自由自在的广阔空间中奔跑追逐,在纵情玩乐中形塑自己的身体,反而更难以长时间忍受长期的室内活动。不过在乡村子弟内部,劳动的性别分工让旧寨男孩和女孩的惯习发生了分化。女孩很早就在家中承担起了一部分室内劳动,最典型的就是女孩们必须学习做饭。相反，男孩们似乎不被鼓励参与做饭等精细化的室内劳动，他们可能会承担喂牛等需要较大体力的户外劳动。此外，对于外出玩耍，父母对男孩的态度远比对女孩宽容。女孩常被鼓励更多留在家内，而非过多参与户外活动。笔者猜想以上机制是旧寨中学女生普遍比男生更容易突破"高中瓶颈"的原因之一。在我们调研的2019届八年级，年级前50名中有22个男生，前30名中有11个男生，但在前15名中仅有4个男生。按照往常的高中录取率，只有年级前15名才有把握突破"高中瓶颈"。这意味着，当下旧寨的男孩们面对着更严峻的"高中瓶颈"。

在论文的结尾，"如何从旧寨中学突围"的问题依旧混沌不清。有时候，父母和老师通过言传身教，成功地传递"洞察"和"抱负"；有时候，一些懂事而早熟的孩子在自己有限的经验中辗转达致了对父母和自身处境的理解；有时候，孩子独特的性格禀赋使他们巧妙地隔离了父母、社区和同辈群体的不利影响，彻底成为现代教育制度塑造的新人。不论他们的经验与父母洞察的符应过程是如何具有偶然性和神秘性，这些早熟的孩子们辗转地懂得了成人世界的事理人情，冲破沟通行动的障碍，最终理解了父母拙笨的言语，基本达致了和父母类似的"洞察"。同时积极地利用学业优势，在混乱的班级秩序中保持自己的微妙的边缘性，以"苦学"为农家特有的文化资本，试图突破"高中瓶颈"。

第九章　结论与反思

如果一个人不愿承认"社会再生产"的规律，那说明他缺乏理智；如果一个人用"社会再生产"的规律来选择自己的前途，那说明他缺乏志气。

纵观旧寨学生的教育历程，"再生产"的确是主导性的规律。但如果我们观察每个行动者走向"再生产"的过程，就会发现"再生产"的规律并不是绝对性的。正如鲍尔在《教育与中产阶级》（2008）中所揭示的：中产阶级通过教育再生产出社会位置的过程充满了曲折。中产阶层家庭固然具有雄厚的资源，但如何将"资源"转化为"资本"的过程从来都具有很大的不确定性。同样，本文在农村子弟教育和地位"再生产"过程中也发现了许多具有不确定性的关口，这些关口正是"能动性"发挥作用的空间。

一、"洞察"与"抱负"间的关系

关于"抱负"的来源，本文中主要探讨了两个形成途径：一是通过对自身处境的"洞察"；二是由家长或教师传递"洞察"和"抱负"。但即便是接受了"抱负"的传递，抽象的"抱负"内容依旧需要学生个体的解释和理解，才能够真正成为具体的抱负和驱动学业的行动力。因此，具体的"抱负"根本上是建立在"洞察"之上的。

在威利斯的研究框架中，他认为"文化洞察"是在集体文化中产生的，只有透过集体文化，一个人才能够看到自己阶级的真实处境。本文并没有将目光集中在"阶级"的问题上，因此在判断何为"洞察"与何为"部分洞察"时与威利斯也存在些许差别。

威利斯（2013）在书中写道："对于每个工人阶级的个体而言，个人在这个社会中的流动或许是有意义的。一些工人阶级的个体确实实现了向上流动，于是任何一个特定的个体可能都希望成为成功者。然而，对于整个阶级或群体而言，这种流动毫无意义。因为在这个意义上，真正的流动可能意味着整个阶级社会被摧毁。"

而在本文的研究中可以看到许多源自个人而非集体的"洞察"，我们虽然无法将其称为"文化洞察"，但每个独自奋战个体的揣摩与反驳，最终也构成了瓦解再生产铁律的洪流，似乎也具有了文化层面的意义。然而，必须承认，个人或家庭单独地达致洞察很难形成一种具有粘合性和组织力的文化，他们的抱负和目标总是"不足与外人道也"，不像反学校文化在集体中充分表达、酝酿和发酵，最终成为集体行动的动力。因此，这种洞察结果往往是每个学生、每个家庭的孤军奋战。这大概也是为什么"再生产"总是轻易出现，而突围却只属于孤军奋战的少数。

二、家长与学生的能动性空间

本研究发现，能动性发挥作用的最明确关口出现在农村家长身上。处于不利处境的家长并没有像布迪厄实践理论中描述的那样，将"自己的憧憬和实践调试到与客观条件相适应的情况"。哪怕子女都不争气，仍然不会抹杀他们所具备的阿帕杜拉（2004）所谓"对现实世界的揣摩和反驳的能力"。面对现实中的辛劳，强烈的缺失感所带来的不仅仅是"习得性无助"，还会带来对社会资源分配规律的揣摩，以及对自身处境的反驳。只要现实中仍有一线机遇，处于不利位置的家长就不可能在主观层面放弃自己改变现状的愿望。在一定程度上，家长的参考框架越完整，越能清晰地"洞察"到自己在社会资源分配中的不利处境，他们的缺失感和剥夺感越就强，对现实的反驳便越坚定。

然而，农家父母的能动性能否发挥依赖于诸多条件，也受到诸多限制。一来，农家普遍在教育投入方面遵循效率原则。这可能是过去匮乏时代留存的文化遗迹，也可能是当下农村家庭生计压力的结果。其表现之一是家长对小学阶段的孩子抱持"观望"态度，让孩子在自然成长中优胜劣汰，将孩子的前途交付一种命运式的玄学叙事。家长只对自然成长中的幸运儿投入精力和资源，这几乎是一场起始于家庭的自然分流过程。然而，幼年和儿童阶段是"惯习"形成的关键时期，一旦形成有利于学业行为的身体性惯习，就将获得学业通道中的"文化资本"。一旦沾染不利于学业的身体记忆，就造成了只有通过费时费力的自我塑造过程才能摆脱的阻碍。农村家长在孩子幼年或小学阶段的主动放手在匮乏时代也许是理性的选择，但如今是一个"每一年教育都将带来回报"的知识和技能的时代，农村家庭经济也逐渐宽松，这种"早期观望，后期发力"的教育投资方式是很不经济的。可以说，农家在教育投入方面不适当的时机阻碍了家长能动性的发挥。

二来，家长教育抱负须依靠子女自身的学业动力才能真正付诸实践。虽然家长抱有通过教育改变不利处境的动力，但他们很难将同样的动力机制传递给子女。一方面，大部分缄默文化中的农家父母受限于自己的言语能力，无法以清晰明确的言语传递抽象而离散的"洞察"。

另一面,即便具有良好的言语表达能力,父母常受限于成人与孩子之间的支配-权威关系,极大阻碍了"理想沟通情境"的形成,阻碍了"洞察"的传达。此外,从根本来说,通过沟通行动"达致理解"的重要条件之一是沟通双方拥有同构的经验基模和诠释基模。但当下亲子间的经验基模有可能差异很大,尤其在父母传递经验的叙事中,关于"下苦"和"打工"两个关联着丰富经验脉络的词语,对仅有单薄经验的子女来说几乎是无法透彻理解的。可以说,在亲子间的沟通行动中,大部分家长的能动性受到了限制。

相比成年人,学生的能动性最初是微弱的。"再生产"的结构性力量在一个人年幼之时最为显著。农村子弟享受了乡间自在散漫的童年,在父母的"观望"和自然成长的家庭教养模式下,他们的童年期也相对延长了。在高度同质化的乡村社区与同辈互动中,他们躲避了阶层差距对比的伤害,但也缺乏解读"通往未来旅途的地图"所必须的经验和知识,即"立志的能力"。

但随着他们年龄的增长,进入纪律严格的乡镇住宿制中学,成人世界的规则和要求对他们不问明天的童年国度的冲击渐渐增强。来自成人世界的刺激主要是由父母和教师传达的。在早期,他们在话语层面上接受了父母"上高中-上大学"的教育抱负,也受到了学校意识形态的熏陶与塑造,这些未经他们解读的"抱负"只能是抽象而空洞的观念存在物。逐渐地,乡村青少年在自己的经验或者同辈群体文化之中重估父母和教师的话语。这种"重估"并不仅仅意味反抗和颠覆,对于初中的循规生,其循规行为并非是对教师的单纯服从,而是出于对学校教学范式中的合法性解释的认同。在这个成长的历程中,具有情景解释能力的初中生在自己的生活世界中逐渐建立起自己的"洞察"和"抱负"。

乡村初中生开始积极地解读和重估父母和教师的经验,型塑同辈群体文化,接受并理解互联网传递的信息,逐渐展现出能动性。但"部分洞察"导致了一部分本有潜力考上高中的学生对教育和职业抱负产生曲解。旧寨家长在表述"不要下苦"时,其最高的抱负指向的是"上高中-上大学-好工作"这样的学业道路,其最抽象的目的是改变孩子的阶层处境。但初中生们只理解了"不要下苦"的字面涵义,即"不要当农民"或不要做"建筑工",仅仅只是理解了自己应该规避什么,却没有领会到父母希望他们追求的抱负。加之青少年听信了职业学校的美化宣传,从"快手"等娱乐媒介中窥见了服务行业的光鲜亮丽,当父母以"不要下苦"为理由劝学时,他们并没有相应地树立起"上高中"的学业抱负,而是将目标投向了看似光鲜的服务行业和职业技术学校。

旧寨中学生并非不具有"上高中"的抱负,只不过他们这一抱负大多停留在抽象阶段,其具体化的过程又颇有波折。直到八年级的晚期和九年级之初期,一部分学生渐渐在具体的经验中意识到中考的残酷竞争与高中生的可羡之处,个别学生目睹了同伴外出打工铩羽而归的过程,逐渐形成了具体而强烈的"上高中"的抱负,激发出他们强劲的能动性。然而能动性的发挥还是会受到紧迫的时间与自身不利惯习的限制。他们不利于学业的惯习是存续在身体中的过去,此刻"普职分流"的残酷竞争就在眼前,留给他们克服"昨日之我"、重塑自我的机会空间是有限的,且只属于寥寥少数人。可惜大部分旧寨学生,在无力的时候才意识到了命运的残酷之处,但木已成舟,难以回头,他们只好放出豪言说"永不后悔",直到有一天终于承认自己有所遗憾。

三、政策的支持与局限

我国自古以来有拔擢寒士的科举制传统,相对其他社会,中国普通民众具有极强的教育愿望(Kinpis, 2011)。加之社会主义革命之后唤醒了潜藏在底层民众中的"平均主义心态"(卢晖临,2015),在当下中国,底层向上流动的教育通道是我国民众对公平的核心需求。

可以说,我国宏观的教育政策是在明确维护底层向上流动的教育通道,中国教育对个人来讲依旧具有逾越文化屏障的作用(钱民辉,2004)。国家对于教育的计划、支持和调控是有利于大众阶层社会流动的。就以黄高县为例,自1986年颁布《义务教育法》,"普九"运动正式开始,直到2003年黄高县"普九"和"双基"工程验收前夕,当地政府为争取农家学生付出了艰苦卓绝的努力。这场"普及九年义务制教育"的运动几乎成为政府和教师向家长争夺学生的斗争。"普九"推行早期,学生接受初中教育的确显得不划算:一来因为接受初中教育成本较高,家庭需要支付部分生活和学杂费用;二来去镇里上初中的路途遥远,接送耽搁家长时间,孩子往返不便又存在安全隐患。

"两基"工程基本保证了入学机会均等化,改善了乡村的办学条件。

随着义务教育阶段"两免一补"惠民政策在宁夏回族自治区的铺开,学校食堂和宿舍逐步建立,孩子到旧寨镇上学的成本已经大大降低。目前我国推行的"义务教育均等化工程"进一步拉平了城乡义务教育的物质条件,"均等化"工程包括的中考普高名额"切块到校"、特岗教师计划、乡村教师待遇提高等举措也在逐渐弥补城乡教育的软件差异。加之,打工经济在农村逐渐形成,农业收入在家庭收入中的比重逐渐降低,农业机械化程度提高,孩子年龄太小,无法进入劳动力市场为家庭创造收益,作为农业半劳动力的价值几乎为零。有过外出打工经验的农村家长渐渐意识到,基本的文化教育是进入劳动力市场的必备要件。在以上背景之下,经过2003年到2018年大约15年的时间,即便是旧寨镇最顽固的家长都彻底承认了"九年义务制教育"的重要性。如今在旧寨镇,只见过被父母赶去念书的逃学娃,没听说过强迫子女辍学的家长。如果子女在小学阶段显示出读书的资质,旧寨父母便会燃起孩子"上高中-上大学-好工作"的抱负。

之所以处于不利位置的旧寨家长们敢于立志,一来是因为相较英美等国灵活的考核制度,我国统一的课程大纲、相对僵化的考试体系和唯分数论的选拔机制,都保证选拔过程的相对公平,为勤奋学习的农村子弟留下了突破重围的客观空间,维持了城乡和阶层间教育竞争的公平底线。二来是因为过去15年来,国家在不断鼓励贫困地区和农村子弟参与教育竞争。经历过西部地区"两基"攻坚计划(1995-2005)实施过程中学校向家庭争夺学生的事件,旧寨镇的父母普遍感受到国家在政策层面是鼓励贫困子弟进入教育通道以实现阶层流动。"义务教育均等化工程"的推进又让肉眼可见的学校环境得到极大的改善,住宿制的建立以及免费午餐等惠民政策更极大地减轻了孩子就学的物质困难。

访谈中,很多"80后"家长都将自己当年辍学归咎于恶劣的物质条件,如今物质条件的改善显著增强了他们对子女学业的信心。各个村庄中历年来少数突破重围考上大学的案例进一步鼓舞了这种希望。虽然旧寨学校2017年只有14.5%的高中升学率,黄高县乡镇初中平均而言只有21.9%的高中升学率,但这无疑让农村家长相信上升通道是为农村孩子们敞开的,只待有天资肯努力的孩子蟾宫折桂。

然而,农村父母越是在今昔对比中感叹和相信教育通道的畅通,他们就越是认可"社会再生产"的合法性,乍一看这似乎与他们逐渐提升的教育抱负相矛盾。当地农民素来被诟病为"等靠要"思想严重,但面对教育状况的改善,他们却普遍表现出容易满足的一面。当子女遇到辍学或"高中瓶颈"的窘境时,历来存在"等靠要"心理惯性的旧寨家长往往将失败归咎于学生自身不努力,而非归咎于制度环境。大部分家长认为,经过数年来义务教育均等化工程的推进,农村孩子们如今的教育条件已经很好了,还能怪谁呢?只能怪自己辅导不了孩子,只能怪孩子不好好学。可以说,义务教育均等化工程对乡村硬件设施的大幅投入,使得目之所见的物质条件方面达到了城乡均等,现阶段这一成就已经让大部分农村家长认可宏观的国家教育政策,同时也认同"社会再生产"的合法性。在此背景下教育再一次发挥了对阶层和城乡不平等的神秘化作用。

虽然支持底层社会流动的宏观教育制度和政策极大地鼓舞了农村家长,但以上政策低调而微妙的执行过程却几乎屏蔽了农家父母的"洞察",甚至以隐秘的方式局限了农村家长教育抱负的实现。叶敬忠(2017)认为农村中小学布局调整间接导致了农村子弟的教育上移的现象,最终有利于城市化的发展,加剧了乡土人才流失。但面对乡村初中劣势聚集的现状,农村家长们常以个体行动者的角度思考问题,将劣势归咎于自己没本事,不能把孩子转到城里,却很少意识到或者无力反驳城乡教育资源配置本身的问题。此外,农村家长对教育系统的评价和判断往往依靠非常浅显直白的指标,就如同他们对孩子的学业评价只能依靠考试分数一样。例如他们比较关注少数民族、双女户或贫困户加分政策，却对乡村初中高中录取名额"切块到校"的政策一无所知。正因为政策受益者对政策本身的无知无觉，导致政策执行被置于潜在的非正式操作之下。

同理，农家家长也很难及时意识到教育政策调整所带来的影响，他们有限的社会关系网无法提供信息让他们对此做出及时的反应。《国家中长期教育改革和发展规划纲要（2010-2020年）》强调"普职比例大体相当"，2014年的《通知》中表明要对职普比例低于45：55的地区进行重点督查。为了完成以上目标，地方教育部门在初中增加了对职校的宣传力度，甚至向教师分配了职校录取指标。与此同时，全国中小学生学籍信息管理系统在2014年全国联网试运行，学籍管理电子化的重要成果之一就是从技术手段上规避了中考复读生的产生。中考不再为非应届生提供机会，无法向高考那样提供再来一次的机会。乡村弱势中学生在这一轮政策调整中受到了最大的冲击，进一步加重了他们的"高中瓶颈"。

但农村家长大多对教育政策的变化毫不敏感，在政策调整之初，他们和孩子一样直到八年级末九年级之初才意识到了竞争的残酷。过去农村学生倾向于以延长学习时间来弥补教育资源的相对匮乏，以获得考试中的竞争力。如今他们愈加被动，在城乡教育存在明确差距的情况下不得不走向了尚不成熟的职业教育的轨道。然而，即便是对于高中阶段"普职分流"中所体现出的"社会再生产"现状，家长们除了抱怨当地职业学校办不好，对乡村初中的教育质量以及分流过程的公平问题并没有过多关注。

教育改革的话语始终被城市中间阶层甚至"总体性精英阶层"（钱民辉，2004）把持，教育政策的制定者与执行者也或多或少地受到优势阶层的游说和影响。在城市义务教育阶段民办学校逐渐壮大的同时，城市中心主义的政策和理念也猛烈地冲击着乡村教育。其中，部分政策和理念或许对乡村教育有良好的影响，但很多情况下，这些政策和理念也常常被利用，最终损害了乡村教育的质量。例如，教育竞争愈发激烈，导致城市教师和家长以准军备竞赛的方式增加教育投入，导致城市学生负担过重。教育主管部门无法管控"影子"教育市场，只得严加管控学校加课或增订辅导资料的行为,以此遏制教育投资的恶性竞争。

与城市教育投入的过度相反,农村家长本来就在教育方面投入不足,无法像城市家长那样给孩子报课外辅导班,购买大量教辅资料,乡村学校是农家子弟获得以上教育投入的唯一和最佳场所。然而个别乡村教师利用了城市中心主义的政策话语与理念,以此拒绝对乡村教育的额外投入,甚至以"减负减压"为借口,逃避职责范围内的工作。农村家长对教学细节所知较少,对教师的专业权威更为服从,因此他们无法像城市家长那样给教师带来外在监督,乡村教师群体由于缺乏家长的干预和监督,存在一定消极怠工的倾向。在"减压减负"的政策倡导之外,"快乐童年"的城市中间阶层的乡愁话语也开始进入农村家庭,反倒为农村子弟散漫的童年生活提供了合法性。其结果是,乡村教育在模仿城市教育的过程中,其资源投入不足问题反倒被掩盖和忽视。

总的来说,旧寨家长对子女就学的制度环境和政策条件抱有很高的信任与认同,但在支持大众阶层向上流动的教育政策之外,他们对限制其抱负实现的政策反应较慢,对低调而微妙的政策执行过程鲜有察觉,最终部分地认可了"社会再生产"的合法性。

参考文献

鲍尔,2008,《教育与中产阶级》,湖南教育出版社。
布尔迪厄,2004,《国家精英——名牌大学与群体精神》,商务印书馆。
———,2017,《实践理论大纲》,中国人民大学出版社。
程猛、康永久,2018,从农家走进精英大学的年轻人:"懂事"及其命运,《中国青年研究》,第 5 期。
高明华,2012,父母期望的自证预言效应:农民工子女研究,《社会》,第 4 期。
拉鲁,2014,《家庭优势:社会阶层与家长参与》,江西教育出版社。
刘保中、张月云、李建新,2015,家庭社会经济地位与青少年教育期望:父母参与的中介作用,《北京大学教育评论》,第 3 期。
刘谦,2015,迟疑的"大学梦"——对北京随迁子女教育愿望的人类学分析,《教育研究》，第 1 期。

卢晖临，2015，《通向集体之路：一项关于文化观念和制度形成的个案研究》，社会科学文献出版社。

帕特南，2017，《我们的孩子》，中国政法大学出版社。

钱民辉，2004，教育真的有助于向上社会流动吗——关于教育与社会分层的关系分析，《社会科学战线》，第 4 期。

———，2005，《教育社会学：现代性的思考与建构》，北京大学出版社。

舒茨，2012，《社会世界的意义构成》，商务印书馆。

王甫勤、时怡雯，2014，家庭背景、教育期望与大学教育获得 基于上海市调查数据的实证研究，《社会》，第 1 期。

威利斯，2013，《学做工：工人阶级子弟为何继承父业》，译林出版社。

吴愈晓，2013，教育分流体制与中国的教育分层，《社会学研究》，第 4 期。

谢小平，2011，伯恩斯坦教育符码理论的分析框架及讨论，《教育评论》，第 4 期。

熊易寒，2010，《城市化的孩子：农民工子女的身份生产与政治社会化》，上海世纪出版集团。

杨春华，2006，教育期望中的社会阶层差异：父母的社会地位和子女教育期望的关系，《清华大学教育研究》，第 4 期。

叶敬忠，2017，作为治理术的中国农村教育，《开放时代》，第 3 期。

Appadurai, A., 2004, The Capacity to Aspire:Culture and the Terms of Recognition, *Culture and Public Action*. 59, 62-63.

Bok, J., 2010, The Capacity to Aspire to Higher Education:'It's like Making Them Do a Play Without a Script', *Critical Studies in Education*. 51(2)

Bowles, S. and Gintis, H., 1977, *Schooling in Capitalist America:Educational Reform and the Contradictions of Economic Life*, Basic Books.

Coleman J.S., 1972. Coleman on Coleman Report, *Educational Researcher*. 1(3).

Jennings, M., and Niemi, R., 1975, *Political Character of Adolescence:The Influence of Families and Schools*, Princeton University Press.

Kerckhoff, A.C., 1989, On the Social Psychology of Social Mobility Processes, *Social Forces*. 68(1)

Kipnis, A., 2011, *Governing Educational Desire:Culture, politics, and schooling in China*, University of Chicago Press.

Koo, A., 2012, Is There Any Chance to Get Ahead? Education Aspirations and Expectations of Migrant Families in China. *British Journal of Sociology of Education*. 33(4)

Lareau, A., 2011, *Unequal Childhood*, University of California press.

Lareau, A. and Weininger, E., 2003, Cultural Capital in Educational Research: A Critical Assessment. *Theory and Society*. (5)

Mickelson, R. A., 1990, The Attitude-achievement Paradox among Black Adolescents, *Sociology of Education*. 63(1)

Prodonovich, S., Perry, L. and Taggart, A., 2014, Developing Conceptual Understandings of the Capacity to Aspire for Higher Education, Issues in *Educational Research*. 24(2)

Sewell, W. H. and Hauser, R. M., 1993, *A Review of the Wisconsin longitudinal Study of Social and Psychological Factors in Aspirations and Achievements 1963-1993*, Madison, Wisconsin, University of Wisconsin-Madison, Center for Demography and Ecology, 1993 Jun, 1, 59-100.

Smith, T. E., 1982, The Case for Parental Transmission of Educational Goals:The Importance of Accurate Offspring Perceptions, *Journal of Marriage & the Family*. 44(3)

Swilder, A., 1986, Cultural in Action:Symbols and Strategies, *American Sociological Review*. 51(2)

Wu, N., Hou, Y., Wang, Q. and Yu, C., 2018, Intergenerational Transmission of Educational Aspirations in Chinese Families:Identifying Mediators and Moderators, *Journal of Youth and Adolescence*. 47(6)

扶贫产业中的"家庭经营"与"规模效应"

何奇峰　北京大学社会学系 2016 级
指导教师　周飞舟

第一章　导言

一、背景：从脱贫攻坚与乡村振兴谈起

新中国成立以来，党和国家一直致力于消解农村地区的贫困现象，并取得了一定的成效。总览新中国 70 年的历史，扶贫开发工作的相关政策具有一定的内在逻辑，学界一般将已经完成的扶贫开发工作划分为五个阶段：发展农村集体经济与基础设施建设的第一阶段（1949-1978 年）、经济体制改革推动下的土地制度调整的第二阶段（1978-1985 年）、扶贫组织建设与以扶贫县为重点的区域型扶贫的第三阶段（1986-1994 年）、大规模减贫的第四阶段（1994-2001 年）及以全面建设小康社会为目标的第五阶段（2001-2012 年）（刘娟，2019；陈标平、胡传明，2009；申秋，2017；王曙光、王丹莉，2019）。在经历这五个阶段后，中国农村地区的贫困人口由 1978 年时的 2.5 亿减少到 2010 年底的 2688 万人[①]，农村贫困人口仅占农村人口的 2.8%，农民的年人均纯收入增加至 3273 元[②]。中国的扶贫开

---

① 当年官方公布的贫困标准线为 1274 元 / 年。
② 数据来源中国人民政府网站，网址 http://www.gov.cn/jrzg/2011-11-29/content_2005406.htm。

发工作取得了初步的成效。2011年底中共中央召开中央扶贫开发工作会议,正式对外公布了《中国农村扶贫开发纲要(2011-2020年)》,明确提出"到2020年,稳定实现扶贫对象不愁吃、不愁穿,保障其义务教育、基本医疗和住房"的总目标,并在将贫困标准提高至人均纯收入2300元/年[①]。根据当年的新闻报道,许多专家估计如果按照这一目标与最近的标准,扶贫对象的规模将会过亿[②]。于是,中国的扶贫开发工作进入了一个全新的阶段。

2013年11月,习近平总书记在湖南湘西考察时作出了"实事求是、因地制宜、分类指导、精准扶贫"的重要指示,这是在扶贫开发工作中第一次提出精准扶贫的理念。2014年两会期间,习近平总书记进一步阐释了精准扶贫的理念,中办在详细规制了精准扶贫工作模式的顶层设计后明确了精准扶贫的概念,即精准扶贫是指对不同贫困区域环境、不同贫困农户状况,运用科学有效程序对扶贫对象实施精确识别、精确帮扶、精确管理的治贫方式,这一概念最终在2015年6月转化为"六个精准"[③]:扶贫对象精准、项目安排精准、资金使用精准、措施到户精准、因村派人精准、脱贫成效精准。

到2014年底,以最新的贫困标准,中国仍有超过7000万的农村贫困人口。为确保2020年能够实现全面脱贫的总目标,2015年11月29日中央扶贫开发工作会议作出《关于打赢脱贫攻坚战的决定》,明确提出要"举全党全社会之力,坚决打赢脱贫攻坚战",扶贫开发工作正式成为一项运动、一场战役、一个在当前时期最重要的政治任务。这一时期,配合精准扶贫的概念,中央提出了扶贫工作"两不愁三保障"的工作目标与"五个一批"的脱贫措施。"两不愁三保障"指的是"不愁吃、不愁穿,义务教育、基本医疗、住房安全有保障"。"五个一批"则是指发展生产脱贫一批、易地搬迁脱贫一批、生态补偿脱贫一批、

[①] 2015年这一标准提高至2700元,在2018年调研时提高至3000元,不同地区甚至要求3300元。
[②] 新华网2011年12月1日新闻,阿坝藏族羌族自治州政府网站转载,网址 http://www.abazhou.gov.cn/jrab/zwyw/201210/t20121016_850652.html。
[③] 中国经济网报道,网址 http://www.ce.cn/xwzx/gnsz/szyw/201601/03/t20160103_8019081.shtml。

发展教育脱贫一批、社会保障兜底一批，为7000万农村贫困人口建档立卡，分类施策，确保精准到人，"不留锅底"。

从2015年脱贫攻坚战以来，从中央到地方、从党政机关到行政部门，有关扶贫开发的政策文件数量十分庞大，并且在2017年"十九大"后达到顶峰。习近平总书记在"十九大"报告中再次强调要打赢脱贫攻坚战，确保实现2020年全面脱贫的目标。随后，中共中央、国务院发布《关于打赢脱贫攻坚三年行动的指导意见》。2017年开始，自中共中央、国务院到各地方政府都出台了相应的脱贫攻坚工作的指导意见与工作细则，各部委、地方职能部门也有系统内部的工作方案。据不完全统计，仅仅在2017-2018年两年间，省部级以上单位出台的与脱贫攻坚工作相关的政策文件就多达200余份，最多的国务院部委单位曾先后出台10余份文件在系统内部指导具体工作[①]。

在全党全社会关注脱贫攻坚的背景下，短时间内大量的资源流入贫困地区的农村。多部门联合印发的《关于做好选派机关优秀干部到村任第一书记工作的通知（组通字〔2015〕24号）》文件规定所有的建档立卡贫困村必须派驻第一书记，中办、国办印发的文件《关于加强贫困村驻村工作队选派管理工作的指导意见》则规定了所有建档立卡的贫困村必须派驻扶贫工作队，每个工作队不少于3人，每期驻村时间不少于2年。此后，第一书记、驻村工作队成为贫困村建设与发展的实际领导，其中第一书记负责"建强基层组织、推动精准扶贫、为民办事服务、提升治理水平"，驻村工作队的工作则更加具体，涵盖了贫困人口的精准识别、指导扶贫产业的生产与经营、发展村级集体经济、扶贫"扶志"、法制宣传教育、推动基础设施建设与社会保障政策等多个方面。

第一书记与工作队队员均来自于贫困村的定点帮扶单位，帮扶单位一般是省直或市直的党政机关或政府部门，工作队队员进驻到贫困村时能够得到自己原单位大量的资金与项目支持。此外，在政策的号

---

① 调研开始前，2018年3月国务院扶贫办中国扶贫发展中心曾就政策内容进行培训，数据来源于培训资料。

召下，许多公司企业也将大量资金投入到贫困村中，凡是在贫困村发展农业产业都能够获得相应的政策性优惠甚至是直接的资金补贴。随后，金融部门也为贫困户小额信贷提供了便利。因此，在短时间内有大量的资源和资金流入到贫困村中去。

这一时期，与脱贫攻坚相衔接的是乡村振兴战略。2017年"十九大"报告中不仅仅再次强调了脱贫攻坚工作，还指出"农业农村农民问题是关系国计民生的根本性问题，必须始终把解决好三农问题作为全党工作的重中之重，实施乡村振兴战略"。随后，2018年的中央一号文件《中共中央国务院关于实施乡村振兴战略的意见》以及年中的《国家乡村振兴战略规划（2018-2022年）》明确了乡村振兴战略的规划，确立了"产业兴旺、生态宜居、乡风文明、治理有效、生活富裕"20字的总方针，并要求"到2022年，乡村振兴的制度框架和政策体系初步健全，探索形成一批各具特色的乡村振兴模式和经验，乡村振兴取得阶段性成果。到2050年，全面实现乡村振兴"。许多学者认为在这一时间点上提出的乡村振兴战略与脱贫攻坚战有内在的逻辑关系，乡村振兴是脱贫攻坚的战略承接，而脱贫攻坚是实现乡村振兴的前提。（王造兰，2018；豆书龙、叶敬忠，2019）

如果我们将视角聚焦在贫困村上，在城镇化的背景下，农村劳动力不断外流，而脱贫攻坚带来的短时间大量流入到贫困村的资源与资金如何被贫困村所接纳，贫困村发展的实际带头人第一书记与驻村工作队如何为这些资源与资金找到出口，实现脱贫攻坚与乡村振兴的要求，成为他们面临的最实际的难题。

乡村长远的发展需要的是强大的农业产业基础，"人""钱""地"的关系显得尤为重要（廖彩荣、陈美球，2017；叶兴庆，2018），在脱贫攻坚和乡村振兴的感召下，大力发展乡村的农业产业成为这些资本的必然出路。从脱贫攻坚战的角度看，乡村产业符合"发展生产脱贫一批"，以扶贫开发工作的政策语言来看是"能够充分激发农民的内生动力"；从乡村振兴的角度来看，农业产业的发展能够解决2020年脱贫攻坚战胜利后，工作队撤出贫困村的可持续发展问题；如果从工作队本身的角度看，产业是最好的应对检查与对外宣传的工作成绩。

那么,这些产业的经营模式成为当前时期的热点问题。

二、问题提出

农业产业经营主要是村集体规模经营与以家庭为单位的分户经营模式两种,但无论是哪种经营模式,扶贫带来的资源与资本是以完成政治任务为目标,即在短时间内使农村人均收入超过贫困线、实现脱贫出列。从收益方式上,由于脱贫攻坚战与乡村振兴战略都有对农民"内生动力"的强调,农民必须是通过可持续收入的方式获得收益,因此资本极少以土地流费用、资本运作增值的收益方式发放,即便是有下乡企业,也必须向贫困村的贫困户优先提供就业岗位。

在资本接收对象上,扶贫资金往往要求发放至相应的农业合作社,因此实际存在的合作社通常有三种形态:一种是"空壳合作社",这种合作社仅仅是名义上存在的,其目的就是为了接收国家扶贫资金,实际上为农业企业或能人大户服务,普通村民仅仅是以打工者而非社员的身份从事农业活动,农民受益以"工资"为主;一种是大户带动农户型的合作社,这种合作社往往是大户具有一定的产业基础,农户通过扶贫资金从事相关农业生产活动,其收益以"生产经营收益"为主;一种是以村集体为依托的合作社,全部村民为合作社社员,通过扶贫资金入股合作社,由村集体统一支配扶贫资金从事生产经营活动,农民收益以"工资+分红"为主。单从资本接收对象的角度来看,第一种名义上的合作社接收资金的方式与资本下乡相似,第二种与第三种合作社虽然具有一定意义上的实际功能,但是作为社员的农民仍然以"工资+分红"的收益为主,这与传统资本下乡农民的"工资+流转费用"的收益模式基本相同。

当我们重新回到社会学的视角上会产生这些疑问:规模经营的农业产业模式与家庭经营的农业产业模式在脱贫攻坚的背景下会产生什么样的效果?村庄基层党组织与乡村产业的实际领导人第一书记和驻村工作队却是以"外人"身份进入到村庄的,他们会对农村社会关系网络产生什么样的影响,对产业又有什么样的帮助?传统的农村经济生态是否受到影响,亦或是否产生新的农村经济生态?短时间内大量的贫困村大力发展农业产业,农产品又是通过什么途径销售的呢?驻村工作队、村支两委与村民在其中又扮演了什么样的角色呢?

带着这些疑问,本文将试图在脱贫攻坚战的大背景之下从"资本-生产-销售"三个环节入手描述案例村庄的经济生产模式,以此出发考虑"资本下乡"乡土适应性问题与农民生产经营的主体性,并讨论家庭经营是否能在一定区域内形成规模的问题。

三、文献综述

长期以来,过密化的中国农业增长和农村手工业的增长既没有形成新的社会生产组织,也没有带来单位工作日收入的增加,家庭年收入的增长,源自于家庭劳动力的更充分利用。农产品市场交易由小农完成,而城乡的流动则是单向的,农村产品流向城市(黄宗智,1992)。这样的背景下,中国小农的生活在相当长的时间仅仅维持在温饱水平。近些年来,中国农业正处于大规模非农就业、人口自然增长和农业产业结构转型的三大历史变迁的交汇之中,这样的交汇将同时导致农业从业人员的减少与农业劳动力需求的增加(黄宗智、彭玉生,2007)。随着改革开放的深入,农村经济组织形态以及与之相对应的土地制度产生了巨大的变化。在这一节当中,我们希望通过对以往的经济组织形式及土地流转形式进行一个梳理,并以此整体性地对农村产业与农村劳动力状况有一个初步的了解。

1. 农村经济组织形态

农村经济组织形态的变化是伴随着外界资本不断进入乡村而进行的。从经济学家的角度来看,一个经济组织的经济绩效,既取决于组织内部的制度安排,也取决于制度的设计与外部环境的相容性(罗必良、王玉蓉,1999)。而从社会学家的角度来看,农业生产的特殊性、农村乡土社会关系、农民生活方式等因素都会对农业生产具有重要影响。从现有的研究来看,有外界资本介入的生产项目主体主要是政府、企业、合作社以及农户等,具体的生产经营活动由这些主体中的某些主体合作开展。

"分包制"是农业产业中最常见的组织形态,对应的是"企业+

农户"的生产模式。这一模式出现较早,在农村产业化组织总数中所占比例较高,早在1996年,"企业+农户"的组织形式已经占29省份产业化组织调查总数的45%(崔传义、潘耀国,1999)。这种模式主要依靠企业与农户所缔结契约而成。但是由于企业缺乏对农户的约束力量,加之农业生产特殊性带来的较高的监督成本,带来很高的交易成本(周立群、曹利群,2000),往往需要引入新的互补制度以弥补缺陷。具体的实践过程中,往往需要引入中介机制,从而形成"企业+合作社(村集体)+农户"以及"企业+大户+农户"两种组织形式(周立群、曹利群,2001),这也成为近年来农业产业化的普遍组织形态。

此外,从财政转移支付开始,"项目进村"形成了中央政府发包、地方政府打包、村庄抓包的项目制度(折晓叶、陈婴婴,2011),一些农村经济组织开始围绕项目开展。尤其在脱贫攻坚战开始以来,通过树"典型"的方式鼓励其他村庄效法,而这种对典型的选取要求与我们学术意义上的典型性略有不同,并最终导致了乡村治理的重构。(李祖佩,2013)。一些相对贫困的村庄,更加希望通过借助外接力量的支持(应小丽,2013)。在本次调查中也遇到一些村庄通过自身对贫困与艰难的诉苦以达到获取更多项目资源的目的。因此,项目制在实施和运作过程中已变成某种组织化的乡村治理与发展新模式(林聚任、马光川,2018)。

2. 土地流转形式

在当前农业产业经营的实践中,土地流转通常是不可避免的,不同的经济组织形态以不同的土地流转形式为基础。有学者指出当前较为常见的土地流转形式可以分为土地转包、反租倒包、土地股份制以及土地信托四种形式(刘守英,2009)。以往的研究发现,在许多地区存在外出务工的农民将土地无偿或低价转给亲戚或同村村民耕种的现象,亦或是交由村集体统一转包给村内大户、外来企业耕种的现象,这种土地流转的方式便是土地转包。

而反租倒包的方式则一直在学界存在一定的争议。反租倒包是指集体经济组织将农民手中的土地以一定的租金反租过来,再倒包给农业大户或农业企业从事规模经营活动（刘守英，2009）。有研究指出，在实际生产经营的过程中，反租倒包的土地流转方式往往会带来村委会"反客为主"、借机寻租等现象，从而损害农民的权利。例如违背农户意愿，强制包地、乡镇干部中饱私囊（徐佩佩，2012），以及在这一过程中出现村级组织不断做大的情况（陈锡文，2011；刘守英，2011）。因此，中央2001年的第18号文件明确指出，反租倒包"不符合家庭承包经营责任制度，应予禁止"。在2008年中央1号文件中又明确强调"坚决防止和纠正强迫农民流转、通过流转改变土地农业用途等问题，依法制止乡、村组织通过反租倒包等形式侵犯农户土地承包经营权等行为"。

但是，从现有研究的成果来看，反租倒包仍然是非常重要的土地流转形式，并且在许多农业产业组织的实践中产生了较好的经济效益。例如吴德胜通过经济学契约模型理论，将分包制看作是企业之间的契约，将反租倒包看作是企业内部的契约，由于企业内部的契约更加稳定，反租倒包最终将会代替分包制存在（吴德胜，2008）。也有学者从反租倒包能够形成规模效应，从而带来更多利益的角度分析这种模式的优势（黄延廷，2010）。

3. 资本下乡与乡土社会的互动

目前，随着越来越多的资本进入农村，农业产业规模仍然有不断扩大的趋势，尽管造成这一现象的原因是多种的，但其造成的结果是近些年学界所关注的：农村人口不断外流，农村呈现空心化、老龄化趋势；而村庄内部的农业产业规模不断扩大。下乡的城市资本参与村庄农业经营，许多资本基层政府结成"权力－资本"利益共同体，共同应对土地流转中分散孤立的农户，村级组织成为下乡的工商资本管理分散农户的代理人（张良，2016），通过土地流转的方式对村庄进行经营与再造，而这一过程内在的主要动力是以紧缺的土地指标来换取土地价值差异带来的非农收益（焦长权、周飞舟，2016），土地财政进一步与土地金融相结合，形成了土地－财政－金融三位一体的发展模式（周飞舟、王绍琛，2015）。

在土地流转的过程中，资本充分利用了乡村社会中的非正式资源和正式资源，从而使得流转的效率大为提高。但是农民在不同时期进行土地流转的动机和目的有所不同，具有不同社会经济基础的农民对流转的态度也不同（陈柏峰，2009），因此虽然从表面上看，流转是基于农户的自愿原则，但不少研究发现，流转的发生大多是被动员、被操纵的结果，造成了程序正义与实质不平等的矛盾（郭亮，2011）。甚至在一些地方，由于流转信息沟通不顺畅、农民流转主体地位得不到保障、集体"流转工作经费"使用不够透明等原因（孔祥智等，2010），土地流转的程序正义也难以保障。这一矛盾可能会为随后的企业经营增加负担（徐宗阳，2016）。从另一方面来看，当前我国农业生产关系滞后于农村发展水平的需要，这本就表现为"田不好种"以及"种田不划算"，如果在这一背景之下地方政府继续大力推动资本下乡流转土地，可能制造"无人种田"的现实（李永萍，2018）。

在流转后的经营过程中，规模效应虽然能够在一定程度上提高资源的利用效率，降低生产成本，实现规模效应，但是更多伴随的是改变土地用途、套取政府补贴等方式进行盈利（贺雪峰，2014）。即便是有些资本从事农业相关的生产经营活动，也会面临高额的监督成本、复杂的乡村关系，表现出与乡村社会无法契合的问题，最终也只能依靠非农性收益维持经营。一旦这种收益的来源终止，农民将会面临资本跑路的风险（徐宗阳，2017）。这些资本下乡由工商资本的"外来性"所导致资本与乡土社会互动不畅的问题在近年来的研究中十分常见，并且在短时间内难以克服。

4. 家庭农场与适度规模经营

针对这些问题，在现有的组织形态与土地经营模式的基础上，有学者提出了建立农村家庭农场与适度规模经营的生产模式。例如黄宗智认为大规模土地流转带来的大农场是基于美国地多人少模式的想象，而建设"小而精"的适度规模家庭农场才是适合中国农业发展的模式（黄宗智，2014）。尽管这里"家庭农场"的概念与本文所讨论的保持传统经济生产模式基础上的家庭农场概念有所不同，但是控制土地流转规模这一说法得到了许多学者的认可，本文也对这一概念有所借鉴。目前,农业雇佣工人(长工)仅占中国农业全部劳动投入的3%(短工占0.4%),这与印度的45%形成鲜明的对比,这种"没有无产化的资本化"是中国农业发展的基本特征(黄宗智等,2012)。农业生产技术的改进与生产要素的市场化无疑会促进农业生产服务的规模化,但规模化服务并不以土地的集中和小农经济的消亡为前提(韩启民,2015)。有学者认为,农村改革的核心与实质不仅是要重新还地权于农民,同时也是要重新建立一个有效益、有适度规模的农地配置与经营制度(吴毅,2009)。

但是有学者担心,在新农村建设资源分配中,大多数政府主导实际上已经沦为部门利益主导,它们追求的并不是公共利益最大化,这导致精英农户得益多,而多数小农被"客体化"和边缘化(温铁军,2009),从而出现"大农吃小农"的尴尬博弈与不平等交易(黄宗智,2012;张永强等,2017)。因此,在经营过程中,应当注重农民家庭在农业经营中的主体地位,注重和支持农民的合作组织(陈锡文,2012;陈曙光,2010),通过农民经营而自发形成的合作组织与大资本抗衡。

5. 小结

通过对文献的梳理发现,随着近年来城镇化发展,农民外出务工人数增加,农村留守的劳动力呈老龄化的趋势。在以往的研究中,有学者指出只有极少数农民具有主动返乡的意愿,更多的返乡来自于农民自身劳动能力与其家庭生命历程的作用(王绍琛、周飞舟,2016)。即使是返乡的农民工也可能不会回到村内,而是在邻近县城或乡镇购房[①],这种"梯度城镇化"的模式是与农业产业化相关联的。大量的劳动力进城,必然导致农村留守农民中除了少数"能人大户",多为老人、留守妇女与留守儿童。那么,在脱贫攻坚与乡村振兴的背景下,一个个"空心化"的贫困村如何能够大力发展农业产业,这些"老龄化"的劳动力如何满足农业产业对劳动力的需求,这些问题值得我

---

① 中国社会科学网文章,网址 http://www.cssn.cn/shx/shx_xsdt/201511/t20151121_2706824.shtml。

们进一步去关注。

四、材料获取与分析视角

2018年4-8月期间，笔者在导师周飞舟老师的带领下参与到一项国务院扶贫办中国扶贫发展中心组织的扶贫村定点观测调查的项目当中，调查一共涉及9个省份的45个贫困村，本文所使用的材料与访谈记录均来自于本次调研。

2018年4月份，赴山西省长治市的西汉村、程庄村以及山西省临汾市的后腰村调研，共计9天；2018年的6月份，赴河北省承德市八顷村调研，共计3天；2018年7月份，赴湖南省浏阳市富溪村、株洲市左江村、永州市野猪桥村与张家界市花园村调研，共计10天。45个贫困村中，笔者参与了上述8个村的调研，本文的案例与产业情况的材料主要来自于这8个村庄。个别章节用到其他村庄的材料，均来自于调研团队的访谈记录与最终的村级报告。

在初步调查的贫困村产业发展情况的基础上，我们根据决定产业发展的一些要素将扶贫产业进行了分类。从产业和产品性质看，乡村产业可以分为种植业、养殖业、加工业、服务业等；从生产组织的类型看，可以将其分为农户经营（包括散户经营和大户经营）、合作社经营、公司经营以及"公司＋农户""合作社＋农户""公司＋合作社＋农户"等形式。根据这种分类方式，我们发现，以政府主导的产业模式促生的产业往往覆盖面广、带动性强，脱贫效果明显。企业主导模式投资大、上规模、见效快、带动性强。而散户经营的产业带动性差、覆盖面窄、见效慢。如果将政府主导与散户经营看作两种基本模式，那么其他模式可以看作是在这两种模式中加入了合作社、能人大户等因素，从而综合了其不同的优劣势。

为了方便分析，本文并非采用村级或农户家庭的视角进行讨论，而是采用案例分析的方式。现将主要案例与产业所涉及8个村庄的情况汇总于表1中。

表 1　主要案例与产业涉及的村庄列表

省份	村庄	文章的章节
湖南省	长沙市浏阳市张坊镇富溪村	3.3/4.3/4.4/第五章
	株洲市茶陵县腰潞镇左江村	3.1/3.2/3.3
	张家界市桑植县洪家关白族乡花园村	3.2/3.3/4.4
	永州市江华瑶族自治县桥市乡野猪桥村	2.3
山西省	长治市壶关县店上镇西汉村	2.1
	长治市壶关县五龙山乡程庄村	2.1
	临汾市大宁县太古乡后腰村	4.1
河北省	承德市围场满族蒙古族自治县城子镇八顷村	2.2

第二章　规模经营的农业产业模式

当我们走进湖南省左江村村委会"脱贫攻坚指挥部"时，着实被铺满圆桌的各种台账和自2015年以来全部的"脱贫攻坚"资料所震撼。这些资料和照片记录了每一位村民的家庭人员、收入状况、受扶贫政策与村内产业惠及情况以及脱贫、返贫情况等等，数十本这样的资料每一本都有上百页之多。但这并不是左江村的特色，记录贫困户的情况是扶贫工作队的日常工作之一。我们调查的每一个贫困村，总会留下一间办公室、几个工作队成员去填写各种表格、撰写各种报告。他们每周需要带着这些材料去乡镇政府开会汇报工作，每隔一段时间都要到县市一级的扶贫办公室上报数据，不定期接受不同级别的明察暗访。如果将这种情况看作是近些年来政府行为法制化、规范化、技术化和标准化的建设逻辑与监督逻辑的体现（渠敬东、周飞舟、应星，2009），"脱贫攻坚战"这场运动必然将几乎所有贫困村卷入一场"锦标赛体制"（周飞舟，2009）式的数据竞赛。

左江村的第一书记袁贵雄向我们介绍"指挥部"：

> 脱贫攻坚战之所以叫脱贫攻坚战，是要我们像打仗一样，我们这个指挥部就是战争年代发号施令的地方，既然是战斗，就要求我们的队员

和村委成员坚决执行,不计成本、不怕吃苦。(袁贵雄访谈)

类似的表述在调查涉及的其他村也多次听到。对于这场"战斗",许多第一书记都向我们抱怨,检查和会议太多了,几乎每天都要进行评比,排在末尾的乡镇、贫困村就要通报批评,取消驻村工作队队员的先进资格。甚至很多暗访组会不经过驻村工作队、村支两委直接进入到村民家里调查,在不同地区的贫困村我们都听过了类似的故事:

> 我们仨刚来的时候啥都不懂,没经验。第一个月就被批评了。有市里面的暗访组来我们村,我们都不知道,人家直接去的(村民)家里,问你享受了国家什么政策。他们去的那家是因为他老伴死了,有个儿子在上学,你说一个农民他懂啥,他没病没灾的,他就给人家说有孩子上学的补贴,人家再问他还有啥,他说没了。你们看到了,我们村康乃馨现在种那么好,但这康乃馨要技术,要勤快,就算筹备也要时间吧,他这一说,人家检查的说我们工作不到位,没有"扶志"①。还有你们天天搞调查的都知道,农民的账怎么算啊,你问他一年收入多少,他肯定说没多少,但是你算啊,他产业分红、打工收入、种地,有的还是五保户,你把这些算上,你要问农民收入,你得把这些都算上啊。他们检查的不是,农民一说没多少,那完了,我们工作就被否定了。(西汉村村委会访谈)

本文无意去讨论政府行为的问题,也无意去描述扶贫工作的状态。但是从这些描述中,我们能够理解,为何在各地扶贫工作中,工作组都要选择在村内做起具有特色的大规模的农业产业,因为只有这样才能够在接受检查时有"看得见"的产业,产业带来的工资性收入、利润和股份分红也能够作为精确的数字加入到贫困户总收入之中。从扶贫工作"五个一批"中的"发展生产脱贫一批"来看,这些规模产业可以便于宣传、更容易实现工作队撤出后的可持续发展,而从"社会保障兜底一批"来看,产业利润带来的村集体收入可以为无劳动能力的贫困户设立额外的社会保障金。于是,通过流转土地筹集资金建立

---

① 扶贫工作有"扶贫先扶志""扶贫不是养懒汉"的说法。

大规模的产业成为了许多村的重点工作。

本章我们将关注这样一个经验问题,大规模经营的农业产业是如何建立起来的,在生产过程中的农民具体在做什么,是否能够成为产业的合格劳动力?我们关注这一问题,一方面是回答扶贫资本如何在贫困村转化成农业产业,另一方面,则是通过对农民参与生产生活状态的描述,讨论这种经济组织形态与农民既有生活方式的适应性。

一、"贫土上开出的康乃馨"

山西省西汉村是一个地上地下资源贫乏、以传统种养业为主、靠天吃饭的贫困村,农民收入主要依赖于种养业和外出打工,村中劳动人口大量外流,常住人口中有劳动能力的只有200人左右,其中60岁以上的老人有100多人,20-60岁左右的劳动力只有50人左右。高山沟壑中的西汉村拥有耕地869.9亩,土地较为细碎,传统种植以玉米为主,附带旱地蔬菜种植。西汉村所在的店上镇,旱地西红柿种植已取得规模效应,全镇有几千亩西红柿,但由于土地和劳动力原因,西汉村只是由村内的五六个大户种植了五六十亩左右。

表2 西汉村人口信息表[①]

观测指标	单位	观测值
总户数	户	254
总人口数	人	655
劳动力人数	人	457
2017年底贫困户数	户	109
贫困人口数	人	301
低保户数	户	60
低保人口数	人	89
外出务工人数	人	218
村内剩余20-60岁人口	人	50

① 数据来源:西汉村建档立卡数据。

2017年初，一次偶然的机会，西汉村驻村第一书记樊小东在邻近的五龙乡考察时，发现五龙乡的康乃馨种植产生了不菲的收益，于是他决定在西汉村也建立一个康乃馨的种植产业。建立产业的首要任务是筹集资金，目前扶贫资金的发放和使用主要是通过合作社，所以樊小东和村支两委一起成立了"壶关县东盛种植专业合作社"，但为了筹集资金，合作社实际是股份制，村民将资产折股入社。

东盛合作社于2017年三四月份起成立，流转了土地100亩，涉及西汉村农民46户，每亩土地价格在900元左右，这些土地大多以折价入股的方式流转，并非所有的土地流转费用都以现金的方式发放到农民的手中。村委会将一辆面包车、一间办公室折价入股，并将35万元产业扶贫资金以贫困户的名义入股。此外，合作社向全村贫困户发出通知，建议贫困户通过国家"五位一体"金融扶贫贷款入股合作社。这个贷款是各地在国务院发布的《关于创新发展扶贫小额信贷的指导意见》（国开办发〔2014〕78号）指导下制定的为贫困户提供5万元以下、3年以内、免担保免抵押、基准利率放贷、财政贴息、县级建立风险补偿金的信用贷款。山西省曾专门发布《山西省新型农业经营主体特色产业扶贫贷款贴息实施办法（试行）》（晋脱贫攻坚组〔2017〕29号）以及《山西省扶贫小额信贷指导意见》（晋脱贫攻坚组〔2017〕33号）等文件专门规定"鼓励通过企业＋合作社＋贫困户、企业（农民合作社）＋贫困户等模式，与贫困户建立股份合作的紧密联结或建立订单、购销合同、务工等半紧密联结，带动贫困户增收"[①]。并规定"贴息资金从财政专项扶贫资金、统筹整合资金中安排"[②]。从政策来看，贫困户通过金融扶贫贷款拿到的钱是几乎不产生利息的，投入到村集体产业的生产中一旦产生亏损，县一级的

---

① 晋脱贫攻坚组〔2017〕29号文件《山西省新型农业经营主体特色产业扶贫贷款贴息实施办法（试行）》第三条之规定。
② 晋脱贫攻坚组〔2017〕29号文件《山西省新型农业经营主体特色产业扶贫贷款贴息实施办法（试行）》第五条之规定。在《山西省扶贫小额信贷指导意见》中有更为细节的规定。

财政和金融机构能够承担大部分的风险[1],村民几乎不存在风险。因此,东盛合作社的这一项建议得到了大多数村民的支持,全村有42户参与,每户5万元,共计210万元。针对非贫困户,东盛合作社也接受个人投资。从资产表上可以看到,合作社从非贫困户处一共筹得资金6.55万元。2017年7月,西汉村康乃馨种植项目被评为"省级扶持村集体经济发展试点项目",被追加扶贫资金100万元。最终,合作社在工商部门注册的总资产达到380万元以上,注册股东包括贫困户与非贫困户57人,另有110余户村民作为非股东入社。

在筹得资金后,樊小东和村支两委一起着手建起了44座康乃馨种植大棚,占地100亩。从大棚前树立的宣传板可以看到,大棚落成时市县领导以及当地银行的金融部门的负责人都来到现场庆贺,照片上看得出当时的标语是"贫土上开出的康乃馨"。44座大棚的建立只用了1个月的时间的故事也被当地媒体树为典型。

大棚建好了,经营与销售却成了一个难题。花卉的特殊性要求其从采摘到卖给消费者的时间不能过长,虽然康乃馨已经属于花期较长的种类,其从采摘算起的销售周期仍然不能超过15天。根据这一特点,花卉的销售通常会形成较为固定的供应链,有县一级公司负责向种植基地收购,进而迅速转卖给更高级的批发商,运到全国各地的零售商手中。这种短时间内的协作需要双方之间的高度信任与对稳定的产品质量的认可,有时候收购公司甚至会派技术人员在种植基地进行指导。最初西汉村是与当地一家花卉公司合作,但是樊小东告诉笔者在最初的两次合作后由于"市场行情不太好"便没有后续的合作。东盛合作社就在全社范围内民主选举了一位新的社长带领大家自主经营。

在这次选举中,48岁的张国伟被大家一致推举为新的合作社社长。张国伟在村内小有名气,曾经在外务工,做门窗销售和安装的生意,后来返乡在村内以及邻近乡镇继续门窗安装和修理的工作。在村民看

---

[1] 例如山西省规定:"各县(市、区)风险补偿金管理委员会要积极完善扶贫小额信贷风险补偿基金、保证保险相结合的风险补偿机制,由保险、政府、银行共同分担贷款风险,出现风险后,保险公司、扶贫小额信贷风险补偿基金、银行机构承担风险损失比例分别为70%、20%、10%,叫停、追偿等配套机制在各县(市、区)实施办法中明确。"

来，张国伟年轻能干，有做生意的头脑，是合作社社长的最好人选。在当选合作社社长后不久，张国伟还被选为新一届村委委员。

随后，张国伟在樊小东的帮助下在村内组建起18人的管理团队，包括管理者和管护工人。合作社实行"按劳分配、按需分享、按股分红"的收益分配方式。大棚内的康乃馨按照一垄一垄的种植，管理也是以垄为单位进行分配，最多的一位村民管理了135垄康乃馨。合作社按照每月每垄10元的价格进行工资发放，参与管理的村民每个月大概能够获得1000余元的工资性收入。按需分享是为了让非贫困户能够受到国家政策红利而设立的，只要是村集体的成员就会每人每年从产量利润中分得40元[①]。目前产业尚未盈利，按股分红还没有实际施行。

产业的进展并没有像樊小东设想的那样顺利。康乃馨一年可以开出三茬花，刚刚种下的第一茬花的开花率通常较低，开出的花的质量也比较差，是无法出售盈利的，只有第二茬和第三茬花能够获得收入。但是"2018年的春节、情人节和妇女节间隔较近，鲜花销量低，市场售价也不如往年高"[②]。西汉村康乃馨的第二茬花正好赶在这几个节日之后，销量十分惨淡。

2018年的母亲节前夕，为了赶在第二茬康乃馨败落前寻找销路。西汉村举办了大型的"康乃馨花卉节"，通过媒体进行宣传报道，吸引周边村民和城市的居民前来参观、采摘。花卉的采摘和销售需要在花苞完全开放前完成，一旦花苞完全开放，其储存时间会变短，也就没有公司愿意收购了。这次花卉节将花朵已经完全开放的几个大棚向游客开放，既有观赏性，又能够通过采摘将这这些鲜花"销售"出去。

花卉节结束后不久，便有公司来到西汉村，希望能收购60万枝康乃馨，需要在一周内交货。按照西汉村的种植规模，每一茬康乃馨能够开出大约160万朵，当时第二茬的康乃馨除去已经采摘和完全开放的花朵，库存量是绰绰有余的。但是张国伟和樊小东却没有办法接受

---

① 按需分享的对象是全村村民，包括贫困户与非贫困户，只要户籍还在村内，能够享受到这一福利。
② 西汉村第一书记樊小东语。在其他访谈中，山西省壶关县多家鲜花销售公司也有过类似表述。

这样一个很大的订单,因为西汉村没有冷库供花朵保存,所有的鲜花只能等到有订单再采摘。如果需要在一周内采摘 60 万朵康乃馨,则需要数十人日夜采摘和包装才有可能完成。然而,西汉村常住人口只有 200 人左右,其中年龄在 60 岁以上的有 100 多人,常住人口中有劳动能力的只有 50 人左右,老龄化较为严重。按照樊小东的说法,"我们村里能来摘的都过来,也得摘上半个月,你还得给人家包好[①],对吧?"在这种情况下,西汉村是不可能按时交单的。而鲜花收购的时效性决定不可能将这一时间延长,于是西汉村总面临着"大单做不了,小单不赚钱"[②]的尴尬。从产业建设完成至今,东盛合作社的收入仅仅有 20 万元,在康乃馨价格最低时,每扎的价格在 1-3 元,而除去大棚建设的沉没成本,每一扎康乃馨的成本在 4 元左右。按照目前的形势,东盛合作社的前景不容乐观。

针对"小单不赚钱"的原因,樊小东认为是市场行情不好,村内也没有人懂管理、懂宣传,社长张国伟目前也开始力不从心了。

> 从长治找了个人帮我们搞一下,我们对经济管理不在行,我们找人入股,帮我们完善了总体框架,从生产加工到销售,建立一个框架网络。现在正在找这个人,找了一个人,现在还没来,不知道人家愿不愿来。他是搞工贸的,也不是专业做花的,我们还是自己搞放心。董事长(张国伟)之前是做门窗的小生意的,没做过这么大的生意,现在力不从心,能力不够了。(樊小东访谈)

但是我们在西汉村所在的壶关县县城几家鲜花销售公司负责人处得到不同的解释:

> 珍妮花卉公司负责人[③]:他们西汉村啊,(康乃馨)质量不行。你们去过的那个程庄村也不行。我们都是从五龙乡进货,人家的好。他们西汉的(花苞)小,还容易散(花瓣容易掉)。

---

① 按照惯例,鲜花的批发销售都是以扎为单位计价,每扎 20 枝。鲜花采摘完成后每 20 枝捆在一起,用包装纸固定好,然后再装车运输。
② 樊小东语。
③ 珍妮花卉有限公司是最初向西汉村收购康乃馨的几家公司之一。

笔者：是他们的品种不好吗？

负责人：不是，都一样，他们开始也是五龙乡学的，拿的种子。五龙乡是一户一户的，集中收了送我们这里，种的人上心，他们（西汉村）是集体的，不上心。花这个东西很娇贵的，你不好好种就不行。

从这些材料来看，西汉村缺乏一个有能力管理康乃馨产业的负责人，集体经营和管理的混乱造成了鲜花质量不高，最终无法在市场上获得竞争优势；另一方面，西汉村劳动力不足、生产方式单一使得他们没有能力接受更加注重数量的批量订单，这也就造成了我们看到的结果：很多大棚里面的康乃馨已经盛开，完全超过了采摘销售的时节却没有销路。

到目前为止，本节在一定程度上回答了扶贫资本如何在贫困村转化成农业产业的问题。通过调查发现，西汉村的情况在不同地区是十分普遍的，但本章不希望将这种情况的原因简单归结为由村庄老龄化带来的劳动力不足，我们也无法从经验上或是逻辑上验证如果西汉村劳动力充足、管理得当，是否康乃馨产业会取得更为满意的结果，本章更加希望的是从农民的生活状态的角度去探讨这一问题，这将在本章的后续几节中进一步展现。

二、"我们有一个勤劳的村支书"

相比于西汉村，河北省承德市八顷村的人口状况与西汉村相似，从八顷村建档立卡的资料来看，八顷村有劳动能力的村民473人，常年在外务工的人数有420人左右，村内常驻的劳动力也仅有50人左右。但是八顷村的耕地面积比西汉村要广得多，八顷村全村共有3400余亩耕地，其中，可使用大型农机和易于灌溉的约2000亩，其余的1400余亩为坡地。八顷村传统上以种植土豆、玉米、杂粮和养殖牛、羊为主。由于属于高纬高寒地区，该地年均气温仅3度左右，每年能够进行有效农业生产的时间只有5个月，这也是长期以来八顷村的致贫原因。

自脱贫攻坚以来，相比于西汉村，八顷村获得的资源是更多的。八顷村的帮扶单位是河北省新闻出版广电局，先后驻村的两位第一书记都是广电局的正处级干部,第一位驻村工作的王永军曾任广电局的办公室主任,而当前驻村第一书记郭安治在驻村之前曾任广电局发展中心主任。广电局自2016年起一共向八顷村提供了将近200万元的扶贫资金,再加上工作组通过个人关系、企业捐助等方式筹得的资金,帮助八顷村成立了集体企业承德八顷农业开发有限公司。随后,村集体和工作组通过整合扶贫资金、社会捐助等,以公司的名义建设了多项产业,包括:首期80KW村级光伏电站、玫珑瓜种植、有机富硒马铃薯("黑美人")种植、马铃薯储藏窖、金莲花种植、八顷八淘电商平台、山珍野菜加工厂、羊肚菌种植等。

上述资产性收益项目中,除了光伏电站以纯股权分红的形式给予贫困户每年600元的收益,其余项目加起来,每年还可以创造约100个劳动岗位(时薪10元左右)提供给在村的贫困户和村民。

在这些产业中,规模最大的是玫珑瓜种植,共建设152座大棚,占地150余亩。这150亩土地是从村民处以700元/亩左右的价格流转来的,加上建设大棚、修建灌溉设施的投资,总成本在202万元左右。

在对八顷村驻村第一书记郭安治的访谈中,他提到了这笔钱的来源:

> 大棚我们自己建的,一个公司老总借给我的,202万元。说的一个月还,现在三个月还没还上呢,不过今年单位(还能给)100万,环保部80万,县里到户资金等等是够的,只要资金到位了就能还上了。(郭安治访谈)

在经营上采用了类似于反租倒包的形式。八顷村与一家玫珑瓜种植公司合作,由公司提供瓜种、种植指导、维护与采摘技术和部分玫珑瓜销售。在第一年公司向八顷村长期驻派技术人员,从第二年开始由八顷村自己负责种植,公司负责销售。

> 种这种瓜,一亩地每年人工成本就是4000多元,总成本就8000多元,其实很多钱都以各种形式回到了老百姓的手里面了。不过产出不错,

每亩地 1200 株，至少 5000 来斤，每斤 2.3 元左右，所以每亩地 12000 元，然后刨除成本，每亩地有 5000 多元，这还是最低的情况，一般的地都可以到 6000 斤。（郭安治访谈）

按照郭安治的讲法，每亩瓜地每年能够收入 5000-6000 元，由于八顷村和公司合同中有公司需要向村集体交付地租费用的条款，村集体每年还能够得到 13.2 万元的租金费用。如果市场前景良好，在五年内有望收回当初 202 万元的投入，同时还能够每年为村民产生 36 万元[①]左右的工资性收入。

我们需要考虑八顷村玫珑瓜种植成功的原因。在参观玫珑瓜大棚时我们了解到，现任村支部书记唐凤岐从大棚建设初期便一头扎进大棚中，带领村民开展生产工作。玫珑瓜种植需要雇佣村民一起劳动。唐凤岐自己先参加技术培训，掌握技能后和技术员一起调度村民参与工作，最多时候一天有 40 余人参与到劳动中。村民的薪水按照小时计算，按月或天发放。

玫珑瓜种植对阳光、温度要求较高，大棚内持续处于高温状态，只有村内身体健康的青壮年劳动力才能够胜任这一工作。每天需要在 5 点左右出工，上午 10 点就要停工休息。中午时间瓜果大棚内温度过高，无法进行劳动，需要等到下午 5 点后再次开工，一直到晚上 10 点。

唐凤岐需要每天四五点左右来到瓜果大棚安排工作，由于村民流动性大，每天来工作的村民不同，唐凤岐需要在头一天晚上记录每一个大棚的工作进度，第二天根据来的村民劳动特点安排不同的工作。由于只有唐凤岐对全部工作熟悉，又具有种瓜的技术，因此只要是工作时间，唐凤岐就必须在不同的大棚内安排指导劳动。

由于唐凤岐对村内情况非常熟悉，又熟练掌握了玫珑瓜的种植技术，他相对容易地平衡村民直接的利益关系，调节贫困户与非贫困户之间的关系，加之村民看得到唐凤岐的辛苦，在他的带领下，监督成本能够在一定程度上减低。更重要的是，由于工作是时薪制、流动制，

[①] 前面访谈记录中提到的 150 亩土地包括灌溉用地、大棚间空地、排水用地等，大棚实际占地小于 150 亩。这里的每亩地 4000 元左右的人工成本指的是实际种植面积成本。

偷懒或搭便车的村民可能会面临着其他村民带来的压力,也面临着被取消次日工作资格风险,这一监督机制在提高工作效率方面是至关重要的。

第一书记郭安治评价唐凤岐:"我们有一个勤劳的村支书。"郭安治认为,唐凤岐的协调和和监督作用是玫瑰瓜产业能够成功的重要原因。回到本章重点关注的问题,我们还有一个发现需要特别加以说明。从种植技术的要求上来说,玫瑰瓜对劳动力技术的要求是高于康乃馨的。玫瑰瓜的种植从播种开始就对土壤、水分、阳光和温度等有较高的要求,在玫瑰瓜发芽后,需要在大棚的垄上架起钢架,在每一株瓜芽上方系上尼龙绳,等玫瑰瓜的枝叶长出来以后,需要把枝叶固定在尼龙绳上,每一根尼龙绳的高度、间隔以及瓜枝叶的修剪都将直接决定瓜的产量与质量,这些工作是不可能利用机器完成,需要劳动力手工完成。7月份前后要在短时内集中完成这项工作,超过时间枝叶倒在土地上就会影响产量甚至无法结果。其他时间段内,除了采摘需要大量劳动力,定期的维护也需要一定的人手。

但是八顷村没有采用像西汉村一样的"包产到户"的经营模式,相反采用了一种看似更具有不稳定性、对总负责人要求更高的生产方式,但这正是八顷村玫瑰瓜产业成功的另一个重要原因。一方面村民的劳动需要的是带头而非单纯的监督,另一方面,我们不可能将村民看作是现代化意义上的"劳动力"。

> 我不安排谁安排啊,他们有的上午来了下午就不来了。有的干一半和我说家里孩子闹了,必须回去,你也不能不让他回去是不?还有的今天来了明天家里有事就不来了。在村里的谁家都有地,人家也不会自己的地不种来这里忙活啊。(唐凤岐访谈)

和西汉村相似,八顷村玫瑰瓜产业的劳动力全部来自于长期在村内的那50多位劳动力,但在劳动力的管理与安排上方式不同。八顷村的玫瑰瓜种植虽然也采取了流转土地、规模种植、集体经营的方式,但显然由唐凤岐每日安排的轮换劳作的工作方式效率更高,更加适应农民的生活节奏,管理的效果也远远优于八顷村雇佣责任人的管理方式。

三、"我的桃子被偷了三分之一"

前面两节讨论了在脱贫攻坚的背景下流入贫困村的大量资本是如何转化为规模产业的问题,并重点讨论了农民作为特殊的劳动力对于产业是否成功起到的重要作用。本节我们将关注在调研中遇到的一个特殊案例,讨论资本下乡的公司运营模式产生的"水土不服"现象。①

湖南省永州市野猪桥村位于永州市桥市乡南部,全村耕地面积1060亩,其中水田617亩,旱地403亩,人均耕地面积1亩。林地面积6500余亩,由于独特的地理位置,野猪桥村周边地势东高西低,土地成缓坡状,水流快且是砂性土壤,土壤蓄水能力差,但这样的土壤条件和当地高温多雨的气候特别适合水蜜桃的生长,本县的农业公司也看中了水蜜桃的市场前景,双方一拍即合,2014年通过流转1500多亩的土地在野猪桥村成立了"黑土地水蜜桃种植基地",同时村支书程智红为了支持水蜜桃公司发展和带动村民接纳水蜜桃产业,也在自家果园种上了30亩的水蜜桃。

水蜜桃是农业公司从浙江奉化②引进的,但是从引进开始就遇到了许多问题。村民一开始都不愿意流转土地,怕拿不到土地租金,都不愿意租。为此村干部挨家挨户做村民思想工作,告诉他们,土地不流转一片荒山,没一分收入,流转出去每年有固定的租金,还可以解决村民务工问题。

> 当时做工作花了四个月时间,当时山里已经分山到户了,要一户一户去做工作。和大岳山村85%农户签了合同,大岳山村有80-90户,有60户左右签了合同,土地流转合同。流转30年,承包费用分3个阶段,1-5年140元,6-15年160元,最后是300元。一共流转了1000多亩,都是山地。15年的正月开始种,去年开始试果。(野猪桥村村委会访谈)

黑土地水蜜桃公司的经营模式是典型资本下乡企业的做法,从水

---

① 本节感谢任春旭同学提供野猪桥村黑土地水蜜桃公司负责人的访谈资料。
② 在访谈中了解到,奉化山林也是小于20度斜坡,且土壤以砂壤、砂砾壤土为主,与野猪桥村土壤条件相似。

蜜桃基地的前期投入，到水蜜桃的种植、打理、采摘，再到水蜜桃的销售都由公司统一经营、统一管理。这样一来，水蜜桃基地就产生了大量的就业岗位，公司老板告诉笔者，他每年要在村里用1.2万到1.4万个工，平均一个工70块钱，一年发的雇工费就将近100万。"飞来"的水蜜桃公司看起来一下子带活了村庄经济。一篇宣传报道中[①]一位六旬老人这样说："像我这把年纪，到外面务工没人要了，在水蜜桃基地做事，每月有工资拿，每年还有土地租金收入，家门口上班真是好。"据我们了解，在水蜜桃公司做事的人中，有60%是村里的贫困户。水蜜桃基地不单单为村民增加了土地流转的收入，更重要的是让那些在村里出不去、无事干的村民有了一份稳定工作的机会。

水蜜桃公司的经营还不仅于此，2017年3月，野猪桥村举办了江华县首届"瑶山喊春，陶醉瑶都"桃花节乡村旅游活动[②]，不少游客来到了野猪桥村赏花踏青。湖南省妇联在江华县组织活动，野猪桥村水蜜桃作为招待水果，得到了大家的一致好评，县委书记亲自为水蜜桃做代言、打广告，湖南电视台特意跑到村里报道了野猪桥村的水蜜桃基地。野猪桥村从未像今天这样得到了如此多人的关注，越来越多的人知道了野猪桥村有水蜜桃，村支书程智红很得意地说："水蜜桃公司的到来为这个不起眼的小村庄打响了广告。"

但是水蜜桃公司在随后的运转经营上出现了许多意想不到的问题。到今年为止，黑土地公司一共投入超过1000万元，预期从2017年挂果起每年收获150万斤，每斤6元，两年内可以收回全部成本。但是实际情况并没有按照公司的设想发展，水蜜桃公司不仅没有当初媒体报道中的光彩，而是2017年试果并没有获得任何收益，2018年正式结果后，也仅仅卖出40万斤左右，总收益不足100万元。在访谈的时候，黑土地公司老板李华庭情绪激动，几乎哭着告诉我们：

> 从去年的试果，到今年正式结果。我就没赚到一分钱，今年我的桃子烂在地里三分之一，被偷了三分之一，我卖出去的只有三分之一。（李

---

① 在野猪桥村调研时村委会提供的资料。
② 媒体有较多的报道，例如：https://hn.rednet.cn/c/2017/03/29/4251322.htm。

华庭访谈)

不仅如此，李华庭还生动地向我们介绍了他是如何亲自向人推销水蜜桃的：

> 我到县里、到长沙，还去过广东，第一车我送到广东去呢！大家不认可，为什么呢？因为我是小桃，个头不大，大概二两左右，而北方桃要大一些，品相好。我的桃他看都不看一眼，我就叫住这个老板，追到他后面去，请他尝一点，说你尝尝了再说好不好。他一尝还可以啊，马上就回头过来了，一看太小了，他就压我的价。我去市场上了解，别人的桃那么大，品相又好，才一块九毛钱一斤，我们这个呢，我开价到三块，三块他扭头就走了，连价都不还。后来有个老板给我压价，压得太狠了，好的桃要我要两块，人家说五毛，五毛我都不敢想，我摘桃的人工费都不够，我怎么给你摘？（李华庭访谈）

是什么原因导致了黑土地公司的这些窘境呢？接下来我们需要用一定的篇幅来回答这一问题。

最大的问题是劳动雇佣和管理的困难影响了水蜜桃的产量和质量。我们在水蜜桃基地参观时就发现，桃园里杂草丛生，无人打理。公司老板也向我们坦言："今年的水蜜桃都没有套袋，袋子买了，但是没来得及去套。"套袋可以有效地减少病虫害，加快水蜜桃的成熟，使得果实的口感和外观较好，能够卖上更好的价格。但是野猪桥村在家的村民大多是妇女和上了年纪的老人，他们与在外务工的农民工不同，他们有各种家务，又比较闲散，有时候愿不愿意出工取决于个人意愿，甚至农忙时还会出现老板上门求村民务工或老板亲自下地的情况。

第二个原因与水蜜桃的种植技术相关。在村里除了黑土地水蜜桃公司，上文提到过村支书也种了30亩左右的水蜜桃，对于种植过程中"修枝"这一步骤，村支书程智红给出了一个详细的介绍：

> 我自己（种水蜜桃）也雇人，雇人是除草，修枝少一点，要有技术的才行。修枝一般都是亲自去，还有我老婆和一个老师傅，我剪的少一点，老婆和老师傅剪得多。老师傅是公司重金请过来的，一个月10000块钱，

> 他那时候还没事，我就让他过来帮个忙。下刀的时候要考虑到三年的长势。树上两种芽，一种花芽，一种叶芽，要靠手感来摸，刚长出来很像的。不同的芽剪得和留的不一样。花芽要减掉一部分，剪成什么样子和果子好不好吃有关系，现在学了一点皮毛，第一年修剪的时候要考虑第二年第三年第四年的，但是要经历了第二年第三年第四年的才能够全部学会。除草和施肥可以请一般的人来。（村支书程智红访谈）

对于剪枝的技术，黑土地公司也是同样重视，还专门聘请了剪枝的技术师傅，而村支书提到的"借用"的剪枝师傅正是李华庭高价聘请的。但是，一个师傅加上程智红夫妻能够修剪他家的30亩桃园，但是剪枝师傅和李华庭是不可能修剪完1700亩黑土地水蜜桃基地的，因此必须在村内雇佣村民。但是剪枝剪得好与不好，无法靠检查和监督来确定，只有等结了桃子之后才会知道。村民既没有学好技术的动力，也缺乏责任心，剪得慢会磨洋工，剪得快又会把好芽好枝减掉。1700亩的桃园，在短时期内需要雇佣大量的剪枝劳动力，这在这种小山村很难做到。为了能够在自然周期内修剪完1700亩桃园，李华庭不得不向村民发放电剪刀而加快修剪进度，其粗放性可想而知。这些都会直接影响到水蜜桃的质量。

第三个原因是黑土地被偷的三分之一的水蜜桃都是桃园里质量最好的。李华庭很无奈地讲述："我六点钟下班的时候，我的那一块的桃，那个地方挂了不少果，很漂亮。我第二天早上去就没了，那不是偷是啥？"针对被偷的情况，李华庭做了许多防护措施，但却收效甚微。

> 我一天24小时派人看，看不了。我们去抓人，有时候打手电什么的，他就能看得见你，不打手电呢，我们又害怕有蛇，地里有那个银环蛇，银环蛇很毒的，所有的蛇它排到第四位吧，它是神经性中毒啊，咬到不痛不痒，两个小时你不处理你就没有了。打手电筒就能看得见蛇，但是毛贼也能看得见你打手电筒来抓人啊，他就蹲在一个什么地方你就永远找不到，太快了这伙人，他蹲在一个地方不吱声，你怎么抓得到。（李华庭访谈）

在我们调查时，李华庭正在筹集资金建设新的园区围墙：

> 今年我的果园必须要封闭式管理，我怎么做咧，我用挖掘机啊围着我果园挖两米深的壕沟，然后在我的壕沟上面我再搞一米二到一米五的铁丝网，做第二道防线，像打仗一样的，第三道防线全院装监控，第四个呢就是派人 24 小时的看守。（李华庭访谈）

从野猪桥村的产业分布状况来看，村支书的果园和黑土地水蜜桃基地分别在路的两边，但是村支书的果园却看不到杂草，也没有大规模丢桃的现象出现。村支书的桃子通过网店和熟人介绍的方式卖了出去，程智红说："如果不是熟人我都没法卖，要的人太多了，今天你们来之前还有人要桃子，昨天把最后几盒发出去，没了。我老婆昨天发桃，发了连盒 6 斤，12 个桃，要了 44 块钱，也是走的顺丰快递。"对于丢桃的问题，在以往的文献中也有提到（徐宗阳，2017），本文更加关注的是水蜜桃种植的过程与水蜜桃质量的问题。

四、小结

现在，我们对本章的三个案例做一个简短的总结。西汉村与八顷村的案例都是规模经营的农业产业模式，产业的主体都是村集体、合作社，由于产业的要求，使用的劳动力都是留在村内有劳动能力的青壮年村民，不同之处在于对劳动力管理模式。从结果来看，规模经营的农业产业似乎需要有一个像八顷村村支书唐凤岐式的人物来调配与调动才能够取得相对满意的结果。而本章第三节关注的是一个资本下乡企业的案例，对比村支书程智红家与黑土地公司的水蜜桃种植来看，以家庭为单位的经营模式在处理农业技术的方面更具有优势。

我们能够通过生产过程来究其原因。一方面是农业产业的特殊性，雇佣负责人的管理模式与承包责任制不同，西汉村的管理模式下，负责人的收入主要依靠工资性收入，但是对于农业产业的监督仅能以结果论，这种结果是具有滞后性的，无法在劳动过程中发现其不符合要求的行为，一旦等到收获的季节，管理不善导致产量降低的结果也无法挽回。这一点在野猪桥村的水蜜桃产业中更明显，仅修枝一项工作不仅把黑土地公司与程智红家水蜜桃的质量区别开来,还影响水蜜桃树未来三四年的长势。八顷村的管理模式则避免了劳作过程中的"偷懒"和其他不当的行为。因为所有的人都"实时"接受唐凤岐的监督,每日的劳动力轮换也相当于一个"退出机制"。

另一方面我们可以从农民生活方式的角度进行解释。留守在村内的劳动力并不是一个能遵守"996"规定的劳动力,这些村民大多肩负着照顾老人、儿童以及承担家务、做饭等任务,他们必须要考虑工作时间能同时照顾到这些琐碎的家庭事务。在唐凤岐的指挥下,这种灵活的工作时间更加符合农民的生活状态,因此八顷村的玫珑瓜产业相对较为成功。但这种经验是很难被复制的,我们不可能期望所有的贫困村都有一个"唐凤岐"。

第三章 家庭经营的农业产业模式

从上一章的案例中我们看到规模经营的农业产业模式面临的种种困境,在对这种经营模式的失败原因进行初步分析后,本章将会正面回答本文关注的问题,即适应农民生产生活方式的经营模式是什么?这种经营模式又是如何运作的?这种模式需要考虑什么因素?为什么这种模式容易取得成功?

一、"一家一头牛,生活不用愁"

我们首先用湖南省一个村庄作为案例。湖南省株洲市茶陵县左江村属于典型田少林多的村庄,全村耕地面积900亩,人均耕地面积仅有0.56亩,山林面积3.1万亩。由于左江村耕地面积少、土地贫瘠、距离县城较远、山林属于生态保护林无法砍伐,村内几乎没有特色产业,村民的收入主要依靠传统农业种植、黄牛养殖以及外出务工。左江村全村劳动力共计1160人,常年在外打工的劳动力有675人,加上不定期外出的劳动力,左江村约有800名的劳动力外流;此外,许多村民由于就学、陪读等原因长期在外居住,村内剩余人口只有300人左右。

左江村出去打工的村民在其他村民眼里看来都是富裕的，因为外出务工的村民通过"传帮带"的方式到广东浙江一带的针织厂、广东新会的家具厂或者株洲市的餐饮业务工，村内有多位村民在广东家具厂、株洲餐饮业有一定的成绩，甚至有些村民自己成为老板，能够将更多的村民带出村去。"村里面很多家都锁门了，全家都出去了。老人和孩子也带在身边，过年或者清明才会回来。平时都不回来了。一个人一年赚个十来万，一家人一年三四十万不是问题。"（左江村村委会访谈）

村内缺乏劳动力必然导致村内特色规模产业发展滞后、缺乏就业机会，没有能力或因陪读、照顾家人等没有条件外出务工的村民反而在村内更难提高收入水平。长期以来，左江村剩余劳动力中缺乏能人带动，思想观念落后，抗风险能力较低，村民也不愿意投资拓展产业类型，村内贫困户的生活缺乏保障。

左江村的贫困发生主要是因学、因病致贫。村民家庭内如果有子女在中小学、大学阶段，生活费、学杂费支出较高，在子女年龄较小无法独立生活的阶段，还需要有至少一位劳动力陪读，家庭收入也会大幅度减少。如果村民在遇到疾病、意外而失去劳动能力，高额慢性医药支出与劳动力的损失会迅速使得农户变为贫困户。

左江村的状况并非个案，脱贫攻坚战打响以来，基础设施建设是扶贫工作的首要任务，无论在识别是否为贫困村时，还是在贫困村、贫困县脱贫摘帽时，水泥公路、村内公路、路灯、水利、电、网、手机信号台、县城通勤班车等基础设施建设状况都会作为最基本的指标来衡量，许多指标具有一票否决的作用。为配合基础设施建设，中央和地方多次下发政策文件要求尽快完成贫困村的基础设施建设，并划拨专项资金。这种状况给予了中部省份，尤其是"吃辣区"[①]的村民更多外出务工的机会，而留守的村民多为老人、妇女和儿童，面对复杂的农业生产显得力不从心。

---

① 引用周飞舟老师的讲法。"吃辣区"是指通常观念中菜系会带有辣椒的地区，例如湖南、贵州、江西、云南、安徽、湖北等省份。

面对这种情况,左江村的驻村工作队曾在这几年间尝试推广不同类型的产业,逐渐于 2017 年底形成了杭白菊、黄牛、生态绿色旅游、红心柚与黑米五种特色产业,并且提出了"五彩"左江的口号。其中,黑米产业依托于杭白菊排水后形成的水地而成,目前还没有形成规模;红心柚产业则是采用"公司+集体+农户"的合作模式,种植分为两种方式,第一种是农户散种,每个农户在自己的庭前屋后种植 10 株。第二种方式则是村集体流转了 80 亩土地,共集中种植 8800 株。两种种植方式均是通过公司平台统一收购,价格保底。去年红心柚全部种下,预计四年后丰产。

在"五彩左江"的口号中,我们发现黄牛养殖和杭白菊种植产业是十分有趣的,前者在左江村获得了极好的口碑,而后者虽然采取了与黄牛养殖类似的经营模式,种植面积却逐渐减少。更有趣的是,仅有数十亩的杭白菊,左江村却通过"朋友圈"的方式卖出了高于市场价很多的价格。针对销路问题,我们会在下面一章详细讨论,本章更多关注黄牛养殖和杭白菊的种植采用了何种经营模式,为何结果上会产生差别?

左江村一直以来有养殖黄牛的传统,黄牛还曾经被评为地标产品,与当地气候、植被与农户耕作条件十分契合,但是很多农户因为贫困付不起养牛的成本或无力承担黄牛养殖过程中可能存在的风险。针对这一情况,工作队在入驻后利用产业扶贫资金成立了左江村黄牛养殖合作社,并提出了"一家一头牛,生活不用愁;一家两头牛,生活乐悠悠"的口号。

黄牛养殖以家庭为单位进行。全村所有有意愿养牛的贫困户都可以免费在合作社领取种牛,称重记录后带回家散养,在一年至一年半后出栏时可以自行销售,也可以称量增长的重量,以 26 元/斤的价格出售给合作社。合作社统一向外销售,获得收益的一部分用作再次培育种牛。这种补贴的模式将持续到 2020 年,在这期间,养牛的贫困户能获得一定的资金积累,2020 年后合作社会收取一部分种牛的费用以保证自身的收支平衡。其他农户如果想养殖黄牛,也可以在合作社以 20/斤的价格购买,或者在种牛长成出栏时以 26 元/斤的价格计算差重出售给合作社。

目前,左江村的合作社建设了一个黄牛养殖大棚,主要用于种牛的养殖,一共 30 多头,每户村民通常养殖 1-2 头黄牛。大多农户会在每天去田里耕种时把牛赶到山上,让牛自己吃草,在晚上回家时再把牛赶回家。只要保证牛不经过稻田,就不会对农作物造成破坏,而左江村山林上以竹子与油茶树为主,不用担心黄牛破坏。左江村这种特殊的地理环境为黄牛养殖提供了天然的场所,黄牛肉具有不错的口感味道,经过合作社的宣传和包装,这种放羊的黄牛肉在市场上具有良好的口碑。

二、难种的杭白菊与找不回的山羊

虽然黄牛养殖在左江村受到了村民的欢迎,村内养殖总规模在不断扩大,但在驻村工作队和第一书记袁贵雄来到左江村主要推广的产业却并不是黄牛养殖,而是杭白菊的种植,为此县人大专门组织村集体去浙江桐乡考察。为了更好地带动贫困户积极生产、落实扶贫政策,与第二章大多村庄产业模式相似,采用了"公司+合作社+农户"的合作模式。

2016 年左江村成立了左江村高山白菊种植合作社,并与茶陵本土企业湖南湘冠农业有限公司合作,由公司入股 49%,村集体入股 15%,而贫困户以到户资金入股 36%,日常管理由合作社负责,优先雇佣左江村贫困户、农户,在扣除工资、成本及流转资金后,按照股份比例分红。合作社于 2016 年年初以 260 元/亩的价格流转土地 500 亩,建设杭白菊烘干加工车间并购买加工设备,购买花种、肥料等,共计投资近 100 万元。然而,在实际的操作中出现了许多问题,首先是村内劳动力不足与杭白菊种植耕作周期长、用工多之间的矛盾。按照规划设计,忙时每亩地大概需要 6-7 个工,合作社雇佣劳力困难使得最终 500 亩地中只有 100 多亩地实际种植了杭白菊,其他土地处于荒废的状态。其次,2016 年采用 1000 元/年的标准向劳动农户发放工资,工资在种植前就发放到农户手中,相应责任片区独立负责,按照第一书记袁贵雄的说法,"有良心的人管理得很好,没有良心的 1000 块钱到手就不管了,或者他随便干一干,你也没办法,颗粒无收的都有!有的地块一朵花都没产"。尽管 2016 年杭白菊产业共收入 90 余万,左江村村集体也因杭白菊产业而有集体收入 9 万元,但与本文第二章所讨论的案例一样面临了巨大的资源浪费、产业投资收益比较低的问题。

意识到问题后,第一书记袁贵雄与村支两委决定改变工作方式。2017 年,左江村将流转的 500 亩土地全部归还给了农户,并且与农户约定,只要种植杭白菊,花种全部由合作社免费提供,鲜花可以全部收购,并且将土地流转费用、人工工资费用等折合进花的单价中,根据花的品质以 4-5 元/斤的价格进行收购。杭白菊的亩产在 800-1000 斤/亩,农户需要自付的成本在 400-500 元/亩,也就是说每亩地农户能够获得超过 3000 元的利润。合作社收购鲜花后,经过加工、烘干,再以 200-300 元/斤的价格向外售出包装好的干花,每 800 斤鲜花可以产出 100 斤的干花。

尽管工作队改变了杭白菊经营的方式,其结果却是村里种植杭白菊的地越来越少。2017 年初,由于村支书家种植 5 亩、村长家种植 5 亩的带动效应,全村大约种植 90 余亩杭白菊,到 2018 年全村种植的杭白菊数量逐渐稳定下来,但仅剩下不到 60 亩,涉及 60 余户,每户的种植面积仅仅在 0.5-2 亩地。尽管如此,这 60 亩的杭白菊却带了不菲的收入,左江村杭白菊在市场上的价格出奇的高,每亩地收益仍然能维持在 3000 元以上,这远远高于其他农作物的收益。左江村的杭白菊主要依靠工作队的社会关系、旅游推介会、微信平台等方式销售,而无法直接推向市场销售,也没有在电商平台上铺货。村秘书认为这种销售方式更加适合左江村,获得的收益也是最高的。"我们卖的价格很高,和淘宝上不一样,淘宝上 20 元一斤还能买一斤送一斤,我们这要二三百元,只有喝过的人才会买,喝过的人都说好,他们会买。"(村秘书访谈)那么,是什么原因导致了杭白菊的收益这么高,但村民却不愿意种呢?

我们仍然需要从杭白菊的种植技术出发去会回答这一问题。杭白菊需要在清明前后种下,当年 11 月份霜降前采摘完毕,生长周期长达 7 个月。从种下开始,就需要不断将花枝压在垄上,也就是"压苗",

这个过程只能人工完成，每一株苗要在不同时间压几次，这样才能更多开花。压苗结束后还需要修枝、除草等工作。杭白菊不怕旱，不需要大量的浇水，但是怕水，湖南从四五月份开始就是多雨季节，一直到雨带北移之前，每当下雨时都需要给花地排水，这个过程需要大量人力在短时间内完成，由于天气的极端状况，年老多病的村民很难完成这项工作。最后是每年11月份的采摘，杭白菊根据开放程度可以分为四个等级，其中尚未完全开放的米菊和胎菊价值最高，随着花朵开放的程度增加，品级在不断下降。因此采摘时间十分紧张，对劳动力要求很高。从整个种植过程来看，这些工作相对于传统的水稻种植业耗费劳力较大，产业风险较高，很多农户选择种植水稻而不愿意种植杭白菊。即便是有农户愿意种植，每户的种植规模往往在1亩左右，因为如果种植面积过大，就需要在农忙时雇佣其他劳动力，大大增加种植成本，产量和菊花的质量都难以保证。

上文我们提到过左江村人口状况，留守村内的村民不超过300人，且大多为老人和儿童，这种人口结构很难以家庭为单位完成超过1亩地的杭白菊种植。与其说村民不愿意种植杭白菊，不如说是村民知道杭白菊的收益更高，但是根据自身家庭生产的能力状况，只能种植一个家庭能够承担的极限规模。这也就解释了为何高达60余户村民种植，但杭白菊的总面积也仅仅不超过60亩。

针对农业产业适应性的问题，我们还需要再做一点说明。

调研中有两个村庄的对比案例对分析产业适应性问题是具有启发性的。同在湖南省的富溪村和野猪桥村都有大规模的山林。不同的是富溪村的山林全部分给了农户，山林只种植了竹子，野猪桥村的山林只有一部分分给了村民，山林种植有竹子、柑橘、茶叶，等等，有的山上还保留了一部分农田。两个村都有村民养殖山羊，其人口结构与养殖模式是相同的，与左江村黄牛养殖的模式相似，村集体合作社向村民提供种羊，由村民散养，到期收购或是村民自寻销路。

富溪村的黑山羊都是在山林里放养的，因为山林都是村民自家的地，以竹林为主，羊在山林里吃草，不会对竹子产生影响，村民需要做的就是每天早上把羊赶到自家的山里去，晚上再把羊赶回来，家里一位劳动力能够养15-20头羊，这一工作对劳动力的身体状况要求不高，一般村民都能够完成，因此几乎所有的村民家里养殖有一些山羊，最少也有4-5头。野猪桥村也是采取相同的推广模式，但是养羊村民却非常少，有几位村民两年前还在政策的引导下养殖了数十头山羊，但随着羊被卖出就再也没有进购种羊，到今年已经完全不再养殖了。

相同的产业模式却带来完全不同的结果，这显然不是羊的问题。访谈中，我们发现野猪桥村由于养羊，村民之间产生了一些矛盾。由于野猪桥村的山林并没有全部分给农户，村集体、不同农户的山林不像富溪村山林有明确界限，要放羊必须要到山林去，但是羊一旦上了山就很难限制其活动范围。加之山上还种植有柑橘、茶叶和农田，羊够不到竹叶却能够吃得到茶叶和柑橘叶子和芽，容易造成对山顶农田以及山林里柑橘、茶叶的破坏，有的柑橘树的叶子都被羊吃光导致产量受到影响。但这也只是矛盾的来源之一，更重要的是，农民的山羊会丢失。

一位村民向我们讲述他丢羊的过程：

　　笔者：您在哪里养羊呢？
　　村民：我那个羊就赶到后山上去喽，它自己去找吃的。
　　笔者：那不会破坏别人的山林和农田吗？
　　村民：那我管得着喽？我又没法子跟着它跑。就算吃点又怎么了？我的羊赶上山去的有20多头，一个多礼拜我去找，就有10多头了。后来就一头都找不回来了。你说我的羊去哪了？

在村委会访谈时谈到这一问题，村支书也承认一直以来有这样的问题，有的村民还说过："它们（羊）吃我的粮食，还把我的果树啃坏了，光秃秃的，那我吃他两头羊哪里有问题了？"（村支书程智红访谈）

因此，在考虑产业适应性问题时，不仅仅要看到农民的能力决定了一个"飞来"的产业是否能在乡土扎根，气候、环境、地理等自然禀赋以及其他作物的种植情况往往也会产生重要的影响。野猪桥村和富溪村山林承包与种植方式的差异决定了野猪桥村的山羊养殖很难推广，相反富溪村的竹林养育了山羊，山羊的粪便也使得竹林的生长更为茂盛。不仅仅是竹林和山羊，富溪村的蜂蜜、水稻、土鸡、冷水鱼等农作物也能够相互影响，这个问题我们也将会在第五章详细的讨论。

三、农民到底是如何生活的

上文我们讨论了以家庭为单位的生产经模式需要考虑农民主体性以及环境因素制约的问题，本节需要在此基础上做出总结并进行一个延伸性的讨论，即在这样的生产模式下，农民真的是一个"labor"吗？

在西汉村的案例和八顷村的案例中我们提到过，村集体规模经营的产业在雇佣村民时经常会遇到村民以孩子生病、家里需要有人做饭甚至是有事需要外出的理由拒绝工作，这对产业经营的人员管理产生很大的影响。在以家庭为单位的经营模式中，这种问题同样存在，只是在家庭内部的协调不会产生监督成本，当一个家庭实在无法调和生活与生产的矛盾时，农民会选择缩小产业规模，比如左江村村民种植杭白菊的规模难以扩大便是这个原因。

八顷村有这样一个案例，一个村民投资数十万养殖了50余头肉牛，这些牛每天需要到山上放养，还需要种植一部分的玉米作为牛的饲料进行喂养，这些工作全部由一家四口完成。夫妻俩没有外出打工，但是他们唯一的儿子还在上高中，只有周末和寒暑假才会在家，丈夫的母亲和他们同住，已经68岁了，患有高血压，无法从事劳动生产活动。日常的劳作中，一般都是妻子负责照顾丈夫的母亲，偶尔也需要照看一下自家的玉米地，丈夫负责放牛。如果丈夫需要外出，或者是带老母亲去看病，妻子就会负责放牛。他们的儿子每周末回家都会承担家里很大一部分的劳动工作。

这种生活和生产工作灵活安排的方式是农民最常见的生活状态，即使是在村内为他人打工，他们希望的也是这样比较灵活的安排。左江村村民尹开喜的案例具有很典型的代表性。尹开喜今年61岁，2014年以前，尹开喜和老伴常年在广东打工。5年前，尹开喜突然脑淤血，老伴只能带着尹开喜回到家里慢慢养病，现在尹开喜每天只能躺在床上，完全失去了劳动能力。2018年年初，左江村返乡大户朱志祥的祥云湖生态养老园雏形建成后，在左江村驻村工作队的帮助下，尹开喜的妻子到生态园去为朱志祥一家及部分雇佣的打工者做饭,一日三餐都由她负责。她和丈夫每天也会在祥云湖吃饭,每到周末,在镇上上学的孙子回到家里,她也能够把孙子带到身边。这样既解决了自己一家的生活问题,同时还能拿到朱志祥开出的每个月2000元的工资,对于这份工作尹开喜的妻子是十分满意的,由于丈夫生病的原因,她无法为村内其他产业打工,更无法一个人外出务工,只有这一份工作才能让她在打工的同时照顾自己的丈夫。

一个农民只有离开了自己的家乡,远到其他地区的工厂打工,住在宿舍中,没有了家庭事务的羁绊才能够成为一个真正的"labor"。但是,离开家外出打工的农民,就真的只有节假日才会回家吗?我们用湖南省张家界市花园村村民的生活方式来做一个说明,这种生活方式在其他地区的农村也十分常见。花园村利用产业扶贫资金及村集体资金成立了蔬菜瓜果种植合作社,以种植西红柿为主,引入富含硒的品种,售价能比一般的西红柿每斤高出1元左右。合作社共花费40万元建设50座蔬菜大棚,每座大棚大小在250平米左右,以2元每平米的价格向村民出租,村民可以根据自身能力选择租下整个大棚,也可以选择和别人合租。花园村的村民也有许多在外地务工,村内留守的村民也是以妇女和儿童为主,但是调查时却发现每一户村民都承包了很大面积的大棚,最多的一户柏春华一家承包了10座大棚,但是家里只有柏春华的妻子和父母长期在村内居住,柏春华和弟弟、弟媳妇在外打工,女儿在四川上大学,只有寒暑假才会回家,儿子还在上高中,平时也在学校住宿。那么这一家人是如何经营这10座西红柿大棚呢?他们没有雇佣别的人来帮忙,因为一旦雇佣别人几乎就没有什么收益了。柏春华一家能够完成这10座大棚、4亩多地的西红柿种植主要与西红柿的种植简单相关,西红柿的种植只有在育种、嫁接和摘果时比较需要人力,平时对劳动要求较低,柏春华的妻子和老父亲便足够了,老母亲还需要照顾家里种植的半亩玉米。农忙的时节,柏春华和弟弟、弟媳妇就会从外面回来帮助家里收拾蔬菜大棚,等到农忙时节过去再外出打工,这样一年之中他们可能隔三五个月就需要回家一次,然后再返回城市寻找工作,所以他们一直在张家界市区或者长沙等地从事装修、建材等工作，时间相对灵活，项目完成后就能够回到家中。这种打工的方式在花园村非常常见，其他村民即便没有租种很大面积的西红柿大棚，也都会每家养一两头猪，种几亩的玉米或者优质水稻，还有的村民养殖了蜜蜂和野山鸡，当家里需要人手时，在外打工的村民就会回到家里帮忙。

不仅仅在花园村，在本次调研以及其他的调研中，全国绝大多是地区的农村都存在这种现象。他们是否外出打工、何时打工又何时返乡的家庭决策很大程度上取决于农作物的生长周期，换句话说，他们"短期打工"的生活节奏是与农作物一致的。结合本章前两节讨论的案例，我们可以将上节所得到的结论做一个延伸，即以家庭为单位的生产经营模式之所以运行良好，是因为在家庭内部决策时能够充分考虑各种因素，从而能够在家庭生活、农业生产、外出务工以及农作物生长的周期性四者之间找到一个平衡点。

四、小结

现在我们可以对本章做一个简短的小结。从本章的案例来看，应当鼓励农民从事传统的或者说是现有的以家庭为单位进行生产的农业产业，因为具体从事何种产业、从事多大规模的产业是农民自主选择的，这种对农民自主性的强调，考虑到了当地农村的自然条件、不同农业产业之间的关联性、农民自身家庭状况以及生活方式等因素。

左江村的杭白菊难以扩大种植规模，这主要是因为杭白菊在种植时的生长周期、技术要求以及对劳动力的需求与左江村村民人口结构不相匹配；野猪桥村养羊的村民最后一头羊也没有找回来，主要原因是野猪桥村的山林与农田分布、山林植被结构不适宜山羊的放羊。这些都说明，产业必须要与自然环境相适应，充分考虑当地自然禀赋的制约。

对比这三个案例，我们能够将农民的生活节奏刻画出来。照顾老人、做饭、家务等琐碎的家庭事务与从事农业产业的相关生产活动每日都是穿插进行的，与其说是在工作之余要忙着家务，不如说这些留在村内的"劳动力"在忙完家庭事务与自家土地的耕作工作后，如果有"空闲时间"才会参与到村集体或他人的农业产业工作当中。值得注意的是，这种"空闲"往往不是长时间，而是长则十天半月短则是每天的某些时段。如果他们有三五月的空闲，就会像第三节柏春华一家一样选择短期外出务工，将家庭收入最大化。

无论是在村内从事农业产业的工作还是选择外出务工，都是围绕着家庭生活进行的。在这个前提下，具体从事什么样的农业产业就不仅仅需要考虑当地的自然环境禀赋适合什么作物的生长，还要考虑农作物的生长周期，考虑对技术、对资金、对劳动力的要求是否与自己的家庭生活相矛盾，从众多的选择中选出一种或几种适合自己家庭的农产品进行种植或养殖。

第四章 驻村工作队与能人大户——兼论销路

由于花园村的种养业没有引进资本下乡企业，村合作社也没有组织统一的生产经营，而是由农户分户经营、自负盈亏，所以农户经营还要解决市场销售的问题。前文提到的左江村黄牛养殖产业中，虽然合作社可以统一收购，但是许多村民却不愿意把黄牛卖给合作社，而是自己高价向外出售，上文提到的左江村的杭白菊、野猪桥村的村支书程智红家的水蜜桃、八顷村的玫瑰瓜和富硒土豆等农产品都是以高出市场价数倍的价格出售。这些农产品是如何销售的呢？这是本章将会回答的问题，而从这个问题出发，我们会发现扶贫工作队与村内能人大户将起到至关重要的作用。

一、驻村工作队

进驻贫困村的工作队的具体职责就是帮助贫困村在规定的时间内脱贫摘帽，并且保障其不会再返贫，但工作队具体怎么做，却没有明确的规定。每周的汇报会议，定期不定期上级政府机构的明察暗访，都仅仅是针对工作"数据"展开的，至于工作队具体的工作方式与工作风格却很少问津，这就给了工作队很大的发挥空间。我们在调查中也发现，工作队除了在落实扶贫资金、发展扶贫产业，也通过自身的社会关系网络为乡村做了许多贡献。当然这也与工作队队员本身是有关的。比如八顷村的第一任驻村第一书记王永军上任后用了整整三个月的时间到每一位村民家里做客，了解每一户村民的家庭情况，很快便认识了全村数百户的村民，利用自己在石家庄市的人际关系帮助村民解决生活上的困难。到我们调研时，王永军已经结束工作离开八顷村有大半年的时间了，我们还遇到一户村民刚刚从石家庄看病回来，他们去石家庄看病仍然是和王永军联系，请求王永军在石家庄能够有个照应，王永军也十分乐意帮忙。

在调查中，像王永军一样的驻村书记并不占少数，有些地区的驻村工作队为了能够更好地解决贫困户群众的生活需求，要求每一位驻村工作队队员都"承包"了几户贫困户，做"点对点帮扶"，这样更加便于工作队与贫困户之间的交流。在花园村第一书记许文正的日记中我们注意到，在2018年2月22日这一天，许文正讲述了他和他的一个联系户之间发生的故事。

> 第一次见到女孩，是在初夏的一天。她正坐在出租屋内破旧的木椅上，伏在铁制的烤火架上写作业，看到我走进昏暗的屋里，抬头迷茫地看着陌生的我。她脸色很苍白，没有一点血色，文静恬淡，弱不禁风，看着让人怜惜。
>
> 她叫小珍，今年11岁，是我联系的贫困户张勇的女儿。按照上级部署要求，单位进驻洪家关乡花园村开展脱贫攻坚结对帮扶工作，安排我联系张勇家。第一次到他家的时候，家中没有人。听住在隔壁的老大介绍，才知道他今年42岁了，腿部多年前因车祸落下了一点残疾，最近四五年一直在浙江打工挣钱供一双儿女读书，儿子正国在洪家关贺龙中学读初三，女儿小珍在洪家关小学读五年级，媳妇王芳则长期租住在洪家关镇上专门服侍两个孩子。为了弄清一家三口住在哪里，我拨通了王芳的电话。知道我的身份后，她告诉我，小女儿患了紫癜性肾炎病，在桑植住了一个星期的院，治不好，已经转到了长沙湘雅医院住院治疗。（许文正日记）

这是许文正第一次见到女孩，也是许文正第一次听到女孩小珍生病的事情。许文正有两个女儿，大女儿正在读高三，小女儿仅仅比小珍大三岁。而在许文正刚刚开始驻村的时候，他的妻子突然生病倒下了，在许文正写下这篇日记的时候，他的妻子的病情已经非常严重了，在 2018 年的 6 月，他的妻子便去世了。他在日记里面也写到，小珍小小年纪就得了这个病，这个家庭该背上多大的经济和心理压力，他担心着孩子的病情，心里祈祷着孩子早日康复、早日回家。

许文正第二次见到小珍已经是在张家界的医院里了，他把慰问金交到了女儿母亲的手中，这慰问金是许文正单位提供的，也是他向单位领导说明情况后单位特批的资金。

> 张家界中医院肾病科向主任是我朋友，他是肾病治疗专家，医德医术都很高，而且听他说起过治好很多例紫癜性肾炎病人，于是我建议她们来向医生这里治疗。（许文正日记）

许文正帮小珍安排了张家界医院的治疗事宜，也帮助小珍的父母安排了在张家界的生活。在小珍一家回到村里以后，许文正第三次见到了小珍，这时候已经是冬天了，就在写日记的前几天。

> 冬天的早晨，天气很寒冷。我和单位的一位同事开车来到洪家关女孩租住的房屋前，一下车，我就看见女孩小珍依旧坐在那个铁制的烤火架上做作业，她穿着一件紫色棉衣，应该是一件新衣服，看上去很喜庆。看到我从车上走下来，她立刻起身飞跑着进入里屋。等我走到屋门口的时候，她已经拉着她的母亲、父亲从里屋走了出来。
>
> 她母亲说，这两只公鸡是从老家带来养在这里，专门送给我的。我坚决推辞不要，夫妻两人很生气，不容我解释，直接把鸡放进了外边的车里。
>
> 这时，我看见一旁的女孩脸上露出了笑容，是那样灿烂、美好。（许文正日记）

这就是许文正和他的联系户之间的故事，这一个案例看起来与我们要讲的产业没有太大的关系，但是我们能够通过这个案例了解到工作队的工作方式与工作状态。在驻村工作中，他们很难将自身的感情放在工作之外,而在工作之中,他们是把自己的全部都投入了进来,包括自己和单位的社会关系。我们很难说这是出于工作和检查的要求,在调查中更多地感受到这些驻村书记的工作是出于情感性的。在这45个村的驻村第一书记中,有在事业单位没有编制的"临时工"被单位"下放"到村里工作的,也有厅级后备干部,帮扶单位从市局级单位到省厅部门,无论第一书记的能力大小,他们都在力所能及的范围内尽了自己最大的努力。山西省临汾市后腰村的第一书记邸俊杰曾经这样描述他们的工作:

> 其实驻村工作队就像是蚯蚓,政策福利就像是下雨,雨水来了,需要我们这些蚯蚓来松土,要不雨水干了就没了。但你松土就和土有感情了,我们工作也不能只靠上面不是?我们村种红薯的比赛奖金都是我们自己筹的。(邸俊杰访谈)

在了解了驻村工作的生活与工作方式后,我们需要回到对产业的讨论:驻村工作队这一特殊的角色,对农产品的销售起到了什么作用呢?驻村工作队和所在的帮扶单位的社会关系就成为了农产品的重要销路之一。

以花园村为例,花园村的高山优质稻主要依靠这种渠道进行销售。2017年花园村一共产出38000斤优质稻,其中向太平洋建设集团销售了优质稻米5600斤,收入10万元,并与其签订了为期三年的优质稻销售订单;卖给结队帮扶单位吉首大学10000斤,剩余的全部以6元/斤的价格卖给了市直单位。

我们帮花园村算了一笔账,5600斤水稻共卖出10万元的价格,每一斤水稻的价格将近17.9元。但是近年来水稻价格持续走低,截止到2019年2月份,湖南省水稻收购价格根据品种与质量不同,在3800元/吨至5000元/吨之间波动[①],按照最高价格5000元/吨计算,每斤水稻的价格仅仅为2.5元,花园村6-17.9元/斤的价格是高出市场价数倍的。

---

① 网络报道,http://www.3456.tv/jiage/liangshi/153402.html。

之所以能卖出这么高的价格，一方面是因为政府机构和企业在采购扶贫农产品时会有补贴与宣传作用，但更重要的则是需要水稻本身与工作队在其中起到的作用。花园村的优质水稻在宣传时称"非杂交水稻"，并且使用有机肥料，每亩的产量在 700 斤到 900 斤左右，每 100 斤水稻能出 60 斤米，这些水稻有成分检验证书，其中富含硒等有益元素，驻村工作队帮忙设计了小包装，每袋可装 1-5 斤，但这只是卖出高价的第一步。接下来是工作队要利用自己和自己单位的关系向其他市值机关和公司企业去"推销"，如果这些优质水稻直接进入到市场中，"有机""富硒""无杂交"这些宣传语很难被消费者和政府采购者所相信，但有了驻村工作队和帮扶单位的信誉做"背书"，这些水稻便成为了现代城市人所向往的"纯天然健康"食品。

与花园村优质水稻相类似的还有八顷村土豆种植产业。八顷村的土豆分为了"普通土豆""有机土豆"和"有机富硒黑美人土豆"三个品种，"普通土豆"按照市场价 0.6-0.8 元/斤出售，"有机土豆"按照 2.5 元/斤左右的价格出售，而"有机富硒黑美人土豆"能够以 5.5-7.5 元/斤的价格出售。"黑美人"土豆在种植时需要施富硒肥，其品种的亩产较普通土豆低，但价格却是普通土豆的近 10 倍。

在访谈时八顷村第一书记郭安治告诉我们："去年全县种土豆都赔钱了，但是黑美人没有影响，一方面是拼关系卖出去，一方面是拼品质的。"（郭安治访谈）目前，八顷村的黑美人土豆主要是通过帮扶单位河北省新闻出版广电局的关系，销往了其他政府机关作为员工福利，其中环保部和中央电视台是固定的客户。在 2018 年，他们又通过个人关系与全国政协签订了销售协议。而之所以是这些单位，郭安治说这完全是他们厅长的个人关系或者单位业务往来关系而带来的。

二、社会关系网络与朋友圈

上一节两个案例中，工作队都是想方设法提高农产品的附加值，从而提高农产品的价格，获得更高的利润。但是将这些附加值转化为收入的过程则需要通过工作队和帮扶单位的社会关系才能够实现。那么,到此为止我们很容易想到两个问题,通过市场途径会如何?现在的销售方式又能够有多大的销量呢?

对于第一个问题,很多村的工作队和村民都能够给出答案。在访谈时几乎所有人都认为,这些产品只有熟人才会买,在他们看来,他们是货真价实的"健康食品",但这是很难在食用前辨别好坏的。八顷村的村秘书就说:"如果你去淘宝上去买有机土豆,1块钱你能买1斤,我们的黑美人怎么可能和他竞争?走市场是不可能的,只有人家相信你的好,你才能卖得出去。"(八顷村村委访谈)类似的话我们在左江村访谈时,负责销售杭白菊的村民也是这么认为的:"我们杭白菊卖200-300元/斤,你去淘宝上看看,200元能够你喝一年,你说你凭什么买我们的?如果人家20元一斤,我们30元一斤,那可能你会想我们的好一些,还有销路,但是我们是人家10倍甚至20倍的价格,人家还买一送一,我们哪能卖出去?但是你们来了就不一样,你们喝了就会觉得好,尤其配着罗汉果,你们喝了就想买,因为你们知道这就是和淘宝的不一样。"(左江村村委会访谈)从这个角度看,这些农产品由于在价格上处于绝对劣势,是不可能直接进入到市场和低价低质量的农产品竞争的。

不过按照现有的销售方式的确是不可能像淘宝店一样"低价走量",但这并非是这些农产品的销售劣势,因为这些具有高附加值的农产品本身产量就不高,再加上以家庭为单位的生产模式,其不能像规模农场的机械化作业一样有大规模的产出,所以即使通过这种方式销售,往往农产品也是供不应求的。

此外,我们不能够忽略驻村工作队员和村民自身社会关系的作用。前文提到的野猪桥村村支书程智红家的水蜜桃就是"只卖熟人"的,"不是熟人我都不卖给他,哪里有那么桃子卖啊,每年都有人来找我要,我就这么多地,能种这么多,谁先来找我就给谁"。(程智红访谈)我们访谈时正好是桃子刚刚成熟的时节,在访谈过程中,程智红还曾接到过两个求购水蜜桃的熟人的电话,但这时水蜜桃早已售空。

如果说程智红作为村支书在乡镇和城市拥有更广的人际关系,那花园村村民养蜂得到的蜂蜜的销售案例则更具有典型性。花园村村民柏华艳告诉我们，2018年她的野生蜂蜜产了100斤，全部"靠关系"卖掉了。"今年我弟媳买了我10斤蜂蜜，她家的幺妹吃着好就也要了10斤，然后她妹妹在服装店里面上班，服装店里的店员和老板尝了以后也觉得好，店员和老板也要，就是这一串关系我就卖了将近60斤。"（村民柏华艳访谈）花园村的另一个贫困户刘金虎一家的200多斤土蜂蜜，也全部通过发朋友圈的方式卖掉了。刘金虎的儿子在县城里务工，县城里的朋友通过他朋友圈知道了他家里有土蜂蜜，就纷纷开车来到村里买，到最后有一些朋友因为"白来一趟"而十分不开心，甚至有人执意要给刘金虎一部分定金，要刘金虎再有蜂蜜时第一个通知他。这些蜂蜜的价格大约每斤在100至120元，也是远高于市场价的。但是来买的人都是熟人，他们相信他们买到的蜂蜜是纯正的蜂蜜，而不是市场上加入了很多添加剂的蜂蜜。刘金虎告诉我们，来买他蜂蜜的人都是带着这样的想法的，"有几个买家和我说嘛，市面上的蜂蜜瓶子上都是有保质期的，但是纯正的蜂蜜都不会变质，所以他们觉得那些都不好，都加了东西，就我的最好。我们都不加的，原来是什么给他们就是什么"。（刘金虎访谈）

三、富溪村的能人陈本旺

上一节我们回答了通过社会关系网络和朋友圈进行销售的两个问题，本节我们还需要对销售途径做一个补充，农村的能人大户在特色农产品以及普通的农产品销售中起到了非常重要的作用。而能人大户这一群体是具有本土性与可复制性的，这也与本文所关心的生产模式与规模效应有很大的关系。

在湖南省浏阳市富溪村有一位这样的能人——陈本旺，他不仅仅在富溪村，在周边的村庄和乡镇也是一位"名人"。陈本旺10多岁就就开始外出务工，在深圳的工厂打工8年，做电子产品的流水线工作。后来自己创业8年，也是从事相关行业的销售，在30多岁的时候回到长沙，开起了农产品的实体店。

陈本旺个人十分有能力，在深圳的创业是比较成功的，每年能有二三十万的收入，他这次回来是因为家里的老人和自己的孩子需要人照顾。

  我们家两兄弟，我回家也是为父母。父亲70多岁了，还能干农活。我哥哥在外面。老婆是在工厂认识的，是邻村的。孩子最大的10岁，小的4岁，大儿子在下面合并的小学上学。

  把父母接出去不习惯，也不现实。父母在家回来是一个很大的因素。（陈本旺访谈）

  返乡的陈本旺利用自己在外打工和创业的经验，在长沙开农产品实体店的同时，建立了一个以富溪村为主、覆盖周边乡镇的农产品销售的电商平台"浏通天下"，经过三四年的发展，平台现在已经远远超出了富溪村的范围，在浏阳市政府的支持指导下，与浏阳市供销合作总社合作，影响力在不断扩大。不过，我们在访谈中了解到，其实平台的主要作用并不在于"直销"而在于宣传。

  线上主要是起到宣传作用，直接快递出去农产品还是不太现实的。但是至少让人知道这里有羊。电商主要是有一些干啊、蔬菜啊、鸡蛋啊、鸡啊，附近乡镇的就打电话过来然后顺路就来拿走了。可以加私人的微信，拍个照片或者小视频。（陈本旺访谈）

  最初在平台上销售的农产品主要是土山鸡、山鸡蛋一类的农产品，宣传的卖点在于山鸡是山上放养的，不会以饲料喂养，而是自己去山上捕食虫子，这样的山鸡营养价值高，肉的口感更加劲道。随后，不断有客户向陈本旺求购羊肉、牛肉和蔬菜，陈本旺的生意也越做越大。

  从销售渠道上看，陈本旺既有电商平台也有长沙的实体店，但是在他看来，真正"好用"的销售渠道还是通过熟人的关系，电商平台只是提供了一个在长沙的提货点，当有客户需要农产品时，他会作为中介帮助客户和农户沟通，向客户发送小视频或者照片，谈好价格后由陈本旺开车带到实体店，供客户购买。如果有客户在网站上看到想要的农产品时，也通常是通过电话和微信与农户联系，再由陈本旺负责"运输"。

因为这些农产品与野猪桥村的水蜜桃和左江村的杭白菊不同，野山鸡和野山鸡蛋是无法通过快递运输的，基于这种属性，陈本旺的电商平台是不可能像淘宝店一样通过快递的方式销往全国各地的。

陈本旺每年的销售额在 20 万元左右，有一些农产是他收购后再卖给客户，有一些农产品是他免费帮助村民出售，他认为他能够在其中赚得到一个"好名声"或者帮助平台做个宣传也就可以了。目前，陈本旺的平台在逐渐扩大，已经能够获得一些政府的支持和补贴。

此外，陈本旺在传统农产品销售途径中也提供一些便利。村民需要有大量农产品需要销售时，他会联系运输车辆，设计好路线，到每个村村头收购，村民只需要将农产品在规定的时间内运到村头就可以，收购完成后，车辆会开到城市农贸市场销售。这种销售方式通常适用于附加值较低的农产品销售，几乎每天都会有车辆到村里来，收购价格根据市场价格波动。

至此，我们讨论了集中特殊的农产品销路，当然，这些都是建立在本文第三章所讨论的生产模式的基础上。尽管我们在本章没有讨论村集体所扮演的角色与起到的作用，这并不是因为村集体这一角色不重要，而是我们在调查中发现，村集体往往都是依靠驻村工作队和能人大户发挥作用的，其发挥作用的机制与驻村工作队、能人大户基本一致，在此不再赘述。

四、小结："规模"与农民主体性不是对立的

在访谈时，陈本旺多次强调了希望建设"家庭农场"：

> 家庭农场的核心概念是少量多样化，每一样都不愁销路，然后多几个种类。以家庭劳动力为主体，不需要雇佣劳动力。有了规模的上面也有财政补贴。销路主要依靠私人关系，先评估一下大概能卖出去什么东西，卖出去多少再进行种植和养殖。
>
> 村庄内部应该是家庭农场，而在外面要有一个能打开市场对接外面的中间人。这种中间商调节非常重要。（陈本旺访谈）

尽管陈本旺所强调的家庭农场与许多学者所提到的家庭农场（黄

宗智，2014）并不是同一个概念，但这里我们希望借用陈本旺所提出的概念对本章提到的农产品销路做一个总结。

本章关注的是农产品销路问题，社会关系网络成为农产品非常重要的销售渠道，驻村工作队、能人大户在社会关系网络的建立中起到中介作用，这也就是陈本旺所说的"中间商"，我们可以将这一过程通过图1展示。

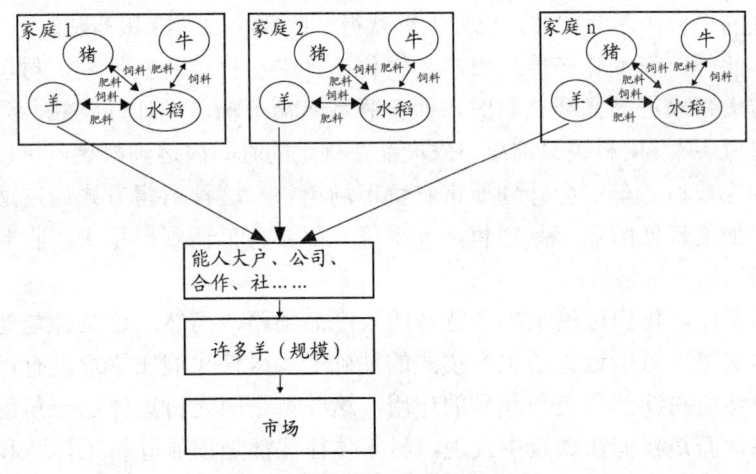

图1 生产模式图

从图1来看，即便是以家庭为单位的生产模式，在一定区域内也能够形成一定的"规模"，农民生产的主体性与规模效应并非是对立的。简单来说，如果一定区域内的农民每一家都养几十只山鸡、两头牛、几头羊，那在这个地区内仍然能够形成山鸡、牛或者羊的规模效应，只要有一个中介来负责，将这些散养的农产品集中起来，就会是在销售时形成规模效应，并且能够获得政府的支持与补贴。

在调查中，这个"中间商"不能仅仅可以是合作社、驻村工作队或者是能人大户，有时候一些农产品企业能够担任这一角色。在花园村，每一户村民都会养两头猪，一头自己吃，一头会出售。花园村村民的所有种猪都是来自于其所在县城的一家公司，这家公司向村民出售种猪和猪饲料，当猪可以出栏时，再以市场价向村民收购。这家公司在县城有自己的屠宰场和销售渠道，猪肉会直接流向市场。

第五章　图景："家庭农场"

陈本旺在访谈中提出，农民能够评估由社会关系产生的"市场"状况，并以此为依据来决定自己家庭的生产规模，但本文对这一观点存在异议，本文第三章及本章第二节在回答生产规模问题时是从生产角度考量的，即农民在衡量环境与自身能力后决定自身的生产规模。就实际情况来看，大多数农产品尤其是贫困村的扶贫产业生产出的高附加值农产品在市场上仍然处于供不应求的状况，从结果上来看，这两种观点似乎并不是矛盾的，但考察农民具体生产过程与农村由家庭农业产业而形成的经济生态链后，我们能够对这一问题进行更深入的分析。本章希望在回答过前几章的经验问题后，能够将一定区域内的农村农业产业生态模式勾画成一副图景，之所以是在一定区域内，是因为我们前文所讨论的案例都发生在"七山二土一分田"甚至是"八山一土一分田"地区的农村。前文引用过"吃辣区"的描述性讲法，便是对这一区域的一个限定。这个地区最大的特征是保持着一种自然经济模式，直到现在，这种自然经济模式仍在村庄产业发挥着作用

一、富溪村的易地搬迁与配套产业

陈本旺多次定义了他认为的"家庭农场"就是产业少量而多样化，在一定区域内，每一种农业产业都能因为"每家一点"而成为规模。能够有这样的感受，与他所生活的富溪村的过去与现状是有关系的[①]。

富溪村处于罗霄山脉深处，对外交通极为不便，在新路修建之前，通往张坊镇的道路被当地村民称为"水泥"道路，不是平整的水泥路，而是不下雨都是能积水的泥泞道路，一旦下雨，道路基本就无法通行。因此，富溪村村民开展生产活动的主要场所只能局限于自己的住所附近，通往村中心与外界较为不便，花费在运输上的时间与经济成本都比较高昂，而如果等待收购，那么获得的经济收益就更低。而且，富

[①] 本节感谢邓朋滔同学提供富溪村易地搬迁政策与扶贫产业相关的资料。

溪村是一个典型的山多田少的村庄,许多村民居住分散,人口最少的一个村民小组只有两户村民居住在一个独立的山头上,平时上下山都比较麻烦。

村民能够利用的资源一般是自己房前屋后的土地种植一些水稻,利用自己的庭院养殖一两头牛,自己家的山林虽然种满了竹子,但是没有公路竹子也无法转化成为经济收入,有村民利用自己的山林养殖了几只或者几十只山羊,还有的村民利用附近山多植物多的特点养殖了一些蜜蜂,但这些产业都面临一个相同的问题,就是很难运输出去销售。

脱贫攻坚战以来,富溪村逐渐修建了通往乡镇的公路与村内公路,相对落后的村民家房屋大多属于危房,并且很多山里面的村民小组只有几户村民,没有通电通水,给这些村民专门修建公路、水利和电力设施是不现实的,但这些村民的条件符合国家扶贫易地搬迁政策。因此,富溪村的驻村工作队申请扶贫专项资金,将这些村民从山上搬下来。

富溪村106户贫困户中有35户贫困户符合易地搬迁条件,依据中央与省市的相关政策,富溪村对于符合易地搬迁条件的贫困户依照每人6.5万元的标准进行集中建房安置,富溪村根据这些贫困户的现实条件,在村部附近为其统一建设了住房。

在易地扶贫安置的过程中,为了不影响搬迁的贫困户的正常生产生活,贫困户原有住宅附近的耕地被保留,有村民甚至在自己原来的住址屋里养了羊和猪。

但是随之而来的问题是搬迁农户的生产和发展问题,搬迁之后,农民距离原有的住所附近的耕地距离增加了,但在新房附近也不具有与原有住房相同的生产条件,不易于开展养殖肉禽、种植经济作物等生产活动,可能会对搬迁贫困户的生活造成影响,即农户在搬迁之后如何从事生产以维持生活乃至长期发展。面对这个问题,富溪村着重采取了保留搬迁户原住所附近场地并以合作社带动搬迁户发展种养业的产业安置方法,以及职业技能培训和介绍就业的对策。

对于搬迁户而言,他们原有的家庭生产活动主要是依托原有住房以及住房附近耕地开展的种植养殖活动,搬迁之后他们可能会因远离原有的耕地以及现住房周围的环境变换而在生产上面临困难，因此，富溪村结合村庄情况与相关政策，由陈本旺成立富春合作社并担任理事长，合作社采取股份制，贫困户以国家扶贫专项资金为股本入股，在富溪村开展了"一大四小"产业。"一大"产业是养殖200箱蜜蜂、20亩鱼塘以及种植80亩高山蔬菜发展规模种养业，以收入为贫困户提供相应分红，其规定保底分红400元，随合作社盈利逐渐增加；此外，合作社以提供技术支持、帮助销售等方式支持带动村民经营种养产业、支持农民自主发展家庭产业的作用，主要带动发展的产业为黑山羊、土鸡、蜜蜂、鱼，即"四小"产业；针对本村的资源和劳动力特点，富溪村还以发展竹业加工、茶叶种植等适合村民特点、能够提供村庄就业与增收机会的产业来促进村庄产业的长期发展。

但是，农民是不会去买菜的。搬迁之前，农民依靠自己房前屋后的空地可以种植蔬菜以供家用，但搬迁后这种条件就不再存在了。于是村集体在集中安置的住所附近为搬迁的贫困户分配菜地，通过这样的方式方便搬迁的贫困户开展生产活动，这种生产主要是保障自己家用。

陈耀发原本是富溪村的贫困户，搬迁之后，他保留了原有的住所附近的承包耕地，还分配到了搬迁后住房的90平方米（保底10平方米及4口人分配到的80平方米）的菜地，他以国家专项的扶贫资金为股本参加了村内的富春合作社，一方面可以通过合作社的分红增加收入，另一方面在合作社的帮助和指导之下开始养殖蜜蜂，他利用原有住所附近的耕地种植了水稻与蔬菜，以及利用弟弟家的房屋和房屋附近土地种植了蔬菜，饲养了20多只兔子和20多只鸡。

陈耀发每天自己步行40分钟回到原有住宅附近的耕地以及弟弟原来的住所喂养鸡和兔子以及管理菜地，搬迁后的安置住房附近分配的菜地则主要由患有糖尿病、行动不便的老伴打理，家内的家务主要由残疾的女儿打理；陈耀发种植的蔬菜除了自用还种植了一部分辣椒等经济作物销售，养殖和种植的农产品主要由自己销售。此外，他特别提到村内成立的富春合作社可以帮助自己进行销售，每斤生鸡可卖60元，每只兔子可以卖100元左右，通过自己家庭种养的产业，陈耀发每年可以收入10000元左右,通过种养业维持了家庭的生活,缓解了经济的压力;陈耀发的儿子在福建省三明市务工,每月可以收入4000元,每年工作8个月左右,可以每月补贴家庭经济。

此外,陈耀发还在自己承包的山林放养黑山羊。放羊所需的劳动强度比较小,主要的活动为每天将山羊放出一次,回收一次。前文也提到,由于富溪村村民一般自有山林,因此不会引起纠纷,每户村民均可以自己承包山林的承载力为限养殖20-30只山羊。对于贫困户而言,所需的劳动强度比较小,又可以有效利用家庭的资源,是较好的增收途径,在这个过程中,富溪村主要以提供种苗、提供防疫技术以及通过合作社形式帮助销售的方式来降低生产风险,为贫困户创造养殖条件。

二、每个农民都是一个经济学家

从富溪村的过去到富溪村的现在,路修好了、房子漂亮了、村庄整齐了、产业"正规"了,但不变的是农民的农业生产。即使种地的位置变了、养牛羊山鸡的场所不同了,但是种养什么、种养多少仍然没有变,富溪村的传统农业经济的模式并没有改变。

陈耀发一家只是106户贫困户、428户村民中的一户而已,富溪村几乎所有的村民都是"陈耀发",都会种水稻、种竹子、都会养蜂、养羊、养牛、养兔子、养山鸡,也都有家人在外务工。也不仅仅是富溪村,在花园村、在左江村、在野猪桥村,所有的村民也像陈耀发一样,可能种的不是竹子而是柑橘,而是水蜜桃。

我们在第三章和第四章讨论过村民有多大规模的产业主要取决于自身家庭的能力与周围的自然环境。那么,在一个农民家庭能够承受的最大生产规模的基础上,我们会又面临一个简单的数学题,如果一个农民家现在有10只羊和50只山鸡,而养1只羊的投入近似等于5只山鸡的投入,1只羊的收入近似等于10只山鸡的收入,那这个农民为什么不自己直接养20只羊,非要饲养在经济学和数学计算上投入更多但收益更少的山鸡呢?

第一个原因,农民在算经济账的同时要去考量自身承担风险的能力。再好的经济模型都无法抵御真实生活中那些无法把控的因素，对于农民而言，如果将鸡蛋全部放在一个篮子里，那一旦农产品的价格随着市场波动，以他们的家庭经济能力是无法承受的。尤其是高附加值的农业产品，其收益虽然较高，但随之而来的是较高的风险，农产品不仅仅会面对市场价格风险，还要面临疾病、虫害、自然灾害甚至是政策性因素影响等风险。对于农民而言，最好的方式就是分散投资。

但最重要的原因还不是市场风险的影响，而是作为经济学家的农民精心计算后的决策结果。在这些地区，每一个农业产业项目和每一个农产品的种养殖过程都不是独立的。以富溪村为例，每一位村民有属于自家的山林，因此才能够养羊，富溪村的山林为山羊提供了很好的放养场所。因为黑山羊的放养所需要的劳动力较少，所以富溪村的村民还能够抽出时间来养兔子和山鸡，山鸡以放养为主，只需要每天早晚撒一些玉米粒便足够山鸡食用，这些玉米粒也是村民自家种的。此外，富溪村和花园村的村民每家都会养两头猪，一头自己食用，一头出栏后出售。自家种的水稻、一些质量较差的蔬菜或者土豆能够作为猪饲料，而猪的粪便可以作为种植水稻的肥料。我们发现，在富溪村，养蜂的人会把蜜蜂带到山上去放养，而花园村的情况则不同，花园村山上的植被比富溪村少，有花的地方距离村民的居住地较近，凡是养了蜜蜂的村民家里就不会养山鸡。养蜂的村民告诉我们，山鸡在觅食时会把植物的花给破坏掉，对蜂蜜的产量造成影响。但是富溪村，放养鸡的区域距离养蜂的区域相隔较远，则不会产生这样的问题。

从这个角度来看，每一位村民都是一位经济学家，每一个产业都不是单独存在的，都是经过农民精心"计算"后得出的最优化的结果，不仅能够实现资源和效率的最大化，还具有一定的风险抵御能力。现在，我们可以回答本章开头所提出的问题，无论是陈本旺认为农民会根据市场规模决定家庭生产规模，还是本文前面章节所讨论的家庭能力的因素，都仅仅是农民生产时所考量的多个因素中的一个而已。农民决定如何生产，并不是理论上的计算，而是在生活中不断"计算"和调整，换句话说，是在生活中根据自己的经验与感知而决定的。

富溪村的历史与现在相比有了翻天覆地的变化，自脱贫攻坚战和美丽新农村建设以来，富溪村的容貌早已经不是原来的样子，无论是基础设施还是村民产业规模都发生着日新月异的变化，但没有变的是，农民仍然保持着传统农业经济的模式，只是随着资金的投入与市场的扩大，他们的生产规模更大了，种养殖的物种更丰富了，经济生态链更加复杂罢了。

三、余论："返乡"与"修路"

我们将小农比喻成"经济学家"，这并不意味着农民是"无所不能"的。农民仍然是小农，一方面他能够安排好以自身家庭为单位的农业生产活动，但另一方面农民不可能承担修路、通水通电的公共设施建设的工作，在承受风险能力与初始资金有限的情况下，也很难主动扩展家庭农业产业的种类或规模。本文的讨论是建立在脱贫攻坚政策与乡村振兴战略的背景下的，一个贫困村的村民如果真的能够通过自己的能力发展"家庭农场"，那么这个农户也就不会被评为贫困户，这个村庄也不会是贫困村。换句话说，我们在前文所讨论农村自然经济生态的图景，并不是意味着我们希望这种经济生态保持现有的缓慢增长甚至是不发展的状态。

那么，如何做到不破坏作为"经济学家"的农民自身的决策、又能帮助他们的产业上一个层次和台阶，就成为了重要的问题。

从调研的情况来看，几乎在所有的贫困村，驻村工作队和村委会都会谈到一个相同的问题，就是如何吸引在外务工的能人返乡。这些人回到家乡，带来的不仅仅是技术、资本、产业，更重要的是一个带动作用。在野猪桥村，有在广东香厂工作的村民返乡在村内开起了制香厂，看到香厂盈利后，又有两家村民也经营起制香的生意。当初野猪桥村在引进柑橘、水蜜桃种植时，也都是村支书、村会计带头种植，村民看到盈利后才推广的。

> 你让他种（柑橘）他肯定不种，你给他钱让他种他都不会种的，因为他没见过这东西，不知道能赚钱不。但是你种了，他看到你赚钱了就

会主动来找你种,农民都是这样。(野猪桥村村委会访谈)

不仅仅是在野猪桥村,在富溪村蜜蜂养殖也是由陈本旺最初养殖杀人蜂开始的。从扶贫工作的角度来看,返乡能人的数量并不仅仅是在向上级汇报时流于形式的数据,而是决定一个村的产业是否能带动起来的关键。而如果返乡的能人恰好像陈本旺一样,还能够作为村内的能人大户将那农民家庭生产的农产品集中起来,甚至能够建立销售的平台,那盘活一个村的经济就变得非常简单了,这也难怪几乎所有的村庄都在寻找像陈本旺一样的返乡能人。

此外,以"修路"为代表的村庄基础设施建设工作也是至关重要的。在2019年这个距离2020年全面脱贫最近的年份,所有的贫困村的修路任务已经基本能完成了,那修好了路,对于富溪村这样的山村,有什么特殊的意义呢?

> 以前啊,我们这些竹子都没用,你长了你卖不出去。就算有人要,你怎么从山上扛下来?一个人最多扛五六根,你上午两个来回,你就扛上十根竹子,你说你卖多少钱够你的功夫?现在不一样了,车直接能开上去,这就好卖了。(富溪村村委会访谈)

不仅是竹子,富溪村的所有农产品都因为修好了道路而更容易运输和销售了。就像是富溪村驻村第一书记所说的:

> 我们南方的村子资源是很多的,你不需要做太多的事,你把路修好了,村民自然而然就知道该种什么了,你能把农民种的东西运出去,那就能脱贫摘帽。(富溪村村委会访谈)

第六章 总结

脱贫攻坚战开始以来,一些贫困村的扶贫工作组倾向于选择在村内做起具有特色的大规模的农业产业,这样使得村庄在接受检查时有

"看得见"的产业，产业带来的工资性收入、利润和股份分红也能够以精确到数字加入到贫困户总收入之中。从扶贫工作"五个一批"中的"发展生产脱贫一批"来看，大规模的产业便于宣传，也能够实现工作队撤出后的可持续发展，而从"社会保障兜底一批"来看，产业利润带来的村集体收入可以为无劳动能力的贫困户设立额外的社会保障金。于是，通过流转土地筹集资金建立大规模的产业成为了许多村的重点工作。

但是政府主导模式却普遍难以解决农民劳动参与积极性与生产监督的问题；相似的，企业主导产业容易出现类似于资本下乡的"水土不服"现象。例如山西省西汉村的康乃馨种植产业是"村集体合作社+农户型"产业，村集体利用高达 400 万的扶贫资金与贫困户"五位一体"的金融扶贫贷款流转土地 100 亩，建设 44 座康乃馨鲜花种植大棚。但自 2017 年投入运营至今，仅仅获得 20 余万的销售额，这与预期相差甚远。河北省八顷村的玫珑瓜种植产业则是公司直接经营的"公司+农户型"产业，通过"反租倒包"的方式建设上百座瓜果大棚，雇佣村民进行种植。为了保证产品质量，公司的技术员与八顷村的支部书记往往需要凌晨便赶到大棚中监督工作。

与之相反，湖南省的富溪村、左江村等村庄在脱贫攻坚战之前交通相对闭塞，脱贫攻坚战以来以公路、水利等基础建设为主，其产业仍然以大户带动型、外部支持下的家庭经营方式发展，但却取得了更为满意的结果。

本文在第二章一共讨论了三个案例，试图通过案例说明下乡资本是如何转化成规模产业的，并且讨论这种生产模式存在的问题。山西省西汉村缺乏一个有能力管理康乃馨产业的负责人，集体经营和管理的混乱造成了鲜花质量不高，最终无法在市场上获得竞争优势；另一方面，西汉村劳动力不足、生产方式单一使得他们没有能力接受更加注重数量的批量订单，这也就造成他们"大单接不了，小单不赚钱"的尴尬情况。河北省八顷村与西汉村的规模经营不同，八顷村的玫珑瓜种植虽然也采取了流转土地、规模种植、集体经营的方式，但村支书唐凤歧的带头作用和熟人社会下的每日工作轮换一定程度上降低了农民集体耕作的监督成本，最重要的是每日重新分派工作的方式更加适应农民的生活节奏，八顷村玫瑰瓜产业能够取得成效，唐凤岐似的能人是最关键的原因，但这样的能人不可能在每一个村庄的每一个产业中都能找得到。第三个案例是湖南省野猪桥村的水蜜桃种植基地，水蜜桃基地是一个资本下乡型的企业，公司在经营时出现了桃子被偷、质量不高的状况，第二章的第三节对其原因作出了分析。从案例来看，一些"飞来"的规模产业将农民作为劳动力时面临着许多问题，监督成本、农产品丢失、技术问题以及劳动力不足等问题都成为了阻碍产业发展的重要因素。

  第三章讨论以家庭为单位的生产模式，试图通过案例讨论这种生产模式与资本下乡之间的关系，并且讨论这种生产模式为何更加适合农民的生活。虽然同样是以家庭为单位的生产，但是左江村的黄牛产业得到了村民的支持，杭白菊却难以扩大种植规模，这主要是因为杭白菊在种植时的生长周期、技术要求以及对劳动力的需求与左江村村民人口结构不相匹配。野猪桥村养羊的村民最后一头羊也没有找回来，这说明不仅仅是农民的能力决定了一个产业是否能在乡土扎根，气候、环境、地理等自然禀赋以及其他作物的种植情况往往都会产生重要的影响。

  透过第二章八顷村的案例我们可以看得到，村集体规模经营的产业在雇佣村民时经常会遇到村民会以孩子生病、家里需要有人做饭甚至是有事需要外出的理由拒绝工作，这对产业经营的人员管理产生很大的影响。在以家庭为单位的经营模式中，这种问题同样存在，只是在家庭内部的协调不会产生监督成本，当一个家庭实在无法调和生活与生产的矛盾时，农民会选择缩小产业规模，从花园村西红柿种植的案例中我们还能够看得出，一个农民是否外出打工、何时打工又何时返乡的家庭决策在很大程度上是取决于农作物的生长周期，换句话说，他们"短期打工"的生活节奏是与农作物一致的。因此在这一章我们可以得出一个结论，即以家庭为单位的生产经营模式之所以运行良好，是因为在家庭内部决策时能够充分考虑各种因素，从而能够在家庭生活、农业生产、外出务工以及农作物生长的周期性四者之间找到一个平衡点。

第四章介绍了驻村工作队、村内能人大户的作用以及几种农产品的销路。高附加值的农产品通过驻村工作队员与帮扶单位社会关系、村民个人社会关系在"熟人"之间或微信朋友圈内销售,这种销售方式的市场规模是可观的,口碑也很容易在社会关系网络内传播,通过这种方式销售的农产品的价格一般都会高于市场价格的数倍。

第五章则尝试在前面章节的基础上构建典型生活场景:富溪村几乎所有的村民都会种水稻、种竹子,都会养蜂、养羊、养牛、养兔子、养山鸡,也都会有家人在外务工。每一位村民有属于自家的山林,才能够养羊;放养所需要的劳动力较少,所以富溪村的村民还能够抽出时间来养兔子和山鸡;山鸡以放养为主,只需每天早晚撒玉米粒便足够食用,这些玉米粒也是村民自家种的。每一位村民都是经济学家,每一个产业都不是单独存在的,都是经过农民精心"计算"后得出的最优化的结果,不仅仅能够实现资源和效率的最大化,还具有一定的风险抵御能力。

基于这些讨论,本文得到结论:如果一定区域内的农民每户都养几十只山鸡、两头牛、几头羊,那在这个地区内仍然能够形成山鸡、牛或者羊的规模效应,只要有一个中介来负责,将这些散养的农产品集中起来,就会在销售时形成规模效应,并且能够获得政府的支持与补贴。也就是说,即便是以家庭为单位的生产模式,在一定区域内也能够成为一定的"规模",农民生产的主体性与规模效应并非是对立的。而这个"中间商"的角色可以由第四章提到的驻村工作队、能人大户、合作社甚至是企业来担任。

如果从这个角度进行想象,那么在"七山二土一分田"的地区,也许我们能够利用扶贫资金把路修好,把在外面漂泊打工的"有本事"的村民请回来,这些村里的"能人"的带动效应将会自然而然使得传统农业经济不断扩大,陈本旺所向往的富溪村的一个个"家庭农场"也就可以红红火火地经营起来了。

参考文献

陈柏峰，2009，土地流转对农民阶层分化的影响——基于湖北省京山县调研的分析，《中国农村观察》，第4期。

陈标平、胡传明，2009，建国60年中国农村反贫困模式演进与基本经验，《求实》，第7期。

陈锡文，2012，把握农村经济结构、农业经营形式和农村社会形态变迁的脉搏，《开放时代》，第3期。

——，2001，慎重对待耕地流转问题，《乡镇论坛》，第9期。

崔传义、潘耀国，1999，我国农业产业化的进展与组织创新，《经济研究参考》，总第88期。

郭亮，2011，资本下乡与山林流转：来自湖北S镇的经验，《社会》，第3期。

韩启民，2015，城镇化背景下的家庭农业与乡土社会：对内蒙赤峰市农业经营形式的案例研究，《社会》，第5期。

贺雪峰，2014，工商资本下乡的隐患分析，《中国乡村发现》，第3期。

黄延廷，2010，论农村土地流转形式中的反租倒包，《特区经济》，第4期。

黄宗智，2000，《华北小农经济与社会变迁》，中华书局。

——，2014，"家庭农场"是中国农业的发展出路吗？《开放时代》，第2期。

——，2012，小农户与大商业资本的不平等交易：中国现代农业的特色，《开放时代》，第3期。

——，1992，《长江三角洲小农家庭与乡村发展》，中华书局。

黄宗智、高原、彭玉生，2012，没有无产化的资本化：中国的农业发展，《开放时代》，第3期。

黄宗智、彭玉生，2007，三大历史性变迁的交汇与中国小规模农业的前景，《中国社会科学》，第4期。

焦长权、周飞舟，2016，"资本下乡"与村庄的再造，《中国社会科学》，第1期。

孔祥智、伍振军、张云华，2010，我国土地承包经营权流转的特征、模式及经验——浙、皖、川三省调研报告，《江海学刊》，第2期。

李永萍，2018，土地抛荒的发生逻辑与破解之道，《经济学家》，第10期。

李祖佩，2013，项目进村与乡村治理重构——一项基于村庄本位的考察，《中国农村观察》,第4期。

廖彩荣、陈美球,2017,乡村振兴战略的理论逻辑、科学内涵与实现路径,《农林经济管理学报》,第6期。

林聚任、马光川,2018,改革开放四十年来的中国村庄的发展与变迁,《社会发展研究》,第2期。

刘娟,2009,我国农村扶贫开发的回顾、成效与创新,《探索》,第4期。

刘守英,2009,土地流转的四种形式,《时事报告》。

———,2001,土地使用权流转的新动向及影响,《内部文稿》,第23期。

罗必良、王玉蓉,1999,农业经济组织的制度结构与经济绩效——一个理论框架及其应用分析,《农业经济问题》,第6期。

渠敬东、周飞舟、应星,2009,从总体支配到技术治理——基于中国30年改革经验的社会学分析,《中国社会科学》,第6期。

申秋,2017,中国农村扶贫政策的历史演变和扶贫实践研究反思,《江西财经大学学报》,第1期。

王绍琛、周飞舟,2016,打工家庭与城镇化——一项内蒙古赤峰市的实地研究,《学术研究》,第1期。

王曙光、王丹莉,2019,中国扶贫开发政策框架的历史演进与制度创新(1949-2019),《社会科学战线》,第5期。

王造兰,2018,乡村振兴战略视野下的广西脱贫攻坚路径研究,《理论建设》,第3期。

吴德胜,2008,农业产业化中的契约演进——从分包制到反租倒包,《农业经济问题》,第2期。

吴毅,2009,理想抑或常态:农地配置探索的世纪之摆——理解20世纪中国农地制度变迁史的一个视角,《社会学研究》,第3期。

徐宗阳,"内外有别":资本下乡的社会基础,北京大学博士学位论文。

———,2016,资本下乡的社会基础——基于华北地区一个公司型农场的经验研究,《社会学研究》,第5期。

叶兴庆,2018,新时代中国乡村振兴战略论纲,《改革》,第1期。

应小丽,2013,"项目进村"中村庄自主性的扩展与借力效应——基于浙江J村的考察,《浙江社会科学》,第10期。

张良,2016,"资本下线"背景下的乡村治理公共性建构,《中国农村观察》,第3期。

张永强、张晓飞、高延雷、周宁，2017，合作社中"大农吃小农"的博弈研究，《运筹与管理》，第 8 期。

折晓叶、陈婴婴，2011，项目制的分级运作机制和治理逻辑——对"项目进村"案例的社会学分析，《中国社会科学》，第 4 期。

周飞舟，2009，锦标赛体制，《社会学研究》，第 3 期。

周立群、曹利群，2000，农村"分包制"组织形态分析，《天津社会科学》，第 4 期。

———，2001，农村经济组织形态的演变与创新——山东省莱阳市农业产业化调查报告，《经济研究》，第 1 期。

周飞舟、王绍琛，2015，农民上楼与资本下乡：城镇化的社会学研究，《中国社会科学》，第 1 期。

网络媒体的劳动控制与拍客自主性

谭芷晔　中国人民大学社会学系 2017 级
指导教师　洪大用

第一章　导论

一、研究背景

截至 2018 年 12 月，我国共有网民 8.29 亿，其中手机网民规模达 8.17 亿，互联网普及率达 59.6%[①]。快速推进的信息化影响着人们的生产、日常生活、行为方式和价值观念（洪大用，2017）。"互联网+"成了热门词汇，政府、企业和社会组织都争先恐后进入互联网（刘少杰，2018），随之而来的便是经营理念和劳动方式的变化。劳动力资源共享的模式在各行各业迅速渗透，不仅为企业转型升级提供了契机，也给更多人的生活和工作带来了革命性的变化。一方面，企业利用互联网技术进行跨区域的资源整合，迅速而充分地调动上亿级来自不同地域、不同阶层、不同教育背景的网民为自己的产业创造价值；另一方面，网络空间包容万象，信息丰富多样，不同属性的用户群体都能在网络空间中快速创造出更多价值，从而满足自我需求。

笔者于 2018 年 5 月进入网络媒体光年视频[②] 实习，在实习期间发

[①] 数据来源：中国互联网络信息中心（CNNIC）2019 年 2 月发布的第 43 次《中国互联网络发展状况统计报告》。
[②] 本文所提及的所有机构和个人都已严格按照学术规范做匿名处理。

现共享模式已悄然渗透进以新闻业为代表的内容生产行业，这与传统媒体对新闻生产者的严格准入机制产生冲突，因此引起了笔者的深思。以往的媒体，日常新闻的采写、编辑到发布大多数都是由机构内部的工作人员完成，涉及记者、主编、通讯员、美工等主要岗位；而光年视频与传统媒体最大的区别是，它在新闻生产过程中纳入了一个新的主体——"拍客"。

所谓拍客，最初指的是以数码相机、手机、DV等设备为主要工具记录影像并乐于在互联网上分享的群体，该群体的发展主要经历了两个阶段。第一阶段是2005年至2008年，此时的拍客是基于兴趣而形成的趣缘团体，尤其是2006年中国视频元年开始，大批视频网站的出现推动了拍客群体的发展（雷蔚真、欧阳春香，2010）；第二阶段是2008年至今，优酷率先对上传视频的拍客进行稿费激励，使拍客逐渐发展成为职业群体。如今被光年视频纳入新闻生产环节的拍客基本延续了第二阶段对拍客的定义，是指遍布在全国乃至全世界各地、为新闻生产机构提供视频新闻线索甚至提供视频代剪辑的工作者及其团队。

根据来源的不同，目前的拍客可分为草根拍客[①]、专业拍客[②]、机构拍客[③]等。拍客完成一条日常稿件往往要经过搜寻选题、拍摄、采访、整理素材、上传等工作步骤。拍客搜寻选题主要通过网络搜索和扫街[④]的方式完成，拍摄过程中需要进行前期策划，然后进行采访，最后进行稿件素材的初步处理与上传。拍客拍摄不用长途跋涉，因此节省了

---

① 草根拍客来自于社会各个领域，其职业范围覆盖白领、学生，甚至还有送水工、外卖小哥等，他们拍摄的往往是生动的普通人的社会故事。因其视频内容贴近生活且每日稿件数量众多，草根拍客的稿件占据了网络媒体每天流量的半壁江山。
② 专业拍客包括专业摄影人员和媒体从业人员，他们可能是摄影师、自由撰稿人、媒体工作室工作人员等在内的专业摄影摄像人才，他们输出的稿件画面优质、构图和谐、故事完整；他们也可能在报社、电视台等传统媒体担任记者、摄像或剪辑，他们输出的稿件往往选题敏锐、文案清晰流畅、视频生动完整。这两类人，尤其是媒体从业人员，是网络媒体重点运营的对象。
③ 机构拍客一般来自公安、消防、交警等执法部门，以及各种公司的宣传部门。这些机构能够提供个人拍客难以提供的内容，譬如公安、交警出警时往往会佩戴执法记录仪，里面记录下的是事故现场的一手画面，非常宝贵。
④ 扫街是新闻行业的行话，指拿着设备在街上四处走动，遇到值得记录的新闻事件就立刻记录下来。

大量的时间和费用。更广阔的人际网络带来的是信息处理速度的大幅提升，同时，资讯的多元化和丰富性很好地满足了网络受众的需求。

网络媒体在利用拍客生产新闻的过程中，还需要运营团队与编辑团队的支持。运营团队指直接对接拍客的运营人员，他们具有以下功能。其一，对拍客上传内容进行真实性鉴定，通过与网络信息交叉比对，在第一轮筛选中将不真实的内容先从素材库中抹去；其二，把控视频素材的质量，并为拍客提供专业指导和培训；其三，向拍客发起约拍，约拍是指有重大事件或平台有新闻选题策划时，向相关所在地的拍客发起定向拍摄邀请；其四，跟进拍客的稿费发放。编辑团队主要负责完成视频的剪辑工作。相较于前期的拍摄，后期剪辑和分发的专业门槛相对较高。新闻视频最终会以网络媒体的名义分发到全网，例如网络媒体自己的网站与App、微博、今日头条、腾讯新闻、微信公众号等。同时，编辑团队还会对视频的价值观进行把控，使其不偏离社会主流价值观。

目前光年视频吸纳拍客参与新闻生产过程的实践是相对成功的。就笔者所得到的数据资料和自己的观察来看，光年视频每天有50%以上的新闻视频素材来自于拍客，日常出稿量和出稿效率都因此得到了极大的提升。通过遍布全球的拍客网络和高效率的专业团队相互配合，网络媒体可以低成本地完成内容生产的工作，并时时紧跟社会热点。

之所以说拍客是互联网共享模式在新闻行业的体现，其原因在于拍客具有门槛低、覆盖广和流动性强三个属性。门槛低是指拍客并不需要掌握非常专业的新闻采编和拍摄技巧，他们可以在工作中逐渐摸索学习；也不需要拥有高端的摄像器材，一部智能手机加上移动通信网络足以完成素材的拍摄和上传。覆盖广是指组织可以跨越地理限制招募拍客，因此一个组织的拍客群体可以覆盖全国乃至全世界各地；同时，拍客也不受地域的局限，可以自由地将所见所闻传播至其"在场"区域以外的网络空间中。流动性强是指拍客并不专门隶属于某一个新闻机构，他们没有与资方稳定的社会契约，不确定工作时间和工作地点，没有最低薪酬保障。一般情况下，他们可以依照自己的意愿在多家新闻机构之间流动。例如笔者在实习单位所接触到的拍客群体，往往他们的稿件会投给多家网络媒体。

二、研究缘起与问题

虽然网络媒体使用拍客确实大大提高了新闻生产效率，并且拍客也获得了一定的经济报酬，但这种合作实则蕴藏着矛盾和危机。根据观察以及对拍客的访谈，笔者发现网络媒体和拍客之间的关系充满复杂性。譬如拍客上传给平台的稿件素材并非每条都能采用，最终审核权掌握在平台手中，有一些拍客个人颇为得意的稿件，却被平台拒绝采用，甚至无法得知具体原因，许多拍客因此颇有怨言；再譬如有重大社会事件发生时，平台会联系事件发生地的拍客进行约拍，拍客答应了，也到现场拍摄了，最终的稿件素材却同时传给了多家平台，使得原本约拍的平台并没有占据时间上的优势；还有些拍客被约拍后传回的素材质量不达标，平台要求其重新拍摄，但多次补拍后仍未拍到想要的画面，平台不得已放弃稿件，拍客花费了大量时间精力拿不到稿费，两者之间的关系瞬间陷入尴尬的僵局。总体而言，一方面，网络媒体想要通过控制大量优质拍客资源，以期在与其他网络媒体竞争时占据优势地位，但因为没有正式的契约关系，如果运营方法不得当，拍客资源就极易流失；另一方面，拍客基于自身经济利益考量并不希望被某一网络媒体完全控制，但这样就难以进入任何一家媒体的核心拍客圈，拿不到更多的资源和福利，反而会损失自己的利益。因此，在拍客的劳动过程中，网络媒体与拍客形成了若即若离的复杂互动关系。这种复杂性与共享模式下更广泛的就业群体所面临的现状有共通性，值得深入研究。

拍客与网络媒体的互动关系是否可以被界定为雇佣关系仍处于争议中。虽然对网络媒体而言，拍客是劳动力资源，因自身的劳动付出接受相应的报酬。但是由于互联网共享模式尚处于发展中，各国法律法规对此的界定都不明晰（吴清军、李贞，2018）。因此，本文暂不讨论其两者之间是否存在法律意义上的雇佣关系，而是希望从劳动社会学的视角出发，用劳动过程理论来对网络媒体与拍客之间的关系进行分析，聚焦于网络媒体与拍客在劳动过程中的互动。劳动过程之所以有益于探究组织与个人的互动关系,是因为劳动过程是具有互动性的社会实践,往往涉及除劳动者本身的多个权力主体,而这些主体都会在实践中影响到劳动过程本身。社会学的马克思主义始终坚持生产过程作为"形塑工人阶级的关键场域"(转引自闻翔、周潇,2007),在研究组织与劳动者的互动关系时,研究者不能将劳动过程和生产场景放置于视野之外(沈原、闻翔,2014)。

基于以上论述,本文的研究问题是,在拍客的劳动过程中,网络媒体与拍客是如何互动的?在互动中,网络媒体的控制与拍客的自主性是如何体现的?如何理解这种互动关系的形成机制?希望通过探讨上述问题,能够揭示目前互联网共享模式之下劳动力与互联网平台之间充满张力的互动关系。

第二章 文献综述

一、劳动过程理论:来自工业社会的启示

劳动社会学对于资方与劳动者关系的探讨往往聚焦生产场域中具体的劳动实践,也就是研究劳动过程。马克思奠定了对资本主义劳动过程研究的基础,他采取主客二分的视角,将劳动过程看作资本管理控制和工人反抗的过程。

1. 资本控制的独立在场

《资本论》第一卷对资本主义的生产过程进行了系统的研究,并指出资本组织生产的本质目的是榨取劳动的剩余价值(马克思,2004:207)。为了抑制劳动者劳动能力转化成实际劳动过程中的不确定性,资本采取了多重管理控制的策略。例如采取简单协作的形式,采取以分工为基础的协作或工厂手工业的形式,或采取机器和大工业的形式。但不管采用何种形式,工人都会强烈反抗,从而使劳资矛盾更加深刻。因此,马克思、恩格斯认为劳动过程中的剥削与反剥削必然会导致两大阶级之间的斗争,并最终导致资产阶级的灭亡和无产阶

级的胜利。《资本论》第一卷出版后的很长时间里，马克思对劳动过程的分析并没有受到挑战，直到20世纪布雷弗曼重新将劳动过程带回研究的中心（闻翔、周潇，2007）。

布雷弗曼的研究延续了马克思的研究脉络，主要回答"资本如何榨取剩余价值"问题。基于马克思提出的资本管理控制的思想，他给出了"去技术化"的答案（布雷弗曼，1979：42）。随着资本主义进入垄断阶段，资本为了掌握劳动过程的控制权，主要采取深化劳动分工的方式，即将"概念"和"执行"分离，工人只需要对已经确定好的概念进行执行，从而实现将概念构想的权力逐渐集中到少数的管理人员手中。泰勒主义的科学管理模式在当时非常盛行，通过科学管理，资本实现了对知识的垄断，工人成为负责执行生产过程的生产工具。与此同时，大机器生产的普及和以机器为中心组织劳动过程，意味着占有机器的资本家成为了劳动过程的绝对控制者。布雷弗曼将劳动过程的再组织视为资本有意识的设计（转引自闻翔、周潇，2007），而非劳资斗争的产物。虽然工人对于这种生产方式会有敌对情绪，但布雷弗曼并没有深入讨论这种敌对形式的形成机制和宣泄的方式，可以说他的研究几乎忽视了工人的存在，这也导致布雷弗曼的"去技术化"理论受到了学界诸多的批评。

弗雷德曼针对布雷弗曼的理论缺陷做出进一步的修正，他指出工人抗争对资本主义发展的重要作用，资本家的管理控制策略必须根据变化中的市场条件和工人的抗争适时做出理性化的调整（Friedman，1977：106-108）。因此，管理策略研究不能忽略微观层次上工人的日常斗争。但遗憾的是，弗雷德曼并没有指出具体的互动方式以及工人抗争的意义。上述问题在埃德沃兹的研究中得到回答，他将工作场所视为充满斗争的场域，并认为劳动过程中的控制与反抗相互影响。新的控制模式被采纳时，工人会选取相应的抵抗策略，随后雇主又会寻找新的控制办法（Edwards，1979：110-131）。

虽然经历了布雷弗曼、弗雷德曼和埃德沃兹等几代学者的思想发展，我们逐渐看到学者对于工人抗争的重视，但研究始终还是偏向站在雇主的角度去看待管理策略的调整，认为劳动过程就是资本管理控制与工人作为整体进行反抗的过程。工人始终被当做抽象的客体，其主体性隐匿在管理策略之后。

2. 工人主体性的回归

布洛维的《制造甘愿》和《生产的政治》将工人的主体性带回劳动过程研究之中，并对劳动者之间的关系倍加关注。此后，学者逐渐意识到工人主体性对于理解劳动过程的重要性。

布洛维在考察工厂中工人的劳动过程时发现，工人并没有表现出极其强烈的敌对情绪，相反他们非常卖力地工作，似乎心甘情愿接受资本剥削。他就此总结出，资本除了采取管理策略管理工人的身体，为了抵制抗争，资本还会通过意识形态塑造机制塑造工人的"同意"。换言之，不仅要看到资本的控制，也要看到劳动过程中工人的同意（布洛维，2008：47）。工厂巧妙地在工人之间制造了紧张和竞争的关系，从而把工人与资本的纵向矛盾转化为工人与工人之间的横向矛盾，降低了工人团结起来反抗资本的可能性。因此，劳动过程发生了重要的转型，即工厂从抵制斗争转向包容斗争（童根兴，2005）。

此后，布洛维还提出了"生产的政治"的理论范式，指出任何工作场景都应包含经济、政治和意识形态三个不同的维度（Burawoy，1985：39）。他指出资本主义生产中除了有显性的控制策略，还有渗透在劳动过程中的意识形态因素。这进一步解释了资本家为何能榨取剩余价值的同时掩盖剩余价值的存在。"生产的政治"概念意味着必须将劳动生产与更大范围的政治经济制度变迁联系起来，这是因为意识形态的塑造也会受到社会环境的影响（李洁，2005）。

布洛维本质上并没有颠覆劳资双方的权力结构，他仍旧认为劳动过程是资本对剩余价值的榨取，但是他为资本控制提供了一个更为全面的解释，即通过引入工人的主体性，从而提出资本对意识形态的形塑机制。但本质上布洛维的分析仍然是结构化的，他关心的是特定的生产结构如何生产了特定的主体性。

李静君对此提出批判，认为布洛维对工人主体性的解释不够丰富，随后她引入了更加多样化的主体性，如性别视角（Lee，1998：21）。这种对劳动过程的权力透视是具有福柯意味的，权力在劳动过程中不断地生成、建构和变迁。权力从不完全从属于某一个主体，也不拘泥于固定的控制模式，而是一个"永不休止的持续争夺过程"（转引自闻翔、周潇，2007）。必须注意的是，对于多样化的主体性的强调，始终将剥削关系作为劳动过程研究的核心议题，因此从未颠覆劳资关系的权力结构。

上文的梳理表明，当资本主义工业生产进入垄断的阶段，学者首先意识到了资本控制策略的变化，研究取向由最初的资本单独控制劳动过程，转向劳资双方不断斗争并影响资本控制策略；随后又在对工人主体性的考察中意识到除了调整客观的控制策略，资本还会通过利用意识形态塑造机制影响工人的主观意识形态，从而达到控制劳动过程的目的，因此对工人的主体性展开更为深入的讨论。

上述西方工业社会的劳动过程理论，始终秉持着资本在劳动过程中占主导的取向，研究的重心并未脱离生产的阶级性质这一基本视角（闻翔、周潇，2007）。起初，学者认为只有阶级是劳资关系的构成因素，管理策略和意识形态是两种互为补充的影响因素。在深入讨论劳工主体的多样性时，学者又引入了阶级以外的且更为丰富的影响因素，如性别、种族、公民身份等。

工业社会的劳动过程理论及相关研究给本文的研究问题带来的最深刻启示是，劳动过程中体现的资方与劳动者之间的关系并非一成不变，它形成于不同生产场域所涉及的各个主体的互动实践。若想深刻地理解资方与劳动者的互动关系，我们既要注重其与宏观社会环境的联系，也要刻画管理者的策略，同时不能忽视劳动者个体的主体性。个体的阶级、性别、种族、文化水平、教育背景等因素都会影响劳动过程的运作，它们的相互交织不断地生产、建构和影响着资方的控制策略，进而影响着资方与劳动者之间的互动关系。

二、共享劳动力模式下的劳动过程研究

信息技术的发展将人类带入了互联网时代，并深刻地改变了我们的经营理念与劳动方式，因此立足于工业社会的传统雇佣方式而发展出的劳动过程理论，在一定程度上丧失了它的解释力。工业社会对劳

动过程的控制，都建立在稳定的雇佣关系基础上，但是这与目前互联网时代中共享劳动力的经营生产模式显然不能完全匹配。卡斯特认为网络社会中的劳资关系被强大的信息技术和新技术媒介建构的新组织形式所重新界定（卡斯特，2001：343），其主要表现为关系从属性变弱、用工灵活复杂（刘芸，2018），因此在整体上呈现出弹性化的特征。这种关系随着信息网络产业规模的扩大，深入大量普通用户的日常生活，其影响是空前广泛且不容忽视的（邱林川，2009）。

1. 互联网时代的共享劳动力模式

互联网时代的经济创新的主要体现，在于将资源通过互联网进行合理的组织与调配，即共享经济模式，其主要特点是在减少搜索成本与交易成本的同时，增加便利性。以往对共享经济的定义都围绕资产的共享展开，却淡化了其中对劳动力的共享。目前学界对共享经济中劳动问题的讨论，主要集中于两个方面，一是讨论共享经济中人力资源管理的成功模式（叶剑波，2015；韩文，2016；陈微波，2016），二是探讨如何从法律法规层面认定这种用工关系（彭倩文、曹大友，2016；白永亮，2017；班小辉，2017；于莹，2018）。

共享劳动力模式是指平台对互联网上分散化的劳动力资源进行组织、协调和管理，以经济效益最大化的方式来满足市场的多样化需求（吴清军、杨伟国，2018）。这种工作方式呈现出三个共同特点，即工作自由、按任务付费和劳动者要接受平台的工作指令。上述特点决定了劳动者拥有一定的工作自主权，大部分时间他们实行自我管理，即自己决定工作和休息时间。共享的形式分为众包模式和在线工作模式（转引自吴清军、杨伟国，2018）。众包模式是互联网平台把工作任务发包给个人或组织，一般通过电脑端完成，本文所提到的拍客就是这种形式；在线工作模式强调劳动者通过移动互联网在线完成工作任务。

学者的现有研究大多聚焦在线工作模式，例如对滴滴网约车的研究（吴清军、李贞，2018）。目前针对众包模式的研究相对较少，但众包模式在我国仍有非常广泛的影响，值得深入研究。

2. 变化的劳动控制与劳动者自主性

有关共享劳动力模式中劳动控制的研究，学界达成了一个共识，即创新型用工平台与传统雇佣组织对劳动过程的控制存在着较大差异，并且劳动者主体性的体现也有所区别。这种差异主要体现在控制内容、控制方式和控制结果等方面。

在控制内容方面，传统雇佣组织中资本控制的主要内容是劳动过程中工人的身体和时间；新型用工模式下，管理的内容有了两个面向，在线工作模式下，管理者对劳动者完成工作任务的进程进行监管，但其他时间不会加以管控（吴清军、李贞，2018）；在众包模式中，管理不再面向具体的劳动过程，因为弹性化的劳动过程是零散的、难以统筹的，工作时间与非工作时间原本清晰的界限变得模糊（唐正东，2013）。因此资本控制的内容是"知识"，其背后隐含的是具有主体性的劳动者本身。管理者充分利用劳动者主体性，让其实行自我管理（谢富胜，2012）。更进一步地，众包模式中资本控制劳动者社会生活本身的生产与再生产（唐正东，2013）。

在控制方式方面，传统雇佣组织的讨论往往包含控制策略和意识形态两个不同的维度。控制策略包括"去技术化"、直接控制、责任自制、官僚控制等，而意识形态则聚焦资本形塑意识形态的机制，如布洛维提出的"制造同意"。针对共享劳动力模式，部分研究仍然遵循这两个维度展开，但也提出了新环境下的新情况。控制策略上，为应对灵活的用工方式，有学者提出多重管理策略的模式，即将直接控制和责任自治根据具体场域进行交叉使用（Barrett，2004）。意识形态的塑造上，新型用工模式下往往提倡开放、灵活的文化氛围（Kunda，2006：13-15），公司会通过改造劳动者文化资本的方式对其加以控制（梁萌，2015），这是资本从文化和情感角度控制工人的新方式。控制技术论和意识形态塑造论对特定时期和特定领域内的平台的实际控制具有解释力，但是随着对互联网用工方式分析的逐渐深入，有学者指出传统意义上并行的管理策略和意识形态两种控制方式已经有所融合，它们相互无法分割（梁萌，2016）。共享劳动力模式下许多工作不再是生产有形的产品，而是依赖劳动者将获得的信息进行排列、组织，难以对工人实行概念与执行的分离，因此劳动者的文化资本决定了新的知识生产的进行。在劳动的实际过程中，劳动过程始终带有技术与文化的双重维度,因此管理者的控制方式必须也始终带有意识形态塑造的维度,只有使劳动者产生工作认同(吴清军、李贞,2018),才能对劳动者进行有效的控制。

在控制结果方面,传统工业社会中资本对劳动过程的控制占主导地位,工人的主体性则体现在阶级意识的形成及集体抗争行为的发生上(闻翔、周潇,2007)。针对新型用工模式,学者大致有两种观点。一种观点认为劳动者具有掌握自己劳动过程的主体性。劳动者获得了更多的工作自由,他们可以按照自己的意愿灵活安排工作,甚至可以选择是否工作,并且他们还可以在消费与生产中获得需求的满足,所生产的非物质产品本质是自己拥有的(杨逐原、周翔,2016)。另一种观点则认为劳动者陷入了资本更加严厉的控制之中,且资本的控制变得隐蔽(曹晋、张楠华,2012)。虽然他们获得了灵活自由的工作时间,但为了增加收入,许多劳动者不得不延长工作时间,灵活仅仅是一种心理安慰(Aloisl,2016)。并且资本的等级化控制加剧了劳动者内部的分化,在这种无尽的个别化过程中,社会区分为赢家和输家,劳动者极易受到资本的伤害。"因为他们已经成为虚弱的个人,寄养在一个连网络本身也不知置身何处的弹性网络之中"(卡斯特,2001:343)。

三、拍客及非正式就业的相关研究

目前与拍客相关的研究相对较少,主要集中于新闻传播学领域,分为以下几个主题,其一,对拍客这种新兴职业和相关机构的运作机制进行介绍(孙燕,2008;闫汇芳,2013;韩东梅,2014;黄伟迪、印心悦,2017;孙翔,2018;王东、谢未来,2018);其二,分析拍客在新闻传播中的作用以及对传统新闻业的冲击(张小文,2008;雷蔚真、欧阳春香,2010;马海江,2010;王新光,2011;陈岩,2013);其三,探讨如何对拍客所拍摄内容进行有效监管,涉及拍客媒介素养提升、拍客的伦理问题等(冷冶夫、刘新传,2010;王小乐,2011;杨建荣,2012;王超,2014)。随着互联网的普及,拍客的门槛日益降低,越来越多的人成为拍客,与各大网络媒体之间形成灵活雇佣的关系。这种关系充满复杂性，也是内容生产行业众包模式日益兴盛的情况下必须要面对的现实挑战，但目前学界在对拍客的研究中，鲜有深入挖掘劳动过程中双方的互动关系。

拍客中有相当大一部分是兼职，本质上是一种非正式就业。非正式就业也称非正规就业，是指具有非正式的雇佣关系（无合同、无有效合同、临时雇佣、随意决定工资等）、未进入政府监管体系、就业性质和效果处于低层次和边缘地位的劳动就业。非正规部门的就业最能体现其非正式的典型特征，但正规部门的就业也可能是非正式的（万向东，2009）。无论是国外还是国内，学界关于非正式就业的研究主要停留在结构化的视角，如对非正式就业进行描述与分类（吴要武、蔡昉，2006；薛进军、高文书，2012），非正式就业出现的原因和影响（冷熙亮、丁金宏，2000；胡野萍，2001；王洛忠等，2006），非正式就业人员的劳动特点（常进雄，2003；郑广怀等，2015），非正式就业人群本身的特点（王洛忠等，2006；李超海，2009），等等，极少有学者深入研究非正式就业者的劳动过程。

通过对以上研究的梳理，可以发现从劳动社会学视角对拍客进行考察的研究几乎空白，内容生产行业日益被众包模式渗透，尤其是类似拍客的新兴职业出现，却鲜有人在此背景之下研究平台与劳动者之间的复杂关系，这是笔者展开本研究的动机之一；其次，劳动过程理论中包含的许多现象概括和理论提炼多源于对工厂体制下工人劳动过程的研究，互联网时代的到来催生了新的用工模式，劳动者的工作方式、工作地点发生了变化，这会给管理者的劳动控制以及劳动者的主体性带来怎样的冲击和改变，面对这样的新情况劳动过程理论的解释力如何，这些都是笔者好奇的问题。因此，本文希望从劳动社会学的视角出发，从劳动过程理论着手，对网络媒体与拍客互动中的策略展开分析，同时考察客观社会背景的影响，力图挖掘互联网时代拍客与平台之间互动关系的形成机制。

第三章 研究设计

一、研究内容

本文希望通过研究拍客的劳动过程，探析新型用工模式下网络媒体与劳动者之间的互动关系。结合以往文献研究和案例的具体情况，为了更好地回答本文的核心问题，笔者将研究问题具体化为以下几点：（1）拍客的劳动过程是如何开展的？（2）网络媒体采取了哪些策略对拍客的劳动进行管理和控制？（3）拍客如何发挥自主性应对网络媒体的管理？（4）有哪些外部因素影响了网络媒体与拍客的互动关系？如何影响的？

此处，给出本文所指的网络媒体和拍客的具体界定和特征描述。一般地，网络媒体包括由我国新闻单位牵头投资组建的新闻网站和独立运营的互联网信息服务单位。其中，由传统新闻单位组建的新闻网站既具有传统媒体的权利，又采用商业网站/App 的经营模式进行市场化运作；独立运营的互联网信息服务单位，需要按照《互联网新闻信息服务管理规定》进行经营。国有新闻网站和独立运营的门户网站之间既有竞争也有合作，都受到政府部门的管理，也受市场的影响。本文所指的网络媒体还将拍客纳入到新闻生产过程中。

从宏观上讲，只要定义符合笔者以上描述的所有网络媒体都属于本文的讨论对象，因资料收集所限，本文所涉及的网络媒体主要包括了与拍客交流中所提及的所有网络媒体，包括 VC 视频、光年视频、A 视频、B 视频、C 视频等；其中在文中主要讨论的网络媒体有两个，一是起步最早、目前业内最大的 VC 视频，二是笔者实习的网络媒体光年视频。之所以将它们作为主要讨论对象，一是它们属于业内比较典型的两家网络媒体，VC 视频独立市场化运作，光年视频挂靠于电视台，有各自的特征，运作上也有相通之处；二是关于两者的资料最为丰富。总体而言，从对拍客的访谈及相关资料可得，文中所涉及的网络媒体所控制的拍客规模差异不大，因为拍客们在日常劳动过程中往往至少与其中三家及以上的媒体有合作。并且,这些网络媒体都有较为相近的运作体系和控制策略。

拍客,如前所述,是指遍布在全国乃至全世界各地,为网络媒体提供视频新闻线索甚至提供视频代剪辑的工作者及其团队。拍客是互联网技术发展之下的自由职业者之一;因工作相对辛苦,拍客群体中以男性居多;他们跨越不同年龄层和教育程度,多数拍客曾经有过新闻业的经历或者现在正从事与新闻传媒相关的职业;拍客的收入一般受投稿数量、稿件质量、个人能力等诸多因素影响,非常不稳定。

二、资料收集方法

1. 参与观察法

笔者进行参与观察的田野点为网络媒体光年视频。光年视频是一个新闻生产机构,并且在新闻生产过程中纳入了拍客这个主体,能帮助笔者观察拍客劳动的过程,以及厘清各方关系。光年视频成立于2016年,是光年电视台新媒体中心旗下的新闻公司,由该新媒体中心与某互联网公司合资组建,以生产原创新闻资讯短视频为主,每条短视频会配以140字以内的文案。新闻的发布与传播集中在网络渠道,即各类社会化媒体平台,如微博、微信公众号、今日头条、腾讯新闻等。光年视频内部主要分为四大核心业务模块,分别是原创采访中心、内容运营中心、拓展公关中心、产品研发中心。前三个部门的工作各自会涉及到新闻生产选题、采编、传播至少一个环节,且会有多次、多方对接的可能;而产品研发中心主要提供技术支持,不涉及新闻生产本身。拍客主要由拓展公关中心的员工负责对接。光年视频目前大约掌握两千多名拍客资源。

2018年5月至6月、9月至12月,笔者以实习生身份在光年视频新闻生产的核心部门实习,因公司内有比笔者高两个年级的同学校师姐,在她的指引下笔者快速熟悉了田野点的基本情况,便于后续参与观察的开展;实习期间曾多次轮岗,与从事各类业务的同事均有接触,开展调查研究有一定人际关系基础。进入田野初期,笔者观察到了拍客这一新闻生产环节中独特的存在,对此产生研究兴趣后,立刻告知了光年视频内部同事自己的研究方向,亮明研究者的身份,他们均表示理解和支持,并在后期提供了大量拍客相关的资料。

5月至6月,笔者在田野中以"作为参与者的观察者"的身份进行观察。因为笔者最初所从事的实习工作与拍客无直接关系,而是主要参与产出原创纪实类的新闻视频,因此仅在每日例会、工作微信群以及与相关同事闲聊中收集田野资料。

光年视频每天早上10点会召集所有新闻业务线的同事开会,包括主编、记者、拍客运营等岗位,会议内容为盘点昨日工作得失,并由每个人汇报今日重点工作和新闻线索。因光年视频非常重视拍客资源的运营,与拍客的对接时常会有需要跨部门同步的策略和问题,因此笔者在每天的会议上收集到许多与拍客相关的有效资料;拍客运营人员与记者之间有专门的工作微信群,群内会同步拍客稿件的相关情况,笔者也在群内,每天晚上笔者会对群内信息进行整理记录;每天中午笔者会和二至三个记者同事外出吃饭,吃饭时他们会提起最近与拍客对接的相关情况。最初的两个月,笔者通过以上三个渠道对拍客的劳动过程有了大概了解,对拍客与平台的关系形成了基本认知。

9月至10月,笔者重新回到田野,身份转变为"作为观察者的参与者"。因内部岗位调动,笔者被安排以记者和剪辑的身份接手与拍客直接接触的工作,也正是在这期间,笔者得以了解拍客的核心劳动过程。笔者日常工作内容主要是审核后台拍客稿件库,筛选出合适的新闻素材,通过电话、微信、微博等方式联系拍客,拿到更多视频资料和当事人联系方式,与当事人核实后撰写视频文案,并对视频素材进行剪辑,最终导出成片交予主编审核。在和拍客对接过程中,笔者是代表平台的身份而非研究者的身份,所以并未询问太多深入的问题,只做正常工作交流。当与某几个拍客联系多次后,他们会联系笔者,询问部分稿件不采用的原因,也会在与笔者交谈中说到自己何时何地以何种方式获得素材,遇到过怎样的困难,其他平台如何处理稿件等等内容。在与拍客的交流过程中,笔者第一阶段对拍客的想象基本得到了印证,同时积累下了从平台角度看拍客的直观印象。

10月中旬,笔者被调动到其他岗位,与拍客的直接接触告一段落。

自此笔者重新回归到与 5 月至 6 月间相仿的观察阶段。不过，因为已有了直接接触的经验和对想象的显示材料补充，所以在后续收集资料时笔者更有针对性。

2. 深度访谈法

为了收集更多与本文研究主题高度相关的资料，同时也为了验证笔者在田野观察中得到的对拍客劳动过程的想象，笔者先后对光年视频的 1 名拍客主管、1 名拍客运营专员、1 名主编和 1 名记者做了一对一的半结构式深度访谈，访谈时间均在 1 小时以上，选在工作日的午饭时间进行，地点在公司食堂或附近的咖啡馆。

对拍客主管和运营专员的访谈，主要围绕光年视频拍客的类型和规模、招募发展过程、目前的管理方法和对接过程中遇到的问题展开；对主编和记者的访谈，主要围绕与拍客对接的印象、与拍客对接遇到的问题展开。拍客主管和运营专员每天要与大量的拍客进行沟通，并且非常了解光年视频管理拍客的相关策略和明文规定，对其他平台的规则也有所涉猎，提供了非常多有效的信息；而主编和记者提供的资料主要是帮助笔者加深了拍客在新闻生产过程中的角色认识，完整了对拍客的想象。

对平台有了较深刻了解后，笔者正式开始招募拍客作为访谈对象。经领导同意，笔者进入了光年视频核心拍客微信群，经过一段时间的观察，大致了解了拍客们在里面的互动情况和聊天内容。群内人不多，为了增加访谈邀请成功率，笔者率先锁定了几个较活跃的拍客作为访谈对象候选人，依次发送好友申请。笔者说明自己光年视频实习记者以及研究者的身份，简单阐述自己的研究内容，希望能对他们做时长一小时电话访谈，同时笔者也表示访谈不是立刻进行，可以后续根据对方安排再约时间。选择做电话访谈有两个原因，一是群内拍客遍布全国各地，无法做到单独面对面访谈，二是如果用微信文字访谈，担心出现对方临时有事，访谈不集中，导致获取信息单薄的情况。如果拍客答应了邀约，笔者即刻先询问他们的基本情况，如年龄、全职或兼职、是否有媒体从业经历、拍客从业时长等，以便达到访谈对象差异最大化。经过半个月左右的联络与沟通，最终有 25 名拍客答应了笔者的访谈邀请。

笔者对选定的拍客按照他们各自情况的不同进行筛选，并在2018年12月至2019年1月逐一进行半结构式电话访谈，访谈内容包括拍客劳动过程的方方面面，如从业原因、过往经历、与哪些平台合作、平时如何获取新闻线索、工作中遇到的困难、做拍客的心情和体验、与其他拍客关系、未来的职业发展规划等，并着重询问了拍客与各平台对接的情况以及对平台的评价；其中有1名拍客临时有事，访谈在微信对话中完成。拍客们在访谈中的侃侃而谈给了笔者很大启发，丰富了对研究主题的认识。最终因信息饱和，笔者共完成了19个拍客访谈，因其中有部分拍客所述内容同质化较高，在此只列出最重要的12个访谈对象的信息，他们的具体情况如表1。

表1 被访者基本情况

编码	身份	性别	年龄	备注
M01	光年视频拍客主管	男	32	入职1年半，参与光年视频拍客招募与运营全过程；
M02	光年视频拍客运营	女	26	入职3个月，负责对接专职拍客；
M03	光年视频主编	男	30	入职2个月，日常负责挑选拍客系新闻素材，并派发给记者；
M04	光年视频记者	女	25	入职1年，因工作业务认识2-3个相熟的拍客；
P01	拍客	男	33	从业7年；自媒体人，有广告收入；
P02	拍客	男	33	从业9年；家庭负担重，曾经开影楼，现在在美术学校当老师，最近很少投稿；
P03	拍客	女	26	从业半年；互联网公司做广告媒介；
P04	拍客	男	39	从业2年；电视台媒体人，对各平台规则熟悉；
P05	拍客	男	27	从业1年；自媒体人，有一个工作室，广告收入；
P06	拍客	男	28	从业1年；报纸媒体人；
P07	拍客	男	28	从业9年；在公司做销售跑业务；
P08	拍客	男	29	从业2年；退伍军人，对事业有清晰规划；
P09	拍客	男	46	从业2年；送水工，曾做过10年传统媒体的特约记者；
P10	拍客	男	55	从业10年；曾南下广东做拍客，现半退休状态在家；
P11	拍客	女	23	从业半年；数学专业硕士研究生，无媒体相关经验；
P12	拍客	女	28	从业半年；电视台媒体人，同学介绍。

3. 文献法

笔者搜集了光年视频公开给所有拍客的关于视频素材内容的明文规定；为了补充对光年视频以外网络媒体平台的认知，笔者搜集了目前业内最大的网络媒体 VC 视频的相关公开资料，包括论文、报道、宣传册，其中包含了 VC 视频目前掌握的拍客类型和规模、管理方式、运作流程等信息。

三、分析框架

综合文献综述中所涉及的劳动过程理论的研究视角以及研究的具体情况，本文既要关注网络媒体与拍客之间互动的微观过程，又要将其与更宏大的外部环境相联系，具体分析框架如下页图1所示。

所有分析内容围绕拍客劳动过程中平台与拍客之间的互动关系展开。拍客的劳动过程总体而言分为线上和线下两个部分，线下劳动过程包括选题、拍摄等环节，这些环节都由拍客自行操作完成，过程中平台无法直接干预；线上劳动过程则以与平台沟通为主，平台与拍客的互动也主要发生在这个阶段，所以本文的分析主要围绕网络空间中拍客与平台的互动展开。

平台对拍客进行控制时，在准入、筛选、激励三个方面有不同的策略；拍客在劳动过程中既存有认同也有自主的发挥，具体而言有对规则的主动认同、对平台的灵活对抗和退出机制三种策略。平台与拍客两方的策略是基于现实情况和利益，在两方的不断互动中形成的，并非独立自发产生。同时，平台和拍客的互动过程会受到外部因素的影响，包括互联网的普及、法制的缺失和市场的流动三方面影响，其中互联网带来的影响是最基础且最深刻的。

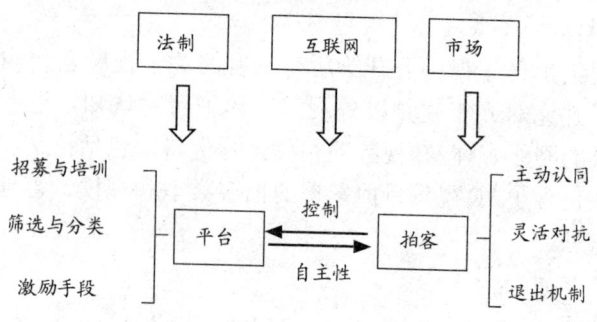

图 1 平台与拍客的互动关系分析框架

第四章　网络媒体的劳动控制

资本主义劳动过程是在生产中实现价值增值的过程，更是一个组织生产的过程。资本要实现对劳动的具体控制，就要在具体的对生产的组织中运用一定策略和手段实现。在传统工业社会，物质生产、信息处理和工厂纪律体系的设计和运行是资本实施它对劳动具体化权力的物质表现。

随着互联网时代的到来，共享模式下的劳动控制面临着新环境、新形式、新方法的冲击，发生着某些新的变化。尽管工作环境由线下转移到了线上，但劳动控制的目的仍然是为了吸收劳动者的剩余价值。劳动过程中的控制依然严密，甚至带上了隐蔽性的特征。共享经济下，网络媒体对拍客的管控主要体现在招募与培训、筛选与分类、激励三个互动环节中，利用"去技术化"、差异化管理和塑造竞争意识三种手段，期望实现对拍客劳动过程的控制。

一、招募与培训："去技术化"的倾向

本节讨论的准入包括拍客的招募和培训两部分。首先，拍客招募遵循门槛低、灵活、高报酬的规则展开，吸引大量的后备军，这是平台开展工作的基础，但拍客从事的仅是"信息传递"的低端工作；其次，

拍客培训围绕拍摄和选题展开，平台掌控着视频审核、剪辑与分发的核心权力，对内容的采用除明文规定的"符合主流价值观"，始终没有明确而清晰的标准。拍客群体下沉，工作内容简化，平台掌控审核权，这反映的是网络媒体控制策略的"去技术化"倾向。

1. 运行基础："无门槛高报酬"的招募

> 没有学历技术限制，有采访拍摄基础更佳，但凡你有时间、有耐心、爱围观、爱打听，想用视频讲好故事，这里就属于你。每条视频发布即获最高1000元+基础稿费，每周有机会额外赢10000元奖金。（VC视频招募广告）

以上是VC视频发布在网络上的拍客招募广告，可见网络媒体对外公布的拍客准入规则相当简单，即拍客只需要一台相机或一部手机，不需要任何技术基础，就能换回相当高的现金回报。这意味着，在智能手机已几乎普及全民的情况下，任何人都可以甚至会有意愿成为一名拍客。

拍客的加入无需经过任何面试、入职、合同签订等繁琐的过程，只需要上平台的网站注册账号，拍摄素材后上传即可。不需要坐班，更不需要全职。光年视频和其他平台在招募过程中基本也遵循"无门槛"的规则。这种"无门槛高报酬"的招募规则，实际也是平台的控制策略之一。谁都有偷懒的想法，平台正是抓住了人心底最深层次的脆弱。这种策略是成功的，许多拍客之所以加入，正是被这种低付出高回报所吸引。

> 我记得我拍的第一条片子，就是淄博市的雾霾。我当时是拿着手机出去拍了，然后花了半个小时采访了一个路人。没想到这个片子当时就发布了，然后我的第一笔稿费是400块钱。我当时想，这个钱还挺好挣，顿时就找到了方向感。（P08）

平台采取这种策略，本质上是为了积累更多的劳动力后备军。从工业社会开始，资本一贯希望劳动不仅是低廉的，而且具有较强的可替代性。共享模式下，劳动力的工作不确定性比以往任何时候都强，为了确保生产出足够多的剩余价值，平台必须降低准入门槛，确定自己面向的是一支规模比以往更大的产业后备军，它不再局限于失业或自由职业者，更包含大量的已就业人员，劳动者的规模和可替代性进一步增强。企业已有共识，实现发展所依赖的最大的财富从来不是实际拥有多少人才，而是在需要时能够使用多少人才（刘剑，2015）。

> 没有拍客之前，一开始光年视频就靠几个记者自己采稿，每天可能就发几条视频，三条五条。后来战略调整了，开始大规模招拍客之后，每天新闻的量马上上来了。(M01)

同时，以网络新闻短视频生产为代表的劳动过程，受到资本和利益的诱导，因此不可能停息。它是一种把非物质劳动集腋成裘，再转化成资本积累的生产活动（邱林川，2009）。只有积累足够多的后备军，网络媒体的内容生产才能够夜以继日地运营下去。一旦劳动停下来，网络信息产业链就会发生断裂，一切资本积累付之一炬。

2. 职责定位："去技术化"的过程

"拍客这个群体是需要服务的"，光年视频的拍客主管在接受笔者访谈时曾这样说。许多拍客加入时，并不清楚日常工作流程和具体的工作技巧，此时平台便会展开培训。

> 要跟他们说，我们需要什么样的内容。会拉几个大的微信群，每个星期会有固定的拍客运营，给他们分享一些好的视频。拍摄方面我们梳理了一个指导手册，关于怎么拍。(M01)

光年视频整理的指导手册主要包含视频拍摄的基本技巧、光年视频网站视频上传流程、新闻选题技巧等方面的教程。对于入门级别的拍客来说，这是一本很好的指南。它非常清晰地界定了拍客的职责。完成拍摄后上传平台，这就是普通拍客工作日常的全部。但是这也决定了，大多数拍客加入后的成长空间是非常有限的，因为他所能扮演的始终是固定的传递信息的角色。

如前文所述，光年视频内部有专业的编辑团队对拍客上传的视频进行后期剪辑和分发，这恰恰是新闻短视频制作过程中的核心环节。

如何组织素材、如何拟写标题和文案，是影响新闻流量的关键要素。但大多数拍客无法参与这个过程，甚至无从了解。这种深化的劳动分工奠定了"去技术化"的基础。

在大机器生产普及之前，工匠掌握着核心的生产知识，这代表着工人对生产知识的全盘掌握和对劳动过程的控制。但随着资本主义进入垄断阶段，通过泰勒制的科学管理和机械化等手段，工人对生产过程的知识开始被剥夺，对劳动过程的控制也随之拱手让出。布雷弗曼将这个过程称之为"去技术化"的过程。它有以下两点特征：首先，工匠的角色被机器操作工所替代；其次，劳动分工细化，技能化的任务碎片化，核心技术只分配给少数专业人才（布雷弗曼，1979：42）。

此前有学者认为，在知识生产中，劳动者掌握的文化资本是信息技术所附带的维度，是推动团队创新和知识进步的主要来源，因此无法被剥离（梁萌，2015），这意味着在互联网时代，"去技术化"的劳动控制策略是无法实现的。实际上，对于类似网络工程师的高阶职业，要想实现"去技术化"自然不易。但是，根据职业所需技能的高低，不同的行业情况可能各不相同。随着互联网普及率的大幅提高，"互联网+"模式向社会的方方面面渗入，部分行业在新型用工模式下，确实重新开始出现"去技术化"的倾向，拍客就是一个很好的例子。

过去，新闻生产由专业的记者进行，他们需要掌握从新闻选题、采编、文字撰写、视频编辑到发布等整个流程的操作方法；然而如今的新闻生产流程却因分工的细化而形成区隔。拍客处于新闻生产的上游，只需要用一部手机拍摄素材，就完成了自己的使命。除了拍摄不需要专业设备，平台对拍客拍摄内容质量并不做高要求。现在的互联网新闻短视频非常讲究"现场感"，如果新闻内容本身足够有分量，画面本身不够清晰、角度不够优良的新闻素材反而体现了真实，这样的视频也会被平台第一时间采纳。因此，无论从设备或是内容出发，平台都以低门槛为卖点，简化工作内容，培训也只针对非常基础的内容展开，如视频时长等。这实际也体现了平台把控住拍客迈向更核心技术的关键入口，削弱了拍客能力上升的可能性。

不过，值得一提的是，由于平台的编辑团队人手不足，光年视频率先招募拍客作为外包剪辑,为平台处理素材。但这种招募并非公开的,而是在平台信赖的核心拍客中进行挑选,这个封闭的筛选过程从侧面印证了平台自己掌握核心技术的重要性。同时,根据参与剪辑的拍客反映,平台交给拍客剪辑的往往是那些没什么价值的题材。

> 我发现让我们剪的视频都是陈芝麻烂谷子的那些事儿,都是那些不重要的事。我知道,这点我也可以理解,大家都理解。因为更有价值的信息,肯定是人家内部人剪是不是? (P02)

即使平台交出了部分剪辑权力,内容的审核仍是牢牢掌握在平台自己手中,这恰恰是整个流程中最关键的环节。

> 光年视频采用相对来说多一点,学生题材有的要有的不要,我也不是很懂。有一段时间传得我很伤心,很多我自己认为还比较好的视频,但是他就说我涉嫌打广告什么,不符合相关规定还是怎么样,他就不采用。有一段时间一条都没有。好伤心的。我问过其中一个运营,然后她没有理我。我有点迷茫。 (P11)

> 反正光年视频没搞得懂。我发的所有平台的稿子全部会采用,总有一个平台会采用。只有光年视频一条稿子也不采用。我后来也问过运营为什么,他们说是人手不够的原因,问完之后稿子又起死回生了。 (P01)

许多拍客认为自己对视频采用标准摸不着头脑,时常询问运营人员后只能收到一个模糊的解释。根据笔者的观察,平台不给出正面回应最根本的原因,是审核标准确实非常多变。平台最需要的视频往往分为两类,第一类是真实的、具有"现场感"的热点新闻,第二类是选题准确、拍摄精良的优质新闻。第一类新闻往往没有技术含量,需要的是大量人力网罗跨越地域的热点事件;第二类新闻需要较高的专业素养,普通拍客需要较长时间的学习和实践才能逐渐掌握技巧。因此,大量的拍客之所以被招募进来,实则是为了满足平台对于第一类视频的需求。普通拍客人数众多,运营人力有限,以模糊的理由予以搪塞,反而能维持一种权力的"神秘感",将自身与拍客彻底区隔开。

综上，从招募开始，平台对拍客的定位便非常清晰。无门槛的招募既帮助平台吸纳更多可能的劳动力，同时在对拍客的管理上，平台清晰限定了拍客的职能范围。从传统媒体人过渡到拍客，新闻行业的分工在互联网的介入中越来越细化。网络媒体让大部分拍客仅接触最基础的相对没有技术含量的拍摄工作，这种对拍客的管理策略呈现一种"去技术化"的倾向。

二、筛选与分类：差异化管理的策略

本节主要探究平台如何将拍客划分为核心拍客与边缘拍客，并对两者采取差异化的管理。对于核心拍客，平台运营人员会经常主动联络，并通过让渡部分利益、发展私人关系等形式留住优质拍客资源；对于边缘拍客，则以无差别化的对待使其放任自流。差异化形式的控制是资本主义劳动过程固有的（谢富胜，2012），它迎合了网络媒体节约管理成本、提高管理效率的需要，在互联网时代成为平台节约成本、提高效率的关键手段。

1. 分类管理：核心与边缘的区隔

从刚进入田野初期，笔者就明显感受到平台对拍客群体内部的划分。有的拍客会受到运营额外的关注，他们的稿件可以被特殊对待、单独审核；有的拍客与运营私下关系很好，经常在朋友圈进行互动，除了日常工作接触，对彼此的个人生活都有一定了解。在与光年视频拍客运营交流时，她的介绍印证了笔者的想法。

> 我们每个人手上有一些重点培养的拍客，那些不会拉到大群里。因为我发现有的群友是竞品的人，还有其他乱七八糟的人会往里加，我们觉得一些核心的还是不能流失。如果其他平台能让他有更多收益的话，他们肯定也不会拒绝的，但是我们把他培养起来，现在发展得也比较好，所以不想流失。（M02）

既然特殊群体是存在的，那平台筛选的标准是什么呢？从访谈资料中，笔者总结出了四个标准。一是稿件优质，有许多专业拍客来自媒体，本身对新闻选题敏锐，且有自己独特的拍摄技巧，稿件质量很好,这些拍客往往会受到平台的赏识;二是有固定的供稿来源,这些拍客往往在某个公共服务部门工作,笔者在与拍客对接时就认识了这样一名拍客,他在某市地铁的宣传部门工作,所以每天都会固定上传3-4条发生在武汉地铁沿线的暖新闻;三是经常在平台发布独家内容,独家意味着这条新闻视频在市场上是独一无二的,一旦拍客提供了独家,而这条视频又有成为爆款的潜质,那么平台就在与其他平台的竞争中占据了优势;四是合作时间长,许多拍客会有意识地与运营人员多沟通、多接触,自然而然给运营留下了深刻的印象。

平台为了提高曝光度赢得流量,本质上追求的是优质的稿件。结合前一小节笔者所述,这种优质有两层定义,一是相对粗糙的但具有"现场感"的热点新闻,二是选题准确、拍摄精良的优质新闻。因为非物质劳动的特殊性,要想掌握更多优质的稿件,必须先把握住核心的优质拍客资源,于是对物的管理转变为对人的治理。同时,源于分享经济下的劳动力规模较大,只有通过合适地筛选与分类,平台才能节约管理成本,把握住最核心的资源。

最初,拍客依靠稿件优质和配合度高赢得平台的认可,当拍客进入核心拍客圈后,平台就会有意识地将部分利益让渡给拍客。譬如在VC视频,核心拍客的稿费会比普通拍客高出20%。这是拍客主管亲口告知拍客本人的"秘密",这种可感知的差别对待,使拍客得到极大的满足,对平台产生更强的好感与依赖。

> (各平台运营人员)他们经常给我打电话,说是老师你最近怎么没稿件啦。我投的稿件有价值,运营评估了,给的稿费都挺高。一般我的稿费大概高出100块。(P10)

同时,核心拍客还会被主动告知,在网站上传视频后可以联络运营人员,加快审核速度。

> VC视频我上传了好多,我上传以后,他上面就写"不适用"。后来他看我传了好多主动联系我,我才知道,因为你没有和运营人员联系,所以没有人看,时间一长,上面就写"不适用"。(P09)

有时，核心拍客如果连续好几条稿件不通过，运营人员会为他打开"绿色通道"，对新稿件做出补偿性的采用。还有些拍客因为与主管联系多，主管会主动帮他简化上传程序。

> 去年黄山的第一缕阳光，提前好几天我就把这个稿件跟他说了，他说到时候第一时间就传给他，问我日出大概是几点，我说六点多到七点的样子，他说那你八点半之前就要传给我。这些我只要拍，然后文字简单介绍一下，然后在微信里面发给他就可以了。（P04）

对于表现不佳、沟通不畅的普通拍客，为了节省有限的人力成本，运营会主动放弃。在经过多条投稿不采用、询问也无回音之后，久而久之部分普通拍客就自动实行了自我淘汰。当然，这样的差异化管理很有可能会使部分尚未展现实力的拍客流失，但对平台来说，在有限的人力下，能尽量把握更多的核心拍客就已是理想状态了。

2. 发展私人关系

平台在对拍客进行分类管理的基础上，还会通过发展私人关系实现拍客资源的稳定性。关系因素是中国社会中所特有的，正式与非正式关系在不同的场合都能起到一定作用，这已经成为学者们的共识。前一小节讲到，平台会让渡部分利益给核心拍客，其实除了利益的让渡，平台还会打"感情牌"。从被吸纳进组织开始，拍客与平台的对接往往是通过功能健全的App和网站，但拍客毕竟是人，如果有运营人员一对一为他们服务，整体体验会好很多。

> VC视频有一个地域主管，有一条稿子我可能跑了五十公里、七十公里，他就会下次帮着把车费报一下。就感觉心里挺温暖的。因为关系好，所以也会出于情感因素，优先考虑VC视频。（P08）

因此，大多数平台的运营人员都会尝试与核心拍客建立私人关系，通过共享规则与资源留住核心拍客资源，从而实现获得更多优质独家稿件的目标。

平台与普通拍客之间的互动往往是一次性的，拍客发送稿件，平台做出反应，接受或拒绝，然后互动到此结束。为了使关系更紧密，平台往往力图将一次性的互动转变为连续多次的互动。这种多次互动的发生往往要依赖于工作场域以外的社会关系。通过将互动过程从正式权威的背景转移为非正式社会关系场景，正式规则下的立场定式在非正式场合得以弱化和修改，如运营人员会在与核心拍客建立私人关系的过程中改变平台一贯的规则。

总体而言，共享劳动力模式下，筛选与分类的策略帮助平台在保持较大拍客基数的基础上筛选出拍客中最优质的一部分，并采取让渡部分利益和发展私人关系的方法对这个群体加以维护。平台采用互联网共享劳动力模式，即是选择在网络空间里撒下捕捉劳动力的大网，而拍客的差异化运营，就是在收网时捕捉重点优质的劳动力，使得网络媒体能够在与其他平台的市场竞争中占据优势地位。

三、激励手段："制造同意"的策略

本节将着重关注平台如何利用激励机制"制造同意"，使拍客主动加入竞争。无论在传统雇佣形式还是共享劳动力模式之下，规则的支配能力对于共识生产都有极为重要的意义。互联网时代，平台的规则以激励为主，制造出清晰的高稿酬竞争渠道，通过独家公告奖励和流量奖励，顺理成章地塑造拍客参与竞争的意识，进一步分化拍客。

1. 高稿酬的独家供稿

网络媒体拥有对稿件单方面定价的权力，且价格会根据拍客个人价值、稿件优质程度等具体情况进行调整。因此，在稿酬发放和奖励政策设计过程中，网络媒体充当着规则制定者的角色。为了激励拍客参与竞争，平台主要采取了两种方式，一是为独家供稿提供高于一般稿件的稿酬，二是根据流量排名进行奖励。

网络媒体之所以为独家稿件设置更高的报酬，是为了赢得更多曝光量。同一条稿子如果在不同网络媒体同时发布，自然而然会形成分流，如果一家网络媒体拿到某一条爆款新闻的独家发布权，会因此引来更多流量。VC视频会在收到稿件后跟拍客确认是否要发独家，以及明确如果发独家会给多少稿酬。

> 独家的话给的稿费高啊,最高的有4000元,还有1000元。投稿以后,编辑会跟你联系问是不是发独家,我就问独家有多少,他就说如果是独家我就按独家给你。如果不是独家,有时候稿子就给取消了。 (P10)

如果拍客选择不给平台独家,那么平台就会判定这条稿子的价值甚至不值基础稿费,随即取消对稿子的采用。其实无论拍客是否口头告知稿件是否独家,据笔者的观察,所有平台都会在审核稿件时先在全网进行同内容的搜索,一旦发现有多家平台已经发布,就不会采用该条稿件。

> VC视频管控的比较多,它说了不管什么稿件,你第一时间投给我,如果人家平台采用了,你再投的话,对不起,我可能不一定采用了。必须要求首发、独家、原创,我认为VC视频是要求最多的。 (P04)

这样的策略使得拍客需要在投稿前进行权衡,以便达到利益最大化。每一次投稿都不再是单纯的一次性交易,反而变成了多平台间的博弈。

2. 张榜公布的流量奖励

除了独家稿酬多的规则,网络媒体还会以周或者月为单位,统计拍客积累的流量或稿酬在微信群张榜公布。根据笔者对拍客的访谈,VC视频的流量奖励机制大致的规则是这样的:统计全网包括VC视频App、微博、头条、腾讯等各个地方的流量总和,每周流量排名前五位的拍客可以拿到2000-10000元不等的额外现金奖励。

> 全网就VC视频给的最高的。奖金大概是2000元到1万元嘛。VC视频的流量是各方面都看,包括站内的或者站外的,它都看。如果你这个稿件在微博上有300万播放量的话,不出意外,主要你是原创和独家,基本上就是奖金2000块钱到手了。 (P08)

因为平台对拍客的投稿数量是不限制的,这个规则意味着你投稿越多、独家越多,能够拿到额外现金奖励的可能性就越大。

光年视频则以月为单位在群内公布获稿酬最高的拍客名单,平台还会为这名拍客制作专属海报，写上名字和具体金额。每次公布名单，都会激起群内拍客激烈的反响，一是表达对上榜拍客的祝贺和羡慕，二是讨教获得线索和提高采用率的方法。这种游戏规则的设定，让许多拍客不知不觉中投入到了竞争之中。为完成任务目标，拿到奖励，不知不觉中付出了更多的劳动。

> 以前我视频发出去以后从来没在意过播放量，后来看到 A 视频有个播放量要求。如果突破 1000 万就有 1 万块钱的现金奖励，我就会去关注一下了。（P01）

劳动者的同意从来不是在学校或家庭中培养的，反而是在工作场所中生产与再生产的（童根兴，2005）。虽然拍客们的劳动并没有固定工作场所，但这并不妨碍平台设定的规则通过网络将所有参与劳动的拍客吸纳进自己制定的规则中，劳动者不自觉地对此形成了共识。种种规则培育了劳动者的个人主义，竞争形塑了劳动者之间的冲突模式，拍客会有意识地保护自己手头的新闻资源。

> 很成熟的稿件发到线索群里，人家（群里的其他人）直接编辑一下就可以发别的平台了。他们的稿子如果发了，你再发就没有意义了。所以一般当下的线索是不会共享的。（P01）

这种竞争在同属一个地区的拍客之间表现得尤为激烈。

> 如果是本地的话，那就存在很大的竞争关系。本地的都是竞争，事情就一件，那么谁来拍呢？（P03）

> 就好比蛋糕就这么大，我们两个人一块收到这个信息资源，我去了，你也去了，到时候难免尴尬。（P07）

由于地域限制的客观存在，拍客拍摄的新闻多为本地新闻。因此，本地拍客之间会因为新闻资源的有限性，自然而然形成一种竞争的关系。虽然这种竞争关系是源于同质化新闻的互相排斥，并非平台直接导致。但是，平台设定的独家规则和流量奖励在一定程度上加剧了这种竞争，因此分化了拍客之间的关系。

第五章　拍客对劳动过程的自主控制

第四章主要阐述网络媒体为控制拍客的劳动过程所采取的策略，但劳动过程从来不是管理者独自表演的场所。在主体间复杂的、多变的劳动实践与互动之中，劳动者作为参与互动的其中一方，是形成机制中重要的方面。本章将围绕拍客对劳动过程的自主控制展开讨论。当劳动者自主、主动、能动、自由、有目的地劳动时，其劳动就具有了主体性（杨逐原、周翔，2016）。拍客的主体性既体现在对规则的主动认同，又表现为对平台的灵活对抗，同时拍客也可自由选择退出，这三种策略既反映了拍客应对控制的态度和主观感受，同时也影响着平台的控制策略。

一、对规则的主动认同

布洛维曾表示，传统工业社会中资本与工人的关系不再是赤裸裸的控制与被控制，而是有所掩饰的，劳动过程中工人自主地对剥削的同意和资本的强迫同等重要（布洛维，2008：47）。上一章描绘了平台如何通过设定竞争规则制造拍客的"同意"，本节将着重讨论拍客是如何主动认同这种规则。概括来说，拍客的认同主要体现在以下方面：对工作灵活性的认同，对能者多得的认同。

1. 对工作灵活性的认同

无论拍客出于何种目的加入，拍客这份工作都能在一定程度上满足他们某方面的需求。有的拍客本身就在媒体工作，做拍客的原因是为了"多赚点钱"；有的拍客出于对摄影和摄像工作的喜爱加入，通过做拍客，自己拍摄的视频能够得到广泛传播，被更多人看到；也有学生拍客表示自己是为了拓宽社交圈，与更多人来往。之所以能够覆盖不同人群的需求，原因就在于平台工作的灵活性。拍客可以自己安排工作时间，不用被固定的工作节奏束缚，"忙就少投点，闲就多投点"。同时，拍客选题、拍摄、采访等主要劳动过程发生于线下，平台"鞭长莫及"，拍客从中也感觉到了灵活与自由。

虽然稿件的不采用会使部分拍客产生些许焦虑感,有些拍客也会因为平台突然之间连续不采用他的稿件而抱怨,但在他们眼里这份工作是碎片化且没有门槛的,一般不会打乱正常的生活节奏。对拍客而言,大多数拍客对平台和拍客工作本身都是相对满意的。无论拍客是因为何种原因成为一名拍客,对于平台的灵活性,拍客是认同的。

2. 对能者多得的认同

不同拍客的月收入可能天差地别,但拍客与拍客之间很少会因此互相嫉妒,因为他们非常认同平台设定规则中渗透出的能者多得的意涵。这种能力划分规则与平台筛选核心拍客的规则类似,主要体现在三方面,一是稿件数量多,二是选题和画面精准,三是配合度高。

前一章所描述的平台控制策略,本质上也是为了吸引具备以上品质的拍客。拍客们在与平台以及其他拍客沟通时,都认同了这样的规则。平台会对拍客进行筛选分类,核心拍客为了维护自己的既得利益,会对自己享受到的福利保持缄默,而主动宣扬自己在外拍摄的辛苦和努力;有些聪明的拍客会去主动与运营对接,询问平台想要什么主题的视频,"比如重阳节了,我们就去问需不需要稿件。然后他们就会讲,新年我们也问,然后他们跟我们讲说需要一些留守老人的,这样的话,也变相提高一下采用率"(拍客P06);边缘拍客与平台交流不多,对平台审核的标准不甚清楚,只能看见平台每周或每月公布的榜单,把稿件采用率低的原因归咎于自己。

以上对平台规则认同,只培养了劳动者作为个体的竞争意识,最终导向的只是拍客作为个体在内部劳动力市场中暂时的胜利。一旦经过市场的筛选,最终剩下一两家平台顽强存活,到那时,所有拍客都会受到更为严格的管控。当然,正如本章开篇所说,劳动过程中没有哪一方是真正的配角,笔者之所以会观察到平台与拍客之间的互动关系如此复杂而充满张力,正是因为拍客除了在劳动过程中认同平台的规则,还会发挥自主性与平台灵活对抗,甚至因此影响平台,使其不得不调整自己的控制策略。

二、对平台的灵活对抗

本节将着重探讨在网络媒体设定的重重规则之下,拍客如何发挥自主性争夺对劳动过程的控制。拍客的自主性主要体现在以下三个方面,一是拍客与拍客之间的互助和群体内部联合的尝试,二是拍客在投稿顺序和投稿渠道中的权衡,三是拍客自身的职业会成为其掌控劳动过程的武器。

1. 群体联合的尝试

在传统工业社会,工人对抗资本家最主要的方式就是组建工会。当时的工人们之所以能聚集到一起,是因为他们在同一个场所工作,交流甚密。新型用工模式缺乏这样的条件,但网络的互动性和即时性为拍客们搭建了固定工作场所以外的更广阔的交流平台。因此,即使拍客的劳动并没有共同的劳动场所,但这并不影响拍客们因为共同兴趣与工作内容展开交流。

拍客与平台的所有互动几乎都通过网络完成,拍客与其他拍客的交流也不例外。尤其是平台为了培训和交流的方便,为拍客们建立了许多微信群,拍客除了在群里闲聊,还会私下添加好友交流经验和技巧。

> 如果发稿量多,采用的多,加你的人就会特别多,主要是问拍客心得、点子,有什么经验可交流。我一般会现身说法,拓展一个思路给他。(P04)

除了交流拍摄思路,拍客与拍客之间还会一同总结不同平台采用的规律,即"哪种稿件更容易过"(拍客P05)。相互学习、互帮互助的过程加速了拍客小群体的形成,基于共同兴趣、探讨工作和生活的需要,几乎所有拍客都会有一个小规模、私人化的拍客圈子,小圈子对平台也有一定的对抗作用。

拍客M(P01)就曾联合他自己圈子里的其他拍客在微博上声讨VC视频。事情起因是这样的,M上传了3条稿件至VC视频,却一条都没有被采用,但偶然间,M发现VC视频其实已经将自己上传的视频做成成品发到网上。M尝试与地区主管联系,却一直没有得到回复。拍客M

在微博上是个大V,在私下渠道无法解决这次事件后,他选择了在网上曝光,并联合了多个曾经也碰到过类似事件的拍客帮忙转发造势。最终,VC视频的上级主管主动联系M,表示可能是平台流程上的失误,补偿了他最低标准的稿费,并要求他删帖。

从这次事件能窥见拍客小圈子的威力,但从现实层面来看,这种拍客圈子是难以拓展成大规模职业群体的。因为拍客之间的竞争关系是始终存在的,大规模的联合几乎不可能发生。拍客M事件的后续发展或许能佐证这一点。因为M在微博曝光了VC视频的行为,负责对接M的地区主管与他的关系僵化。恰巧此时有拍客来咨询M日常投稿的经验,M在与他交流时无意间提到了VC视频以外的其他平台,来咨询的拍客将与M的聊天记录截图发给了地区主管,本意是为了向地区主管表明即使自己知道有其他的渠道也不会去投稿,聊天截图却被地区主管借题发挥,以M把VC视频的拍客引导去别的平台为借口,将M的账号关停了。M在访谈中表示这件事给他留下了极深的阴影。

> 我现在都是别人问三句、只回一句。因为回多了,万一他截图给某个平台,我又被平台踢出去,说我拉人。为什么这样?我拉人对我有什么好处呢,对不对?现在说话要谨慎一点,我不能告诉你别的平台怎么样,这个说话太危险了。以前我觉得拍客之间还是有好的小圈子的,现在我觉得没有了。(P01)

笔者认为拍客可以形成互帮互助的小圈子,却难以联合成真正的职业群体的原因有三:一是新闻资源本身就是有限的,为了达成个人利益的最大化,拍客与拍客在相处时一定会有所保留;二是平台设定的种种规则使固定区域的拍客之间形成了极强的竞争关系;三是拍客群体本身人员混杂,素质参差不齐,若只通过缺场交往的方式沟通,彼此之间建立信任相对困难。

2. 一稿多投的潜规则

拍客作为实际意义上的自由职业者,可以在不同平台中随意流动是其最大的优势。他们会根据个人需要并在进行利益计算后自行决定合适的服务对象。目前行业内平台之间的互相竞争,为拍客拓展收入渠道奠定了基础。譬如前文提到的 M 就因此并不在意自己和 VC 视频的主管关系恶化。

> 如果主管这边让人觉得不舒服了,我可能会不在乎钱多少就放弃。拍客来去都是自由的,因为并没有任何雇佣关系。不投某家平台反正也不影响我的收入,我多投几家平台,可以弥补回来。(P01)

一稿多投是拍客们默认的潜规则,但如何多投才能实现利益最大化,据笔者观察,拍客有他们各自的经验和技巧。首先,一定是多选择几家平台投稿。一条视频如果只认准一家平台投稿,如果这家不采用,那这条稿子一旦过了时效性就失去了价值。

> 一条新闻,你投多家肯定比投一家的采用率要高。比如我投光年视频,这稿子没用,200 块钱就没得到。如果我再投 VC 视频,如果用了,一下子 500 块钱对不对?平台是没有办法直接去限制你的。我会投五六家平台,这样实际上采用率是 1/5 的概率,有时候甚至可以是 2/5 或者 3/5。(P12)

其次,有的拍客还会根据平台规则的不同调整自己的投稿顺序,最大限度保证自己一条稿件的价值。纳入考虑的因素一般包括独家是否有额外稿费、平台的审核速度是否快、操作流程涉及哪些环节等等。

> 我会考虑投稿顺序,VC 视频的话有一个独家,给的钱特别多。所以我会首先考虑 VC 视频的独家。(P03)

> 我基本采用的形式是,比如我上午先给 VC 视频,因为他还要剪辑,下午了我再给 B 视频。然后我再发给 C 视频,大概就是这个顺序。如果反着这个顺序的话,可能一稿多投就没用了。因为第一个平台在发布的时候把地名往上一打,比如安徽黄山下了第一场雪,其他平台网站上一搜就知道有这个稿件了。(P04)

之所以拍客会注重投稿顺序,正是因为平台发现拍客一稿多投的行为后对策略进行了调整。首先是对独家进行额外的奖励,其次是对非首发的稿件取消采用。

此外，对各平台规则和运营人员都比较熟悉的拍客，还会利用对规则的掌握，在一稿多投时主动与多个平台展开博弈。

> 有一次，我稿子投给了 A 视频以后，又投给了 B 视频。A 视频给 600 元，B 视频给 2000 元，但是 B 视频这边说我看到 A 那边有了，那你的稿费就没有了。然后我就跟 A 这边沟通了一下，说我给你做个后期报道，你现在先把这个稿子给撤掉。然后我就给他做了一个后续的报道。(P10)

当然，这名拍客本身属于各平台的核心拍客，所以他在懂得规则的基础上，还与运营之间建立了私人关系，这是他敢于在一稿多投时展开博弈的基础。这个例子体现了前一章所述的平台的差异化管理是建立在核心拍客认同的基础之上的，被优质服务的核心拍客在差异化管理的体系下受益，甚至巧妙利用这种管理体系在各平台间游走，达到利益最大化。平台与拍客的一致认同共同导致了差异化管理策略的持续运行。

3. 职业的区隔

布洛维之后，越来越多的学者意识到，工人不应当只被当作物质生产者来对待，而应该更多地被作为一个具体的个体来关注。在此基础上，对工人主体性的探讨有了更多具体化的面向，性别、种族、公民地位等主体性因素被纷纷纳入对生产的考察（闻翔、周潇，2007）。如果要探讨拍客主体性如何影响其劳动过程的开展，笔者从积累的访谈资料出发，认为拍客的职业是非常值得深入探讨的视角。

拍客的收入与市场、平台政策、个人能力紧密相关，相当不稳定，为了生计，大多数拍客是兼职，他们的本职工作会占据生活的大多数时间，影响着拍客对这份副业的时间投入和操作难度。拍客的本职工作收入，以及本职工作是否与新闻行业紧密相关是其中最主要的两个因素。

> 我能挣就挣一点，不能挣就拉倒。不像他们（全职拍客），拼了。因为我有的时候，白天我自己的事情干好以后，晚上我也没有太大精力了，我还去干嘛？时间有限，精力有限。(P04)

一般来说，本职收入高的拍客对于副业的收入不会那么计较和在意，他们不会盲目参与平台设定的竞争，继续拍客这份职业更多的是因为"喜欢"，因为"一份成就感"（拍客P07）。这在一定程度上削弱了平台对自己的控制。

> 我有微博的广告收入，所以我拍片子会以自己的喜好为基础，不会太在意平台是不是喜欢。我目前的生活，不担心吃不饱、穿不暖。我正常的房贷也还了，正常的家庭支出我都能承受的了。还有时间做自己爱做的事情，我觉得这个很好。（P01）

拍客本职工作是否与新闻行业紧密相关，影响着选题的获取和内容的把握，也决定了拍客需要权衡在这份副业上投入多少时间。日常工作与新闻行业紧密相关的拍客，尤其是本身就在媒体工作的拍客，选题更精准，清楚知道新闻画面处理的技巧，"哪些画面绝对不能放，哪些画面处理一下能放"（拍客P04），这些行业标准传统媒体人都了如指掌。在选题上，记者拍客也有自己的独到眼光，这都离不开本职工作的历练；因为在体制内的便利，记者拍客还能获得更多官方消息，自带比别人更丰富的选题渠道。

> （选题技巧）我从媒体过来做拍客，有优势。从业经历让我有察觉新闻价值的能力。还有一个就是主体性视角，就是你从哪个视角来看待和揭发这个事情，能抓住各个点嘛！还有就是拍什么东西、采访什么东西，自己都会有策划。（P12）

> （选题渠道）作为记者，我做拍客的优势就是我可以获取官方的信息。比如说黄山的优惠政策，什么时候又建了一个扫脸入园，我是第一时间知道。当然我也会去筛选，没有什么意义的，我不会去报道，有意义的我会去报道。（P04）

记者拍客与平台的沟通成本低，效率高，这些经验和资源其他拍客需要花费很长时间才能积累起来。媒体人的身份还在采访时带来了很多便利。一般情况下，拍客因没有正式的身份，在采访中需要花费时间获取被访者的信任，有时会被驱逐。本身就有记者身份的拍客就不会遇到这个问题,所以许多本身全职从事拍客职业的人都会试图挂靠在某一个媒体单位。

> 我之所以到电视台工作,第一个原因是想解决我的身份。有时候拍客这个身份其实是非常尴尬的,你出去采访,你说你是光年视频的,但是人家年纪大的人根本不知道。说白了,我就是想用电视台的身份,继续干拍客。去电视台上班,我还是拍摄。就是有线索,就拍一下。然后两个身份可以互通的,因为我拍客用完了以后,可以给电视台用。也可能电视台用完之后,我给拍客。就看稿子的质量,我会判断。(P08)

不过,身份问题也并非带来的都是便利。部分传统媒体管控严格,不允许工作人员在外兼职供稿。笔者曾观察到,部分记者拍客会特意和运营人员强调不要将自己拉到拍客大群,正是因为自身单位不允许兼职,害怕被更多人知道后惹麻烦。不过,整体而言,和其他与新闻行业弱相关的职业相比,记者拍客对于平台和拍客自身来说都可谓是双赢的存在。平台对于记者拍客会投入更多人力和财力,让渡更多利益,同时因为自身的职业优势,相比其他职业,记者拍客对劳动过程的自主控制更强。

如果是本职工作与新闻行业不相关,拍客在投入时间、选题渠道上都相对受限,因此其投稿量相对少。不过,这个类型的拍客也会因为工作的性质有所区分。譬如笔者了解到同是河南的两个拍客,工作分别是私立美术学校老师(拍客P02)和公司销售(拍客P07),他们的工作情况大相径庭。

美术学校的老师工作地点固定,每天接触到的人非常有限,但是公司销售在省内天南海北地流动,每天要遇到形形色色的人,积累下不少好的选题和素材。长此以往,差不多同时入拍客这一行的两人的收入与职业发展天差地别。

综上,本职工作收入和性质的不同在拍客之间形成了区隔,产生了劳动力队伍的分割。同时也可以看到,拍客与平台之间关系并非是一成不变的固定模式。拍客不仅与网络媒体发生经济上的关系,还会与另一个政治或文化系统相互较力,两个系统还会形成交叉,互相影响,这些都会影响到劳动者的自主性发挥。

三、退出：失效的金钱诱惑

退出是拍客极为重要的自主控制的方式。没有合同的牵绊，拍客的退出是相对自由的。当拍客觉得这个平台或这份工作无法给自己带来物质或心理上的价值感，他们可以主动选择退出，这意味着彻底摆脱平台的劳动控制。就笔者观察，拍客的退出可分为以下三种情况："佛系"放弃、抗争性的消极退出、寻求上升的自我淘汰。

"佛系"放弃一般发生在边缘拍客身上。他们与平台联系本身就不紧密，很多人甚至是"三分钟热度"。这种拍客几乎不受平台控制，不参与竞争，退出对自身影响也不大。笔者访谈到的部分拍客表示，当某个平台长时间不采用自己的稿件，他们就会逐渐淡忘这个平台。

> 我甚至有一个星期就忘记了光年视频这件事情，就是我拍的东西，我传到了 A 视频，就没有给光年视频传，我已经忘记了。后来突然想起来为什么不传一下，但是我又一想，反正传了也不要我，是不是也没什么意义，所以也就无所谓了。（P11）

抗争性的消极退出一般发生在与平台联系相对紧密的拍客身上。他们或是不满意平台长期不采用，或是与运营人员发生了矛盾，如前文提到的拍客 M，他们入行时间不短，也积累了一定收入，当心理上产生与之前较大的落差，并在诉求平台也得不到很好的解决时，选择消极退出。

寻求上升的自我淘汰一般发生在对职业有明确规划的拍客身上。他们不拘泥于平台制定的规则，高屋建瓴地洞悉这个行业的未来发展趋势，从事拍客这份职业以增长经验为目的，清晰且坚定地为自己的职业目标积累资源和资本。当时机合适时，他们就会进行自我淘汰，迈向更有发展前景的领域。

> 拍客这个路应该是越走越窄。监管很厉害，然后各大平台的要求也非常严格。所以说我也是想积累下人脉以后，看看能不能解决现在这种

> 情况。我的考虑就是多认识一点人以后,自己可以做一个自媒体公司。头条的话如果有十万粉丝,一个月挣一两万块钱很轻松的。就是粉丝看你的视频,有广告分成。我想做的是美食或者三农。认识人多以后,渠道多了,路会好走很多。(P08)

本质上来说,拍客与平台最深层次的关系是经济关系,拍客选择退出意味着平台的金钱诱惑已经失效。失效的原因不只是给的钱不多,更有可能是拍客"不缺这点钱"或是有了新的职业规划。退出机制的存在,使得拍客能更好地实现对劳动过程的自主控制。

四、小结

结合第四章和第五章的分析,平台与拍客之间形成了充满博弈的互动关系。平台要实现自身利益需要获得优质稿件,优质稿件来源于优质拍客,优质拍客又需要平台通过对于大量普通拍客的不断筛选才能积累。因此,为了在行业中保持竞争力,网络媒体的核心任务有两个,一是手中持有尽量多的拍客,二是在此基础之上筛选出优质核心拍客,并以差异化的策略维护与核心拍客的关系。为了完成这两个核心任务,平台首先采取"去技术化"的手段,以高报酬、低门槛的策略招募吸纳大量拍客,然后实行差异化管理,筛选出优质拍客,通过让渡部分利益和发展私人关系留存这些拍客。同时,平台奖励独家供稿和高流量,既是对核心拍客的激励,也加剧了拍客与拍客间的竞争;换言之,平台的策略使得拍客不会轻易共享资源,降低了他们相互联合的可能性。以上提及的三种策略中,差异化管理是关键性策略。在分享劳动力模式下,劳动力边界模糊,平台无法估量潜在劳动力的边界和数量,为了以最少的人力和财力筛选出最优质的资源,必须形成完善的筛选和维护策略。

结合第五章不难看出,拍客为了维护自身的利益,既对平台制定的规则存在认同,又会巧妙利用规则发挥自主性,对劳动过程进行一定程度上的自我控制。拍客的对工作灵活性和能者多得的认同是其加入"游戏"的基础,灵活对抗平台而使用的三种策略是维持"游戏"

平衡的动力。尝试群体联合是借助其他拍客的力量与平台抗衡，一稿多投则是利用平台之间的竞争与单个平台抗衡，发挥本职工作优势是利用兼职的特殊属性及自身资源与平台抗衡。同时，拍客还可以根据自己的意愿随时叫停，直接退出"游戏"。值得一提的是，除了群体联合的尝试，其他的策略只是让拍客获得了暂时性的个人胜利，这种个人的胜利往往导致个人主义的增长，使得网络媒体与拍客之间的冲突消散。但我们不能否认，从现实层面来说，劳动分散化的拍客在劳动中最直接的追求就是个人的胜利。

从对拍客策略的分析中还可以看出，平台采取的差异化管理并非"一厢情愿"，核心拍客的存在不仅是平台所追求的，也是拍客尤其是核心拍客所认同的。当普通拍客的数量日益增长，与平台保持紧密的关系有助于拍客在竞争中跑在队伍前列，因此拍客会想方设法让自己变成核心群体中的一员。平台与核心拍客共同促成了这种差异化管理模式的延续。

笔者发现拍客的劳动过程并非能用"控制-反抗"来简单概括，而是一种充满博弈的双向互动，这种互动的复杂性表现为以下三重矛盾。其一，平台为了在市场中立足，获得足够多的优质稿件，既需要确保自己不断吸纳大量拍客，又要通过合理准确的筛选策略维护好核心拍客群体，在此过程中如何分配有限的人力和财力资源将是至关重要的抉择之一；其二，拍客为了获得最大化的利益，既需要经常一稿多投以保证不会颗粒无收，又需要通过贡献独家以跻身多家平台的核心拍客群体，在此过程中如何安排投稿也是至关重要的命题；其三，拍客与拍客之间既需要互帮互助、互通有无，在平台制定规则、自身资源优势各异的背景下又时常处于紧张的竞争关系中，如何处理与其他拍客的关系非常关键。正是在这三重矛盾之下，无论是平台亦或拍客如何采取策略都充满了不确定性，也让二者之间的关系愈发复杂。

第六章　互动关系形成的外部影响因素

结合本文第四和第五章的分析，我们可以看出，在拍客的劳动过程中，平台与拍客形成了充满博弈的复杂关系。具体而言，平台的劳动控制和拍客的自主控制同时存在，且在互动中影响了彼此的策略。那么，是什么因素使得平台与拍客之间形成了这样的互动关系？从互动过程看，平台和拍客的意愿及策略显然是推动关系形成的直接因素，但是布洛维在讨论"生产的政体"时指出，生产不仅仅涉及经济学意义上的投入产出，微观车间必须同时放在宏观经济和政治条件下才能得到深刻理解（Burawoy，1985：39）。因此，结合文献及笔者收集到的资料，本文认为，互联网的普及、法制的缺失和资本市场的流动是导致平台与拍客形成目前这种互动关系的主要外部影响因素。总体而言，互联网的发展及其特征是最基础且最关键的影响因素。

一、互联网的普及

随着互联网由 1.0 时代向 3.0 时代过渡，网络的互动性和即时性实现了质的飞跃（方兴东等，2014），由此引发了社会生活的诸多变化。传媒业面临的技术冲击前所未有，其中最重要的一点变化就是新媒体时代新闻生产主体日益多元化（操慧，2012），互联网技术的普及使得网络受众可以轻松转变为内容的生产者（彭兰，2007），甚至直接参与新闻生产的各个环节（钟剑茜，2012；郭赫男、闫允丽，2014）。在此背景之下，互联网技术的蓬勃发展，同时影响着网络媒体和劳动者个人。互联网对于网络媒体与拍客的影响相较于其他劳动过程的影响最特殊之处在于，拍客不仅是生产信息的劳动者，更是在网络中完成工作、与同业交流、与平台沟通的普通网民，这一切决定了拍客与平台在互动中所采取的策略深刻受到互联网特征的影响。

对于网络媒体来说，互联网是其运作模式得以延续的基础。网络媒体属于新闻生产机构，为了在互联网时代获取更新鲜、更全面、更丰富的新闻内容，它们利用技术改变了生产过程，既满足了自己的需求,又以此加强了对劳动者的控制。资本主义为了解决"利润危机"和"合法性危机"之间的矛盾,采取的一个很重要策略就是所谓的"空间解决"。对于制造业来说,资本倾向于由发达国家向发展中国家流动、由劳动力价格高和劳动立法保护较完善的地区向劳动力价格低和劳动立法保护较薄弱的地区流动。而对于新闻生产行业来说,资本选择了从现实空间向网络空间流动。通过互联网,网络媒体以较低的经济成本轻松触及更多潜在劳动力,在网络上发布一则招募广告就能吸引到大量信息源为自己所用,这是过去的新闻机构无法想象的。同时,网络媒体与拍客的沟通也在网络中发生,无论是实时的采访进展跟进,或是稿件采用与反馈,或是拍客的培训与沟通,甚至是稿费的发放,一切对接都发生在网络空间中。

对于网络媒体来说,互联网营造的"缺场空间"也有弊端。传统雇佣模式下,劳动者们集中劳动,管理者可以通过直接的监察手段进行劳动控制;但是拍客的劳动过程是远程的,是分散化的,平台难以真正实现对劳动过程的监管和控制,并且平台与拍客之间没有契约关系,使得管理更加困难。网络媒体往往只能通过间接的差异化管理、竞争意识塑造等手段以期望通过控制拍客的角色、地位、态度来控制他们的劳动过程。

对于拍客来说,一方面,互联网增强了他们的自主性。首先,网络信息的流动性决定了拍客除了服务于单家网络媒体,还可以游走于多家网络媒体之间,获取更多利益,这是拍客能够一稿多投的基础之一。其次,互联网的普及使得普通网民有了自下而上影响组织的可能,学者将这种权力称之为"网络权力",是一种"流动于网络群体之间、作用于现实和网络空间,可以实现个体或群体的意志、影响他人行为,进而改变社会事实之存在状态、变革社会秩序之运行模式的关系型社会力量"(宋辰婷,2017)。网络权力的实现过程是这样的:由个体松散的"围观"开始,然后经由网络空间中信息传播的超时空特性,围观形成一定的数量和声势,呈指数爆炸式地扩散开来,并整合成强大的"横向认同权力"(安孟竹,2014)。拍客即是普通的网民,他们的工作特点又决定了他们无论在现实空间亦或网络空间都结成了强大的关系网,因此当他们尝试集合多个普通网民在网络空间实现网络权力时更具优势。如前文提到的拍客 M(P01),在与平台运营人员发生冲突时,他利用自己网络大 V 的身份诉诸网络,集合更多网民的网络权力,产生了较大的影响力,使得平台最终妥协。最后,网络空间开放包容,拍客可以利用网络获得更多就业机会,这决定了拍客可以灵活地退出平台设定的游戏规则,寻求更好的职业发展机会。

另一方面,网络的"缺场性"也助推了拍客群体内部的分化。拍客与拍客之间只能在线上进行碎片化的交流,缺乏信任基础。即使能够偶尔小范围集合起部分人形成与平台对抗的网络权力,这也只是暂时的,无法真正撼动平台在控制上的主导地位。加之平台设定的竞争规则和新闻资源本身的稀缺性,通过网络联结的拍客们彼此之间难以达成真正的联合。

二、法制的缺失

共享劳动力模式是随着互联网的普及而兴起的一种新的经营理念和劳动方式,它随着互联网的发展已向众多行业深入,引起了学者广泛的探讨。随着产业结构调整升级以及劳动关系形态多样化发展,共享劳动力的劳动关系如何认定变得越来越扑朔迷离。其劳动形式分散化、弹性化的特点,使得过往的法律难以适用,同时它在发展中呈现出越来越多样化的特征,新的法律制定需要时间进行严谨的探讨与研究。因此,在共享经济兴起并旺盛发展的当下,对于共享经济中劳动关系的界定和劳动者权益的保障,法制上难免出现短暂的空白和缺失。

这种法制上的缺失对于拍客来说相当不利。首先,拍客作为非正式就业人员,无须与平台签订任何具有法律效益的劳动合同,又只通过互联网与平台建立极为松散的联系,如果平台拖欠稿费,拍客无法通过正常的法律途径进行申诉。

> A 视频上次发(稿费)到九月,十月份到现在的稿费都还没有发。因为它不干了,那个财务流程批下来不知道到哪天的。我大概算了一下,我还有两千多块钱在他们那里,也没发。他们都说都快过年了,过年前

能不能发啊,不能拖欠农民工的工资啊。现在天天都有人问,我觉得急也没用,它不发我们真的没办法。(P04)

法制缺失还意味着网络媒体可以在现行法律的框架之下,根据组织利益制定规则,并可能随意更改规则。譬如,修改稿费的标准,修改流量奖励的规定,任意规则的修改都可能影响拍客的利益,而平台并不会受到法律的惩罚。

三、流动的市场

自上世纪80年代以来,传媒市场化不断发展。首先是我国媒体实行"事业单位、企业化运作"的双轨制;2000年以后,政府加快传媒业产权结构改革步伐,允许报业集团上市,但在整个过程中,均要求保持国家控股。但是,类似腾讯、新浪等互联网企业所合资商业新闻网站的产权结构,实际已突破新闻业必须国家控股的传统。某种程度上来看,中国新闻业的"事业单位"性质已经动摇,形成了传统媒体国有、网络媒体国有私有并存的全新格局(张志安、吴涛,2016)。市场化的媒体更倾向于对受众的市场需求做出回应,新闻的服务对象逐渐由"官僚建制"转向公众(刘义昆、赵振宇,2015)。

从现实层面看,市场化为网络媒体的发展提供了无限可能性。无论性质是国有控股还是私人企业,每个网络媒体背后几乎都有资本的扶持。譬如拥有新闻采编资质的光年视频就是某大型互联网公司与传统媒体合办的成果。正是因为资本的支持,网络媒体得以进行生产方式的转型,雄厚的资本使得网媒得以在新闻生产过程中纳入拍客这一群体,采取"烧钱"的模式投入到拍客运营中去。但是,网络媒体和拍客之间并没有形成合约的关系,资本市场的流动性本就很强,又受到网络流动性的影响,拍客成了诸多网络媒体之间争抢的资源。网络媒体之间展开了激烈的竞争,从稿费到规则设置都可见一斑。

> A视频现在就是用我们以前验证过个奖励来做的,就是抄袭了我们的奖励。比如我们的基础稿费是这么多,过了一个基数是那么多,他们就所有都比我们高一点,这有点过分了。他们肯定也是想把自己平台

做起来嘛。（M01）

这种情况对拍客无疑是有利的，他们可以基于个人利益最大化的目标在多家网络媒体之间进行选择，甚至展开多方交易。但网络媒体对此也做出了相应的应对策略，为了争取优质稿件，提升自身曝光度，网络媒体会设置独家稿酬和高流量奖励的规则，而对于多家投稿的拍客，可能会被直接取消稿件。

四、小结

基于以上分析可以看到，互联网的普及、法制的缺失和资本市场的流动性从不同层面影响了网络媒体与拍客的互动方式和互动结果。总体而言，互联网的影响是基础性的，是广泛而深刻的，它不仅影响了平台与拍客的互动关系，也强化了法制和市场对互动关系的影响。

互联网作为一种技术乃至生产力，随着全球化与现代化进程的深入，它的发展渗透到了社会的方方面面，发展速度和扩展空间是惊人的。法制与资本市场作为人类社会互动和交往的现实成果的一部分，自然也会受到互联网技术的渗透，并深受其缺场性、流动性等相关特征的影响。因此，法制与市场对于劳动过程的影响，必然是基于互联网发展背景之上的。

第七章　总结与讨论

一、研究结论

互联网的发展带来了社会经济翻天覆地的变化。尤其是共享经济的出现，为企业转型升级带来契机，也为更多普通人提供就业机会。共享模式甚至已深入新闻生产领域，并使得许多网络媒体在新闻生产中纳入了拍客这个新的主体。拍客遍布全国乃至全世界各地，为新闻生产机构提供视频新闻线索甚至提供视频代剪辑。笔者在观察中发现，拍客与网络媒体的合作蕴藏着冲突与危机，形成了复杂的互动关系，这种复杂性与传统工业社会的雇佣关系有所区别，与共享经济下更广泛就业群体所面临的现状有共通性。在已有研究基础上，也为弥补对平台与拍客互动关系讨论的缺失，本文从拍客的劳动过程出发，采用参与观察法、深度访谈法和文献法收集资料并分析，从拍客与网络媒体的互动过程中探讨双方的互动策略以及促成这种关系的外部影响因素。

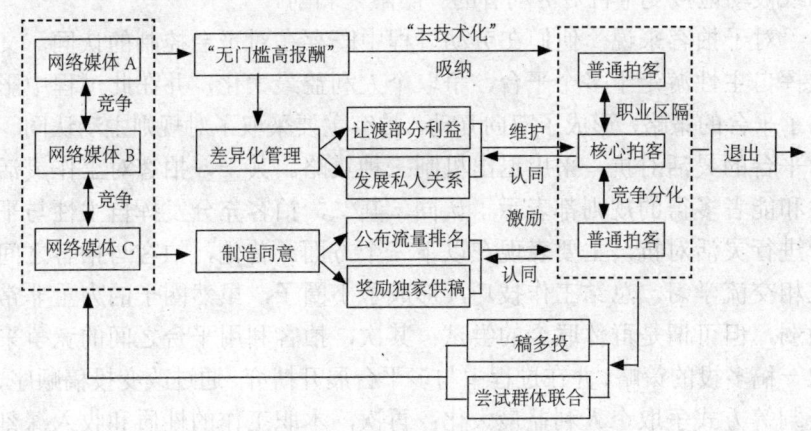

图 2 网络媒体与拍客的双向互动过程

对于网络媒体来说，要实现利润最大化就是要以最少的人力和经济成本争得更多的优质稿件资源。从表面上看是对稿件的管理，但因无法直接管理拍客线下的劳动过程，因此网络媒体实行的是对拍客本身的控制与管理。平台主要采取了"去技术化"倾向、差异化管理和塑造竞争意识三种策略。其一，平台以"灵活雇佣""低成本高回报"的规则对拍客进行招募，以低技术含量的工作吸纳大规模可替代的劳动力，同时将剪辑、审核与分发等关键权力牢牢掌握在自己手中，拍客在新闻生产的细化分工下只掌握了最初级的工作技能且无明确的上升通道，与过往对新闻从业者的技能要求相比，这种管理策略体现了"去技术化"的倾向。其二，平台对吸纳进来的拍客群体进行筛选与分类，按照多重标准筛选出核心拍客后，通过让渡部分利益、建立私人关系稳固优质拍客资源，这种差异化管理制度增强了拍客对平台的依赖。

其三，平台制定了完善的激励机制，通过独家稿件的高稿酬回报以及规律公布的流量奖励，培育拍客个人竞争的意识，进一步分化拍客，增强控制。竞争意识的塑造，使得平台在控制劳动者生产剩余价值的同时掩盖了剩余价值的重要作用（闻翔、周潇，2007）。这种新型用工模式对劳动者来说是一把"双刃剑"，虽然实现了碎片化的劳动，但是劳动者工作的自由是有成本的，这个成本恰恰是在劳动过程中主动或被动地接受平台对劳动者的"隐蔽"剥削。

对于拍客来说，他们在劳动过程中既存在对平台控制的认同，又发挥自主性游走于多个平台，争取个人利益最大化，并在此过程中影响了平台的策略，形成了双向互动。拍客主要采取了对规则主动认同、对平台的灵活对抗、采用退出机制三种策略。其一，拍客对工作灵活性和能者多得的规则都表示了认同。其二，拍客充分发挥自主性与平台进行灵活对抗，主要表现在以下三个方面。首先，拍客与拍客之间互相交流学习，总结工作技巧，形成了小圈子，虽然圈子的力量非常微弱，但可谓是群体联合的尝试；其次，拍客利用平台之间的竞争采取一稿多投的策略，并在过程中与多平台展开博弈，通过改变投稿顺序、谈判等方式争取个人利益最大化；再次，本职工作的性质和收入深刻影响了拍客自主性的发挥，记者拍客的身份对于平台和拍客个人是双赢的一种职业身份。其三，当平台无法在物质或心理上满足拍客的需求时，拍客会采用退出机制直接摆脱平台的控制，退出的情况有三种，即"佛系"放弃、抗争性的消极退出和寻求上升的自我淘汰。

网络媒体与拍客之所以形成这样的互动关系，除了受两者自身策略和态度影响，还受外部因素的影响。外部因素主要包括互联网的普及、法制的缺失与市场的流动，互联网在其中发挥着最基础且核心的作用，它强化了法制与市场对互动关系的影响。其一，互联网的普及使平台能够触及更多潜在劳动力，拍客利用"网络权力"对平台形成牵制，但是互联网交流"缺场"的特征使平台只能通过策略对拍客进行间接控制，使拍客之间难以建立紧密的信任关系，群体被分化。其二，法制的缺失使拍客的劳动缺乏保障，处于不利地位。其三，市场的灵活与流动为网络媒体开展有别于传统媒体的生产方式改革提供了可能性，但同时导致拍客成为多家网络媒体之间竞争的资源，拍客得以从个人利益出发在平台间进行抉择，不过平台也据此采取例如"独家"的控制策略，给拍客的灵活选择增加了障碍。

本文的核心论包括，其一，互联网共享劳动力模式下，管理者的控制与劳动者的自主性同时存在，形成了双向互动，但管理者的控制无法覆盖劳动者全部的劳动过程；其二，相比传统雇佣形式，管理者的控制更为隐蔽，因为平台与劳动者的沟通和劳动者的劳动基于网络展开，劳动分散化，管理者无法直接控制劳动过程，只能采取间接的、积极的控制策略；其三，受互联网缺场性、流动性和网络权力崛起的影响，劳动者的自主性有所增强，策略更加灵活多变，自由退出的可能性增强，但因为劳动者趋向个体化，更难以凝聚，所以他们的自主性仍是有限的。

二、延伸讨论：网络劳动力的未来与出路

根据本文的研究结论，笔者认为，在网络媒体与拍客的互动过程中，双方不断争夺、建构权力，但本质上是网络媒体占据了主导。从劳动过程出发，拍客并没有超越劳动者以出卖劳动获取报酬的实质，并且具有决定意义的审核权和制定规则的权力牢牢掌握在网络媒体手中。资本的逻辑从来都是逐利的，资本家通过增强生产和消费等环节在时间和空间上的灵活度给予劳动者表面上的自由，以此节约管理成本，扩大剥削面积。与此同时，劳动者不仅要在经济上更加依附资本主义生产体系，还要面对不断扩大的收入差距和反抗力量的衰微。

在可预见的范围内，劳动的异化仍将出现在资本体系的各个角落，一切的新技术形式最终都可能成为资本强化控制的工具（刘皓琰、李明，2017）。面对强大的组织，正如卡斯特所说，弹性化工作的网络劳工极易受到资本的伤害（卡斯特，2001：343）。但按照目前互联网发展的情况，类似共享劳动力的方式会向越来越多的行业渗透。

针对这种情况，必须把握好一体和多元、秩序和发展、封闭和开放、自上而下和自下而上、虚拟治理与现实治理多对辨证关系（洪大用，2017）。根据对拍客们的访谈和相关文献资料，笔者认为目前或许有

三个可行的努力方向。一是对立法和执法部门来说，应该加强对于这种用工模式的法律规范，尽快从法律层面清晰界定这种新型的雇佣关系，将正式合约以外的劳动力也纳入法律保护的范围内；二是对组织和行业来说，尽快建立明确的行业规范与准则，讲究企业信誉，规范与劳动力合作的过程，这既是对网络劳工的保障，也是对组织自身利益的维护；三是对拍客而言，拓宽职业渠道，提高应变能力，多给生活和工作一些可能性，在与组织合作时保持清醒，合作过程中厘清自身诉求，积极沟通，理性选择。

网络劳工的发展方兴未艾，理论的探讨可能无法概括复杂现实世界的哪怕一隅。人类社会的发展永远伴着阵痛，无论历史的巨轮向何方滚动，我们都应做好充足准备迎接挑战。

三、研究的不足

笔者基于质性研究对研究反思的强调，重新梳理整个研究过程，发现本研究具有两个不足之处，其一是个案的选择标准与个案资料的收集问题，其二是研究者与被研究者的关系问题。首先，本文只访谈了19个拍客，虽然在前期对拍客进行了最大差异化的筛选，资料收集也基本达到饱和，但是受个案数量及笔者自身访谈能力的限制，肯定存在笔者没有覆盖到的情况。个案研究在事实层面上的超越本身是有限的，即只追求更大范围内与个案相关的事实（王富伟，2012），本文的研究结果是笔者基于目前能力范围内收集到的资料所作的分析，只能代表比这些个案范围稍大的相关事实。其次，出于破冰的需要，笔者在邀请拍客访谈时同时表明了光年视频实习记者和研究者双重身份，这或多或少影响了笔者后续的访谈。虽然在对拍客进行正式访谈时，笔者已经从光年视频离职，并严格遵守"知情同意"原则（黄盈盈、潘绥铭，2009），在访谈前向拍客表明会保护其隐私，访谈后给予一定报酬，但部分拍客难免因为笔者与光年视频曾经的隶属关系有所忌惮，担心自身利益因对平台做出不好的评价而受损，笔者因此无法完全得知所有拍客真实的想法。

参考文献

安孟竹，2014，网络社会中的权力概观——基于福柯的微观权力理论视角，《荆楚学刊》，第3期。

白永亮，2017，共享经济下灵活就业法律制度重构，《江西社会科学》，第10期。

班小辉，2017，论"分享经济"下我国劳动法保护对象的扩张——以互联网专车为视角"《四川大学学报（哲学社会科学版）》，第2期。

布雷弗曼，1979，《劳动与垄断资本：二十世纪中劳动的退化》，商务印书馆。

布洛维，2008，《制造甘愿：垄断资本主义劳动过程的历史变迁》，商务印书馆。

操慧，2012，脱域：互联网时代的新闻生产，《四川大学学报（哲学社会科学版）》，第3期。

曹晋、张楠华，2012，新媒体、知识劳工与弹性的兴趣劳动——以字幕工作组为例，《新闻与传播研究》，第5期。

常进雄，2003，农民市民化过程中的非正规就业，《财经研究》，第12期。

陈微波，2016，共享经济背景下劳动关系模式的发展演变——基于人力资本特征变化的视角，《现代经济探讨》，第9期。

陈岩，2013，传播学视角下的网络拍客研究，《湖南大众传媒职业技术学院学报》，第3期。

方兴东、潘可武、李志敏、张静，2014，中国互联网20年：三次浪潮和三大创新，《新闻记者》，第4期。

郭赫男、闫允丽，2014，媒介融合时代下新闻生产模式的嬗变，《编辑之友》，第4期。

韩东梅，2014，图像时代的拍客——拍客的传播特征及伦理探析，《新闻世界》，第5期。

韩文，2016，互联网平台企业与劳动者之间的良性互动：基于美国优步案的新思考，《中国人力资源开发》，第10期。

洪大用，2017，社会治理的关键是治理流动性，《社会治理》，第6期。

胡野萍，2011，城市化与城市非正式就业普遍性存在的原因探析，《湖南商学院学报》，第5期。

黄伟迪、印心悦，2017，新媒体内容生产的社会嵌入——以梨视频"拍客"为例，《新闻记者》，第9期。

黄盈盈、潘绥铭,2009,中国社会调查中的研究伦理:方法论层次的反思,《中国社会科学》,第2期。

卡斯特,2001,《网络社会的崛起》,社会科学文献出版社。

雷蔚真、欧阳春香,2010,视频拍客对公民新闻传播机制的影响,《新闻战线》,第2期。

冷熙亮、丁金宏,2000,城市非正规就业发展及其问题——以上海为例的探讨,《社会》,第11期。

冷冶夫、刘新传,2010,草根拍客文化狂欢的冷思考——推动民间影像健康发展路径(一),《中国广播电视学刊》,第9期。

李超海,2009,作为一种社会隐蔽行为的存在:都市社会非正式就业人群的生存逻辑分析,《广西大学学报(哲学社会科学版)》,第4期。

李洁,2005,重返生产的核心——基于劳动过程理论的发展脉络阅读《生产政治》,《社会学研究》,第5期。

梁萌,2015,知识劳动中的文化资本重塑——以E互联网公司为例,《社会发展研究》,第1期。

——,2016,技术变迁视角下的劳动过程研究——以互联网虚拟团队为例,《社会学研究》,第2期。

刘皓琰、李明,2017,网络生产力下经济模式的劳动关系变化探析,《经济学家》,第12期。

刘剑,2015,实现灵活化的平台:互联网时代对雇佣关系的影响,《中国人力资源开发》,第14期。

刘少杰,2018,中国网络社会的发展历程与时空扩展,《江苏社会科学》,第6期

刘义昆、赵振宇,2015,新媒体时代的新闻生产:理念变革、产品创新与流程再造,《南京社会科学》,第2期。

刘芸,2018,"网络+"时代传统劳动关系的挑战与应对,《温州大学学报(社会科学版)》,第5期。

马海江,2010,公民新闻视域下的拍客发展走向,《青年记者》,第11期

马克思,2004,《资本论(第一卷)》,人民出版社。

彭兰,2007,WEB2.0在中国的发展及其社会意义,《国际新闻界》,第10期。

彭倩文、曹大友,2016,是劳动关系还是劳务关系?——以滴滴出行为例解析中国

情境下互联网约租车平台的雇佣关系,《中国人力资源开发》,第2期。
邱林川,2009,新型网络社会的劳工问题,《开放时代》,第12期。
沈原、闻翔,2014,转型社会学视野下的劳工研究,《中国工人》,第5期。
宋辰婷,2017,互联网时代的权力演化趋势,《社会科学研究》,第2期。
孙翔,2018,梨视频拍客体系如何运作,《新闻与写作》,第2期。
唐正东,2013,非物质劳动与资本主义劳动范式的转型——基于对哈特、奈格里观点的解读,《南京社会科学》,第5期。
童根兴,2005,共识型工人的生产——从新制度主义框架看布洛维的《制造共识》,《社会学研究》,第1期。
万向东,2009,农民工非正式就业研究的回顾与展望,《中山大学学报(社会科学版)》,第1期。
王超,2014,浅析"拍客"的传播伦理失范与应对策略,《新闻研究导刊》,第8期。
王东、谢未来,2018,众包模式下梨视频的新闻生产研究,《声屏世界》,第10期。
王富伟,2012,个案研究的意义和限度——基于知识的增长,《社会学研究》,第5期。
王小乐,2011,论自媒体时代"拍客"的道德自律与人文关怀,《黑龙江高教研究》,第2期。
王新光,2011,新媒体时代电视如何整合拍客资源,《青年记者》,第3期。
王洛忠、刘金发、宗菊,2006,城市街头摊贩:非正规就业与公共政策回应,《新视野》,第2期。
闻翔、周潇,2007,西方劳动过程理论与中国经验:一个批判性的述评,《中国社会科学》,第3期。
吴清军、李贞,2018,分享经济下的劳动控制与工作自主性——关于网约车司机工作的混合研究,《社会学研究》,第4期。
吴清军、杨伟国,2018,共享经济与平台人力资本管理体系——对劳动力资源与平台工作的再认识,《中国人力资源开发》,第6期。
吴要武、蔡昉,2006,中国城镇非正规就业:规模与特征,《中国劳动经济学》,第2期。
谢富胜,2012,当代资本主义劳动过程理论:三种代表性表述,《马克思主义与现实》,第5期。
薛进军、高文书,2012,中国城镇非正规就业:规模、特征和收入差距,《经济社会体制比较》，第6期。

闫汇芳，2013，读图时代的拍客——拍客草根性的研究分析，《中国传媒科技》，第2期。

杨建荣，2012，新媒体时代拍客的媒介素养，《青年记者》，第2期。

杨逐原、周翔，2016，网络信息生态位视域下网络劳动者的主体性与价值增值分析，《西南民族大学学报（人文社科版）》，第2期。

叶剑波，2015，分享经济时代人力资源管理的挑战，《中国人力资源开发》，第2期。

于莹，2018，共享经济用工关系的认定及其法律规制——以认识当前"共享经济"的语域为起点，《华东政法大学学报》，第3期。

张小文，2008，谈公民新闻中的"拍客"现象，《中国摄影家》，第8期。

孙燕，2008，网络拍客心理动因及利弊，《东南传播》，第8期。

张志安、吴涛，2016，互联网与中国新闻业的重构——以结构、生产、公共性为维度的研究，《现代传播（中国传媒大学学报）》，第1期。

郑广怀、孙慧、万向东，2015，从"赶工游戏"到"老板游戏"——非正式就业中的劳动控制，《社会学研究》，第3期。

钟剑茜，2012，媒介融合时代新闻生产中的受众参与，《当代传播》，第1期。

Burawoy, 1985, *The Politics of Production: Factory Regimes Under Capitalism and Socialism*, Verso.

Ching Kwan Lee, 1998, *Gender and the South China Miracle: Two Worlds of Factory Women*, University of California Press.

Edwards, 1979, *Contested Terrain: The Transformation of the Workplace in the Twentieth Century*, Basic Books.

Friedman, 1977, *Industry and Labour*, The Macmillan Press Ltd.

Kunda, 2006, *Engineering Culture: Control and Commitment in a High-tech Corporation*, Temple University Press.

Aloisl, 2016, Commoditized Workers, Case Study Research on Labor Law Issues Arising from a Set of On-Demand/Gig Economy Platforms, *Comparative Labor Law and Policy Journal*, 37(3).

Barrett, 2004, Working at Webboyz: An Analysis of Control over the Software Development Labour Process, *Sociology*, 38(4).

打工妹为何返乡"闪婚"

王婷婷　北京大学社会学系 2016 级
指导教师　任强

自 20 世纪 80 年代以来，大量农村劳动力进城务工，形成轰轰烈烈的"打工潮"。根据国家统计局《2018 年农民工监测调查报告》显示，2018 年全国农民工总数约 2.88 亿人，16-40 岁青年以 52.1% 的比例占据半壁江山。"全国总工会新生代农民工问题课题组" 2010 年的报告亦显示，20 世纪 80 年代后出生的新生代农民工人数达 1 亿左右，其中近 80% 未婚。以往对于比重日益上升的打工青年的研究主要关注其与第一代农民工的代际差异与变化（王春光，2001；李培林，田丰，2011）、身份认同（许传新，2007）、社会融合和市民化（王春光，2010；李培林，田丰，2012；张斐，2011），对其情感世界、婚姻家庭研究较少。而外出打工作为农村青年社会化过程中的"重大事件"不仅影响其就业模式，对其婚姻家庭也有重要影响。在关注外出打工青年的流动与管理、就业与经济、权益与保障等问题的同时，还应该关注他们作为青年人所特有的恋爱、择偶、结婚与成家问题（风笑天，2006）。

庞大的外出打工人口中有三分之一为女性，她们大多年轻且未婚，被称为"打工妹"。打工妹进城后，除了工作，情感和婚姻也是她们生活的重要面向。并且不同于打工男青年，打工妹对于返乡通常有着更大的忧虑和恐惧，婚姻是关系着她们社会流动、发展前途的根本问题（谭深，1997），打工妹也面临着独特的婚恋困境。打工妹的婚恋历程与困境，和其背后的社会结构性因素需要进一步研究。早期关于打工妹婚姻的研究大多着眼于打工妹城市生活面向,强调她们在都市里的婚恋困境和边缘地位,认为返乡嫁人并不是她们期待的未来,她们处于婚姻理想与现实的矛盾困扰中,并往往推迟婚期(李银河、谭深,2000:194-203;杰华,2006:139-142)。城市打工生活使得打工妹的择偶标准、婚恋观念趋于现代化,提高了婚姻期待,然而城乡分离体制和二元经济结构形塑下的农民身份使得打工妹在追求理想婚姻过程中遭遇到种种困难(陈印陶,1997)。在婚姻理想与现实的矛盾中,出现了一些新的婚姻现象。打工妹聚集的地方出现一个婚姻的边缘群体,即农村大龄未婚女性,她们既不愿意返乡嫁人,也不被城市人接受,游走在城市边缘,是一个漂泊不定、焦虑的人群(李银河、谭深,2000:164-179;谭深,2005)。一些打工妹成为那些远离妻子家庭的在陆港商的"二奶"[①],据推测1990年代约25000名香港男性在大陆有情人或"二奶"(Lang & Smart,2002),或进入婚外包养关系,过着"今天不知明天事"的日子(肖索未,2010)。这些研究关注到了打工妹在城市的情感生活,认为她们不愿嫁给家乡的农民,然而在现实中大部分打工妹还是回到家乡解决婚姻问题,以往的研究则忽视了她们在农村的婚恋过程,对于她们返乡结婚的过程缺乏关注。

近年来农村外出打工青年中兴起了返乡"闪婚"潮流。返乡"闪婚"指打工青年在春节等节假日返乡时通过熟人介绍密集相亲,从中选定对象,选定后男方向女方家庭支付一定礼金达成婚约,在短时间内之内从见面到结婚。华中科技大学中国乡村治理研究中心于2009年至2011年在全国21个省(区、市)的30多个农村调查,获得的调查资料和统计显示,"闪婚"现象几乎在全国各地的农村都有发生,已成为农村新的婚姻潮流,在赣中地区"闪婚"比例高达80%(王会,2011;王会,欧阳静,2012;陈锋,2012)。显然,打工青年的返乡"闪婚"一方面不同于以往媒体报道的都市青年的闪婚,都市青年"闪婚"强调的是双方个性的吸引和情感,婚姻是个人选择,双方家庭的意见并不重要(张杰,2008),而农村打工青年的返乡"闪婚"之"闪"

---

① 国外称为"准婚姻关系"(quasimarital relationships)。

主要强调农村青年与结婚对象从见面到定婚的时间非常短（甚至在一个星期内完成），双方家庭与媒人的意见比重大，成婚仓促，男女双方往往来不及深入了解。另一方面，返乡"闪婚"这一模式也不同于农村传统婚姻模式要经过"六礼""三媒六娉"等程序，婚姻大事双方要长期考察的特点，而是在很短时间内仓促完成，甚至有的没有举办婚礼酒席，省去了中间很多的仪式环节。可以说这是一种既具有媒人、双方家庭撮合、彩礼等传统色彩，又具有都市快餐文化之快节奏的现代色彩的婚姻模式。

外出打工的打工妹为何选择返乡"闪婚"这一婚姻择偶模式？打工妹如此快速的婚姻缔结是如何实现的，或者说返乡"闪婚"何以可能？极少有研究关注到打工妹返乡"闪婚"过程中的主体经历和体验。本文试图将打工妹在城市恋爱过程和返乡相亲"闪婚"过程结合起来理解打工妹返乡"闪婚"现象，考察打工妹返乡"闪婚"背后的考量。

第一章　文献综述

一、城市打工妹的婚恋观念行为与困境

1. 城市打工经历与打工妹婚恋观念行为现代化

随着"打工潮"的兴起，大量农村年轻未婚女性进入城市，成为"打工妹"。城市经历对现代性量度有很强的间接影响，城市经历通过大众传媒、学校教育和工厂经历等对人的现代性产生影响（英克尔斯、史密斯，1992：20-21）。打工妹从封闭的农村进入相对开放的城市，从传统农业进入现代化工业的工厂工作，外出打工这一特定的人生经历将在众多方面改变她们的生活道路和人生轨迹，尤其冲击和影响她们的婚恋观念和行为（风笑天，2006）。

一些实证研究分析发现，城市打工生活不仅促进了打工妹的经济独立，而且使得她们的择偶标准由原来的为终生依靠转为重视感情与品德，结婚的目的是为了家庭幸福和事业上的成功（陈印陶，

1997)。"厦门市流动人口婚姻家庭抽样调查"数据分析结果显示,流动人口在对择偶模式的选择和实践上越来越重视自身的需要和体验,择偶目的以"人生为伴""相亲相爱"为主,但也仍保留着"传宗接代""满足父母要求"等传统择偶动机,择偶条件上对个人品质的要求远高于对物质条件的强调,普遍希望自由恋爱和择偶(叶妍、叶文振,2005)。相比于第一代农民工,以青年为主的第二代农民工在婚恋观上表现出从传统到现代的过渡特征,大部分未婚农民工倾向于自己找对象,"先恋爱后结婚"(尹子文,2010)。孙淑敏和闫堃(2017)通过2014年至2015年对上海和江苏等新生代农民工(20世纪80年代以后,年龄在16岁以上,在异地以非农就业为主的农业户籍人口)集中地区的问卷调查发现,整体上未婚新生代农民工择偶方式自主性较强,普遍赞同"自己认识"恋爱对象和自由恋爱的择偶方式,同时很重视择偶过程中自己的意见和想法,父母意见作为参考。但是相比于打工男青年,打工妹更依赖由家人等构建的初级关系网络,更赞同家人介绍,更愿意与家人商量,更重视父母的意见。总体上,既有实证调查研究基本认为打工生活促进了打工妹婚恋观念的现代化,自主择偶和自由恋爱倾向增强,择偶标准更强调情感因素。

在"从夫居"传统模式下,外出打工为打工妹提供了新的生活空间、情感释放空间与组织条件,也带来了婚姻迁移。一般来讲,青年打工妹的婚姻迁移有三条路径,一是嫁给打工所在地男性;二是嫁给打工所在地认识的异乡打工男性;三是返乡结婚,嫁给家乡本地男性。谭琳等(2003)通过对嫁到打工所在地打工妹的生活经历分析,发现女性婚姻移民同时作为当地社区和婆家的"双重外来者"生活的困境以及"融合"策略。邓智平(2004)研究了打工妹嫁给外地打工男性后的返回乡村的生活与影响,并指出这是一种婚姻逆迁移。严格来讲,第三条路径,即返乡结婚并不属于婚姻迁移,也即不属于婚姻移民,学界对于其结婚过程和婚后生活的关注较少。

2. 打工妹的婚恋困境

一方面,城市打工生活体验促进了打工妹婚恋观念、择偶标准与方式的现代化,另一方面,城乡分离体制和二元经济结构形塑下的农民身份却使得她们在追求理想婚姻过程中遇到传统观念和实际生活带来的诸多困难。以城市家庭为理想的婚姻期望与现实生活中难以或只能部分实现的矛盾形成种种困扰，她们在理想与现实中进退两难（陈印陶，1997）。在中国城乡二元结构之下，打工青年在进入城市后甚至是生活多年之后，仍然发现自己不属于这个城市，也无法再认同农村，成为所谓的游走在城市和农村之间的"双重边缘人"（王春光，2001）。而"双重边缘人"身份、工作方式和居住方式都对打工青年的婚恋造成阻碍，制约着打工青年的婚恋观念和行为（贺飞，2007）。

打工妹对于城市生活的感受是暧昧的。一方面城市生活对她们而言是流动、无根、不安全的，短暂而不稳定的工作、住所、友谊常导致无常感和不上不下的感觉，另一方面她们又强调打工生活带来经济自主感和可以摆脱农活的自由。然而面对婚姻和未来，她们中的大部分人不得不在担忧和恐惧的农村生活和被视为外人的城市生活中进行选择。她们不愿嫁给"土头土脑"的家乡男性，如果难以找到心仪对象，她们往往通过延迟返乡时间，在外打工延长单身生活（Beynon，2004）。晚婚也日益成为打工青年中的普遍现象（石人炳，2005）。

谭深（2005）根据情感和婚姻经历将打工妹分为四种类型：稳定型（恋爱结婚对象是同乡，但往往要求对象至少不能比自己差）、困扰型（在理想与现实的冲突间不知所措，或异地婚嫁但是因外来人背景受歧视和误解）、边缘型（漂泊在城市边缘的大龄未婚农村女性）和离轨型（非婚姻的性关系）。四种类型打工妹在性、恋爱、婚姻中遇到各自不同的困扰，都处于不利地位。已有研究主要聚焦于后三种类型。人口流动为寻求向上流动的打工妹和占有经济优势的男性提供了相遇机会，进城务工的打工妹由于缺乏收入和向上流动的机会，成为来大陆投资的港商的二奶（Lang & Smart，2002）。对于打工妹而言，相比于在公开市场中提供服务，进入一个与港商相对稳定的婚外包养关系更能保证身体的安全（Tam，1996）。肖索未（2010，2014）关注到打工妹进入婚外包养关系除了功利性动机，还具有亲密关系的情感意义。打工妹处于城乡、性别、阶层的多重建构中，在血汗工厂的生产体制、城乡二元对立的户籍制度和父权制婚姻体系下，打工妹遭遇个体价值和生命意义的迷失、"被爱感"的缺失、对婚恋前景的迷茫三种交织存在的情感困境。正是在婚外包养关系中，一些打工妹找到了现实中无法实现的婚姻理想的替代，得到关怀和体贴，实现精神和情感的满足。

以往对于打工妹群体的研究注意到，一方面城市打工生活对打工妹婚恋观念和行为现代化转变的影响，强调返乡嫁人并不是她们期待的未来。然而另一方面，城乡二元结构、"双重边缘人"身份、性别和阶层地位给打工妹在城市婚恋造成了种种阻碍，她们通过推迟婚期、进入婚外包养关系来进行拖延式挣扎和反抗，但最终仍逃脱不了返乡嫁人的宿命，似乎打工妹返乡嫁人完全是一种被迫的结果。这些研究关注到了打工妹在城市生活的面向，忽视了打工妹返乡后是如何结婚的、她们如何接受了返乡结婚，也无法解释为何打工妹返乡后以如此迅速的"闪婚"形式结婚，以及城市打工、恋爱经历和返乡"闪婚"有何联系。

二、农村婚姻变迁与返乡"闪婚"模式兴起

1. 现代化、个体化视域下农村婚姻变迁

费孝通（1998：129-158）在《乡土中国　生育制度》中讨论了传统乡土社会中农村婚姻的形态和功能与农村社区的关系。他认为婚姻的意义不在于两性的结合，而是确立双系抚育，最终实现社会继替的功能。在传统农村社会比较稳定的文化环境下，婚姻强调家庭的分工合作，共同抚育下一代等事务上的配合。在择偶上，上一代的判断和下一代的判断不会有大的分歧，父母之命媒妁之言的婚姻形式未必不会有美满的婚姻。然而随着中国社会的变迁，两代之间出现文化隔膜，他人代理决定配偶难以找到合适的对象，年轻一代也强调婚姻中的情感要素，由此传统的婚姻模式面临挑战。总之，农村的婚姻模式是与农村文化、经济、教育等社会环境相关的，社会的变迁也将带来婚姻形态的变迁。

1980年代初期中国社会学重建伊始，剧烈的社会变迁使国内学者

对于婚姻研究尤为重视：关注社会变迁（现代化进程）对于婚姻家庭变迁的影响，借鉴西方家庭现代化理论，解释中国农村婚姻家庭的变迁。古德、帕森斯是西方家庭现代化理论的代表，而家庭现代化理论被普遍认为是进化论与结构功能主义的混合物。家庭现代化理论认为社会现代化进程中家庭变迁方向和社会变迁方向一致，只有生产方式的改变才会最终导致家庭制度的变化，强调工业化对家庭制度变迁的作用（雷洁琼，2000）。杨善华（1995：146）把婚姻视为一种文化模式，农村社会变迁对于婚姻的影响不是直接的，而是通过当地亚文化间接发挥作用。农村经济体制改革导致亚文化的变化——观念和生活方式的城市化和现代化，进而导致亚婚姻文化模式的变化——婚姻行为规范的变化，婚姻模式的变迁目标是适应工业化社会的要求。李东山（2000）通过比较四个不同工业化水平城乡地区1997年的横截面数据，认为随着工业化生产方式的改变，由于生产不再以家庭为单位，以个人为单位就业的机会增高，婚姻自主权增多，婚姻的缔结由家族婚姻向个人婚姻变迁。"打工潮"兴起后，人口外出流动使得农村青年的婚嫁行为更具现代性特征，外出打工青年的婚恋和择偶更为现代化，通婚圈扩大（尹子文，2010；崔燕珍，2007；段成荣，梁海艳，2015；田先红，2009）。

毋庸置疑，家庭现代化理论对于解释婚姻家庭变迁具有重大意义，然而自20世纪70年代之后它也被批评具有社会变迁单因素假说、一元论、直线性、西方中心主义、将家庭视为被动的客体等弊端。赫特尔（1988：75-77）认为，现代化理论的一个基本问题就是它把传统社会和现代社会都当作静止的体系，理论焦点均集中在由传统社会向现代化转变的过渡阶段，把现代工业社会看作社会发展最终产物，否定现代社会中的变化。Gusfield（1967）曾列举把传统和现代对立起来的六种谬误，并认为传统与现代并不必然相互冲突，传统有可能成为意识形态和行为的准则，并赋予现代社会合理性。越来越多的学者意识到，不能简单将当下家庭看作一个由传统到现代的过渡阶段，而是需要探索符合自己民族特色的发展理论。中国作为后发展国家，具有自身特殊的文化和传统，中国的婚姻家庭变迁模式是否与西方现代家庭趋同,以及随着中国在工业化进程中"打工潮"下颇具传统色彩的"闪婚"如何兴起,这些都需要进一步研究。

阎云翔(2010)根据下岬村长期的实地研究指出,中国的家庭转型在集体化时期已经启动,自1949年开始由国家推动的多年社会主义改造带动了家庭从社会制度向个人避风港转型,私人性质的家庭兴起。在婚姻上体现为青年择偶过程中年轻人自主权增多,定婚后行为方式变化与婚前性行为的越来越普遍,重视爱情与亲密关系,出现择偶中的浪漫革命。后集体化时期"打工潮"从根本上改变了农民的婚姻生活,为青年农民的情感表达与释放提供了组织条件和独立空间,进一步推动了农民婚姻的婚姻爱情革命,是农村私人生活的再变革(田先红、陈玲,2009)。

阎云翔有关国家权力推动中国婚姻家庭私人化、个体化的观点,也需要回应中国打工经济不断深化的背景之下农村婚姻家庭新的特点和变化。农村婚姻缔结中年轻人自主权提高,然而媒人介绍婚姻仍占据主导地位,彩礼、熟人介绍相亲等传统习俗仍长兴不衰。打工妹返乡"闪婚"似乎更像是对于"父母之命,媒妁之言"传统婚姻模式的回归,具有反个体化、反私人化的特点。

2. 传统与现代兼具的返乡"闪婚"模式兴起

近年来兴起的打工青年返乡"闪婚"现象引起了学界关注,但相关研究还比较少。斐斐和陈健(2008)从城乡二元结构的视角分析打工青年"闪婚",认为尽管在后城乡二元结构时代,户籍制度有所松动,农村青年可进城务工,但是和城市市民的物质和文化区隔仍然使他们在城市完婚的可能性很小,而农村的血缘和家族强社会关系网络使他们可以在短时间内信任对方,增加了"闪婚"的可能性。施磊磊(2008,2010)通过对皖北一村庄的实地调查,认为"闪婚"的出现是结构性动因和理性考虑的结果,"城市边缘人"的身份使农村打工青年被排除在城市市民婚恋视域之外,而农村的信任结构呈差序格局,出现婚嫁区域(信任区)与非婚嫁区域(非信任区)以及介于二者之间的理性权衡区。认为"闪婚"一方面沿袭了传统的婚姻习俗,包括媒人介绍、定婚仪式以及彩礼,另一方面又体现出城市快餐文化追求效率和快节奏的特性，兼具传统性和现代性。

在城乡二元结构视角之外，有一些学者注意到"闪婚"现象出现与村庄本身社会基础的变化和传统力量的关系。王会（2011）通过全国 30 多个农村调查资料的分析，认为"闪婚"的出现具有其社会基础，农村社区本身婚恋观念的变化是"闪婚"现象出现的内核，婚姻的高价市场和传统"生育合作社"观念的演进与互融导致"闪婚"现象增多。打工经济和村庄共同体衰落是"闪婚"出现的背景，"闪婚"体现了农村出现传统与现代的融合，预示乡村社会性质的变迁。陈锋（2012）通过对江西安义 4 个村庄的调研，认为"闪婚"是家庭经济模式制约下的一种选择，同时传统追求婚姻稳定、传宗接代的习俗与家庭权力是推力。家庭经济模式一方面造成了青年"择偶"困境有助于"闪婚"形成，另一方面"闪婚"满足了家庭经济的功能需求，家庭经营模式与婚姻家庭模式是互嵌与融合的。"闪婚"模式并非传统向现代的线性变迁，而是相互嵌入和融合的。

无论是城乡二元结构还是村庄社会基础的变化都偏重于"闪婚"出现的结构性动因，相对忽视了农村家庭和打工青年自身的因素。少量研究注意到了"闪婚"模式中主体因素，但这些研究又往往以男性青年为代表。王会和欧阳静（2012）认为"闪婚"以及伴随的"闪离"现象不断增多的深层次原因与农村青年群体的阶层地位焦虑、有限责任意识和无限婚姻期待有关。范成杰和杨燕飞（2013）注意到"闪婚"过程中媒人的重要性，认为"闪婚"是一种"无媒不婚"的婚配模式。总体上认为"闪婚"模式虽然具有传统的形式，体现为媒人的重要性，但它是男性打工青年遭遇择偶困境时，家庭成员动员多方面资源的策略性结果，"闪婚"是村庄社会结构变迁和家庭策略互动的结果。

总之，以往关于打工青年返乡"闪婚"的研究主要关注城乡二元结构、村庄社会基础变化的结构性因素，偏重于从社区层面的分析，缺乏具体的案例分析，而且城乡二元结构和村庄社会具体如何作用于打工青年，中间的作用机制需要进一步研究。此外，这些研究主要以男性打工青年为代表，忽视了女性打工妹在返乡"闪婚"过程中的主体经历和考量。

第二章 研究设计

一、调研点H村简介

1. H村基本情况

H村位于江西省青山县①S镇，地处江西省南端，是典型的赣南客家宗族性村落。全村有农户428户，共2135人，5个自然村，3个姓氏（王姓、刘姓和古姓），3个姓氏的祖先都是在明朝洪武年间迁居H村。青山县是江西省内纯客家县份，同属客家民系，县内居民的祖先，大多是从中原南迁的客籍人，其中一部分是中原汉人南迁至闽粤，再倒迁青山县内定居。目前青山县内居民有汉、畲、回、满、壮、高山6个民族，其中汉族人居多，占全县总人口数的99%以上，县内通行客家话。H村内均为客家人，客家文化浓厚。

H村是"十三五"贫困村，所属青山县是国家级贫困县，地处偏僻山区，崇山峻岭，山高路陡，交通不便，经济发展较为落后。H村距镇上约10公里，车程15分钟左右，一般人步行需要两小时。距县城约30公里，车程40分钟左右。该地区素有"八山半水一分田，半分道路和庄园"之称，是典型的丘陵山区地域。全村以山地和丘陵地为主，区域总面积10.1平方公里，其中林地面积13799亩，耕地面积1172亩，人均0.55亩，果园面积368亩。根据H村2018年"村社会经济基本情况"，村居民2018年人均可支配收入3000-5000元。

H村靠近沿海的广东省，距离广州市约350公里，车程5小时左右，外出打工非常便利，村里从1980年代开始出现外出打工现象。目前村里大部分年轻人在广东省打工，过年时返乡，平时村里留守中老年人和留守妇女儿童居多。据该村2018年"村社会经济基本情况"统计显示，约1/4的人常年在外打工，而且基本为青壮年劳动力。该村428户中，全家外出半年以上的有131户，2135户籍人口中有497人外出半年或

---

① 文章中受访对象、地名和相关个人信息都已经匿名处理。

以上。留守儿童人数为 211 人，留守老人 58 人，留守妇女 59 人，留守人口约占总人口的 15%。H 村的情况与当地整体情况基本一致，据 S 镇政府唐主任介绍，全镇外出务工人口 6000 余人，外出务工人口占总人口比例一直占 20%-30%。

2. H 村客家文化与早婚、出生性别比失衡

青山县是赣南纯客家县，是客家人重要聚居地之一。20 世纪 30 年代，民族学者罗香林认为汉族等庞大的民族会因为时代和环境的变迁而逐渐分化，形成不同的亚文化群体，并首创了"民系"一词来描述这些亚文化群体。在中文语境以外，这种亚文化群体往往用"亚民族"来指代（罗香林，1992：24）。H 村所在地区有着浓厚的客家文化，并形成了具有当地特点的风俗观念和婚姻缔结程序。

赣南客家往往聚族而居，讲究祖根，宗族观念重。新中国成立后 H 村宗族观念仍然浓厚，保留并定期修订族谱，每年清明外出打工的人仍然回到村里宗祠参与祭祖，村民按照宗族相互关系和辈分相互称呼，有时会出现一个青年需要称一个儿童为叔叔的情况。笔者通过 H 村男村民阿林了解到，H 村有一个"H 村兄弟"微信群，该微信群的基本性质是一个村庄事务通知群。例如笔者当时通过阿林的手机看到群里有 H 村耕地补贴的花名册图片，详细列出了村里各户的土地亩数和补贴钱数，由各户主找村负责人领取补贴，而其他村微信群并没有此类通知信息。笔者请阿林把自己拉进群，方便接收 H 村的各种信息。然而进群后笔者才发现，群里均为男性，而笔者是女性，且入群后马上群里有人发言说"女的不要拉进来"。迫于群里压力，不让阿林为难，笔者只好从群里退出来。可见村里各种公共事务仍然是强调男丁主事，排斥女性参与。

客家先民在南迁途中人口锐减，定居客地后急盼丁粮兴盛，恢复往日的强盛富贵，导致赣南客民地区过去普遍存在早婚的习俗（钟俊昆，2004：80）。早婚指不到婚龄的男女由父母包办结婚。此外还有在崇子观念下产生的畸形婚姻，如赣南的招妹郎和童养媳。早婚体现出当地婚姻和生育功能紧密联系在一起，强调结婚生子，人丁兴旺，家族兴盛。新中国成立后执行《婚姻法》，废除早婚旧习和禁止包办和买

卖婚姻。然而至今,当地居民仍然结婚较早和有着较强的男性偏好。虽然当地应国家倡导晚婚晚育的号召实施了一系列政策,但女性结婚年龄仍然比较早。自 1964 年,县内开始提倡晚婚,要求结婚年龄最低为男 28 周岁、女 25 周岁。1981 年至今,按新《婚姻法》规定婚姻登记年龄,即男不得早于 22 周岁,女不得早于 20 周岁,鼓励晚婚晚育。然而按 H 村婆婆们的普遍说法,女性 20 岁就可以准备婚嫁,25、26 岁算偏大,27 岁是底线,如果过了 27 岁还没嫁就是"老姑婆",会被嫌弃,30 岁以上还没嫁基本是不可思议的事情,未嫁的当事人会被认为有不为人知的问题所以嫁不出去。男性 30 岁以上仍未结婚,基本就娶不着媳妇,被认为是"光棍"了。图 1 显示,总体上青山县最近 10 年男性和女性的初婚登记平均年龄均稳步提升,婚龄逐年往后推。然而女性初婚登记平均年龄仍比较低。2017 年女性初婚登记平均年龄为 25.1 岁,低于国家统计局公布的 2017 年全国育龄妇女平均初婚年龄 25.7 岁,远低于上海市 2017 年女性初婚平均年龄 29.9 岁。考虑到当地以事实婚为主,诸多未到 20 岁但事实上结了婚的女性婚后需要到法定年龄才补办结婚证,所以初婚登记平均年龄属于保守估计,现实情况女性平均初婚年龄更低。

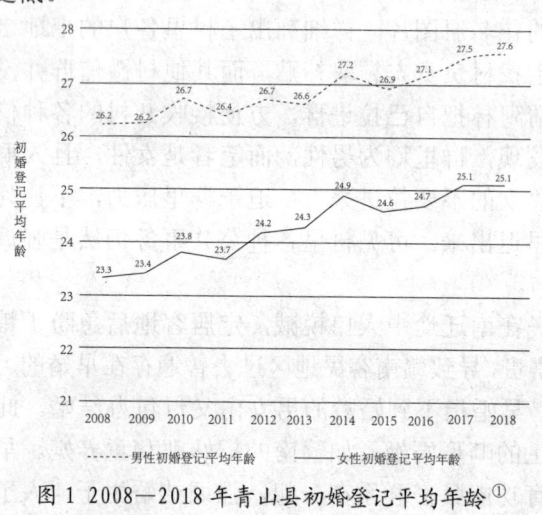

图 1 2008—2018 年青山县初婚登记平均年龄①

---

① 数据来源于青山县民政局婚姻登记处。

关于生育，H村村民的男孩偏好观念仍比较严重，这与当地浓厚的宗族观念重也是相联系的。如H村一个老者说"要生到儿子来，一代生一代"（阿贵公）。生儿子才能传宗接代，而人丁兴旺也需要多生儿子。据笔者了解，在H村第八村民小组所在自然村近80户人家，没有一户是独女户，都是要生到儿子才能罢休。H村有一户人家生了9个女儿，终于在2018年生了第10个孩子是儿子，目前不打算再生。年轻的父母虽然男孩偏好较弱，但是在其他家庭成员和村庄舆论压力下往往最终至少都要生一个儿子。当地"80后""90后"年轻父母理想的子女数量性别基本是一儿一女，老一辈中老年父母理想的子女数量性别是两儿一女，年轻父母经常和老一辈讨论生孩子的事。阿米41岁，是H村一个外来媳妇，老家在海南。阿娟25岁，2018年刚生下一个儿子，在H村娘家带孩子。

> 阿娟妈妈：生活条件很好的话没什么。我们乡下，不像城里生活条件好。（乡下）要有儿子要有女儿，要有兄弟，最好有两个儿子就可以有商量（指长大后家里的事可以一起分担）。如果你不愿意，那么一男一女你肯定要生，是吧？假如你（第一胎）已经生了儿子的话，生了第二个，不管男的女的，你不愿意生就算了。如果你第一胎生的女儿，第二胎又是儿子的话，诶呀，你觉得很烦不愿意再生，我们农村里的人也不会说什么，不像有单位的，你说是吧？还是要有兄弟的。
>
> 阿娟：说白了，还是要生到一个儿子来。农村里的，是重男轻女。有"皇位继承"，所以要生到一个儿子来。（阿娟、阿娟妈妈）

强烈的男孩偏好与计划生育政策的激烈碰撞下，当地出生人口性别比长期失衡严重。考虑到男婴死亡率略高于女婴，联合国将102-107视为出生人口性别比的正常值，高于或者低于该值均属异常。如果将出生性别比分四个区：出生性别比小于108为基本正常，108-113为轻度失常，113-120为中度失常，大于120为严重失常。那么以往以五普数据为基础的人口研究均发现，江西省属于全国范围内男孩偏好严重、出生性别比失常最为严重、女婴死亡率最高的地域之一（张二力，2005；龚为纲，吴海龙，2013）。从图2可以看到，青山县出生人口性别比在120上下浮动。1991年至2009年计划生育较为严格的时期，青山县出生人口性别比一直高于120，性别比严重失衡。从青山县卫计委获得的资料显示，青山县1979年1月1日至1999年12月31日期内出生婴儿性别比为121，其中男婴约61900人，女婴月51100人，女婴比男婴少了1万多人。如果不考虑人口死亡和迁出等情况，按时间推算，当前青山县20-40岁的女性比男性少了1万多人。这也意味着总体上青山县青年人的"男多女少"，有约1万男性很可能至少在本地找不到配偶，成为"光棍"。

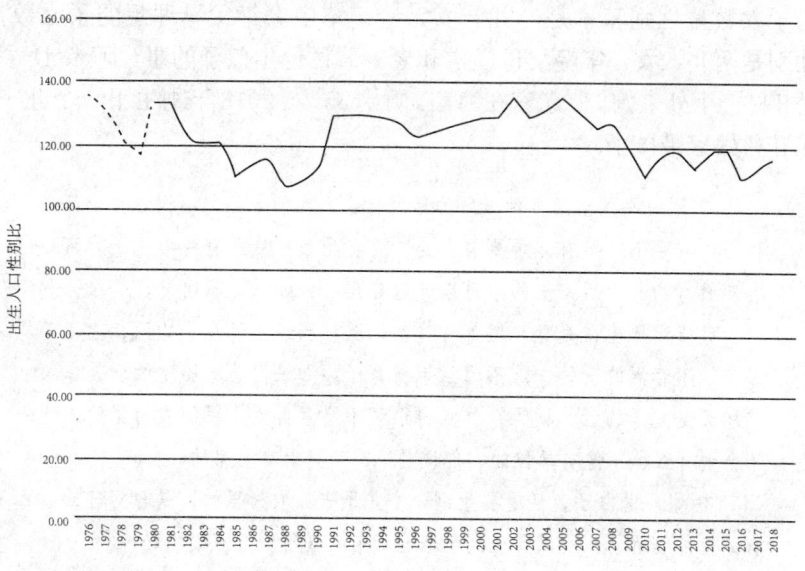

图2 1976—2018年青山县出生人口性别比①

3. H村婚姻缔结程序变迁和"闪婚"的兴起

目前H村的一般婚姻缔结程序在重六俗的基础上大大简化，去除了"六礼"中的问名、纳吉和请期，而且时间缩短，基本是一种新旧结合的婚姻礼仪。可以概括为议婚、定婚、归亲和转门四个步骤（杜伟雄，2012）。

---

① 数据来源于青山县卫生和计划生育委员会。早年数据（虚线部分）不准，仅做参考。

议婚包括相亲和媒人往来介绍撮合。相亲俗称"看妹崽子",双方约定日期,男方备酒、肉、饼、果等礼物,在介绍人和内亲陪同下去女方家相会,男方要给女方送红包作为见面礼。女方收受礼物和红包,并热情款待,以示婚事"初定"。媒人或介绍人进一步来往介绍情况,搓挪说和。亦有男女双方自由恋爱认识,然后请媒人或双方自己往来询问女方父母大致的彩礼数目和定婚日期。

定婚,俗称"牵红单"或"定事",是整个婚姻程序的关键环节,用当地农村的话说基本等于领了结婚证。婚事初定后,且男方认为双方八字吻合后,双方约定日期,男方和近亲一起带上礼物来到女方家或约在镇上饭店,适时女方家近亲和媒人也在场。双方以所请"先生"(往往是指定在场的某文化程度最高的近亲担任)为中介人谈定彩礼(或称聘礼)、恩恤礼、礼金、鱼肉、糯谷和嫁妆等物,写于红纸之上,并往往当场男方将所谈定的一半彩礼交给女方家长。按八字定下合适的归亲日期。事情谈定前或谈定后一起食用由女方家准备的或镇上饭店的宴席。定婚后至结婚前,如果中间时间较长,则需要睄节,即男方要在端午、中秋、春节三大节日,备办酒、糕饼、衣料等给女方及其家长送礼。如不报日迎新,又不睄节,女方则认为婚事有变,可以另找对象。

归亲。与旧时基本相同,只是礼物类型、迎亲交通工具等发生了变化。归亲前一天为前瞻日,男家由接亲执事领队,男孩手提马灯引路,将所定另一半彩礼(聘礼)送到女家。女方将嫁妆、回郎衣物、食物大点妥当交由接亲执事带回俗称"乞盏"。归亲当天,男家队伍到达女方家接亲,男家当事人(俗称"抗马鞘")要行一系列礼数,其中有给女方父母的"恩恤礼"、厨师的"厨师礼"以及给新娘弟妹的"姐妹钱",等等,礼数不到不发亲。发亲后,由新郎用车搭载着新娘,一路吹打和燃放喜炮,返回男家。新娘到家,男方鸣鞭炮迎接,由儿女双全的夫妇将新娘引入祖堂、拜祖宗、拜天地、夫妻对拜,随后进厨房拜灶君,见父母和亲友。归亲当晚,亲朋好友闹洞房。婚后第三天,新郎伴同新娘,手提礼物回娘家,俗称"回门"或"回红",吃过午饭后双双回家。

转门。翌年春节后初三,女方家派新娘兄弟到男方家迎接新郎新娘回娘家走访亲戚,称为"转门"。以前"转门"女婿往往要在岳家住几天,并坐上桌,受贵宾礼遇。如今"转门"大多办宴席,请男女双方及近亲吃一顿饭。

H村青年的"闪婚"模式基本仍然要经过相亲、"牵红单"(定婚)、归亲、转门四个步骤,不同在于:

(1)相亲数量多,更为频繁,且集中在节假日。打工青年在春节等假期时间回家,通过媒人或熟人介绍密集相亲,"不断有人来问,真的是来介绍的人门槛都快踏破了"(阿娟),"(相亲)也有挺多的,数不过来了,十个是有的吧。我还好,我有一个同学相的,两汽车都拉不过来"(阿娟),"那个介绍婆是S镇的,是那个阿丽婆。那边她是专门做介绍的,她给我介绍了好多个,她带了六七个给我看,我没有一个看得对眼的"(阿倩)。

(2)从相亲到"牵红单"的时间大大压缩,甚至只有几天,这意味着男女双方在初次见面后交往时间短,婚前很难有时间相互深入了解。

(3)"牵红单"到归亲时间缩短,甚至没有归亲仪式。以往从"牵红单"(定婚)到归亲时间在一年或半年时间,中间需要在端午、中秋和春节晌节。而"闪婚"中从"牵红单"(定婚)到归亲只有十几天,甚至有的"牵红单"(定婚)当天女方直接被带去男方家,没有举办仪式,有的年底回来补办酒席代替完成归亲仪式。

(4)整体婚姻仪式性弱化,"牵红单"谈彩礼是最为关键的环节,其余仪式皆被弱化。

据青山县1986-2005年县志(杜伟雄,2012)记载,"90年代中后期,随着社会的进步和思想的解放,因经济、性格、婚外情等问题导致的离婚越来越多……在青年中出现'闪婚''闪离'族。"而笔者在H村了解到的最早的一个"闪婚"案例也发生在1990年代中后期,"那个阿四(阿桂嫂的妯娌)就是1996年刚过完年,也就是1997年的大年初四见的面,双方同意,大年初八就牵了红单,阿少公(阿四丈夫的父亲)在几天内借到了钱(来牵红单)。然后阿四老公就带着阿四外出打工去了,年底回来就生了阿苇(阿四大女儿)"(阿桂嫂)。

二、调研历程

笔者小时候在H村长大,上学后跟着父母搬到广东定居,学业繁忙,10多年间只在过年期间走亲戚时回H村短暂探望过几次。

2018年8月,笔者来到H村,进行为期14天的探索性调查,寻找研究选题。这一阶段笔者并没有明确的研究主题,每日在村里"闲逛",和村民"闲聊",和H村村民建立了良好的关系。在和村民的聊天中,笔者了解到H村的历史、客家文化、宗族关系、外出务工、经济和婚姻等基本情况,并将关注点逐渐聚焦于农村的婚姻家庭领域,疑惑于当地"闪婚"速度之快和之普遍。打工妹返乡"闪婚"现象既不同于笔者对传统农村婚姻"三媒六聘、男女双方互不相识"、婚姻大事要长期考察的认知,又与打工妹研究提出的女性外出打工从而排斥传统婚姻的观点有出入,引起了笔者的兴趣。

探索性调查结束后,笔者带着对于打工妹返乡"闪婚"现象的疑惑回到学校。在阅读大量相关文献的同时,笔者在2018年12月通过电话对H村4个具有返乡"闪婚"经历的打工妹进行多次远程访谈,并在此基础上制定了详细的研究计划和大致访谈提纲。

2019年4月,笔者再次来到H村,直奔主题,进行了为期20天的高强度田野调查。笔者一方面对打工妹进行围绕外出务工、打工生活和恋爱、"闪婚"经历等主题进行正式的半结构访谈,另一方面参与打工妹带孩子、去镇上赶集、去山里摘枇杷等活动,进行非正式的访谈。此外,对H村媒婆、村镇和县级干部、其他知情村民进行访谈。

三、研究方法

本研究主要采用半结构式访谈法。基于学术研究伦理,笔者进入田野点便明确告知当地村民自己的研究者身份和研究主题。根据研究主题和事先准备的大致访谈提纲,围绕打工妹在外打工恋爱经历、农村相亲和"闪婚"经历进行访谈。由于婚姻情感问题具有较强的敏感性和隐私性,除了正式的深度访谈,笔者在获得受访者同意的情况下对约一半的受访者进行多次非正式访谈。非正式访谈大多在打工妹家里、镇上集市、村口大树下休息区等,有时候也有他人在场,问答比较随意,时间由几分钟到几十分钟不等,很多有价值的信息也来自日常的闲聊。

研究共对30人进行了深度访谈,其中有返乡"闪婚"经历的打工妹12人("80后"6人,"90后"6人),访谈媒婆2人,H村村干部、青山县民政局、青山县计划生育委员会干部和其他知情者(比如亲属、邻居、熟人和朋友等)共16人。12个受访打工妹的基本情况如下表1所示。

表1 受访打工妹基本情况

受访打工妹基本情况					
姓名	出生年份(年)	结婚年龄(岁)	结婚年份(年)	教育经历	婚后夫家居住地
阿倩	1996	23	2019	小学毕业	青山县县城
阿娟	1994	22	2016	初中毕业	S镇镇上
阿晓	1994	22	2016	职业中学毕业	S镇镇上
阿云	1994	19	2013	初中毕业	青山县县城
阿丹	1991	26	2017	中专毕业	青山县县城
阿珠	1990	27	2017	初中毕业,市里读了两年会计	H村
阿慧	1989	21	2010	中专毕业	青山县县城
阿静	1988	20	2008	初中毕业	S镇镇上
阿凤	1988	20	2008	初中毕业	S镇镇上
阿余	1987	21	2008	小学毕业	H村
阿芳	1985	23	2008	初中毕业	H村
阿翠	1985	21	2006	一年级	H村

第三章 一个打工妹返乡"闪婚"的故事

一、城市打工和恋爱经历

阿倩,23岁,2019年春节后的2月15日第一次与张明见面,2月

20日两人"牵红单"（定婚）。

阿倩是家里的老大，家里还有一个妹妹和两个弟弟。阿倩三年级的时候父母回家没有再出去打工，之前一直由外婆带。家里没有了打工收入，依靠种地，经济困难，连住的房子都是借别人的。因为没钱，每年快到阿倩开学的时候父母都会吵架并升级到打架。阿倩母亲让阿倩父亲去借钱，阿倩父亲不去借，要阿倩母亲去借，借了钱要阿倩母亲一个人还，阿倩母亲就也不愿意去借。2008年，阿倩12岁六年级毕业的时候，为了挣学费跟着舅舅去广东打暑期工，本来准备暑期结束回来接着读书。但是进厂后，阿倩发现自己在厂里做工做得挺乐意的，没有在学校读书读不进去的压力，而且每个月有八九百块钱工资，挺有成就感。然后阿倩就一直在广东打工，没有再回家读书。

于是，2008年小学毕业后，阿倩开始跟着舅舅在广东皮包厂做手工包。手工包入门比较难，阿倩跟着舅舅学了两年才学会。阿倩被舅舅管得很严，刚开始进厂的时候空闲时间都是和舅舅舅妈一起，阿倩的工资也受到阿倩舅舅的监管。后来阿倩找了舅舅附近的厂打工，周围的厂舅舅也都去过，是熟悉的，而且周围厂也有其他青山县的人。进厂后，一开始工资是600多元，慢慢涨到近几年的三四千元。从2008年到2017年近10年间，阿倩吃住在厂里，每个月的工资基本均寄回家里，只留两三百块钱交电话费等。阿倩觉得那时候的自己很笨，一接到母亲电话说家里过得很苦，没钱买米买油，就把全部钱都寄回去了，没有想过为自己存钱和消费。直到2017年，阿倩家买好了房子，阿倩才不用寄钱回家，自己的工资开始自己用。阿倩说不用寄钱回家后，自己才知道享受生活，想吃啥吃啥，想买啥买啥。也不存钱，就是买吃的和化妆品，以前一直不敢吃的海鲜也都吃，一下子吃掉三分之一的工资也觉得过瘾。

打工的时候，晚上和朋友C吃夜宵，认识了北京的一个"富二代"D，D说很喜欢阿倩，想要一个月3万元包养阿倩。阿倩非常生气，拒绝并拉黑了D。阿倩的朋友C听说了非常羡慕，认为阿倩笨，一个月3万元，两年就有一百万元。后来C还去勾搭D，阿倩认为C"三观不正"。

2014年，阿倩18岁，在厂里认识了湖南的李瑞，两人谈了三年恋爱。李瑞在厂里做开料，阿倩做车位，李瑞每次送料就能见到阿倩，李瑞看上了阿倩就开始追，慢慢地，两人就好上了。一开始都是住宿舍，后来阿倩和李瑞就在外面租房子同居。在一起同居的时候，阿倩给李瑞洗衣服，打扫卫生，李瑞一回到出租屋就有阿倩做好的饭菜，李瑞的工资也是李瑞自己用，阿倩并不问李瑞要钱。

和李瑞交往一年后，阿倩告诉了母亲，但母亲认为湖南太远，坚决反对阿倩嫁外地。阿倩母亲经常打电话，并且在回家过年的时候在阿倩耳边念叨嫁外地的辛苦。同时所有的亲戚也都知道了自己谈了一个湖南男朋友，都来劝。舅舅也一直劝阿倩，说要父母还是要外地男朋友自己选。但是阿倩那时十分中意李瑞，仍然坚持和李瑞在一起，甚至想过不要父母就和李瑞在一起，有一年都没有回家过年。

谈恋爱第三年阿倩怀孕了。李瑞用自己进厂挣的一点钱和父母老家的征地补偿款在广东开了一个超市和一家麻将馆。阿倩怀孕后，李瑞让阿倩和他一起不要进厂了，并搬去和他爸妈一起住。怀孕后阿倩想着结婚，阿倩的妈妈按江西省青山县基本行情和风俗要彩礼10万元，但李瑞家只给4万元，双方家庭僵持不下。阿倩试图在母亲这边做工作，阿倩本以为自己已经怀孕，母亲会让步，但是发现母亲仍然"死都不同意"。阿倩母亲甚至建议阿倩骗李瑞让李瑞带着两万块钱和阿倩一起回来，然后用这两万块钱把孩子打掉。而阿倩认为做人不能这样伤人，男方带着钱来女方家肯定是想娶女方回去，如果最后是用这个钱把孩子打掉，一定很伤人。阿倩不愿意这样做。劝说母亲无果后，阿倩寄希望于李瑞家能接受10万元彩礼娶自己，但是发现越来越失望。李瑞和李瑞父母接受不了10万元彩礼，认为太贵，他们认为湖南那边的行情是彩礼顶多2万元，而且湖南的彩礼给的也不是女方父母，而是给女方自己作为私房钱。而且李瑞家没钱，因为开超市，10多万元全投进去了，能拿出的只有4万元，他们也不愿意借钱来娶阿倩。一方面是彩礼谈不拢的僵持，另一方面与李瑞父母一同居住的日子里，李瑞和父母的种种表现也让阿倩越来越怀疑自己的选择。自从阿倩怀孕从工厂辞职住到了李瑞家，李瑞父母负责煮饭进货，阿倩负责看店收钱，李瑞却坐在麻将桌上整天打麻将，连饭都要阿倩端过去给李瑞吃。李瑞母亲比较疼自己的儿子，不管是什么事，也不管谁对谁错，都是帮着儿子说话，都认为是阿倩的错，阿倩和李瑞母亲合不来。李瑞出去打牌、拈花惹草时，阿倩会和李瑞吵架甚至打架，而李瑞母亲都会站在李瑞一边来责怪阿倩。回忆过去，阿倩说搞不懂自己为什么要去过那种日子，自己给李瑞看店，又不给工资，李瑞还看不起自己。

日子一天天过去，肚子里的孩子眼看着越来越大。阿倩犹豫不决，想生又不敢生，转眼拖了三个月，直到一天矛盾爆发了。李瑞有一天整晚没有回来，阿倩不知道他去了哪里，打了一夜电话李瑞也没有接。阿倩问李瑞朋友得知李瑞去了桑拿店，一夜没有回，去外面玩了。阿倩知道后非常生气，之前谈恋爱的时候阿倩就抓到过李瑞出轨，她认为李瑞这次又出去拈花惹草了。第二天李瑞回来吃饭，阿倩当着店里很多人的面，抓到李瑞就打，把李瑞衣服撕烂了。李瑞母亲责怪阿倩，说这么多人在不可以和他打架，不给他面子。阿倩既生气又委屈，逼问李瑞是否和自己回家结婚。"我跟李瑞说我怀孕了，我要生了，他都不说结婚，他还问要生下来孩子怎么养。然后我说我不知道，你现在跟我去我家，跟我结婚。然后他就和他妈说，他妈就说没钱，然后他就拿不定主意。他是想生下孩子让他爸妈带，他觉得生孩子不用花钱，不用养一样，很不成熟，我就对他很失望。"（阿倩）看到李瑞拿不定主意，又想到"以后如果我真的和他在一起，他会打我，不中意我了，我不知道要怎么过。到时候我的爸妈也不要我了，然后他又不珍惜我"（阿倩），阿倩对李瑞彻底死了心。第二天，阿倩拉着李瑞去医院引产，哭得撕心裂肺。又过了一天，阿倩收拾东西回了家。

阿倩回到了家里，和李瑞断绝了联系。因为阿倩回来了，阿倩和母亲的关系有所缓和。休养一段时间后，阿倩在赣州市里服装店找了个卖衣服的工作。

打工妹在返乡"闪婚"前都有一段在外打工的经历。在H村家庭中，不同于儿子辍学父母会阻挠并极力劝说其继续读书，女儿辍学往往是毫无家庭阻力，甚至是失去家庭支持的结果。在家庭条件有限的情况下，教育资源会优先提供给家庭中的儿子。打工妹往往学历较低，初中甚至小学毕业便跟随舅舅、堂哥等近亲或职业学校介绍来到城市打工，并处于农村亲属网络的看护和监督之下。

因文化水平制约和农民工身份，打工妹在城市往往进入工厂或其他劳动密集型行业，薪资低、工作环境恶劣、工作内容单调、工作时间长。来自不同地区的正值青春年华的打工妹和打工男青年在城市从事生产的同时，也有感情需求，恋爱是其打工生活的重要面向。"基本上出了门的，很少说没有谈过外地的，基本上都谈过，就看对方愿不愿意讲出来而已。"（阿娟）尽管打工妹在城市恋爱，但是她们的恋爱往往遭遇来自拆分型劳动力再生产体制、工厂生产体制和农村家庭的层层阻力，难有结果。

二、返乡"闪婚"过程

2017年回家后，阿倩的母亲开始一直催阿倩嫁人。阿倩说其实还是想再过几年单身生活，但是母亲死活不让，"我妈恨不得拿着扫把赶我出门"。2017年阿倩没有同意相亲，2018年在母亲的念叨下阿倩开始相亲，共相亲了9个。前7个主要由S镇H村的阿丽嫂介绍，阿倩觉得那些相亲对象要么太老，要么就是一直在老家说话太粗鲁，讲不到一块去。有的家庭条件太苦，看不上。也有富裕的，有房有车，但是阿倩认为对方年纪太大，实在看不下去，没有一个看对眼的。持续地拒绝后，媒人也会有所抱怨，阿丽嫂和阿倩母亲说阿倩要求高、自视甚高，等等。但是阿丽嫂仍然一直带男方过来给阿倩看，看完阿丽嫂问男方，然后问阿倩，阿倩就说看不上，阿丽嫂就说再介绍下一个来。阿倩心里其实觉得很过意不去，因为每次都要阿丽嫂跑来跑去。不过好在阿倩的外婆和阿丽嫂很熟，经常去阿丽嫂家和她聊天，所以也就没什么事。

阿丽嫂带来相亲的7个男性中，阿倩最有感觉的一个是家住S镇上的大学生B。B在上海工作，阿倩和B在阿丽嫂介绍下见面后在微信上联系了5个月，但进一步了解后阿倩觉得B是个渣男。B从一开始就定点嘘寒问暖，让阿倩非常感动，然而聊到后面B就跟阿倩说了自己的劈腿经历，在聊得比较熟后越来越"露骨"，甚至让阿倩在视频的时候露身材，阿倩非常生气，把B拉黑了。B还建议买票让阿倩去上海找他,阿倩坚决不去,认为没有"牵红单"就跑去男方那里会坏了名声。阿倩开玩笑说不停地相亲,让自己都有"相亲恐惧症"了。

  第9个的时候,阿倩相亲后迅速"牵红单",完成了"闪婚"。2018年过完年不久的2月15日,阿倩母亲说去公园散步见一个朋友阿美,让阿倩一起去。来到公园,阿倩看到发现来散步的不只有阿美,阿美还带了一名男性张明(张明的母亲和阿美是好朋友)。晚上散步回去后,阿倩的母亲就问阿倩觉得张明怎么样,看得同意就要"牵红单",不是玩的。阿倩回答说,可以啊,先谈一下看看。15号见面后,张明经常带阿倩去吃夜宵,每天来阿倩家里坐着。刚好那几天阿倩感冒了,张明给阿倩送来感冒药,送阿倩去打针。张明整天来阿倩家坐着和阿倩父母聊天,博得了阿倩父母的欢心。

  2月19日元宵节,张明带着礼物来到阿倩家说第二天要"牵红单",阿倩回忆说:"一过来说要牵红单,我就懵了。我妈说要牵红单我是这么以为的,以为谈得差不多就要牵红单,我没想到是这么快的啊,真的没想到,从来没想到会这么快!"当晚,阿倩说自己跟母亲哭,哭得撕心裂肺,说自己不想结婚,不想嫁。阿倩还跟张明说自己怕,不想"牵红单"。张明劝阿倩说每个女的都要经历这一步,阿倩年龄也不小了,就算不和自己结婚,到时候也要嫁给别人的,到时候还是要经历这一步。在母亲和张明的劝说下,阿倩想开了些。

  2月20号,张明家带着礼物和一伙亲戚来到了阿倩家,阿倩家此时已经有一堆亲戚在。阿倩说,那时候看到两家那么多亲戚吓得手都发抖,两家讲话气氛很紧张。谈好了彩礼最终13.8万元,并定下了当年5月摆酒席。阿倩说"牵红单"前后张明一直暗示或邀请阿倩出去玩(发生关系),但是阿倩都拒绝了。直到完成"牵红单"后半个多月后阿倩才答应和张明出去,因为如果定婚前发生关系会被认为随便,如果最终没有结婚,名声也会坏掉,就很难嫁人了。"牵红单"前阿倩就告诉了张明自己之前谈过恋爱,且谈了3年。张明有时也会介意阿倩之前谈过恋爱,但是阿倩觉得张明自己之前也谈过恋爱,而且是张明自己要"牵红单",并不是自己非要嫁他的。

  笔者4月访谈阿倩的时候,她和张明都还在家准备5月份的婚礼。

张明的父母一直催促二人跟着张明叔叔去广州店里帮忙,在那里阿倩想上班就上班,不想上班就不上。但阿倩说不想再出去打工,婚后想和张明在县里开餐馆,而且阿倩发现自己怀孕了。阿倩说她母亲已经和她透了底,如果阿倩和张明创业,她可以借三四万给他们。至于孩子,张明的母亲愿意带,但是阿倩想让自己的母亲带。母亲的工厂明年就快倒闭了,由母亲带孩子也可以每月给她一千多元钱。阿倩坦言自己相亲的时候对于张明其实并没有多大的感觉。婚后阿倩有时会抱怨张明不够浪漫,甚至出现怀疑和后悔的情绪,但是阿倩母亲都会安抚,并劝道:"哎呀,不要想东想西,人会好就可以。如果他以后敢欺负你啊,我提着菜刀去,我把他砍了,他不敢的。"(阿倩)

与城市成婚的种种阻力形成对比的,是打工妹返乡后结婚的便利和快速,络绎不绝的上门相亲对象、双方家庭的鼎力支持、物质条件的成熟,似乎万事俱备,只差打工妹一个点头同意。H村"闪婚"的速度之快令人瞠目结舌,而且出乎打工妹自己的意料,"闪婚"其实是在打工妹自己计划之外的。郭俊霞(2012)概括过回乡"闪婚"具有的5个特征:短暂的春节做佳期,高额"押金"做担保,媒人做介绍、父母来安排,本地婚为主和"事实婚姻"为主。略有不同在于H村的高昂彩礼是男方家庭送给女方父母,而且婚后也是归女方父母所有,只有少部分可能作为"嫁妆"返送给女方自己的小家庭。其余特点基本吻合:"五一、十一、元旦和过年最多人相亲和结婚,到处都是酒席"(阿秀婆),尤其是过年期间,打工青年大量返乡,整个S镇几乎成了"大型相亲现场";相亲主要依靠媒人、亲属、邻里、同学朋友网络来牵线,成婚的关键步骤"牵红单"由男女双方家庭和近亲安排完成;"闪婚"的男女双方基本是S镇范围的,即是同一镇上的人,本地婚为主;"闪婚"以事实婚为主,在当地人眼里"牵红单"基本等同于领了结婚证。"牵红单"后男方将彩礼悉数交给女方父母,则女方就是男方家的人了,男方就可以把女方带回家。后面去民政局领结婚证,摆酒席办婚礼等成了成婚后补办的程序。

"闪婚"过程中从相亲到"牵红单"的时间被大大压缩,打工妹往往没有足够时间来了解男方,双方感情不稳。打工妹在"闪婚"后孩子出生前，容易产生对"闪婚"的怀疑和后悔情绪。而打工妹娘家成了维系婚姻稳定的重要因素，一方面娘家可以提供情感替代，另一方面娘家方面的亲属网络和社会支持可以对打工妹婆家形成制约和监督。

第四章　难有结果的城市恋爱

打工妹往往在初中毕业后或职校实习期间外出打工，除了从事生产，恋爱结婚也是她们生活的重要方面。然而，打工妹的城市恋爱面临来自农村家庭、打工生活制约和拆分型劳动力再生产体制的重重阻碍。

一、外出务工中的亲属网络监督与自我监督

"80 后"和"90 后"打工妹初次外出务工主要有两条途径，一是大部分在初中或小学毕业后跟随舅舅、堂哥、哥嫂或小姨等亲戚外出打工，二是随着近几年来经济条件的改善，越来越多的打工妹初中毕业后进入职业学校，在学校的安排下来到城市打工。笔者访谈的 12 个 H 村打工妹中，有 5 个参加过职业教育，且几乎都是"90 后"，但在选择就读的职业学校时，往往是跟随同乡或亲戚家的孩子前往同一学校，以便相互照应。跟随亲戚外出打工的打工妹中，大部分是跟着母亲娘家方面的已婚亲戚夫妇，尤其是舅舅舅妈。

1. 亲属网络的直接监督

打工妹开始外出或是到了婚龄（一般是 20 岁）时，父母便会直接表明自己反对打工妹嫁外地的态度，并安排近亲带着出去打工。一方面，亲属和同乡网络是打工妹外出打工的重要社会资本，提供了重要的工作信息渠道，降低外出成本和风险，形成保护带（Massey, 1990; Lee, et al., 2014），另一方面也使身处城市的打工妹仍处于农村社会和父权制家庭的监督与约束之下，降低了打工妹私自恋爱和嫁外地的可能性。

我去年做了几个（指介绍了几个相亲成功），就克制得很好。她们（指打工妹）做陶瓷，跟着姐夫、哥哥嫂嫂做，管着她，走不了。这种的就不会跑，比较正当。现在的父母很克制，知道现在的打工风气不好了。所以女儿一旦有岁数（到了婚龄）就让哥哥嫂嫂、姐姐姐夫或者大姐什么的带着，就克制着她。（阿香嫂）

嫁外地我爸不同意，说要把我手脚打断。第一年一出门，我爸就写信寄到我舅舅那里，我一出外面玩，我舅舅就会告状，回来就会被骂，骂得要死，管得别提多严了。厂里还有别的老家的人，老家的人还更狠，更会告状，没一个好人，全部都不是好人！自己舅舅毕竟是自己舅舅，不好的话舅舅是为了我好。老家那些人告的状更加难听，更会告状，更讨厌他们！自己舅舅还更好一些。（阿翠）

2. 亲属网络的间接监督

亲属网络除了直接干预打工妹社交圈的扩展，尽量禁止打工妹和朋友们出去社交，同时还通过安排的工作环境、时间管理本身等限制了打工妹社交圈的扩展。如阿静初中毕业后前三年都是去厦门舅舅家带孩子，"初中毕业后，那时候还没有身份证，进不了厂，无法打工，去厦门帮舅舅带一岁的孩子。舅舅舅妈白天上班，我平时不用做饭，白天帮着看孩子就可以。"（阿静）进城帮舅舅带孩子本身甚至严格来说很难定义为打工。显然，在家带孩子能认识的外界的人十分有限，异性社交圈扩展几率小，很难有谈恋爱的机会。另一个初中毕业外出打工的打工妹阿娟跟着小舅舅去了广东制衣厂上班，阿娟舅舅既是工厂的管理员，也是阿娟在城市生活的临时"家长"，督促阿娟认真工作，管理着她的工作时间和休闲时间。

小舅舅虽然是厂里的管理，但是并不会对我们有所照顾。有的时候还老是对我们自己人更严厉。他教我但我老是学不会，他就老是骂我猪头，把我骂哭。他也老是把我和他当初比，说自己当初也是这么苦过来的，大舅舅那时候是厂长，把小舅舅关在厂里让他自己一个人学，大舅舅和别人出去玩了。虽然制衣厂是计件工厂不用打卡上班，没有固定的上班时间，但是有时候起床晚了上班去得比别人晚，也会被小舅舅说。计件的话，你可以早点去上班，也可以晚点去上班，然后我每次晚点去上班就会被（舅舅）骂！制衣厂大部分都是两夫妻很少单身的，放假了出去玩一般也都是跟着他们（指舅舅舅妈）出去的。（阿娟）

3. 家乡父母的远程监督

在初次外出打工一段时间后，打工妹开始依靠同学网络自己寻找工作，但这并不意味着脱离了农村社会网络。打工妹父母仍将通过电话远程重复提醒。

> 每次打电话回家和过完年回广东的时候，我妈就拉着我重复提醒不要在外面谈恋爱，重复说不能嫁外地哦，外面的人远，做客来往不方便，以后有了小孩牵绊就更难回来看了这些的。（阿晓）

除了跟随亲戚外出打工，越来越多的打工妹是通过职业学校实习介绍进入城市打工。打工妹在开始就读职业学校期间，很多父母就已经开始给打工妹"打预防针"。一旦发现打工妹恋爱，打工妹的妈妈能动员起所有的亲戚一起劝阻。

> 我在南昌读中专的时候，我妈每个星期都打电话给我，说"我听说你们在外面读书很多谈恋爱的，你可不能谈恋爱跟人跑了啊。我和你爸缴你读书不容易"这些那些的。上海上班实习的时候，我妈也是每个星期都打电话过来说不能谈恋爱，像复读机一样，整天在耳边说这些事……我那个表妹在南昌和我大姨的儿子一起上中专，还在一个班，表妹和一个同学谈了恋爱还发在了QQ空间里，我大姨儿子告诉了表妹她妈。后来啊，我表妹她妈告诉了所有亲戚，让所有人劝她不要谈恋爱。我表妹她妈还打电话给我让我也劝她。（阿慧）

4. 打工妹的自我监督

唠叨久了，打工妹自己也日益明白父母对于自己嫁外地的反对态度，在恋爱开始的阶段就会考虑结婚的可能性和父母的意见。阿娟在制衣厂干了一年，在附近钱包厂做了两年后，跟着闺蜜去了深圳一个电子厂打工，这个厂里也有更多年轻人。

阿娟：这个电子厂老板是四川的嘛，厂里面人基本都是四川的。我们组长给我介绍了一个他的侄子 (M)，是四川人。那个男的煮饭超好吃，十分会做菜。他追我，但是他岁数比我大，大了4岁，我每次都叫他哥哥。他妹妹也在厂里上班，他妹妹就和我一个岁数，也会一起玩。每次都是周日去他那里吃饭，做菜超好吃。那时候他还说如果结婚的话会在这边（广东）买房子。M的舅舅也在这个厂里上班，也认识我，我就问他舅舅如果真的结婚的话会不会在这边买房子。因为离我家更近嘛，可以一年回我家过年，一年回那边过年。他也很少回四川过年，因为很难买到票，火车票难买，除了坐飞机，就想着干脆回我家过年。我之所以最后没有答应，一是岁数太大，如果岁数相差没有这么多，只相差两三岁的话，也就觉得没要紧。还有就是如果他也会在这边买房子，买分层式的话。

研究者：你问过他舅舅会不会买房的事？

阿娟：不是啊，我问的是M自己。我说如果和你在一起万一以后结婚的话，我叫你在这边买房，你同意不同意嘛。就是很少男的会像入赘一样在这边买房，怕他家那边会介意，毕竟他家只有一儿一女，如果有两个儿子的话，他在这边买房倒无所谓嘛。后面他说他会同意。但是答应是答应了，后面买不买又是另外一回事啊。我也没有和他发展到要结婚的地步，如果要结婚的话，肯定是要他先买到房子再结婚咯，不可能说先结婚，那如果后面他不买房子呢是吧。后面我又觉得岁数问题等各种原因，就还是没有和他在一起，就算了。真的我觉得他人挺好的，因为他做工做事也差不多，又很会做菜。

研究者：这个有告诉你爸妈吗？

艳：诶，这个哪里会说，自己都决定不要这个了。很难有结果。(阿娟)

总体上，阿娟对于会做事又会做菜的M是比较满意的。阿娟希望结婚的房子能在广东，这样离娘家近，方便回娘家过年，可以减少父母对于M是个四川人的忧虑，不失为一个嫁外地人但仍能经常回家的好办法。但是考虑到M的家里只有一个儿子，估计家里很难会同意M在广东买房，加之对于年龄的介意，阿娟遂主动作罢了。

总之，打工妹虽然进入城市打工，但并非是以原子化的个人的方式进入，而是通过亲属网络、电话、节假日返乡等方式维持着和农村的联系。父母在打工妹外出打工初始或是到了婚龄时就会直白地且不断重复告知打工妹自己对于嫁外地的反对态度，以防打工妹在城市恋爱。打工妹依靠农村亲属网络外出打工，同时也受到亲属网络直接或间接的监督，减低了打工妹在城市恋爱的可能性。即使是接受职业教育时通过学校实习打工，也仍然是和同龄的亲戚一起，并且会受到父母通过电话的远程监督。如此被唠叨久了，打工妹自己也会意识到父母的态度，并自我监督，考虑嫁外地的家庭阻力。

二、打工生活的条件制约与流动带来的障碍

打工妹从农村进入城市，除了农村社会网络的羁绊和制约，城市打工生活本身也给她们的恋爱造成了诸多障碍。城乡分离体制和二元经济结构形塑下的农民身份、所处阶层地位、打工妹的工作方式和工作性质使得她们在城市的恋爱面临诸多困境，这是以往关于打工妹研究中涉及较多的方面。

1. 阶层和工作方式的限制

由于缺乏足够的文化资本和专业技能，打工妹跟随亲属网络或通过职业学校实习介绍，往往进入的是城市传统部门或其他劳动密集型行业，其所属阶层地位和工作环境使她们很难接触到同阶层外人群，接触渠道狭窄。血汗工厂体制下长时间的工作和加班，沉重的任务量也使得她们难有剩余的时间和精力进行社交和恋爱。

> 电子厂底薪是2050元左右，上8个小时班，比如晚上6点开始上班，上到晚上10点，就加班4个小时。13元钱1个小时，4个小时的话就是52元钱。比如底薪是2050元，上一个月24天的班，16天的8小时都算加班，等于说，一个月上满26天8小时的班就有2050元。底薪加上加班费、补贴等乱七八糟的东西。底薪有点低，然后加班费也有点低，我们有时候加班加到十一二点，经常十一二点熬夜，第二天照常上班。一个月工资总共也就三四千元，很低，平时工资一般3000多元。最多拿过4100元，那是每天都熬夜熬出来的，电子厂就是靠加班，不加班工资就少，

> 因为底薪很少，只能靠加班。星期六上班工资就比较高，星期日工资又更高一些，因为星期日原本是放假的。各种节假日加班费也比较高一些。在深圳跟我闺蜜两个人天天加班加得要死，天天加班加到十一二点。那时候天天加班加到十一二点，回到租的房子，回去那时候用的电炉丝烧水，烧完水洗澡洗衣服，然后再睡觉就一两点了。有时候就很累，不想洗放在那里，第二天早上早点起来（洗）。早上8点上班，但是7点半肯定要出门。我们每次都是早上在路边买点早餐，然后边走边吃，吃到厂里上班。真的，在电子厂上班就是三点一线，吃了饭就做，进厂一点都不好。天天加班，一有空我就回去睡觉了，没有时间出去玩，认识人。（阿娟）

长时间的劳动占用了社交时间和精力，制约了社交圈的扩展。而在工厂上班时间，社交也是受限制的，如阿静在帮舅舅带了三年孩子后，进了一个食品包装厂，而厂里"工作时不让讲话，谈工作也不可以，城里恋爱不现实"（阿静）。

2. 临时性、流动性职业带来的障碍

尽管有社会网络监督和工作方式的限制，但是仍有不少打工妹在城里恋爱了。笔者所访谈的12个研究对象中，一半有过恋爱经历，且均为"90后"打工妹。由于时间久远和情感经历的敏感性与私人性，受访者是否有其他不愿意分享的恋爱经历尚不可知。恋爱是正值青春年华的打工妹在城市生活的重要组成部分，但是由于打工妹和恋爱对象大多从事临时性、流动性职业，频繁流动和换工作，难以和来自其他地方的工友建立稳定的联系和形成稳定的社会支持网络，她们的情感之路往往历经坎坷，在情感开始或发展阶段便夭折了。如阿娟和厂里另一个四川男性C交往了半年，恋爱萌芽刚要萌发，便因C换工作而被打破了。

> 我们是上半年谈的，后面因为他爸妈在海南三亚，他就叫我一起和他去三亚上班。我妈就叫我不要去，太远了，再加上C是外地人，是刚在厂里认识的，也不是很了解，跟去那边干什么，就不放心，叫我不要去。还有就是C是四川的，太远了，又不同意嫁什么的，何必跟着过去三亚呢。我和C又没有谈很久，也不是说到了要结婚的时候，也不可能见面啊（见

家长)。然后就这样了。后面也有联系,但还不是就当朋友这样的联系?

(阿娟)

阿晓在县城职业中学学幼师的第三年,跟着学校组织的勤工俭学去了厦门电子厂打暑期工。在工厂车间,阿晓认识了四川男性Z,二者的恋爱因为距离渐行渐远。

> 我和Z挺谈得来,我们从2012年冬天开始就经常在手机QQ聊天,有时每天都会打电话。2013年学校组织去惠州的幼儿园实习,我们学校和惠州等地的幼儿园园长都有合作,那边会来招人。Z还在厦门,我和他在手机上一直还是有聊天,一直聊到2014年春天。他2014年的时候来惠州出差的时候我们还见过一次。但是后来没办法,我们工作不同,我是白班,他经常是夜班,日夜时间不同,联系越来越少,慢慢就淡了。

(阿晓)

总体来说,打工妹虽然进入了城市,但在城乡二元结构以及所处阶层限制下,打工妹并未融入城市,她们的主要生产和生活空间仍然局限在工厂周围。长时间的工作和狭窄的认识渠道使她们寻找对象困难,限制了恋爱的可能性。打工青年临时性、流动性的职业性质也是她们情感发展的不利因素,缺乏一个长期稳定的环境来培养感情。

三、恋爱到结婚的惊险一跃

当打工妹在城市恋爱到了一定阶段或已经怀孕时,结婚成了摆在眼前的事情,但要完成从恋爱到结婚的惊险一跃并不简单。城乡二元结构下的打工妹身份和在城市中的阶层地位决定了她们的交往对象往往是同样来自农村的打工男青年,她们的婚姻性质仍然是"同阶层的平行婚姻"(李德,2008)。如果说恋爱是打工妹和对象两个人的事情,要结婚却成了两个家庭的事情。在中国现行拆分型劳动力再生产体制下,年轻的打工妹和对象几乎不可能依靠自己的力量在城市定居和"成家",而是要依靠家庭支持。由于地方风俗文化的差别,打工妹家庭和男方家庭的互动容易出现隔阂,双方家庭的沟通不畅将使打工妹失去娘家的支持。失去娘家支持的打工妹独自面对婆家，缺乏社会支持，婚姻处境和前景堪忧。

1. "成家"的条件与家庭支持的不可或缺

费孝通（1998）认为在传统乡土社会中，婚姻的意义不在于两性的结合，而是确立双系抚育。在中国现今社会的语境下，结婚仍远不是两个人领结婚证这么简单，而是要"成家"，意味着要有可供今后一起生活居住的房子，有包括彩礼在内的结婚费用、抚育孩子的条件等。"嫁女儿就一定要有一个窝的，有住的地方，房子一定要有的。中国人是一定要有房子的。成一个家没这么简单，后面有了孩子还得有人带啊。"（阿建伯）

然而，在中国现行拆分型劳动力再生产体制下，农民工劳动力再生产的完整过程被分解成了两部分，"更新"部分如子女的抚育、住宅、医疗、教育和父母的赡养都由农村老家完成，城镇和工厂只支付农民工劳动力日常"维持"的成本。户籍制度、高考招生政策等制度政策进一步固化了这一制度（清华大学社会学系课题组，2012）。年轻的打工妹和其对象在城市打工所挣的低薪资和户籍制度隔离使其几乎不可能在城市"成家"，她们自身并没有"成家"能力，家庭支持尤其是男方家庭支持对于她们"成家"不可或缺。如当阿倩想和李瑞结婚时，李瑞和阿倩自己并没有足够资金来支付阿倩母亲所要求的10万元彩礼，而是依赖李瑞母亲的经济支持。阿倩怀孕，将来的生产和孩子出生后的抚育也需要李瑞父母的持续帮助。

2. 双方家庭互动中的文化隔阂

双方家庭支持对于打工妹"成家"如此重要，然而她们要想获得双方家庭支持却有着"先天不足"。首先，打工妹的娘家对于外嫁往往持坚决反对态度，这点在前面所述打工妹外出务工中的亲属网络监督与自我监督中多有涉及。娘家从打工妹恋爱开始便是持劝分态度，更不可能主动支持打工妹和恋爱对象"成家"。如打工妹阿珠在打工期间和安徽男性Y恋爱，当阿珠告知父母自己想要见男方家长准备结婚时，阿珠母亲反对并以家里农忙为由把阿珠叫回家里，"暑假阿桂（阿珠母亲）就把阿珠叫回来了，把她骂了一顿，不让她嫁外地。两个人一起在田里收割稻谷，阿桂在田里割稻谷，阿珠就用脱谷机把稻谷脱谷，谷子收进蛇皮袋，阿桂喊一句抬，阿珠就帮忙一起抬，其余一句话也没有！两个人一句话都没得讲，就在田里割稻谷。"（阿珠奶奶）其次，由于各地风俗差异，双方就彩礼和婚礼筹办也往往难以达成一致意见，进而男方家庭也可能不支持。如阿倩母亲按照当地习俗要彩礼 10 万元，其实当地农村男性普遍需要借钱付彩礼，而李瑞家湖南当地彩礼行情是顶多 2 万元，李瑞家无法接受如此高昂的彩礼，也不愿意借钱支付彩礼。双方家庭就彩礼难以谈拢，阿倩的婚事失去了双方家庭的支持，迟迟难以定下来。

3. 丧失娘家支持的忧虑

李霞（2010：169）通过对华北张村的长期田野调查认为娘家对于妇女具有重要意义，娘家关系可以成为妇女在夫家获得地位和权力的支持力量。已婚妇女在娘家和婆家之间纵横捭阖、左右逢源，构建着自己的生活空间和形成后台权力，而非完全成为夫家父权家庭的附属。谭琳等（2003）的研究注意到打工妹嫁入外地之后面临的"双重外来者"的生活境地，她们一方面是夫家的外来者，另一方面也是夫家所在社区的外来者。失去了娘家的联系以及与朝夕相处的打工姐妹联系逐渐减少，她们需要处理与丈夫、公婆和邻里的关系，重新融入当地社区，往往感到孤独。打工妹与恋爱对象结婚，按照"从夫居"的传统住到外地夫家，路途遥远，往往将失去娘家支持，不得不独自面临夫家，承担大量家庭再生产责任，面临缺乏社会支持的困境。嫁外地的"悲苦境地"是打工妹母亲无数次向打工妹描述并提醒过的，这不免让打工妹对于将来的婚姻生活充满担忧。阿倩怀孕辞去了工作，搬去和李瑞父母家共同居住，提前进入了婆家。当阿倩与李瑞发生矛盾和纠纷时，李瑞的父母不分对错地站在李瑞一方责备阿倩，而阿倩既没有娘家的亲属网络支持，也离开了工厂的关系网络，无处获得支援，担忧将来一旦李瑞不再喜欢自己，自己就将被抛弃，无路可退，倍感绝望，最终放弃和李瑞结婚，返回了娘家家乡。

总之，打工妹即使在城市恋爱也难以走向婚姻。拆分型劳动力再生产体制下打工妹"成家"高度依赖家庭支持，而她们的城市恋爱在获得家庭支持的可能性上"先天不足",面临着娘家方面的极大阻力和双方家庭互动中的文化隔阂。失去了娘家支持的打工妹进入婆家后,面临缺乏社会支持的困境,对未来的婚姻生活和保障充满担忧,可能最终仍放弃结婚。

四、本章小结

打工妹依靠农村亲属网络和职业学校介绍进入城市打工,但是并未脱离农村的社会网络,而是仍然受到亲属网络的监督和自我监督,以减少打工妹在城市恋爱和外嫁的可能性。打工妹在城市所属阶层和工作方式限制了她们在城市的社交圈扩展,临时性、流动性的工作性质使她们的恋爱往往在开始或是发展阶段便夭折,缺乏长期稳定的环境深入培养感情。这两方面的制约使打工妹的恋爱在开始阶段便遭遇重重困境,而要完成从恋爱到结婚则更为惊险。拆分型劳动力再生产体制下的打工妹在城市缺乏"成家"能力,需要依靠娘家和男方的家庭支持。外嫁很难获得娘家社会支持,而双方家庭互动中的文化隔阂使得打工妹可能进一步失去婆家的社会支持。失去了娘家支持的打工妹独自面对婆家,面临缺乏社会网络支持困境,担忧未来婚姻幸福,可能最终放弃结婚返回娘家。总而言之,在拆分型劳动力再生产体制、工厂生产体制和农村家庭的制约下,打工妹的城市恋爱往往遭遇重重困境,难有结果。

第五章 通向"闪婚"之路

打工妹虽然进入城市打工,但仍与家乡农村社区维持着比较强的联系,尤其是每逢节假日定期返回家乡探亲和休息。不同于在城市恋爱受到重重阻碍,打工妹一回到家乡,相亲对象便会在介绍人的带领下登门而来,通向"闪婚"的道路也由此开启。

一、农村男性婚姻困境

近些年来,"娶媳妇难"已成为全国农村普遍性现象。李树茁等(2006)根据2000年全国人口普查数据,考虑了男孩偏好和再婚对婚姻挤压的影响,通过设计的一系列指标,度量2001-2015年中国婚姻市场的男性婚姻挤压程度,发现2000年以后将存在严重的男性婚姻挤压,2013年后每年的男性过剩人口在10%以上,2015-2045年间达到15%以上,平均每年大约有120万男性在婚姻市场上找不到初婚对象。根据国家人口发展研究战略课题组2007年发布的战略研究报告显示,我国出生人口性别比持续升高。根据2000年第五次全国人口普查和2003年抽样调查的出生人口性别比推测,到2020年,全国20岁至45岁的男性将比女性多3000万人左右。2005年以后,新进入婚育年龄的男性人口明显多于女性,婚育挤压问题凸现,低收入及低素质者结婚难。研究者们推测,到了2020年,我国将可能出现3000万光棍大军,而偏远和贫困的农村地区男性婚姻挤压尤为严峻。有些农村地区甚至出现"光棍村",据媒体报道,海南一个村子里近四成男性结不了婚,30岁至60岁的未婚男性有500多人(新华网,2016),周围村庄的光棍率虽低一些,但也接近30%。广西一个男女老少共503人的村子,30岁以上未结婚的男子有50多个(桂林日报,2017)。

H村当地普遍存在着男性"娶媳妇难"的困境。这一方面表现为长期出生人口性别比失衡下的婚龄人口"男多女少",另一方面也表现为结婚成本的不断提升,彩礼高涨。

H村地处中部偏远山区,有着浓厚的男孩偏好,出生人口性别比长期失衡严重。H村所属的青山县,1979年1月1日至1999年12月31日期内出生的女婴比男婴少了1万多个,按照时间推算,在不考虑死亡和外迁等因素的情况下,当前青山县20-40岁的中青年女性比男性少了近1万人,总体上青山县青年"男多女少"严重。H村所属的S镇总人口28950人,男性中人口15451人,女性总人口13501人,女性比男性少了1950人。H村村民大部分在本县内通婚,在一夫一妻制下,通婚圈内适婚年龄女孩数量减少,多出来的男性面临着成为"光棍"

的命运。

> 我孙女这一代女的就多了一些,父母敢生了。我儿子这一代(指"80后"和"90后")女的就少,女的缺少,娶的人就更为难。(阿香嫂)

> 现在"单只佬"(光棍)特别多,好多人啊家里早早准备好了一二十万(彩礼)放在家里,但就是好几年相不上,娶不到老婆!(阿丽嫂)

近10年间,H村的彩礼一路高涨。据当地媒婆阿丽嫂介绍H村及周围的彩礼从1990年代的几千元钱,到2005年1万元左右,2008年开始近10年飞涨。2008年彩礼从三四万涨到五六万元,到如今的10多万元。12个受访对象中,2008年左右的彩礼在3万至4万元,近几年的实际彩礼在12万至13万元,而且数目具有相当高的一致性。体现出虽然在"牵红单"定婚时谈定的彩礼有高有低,但是通过婚后娘家返还给女方小家庭的部分陪嫁,当地实际彩礼具有稳定性,受到社区规范的制约,过高的彩礼会使娘家被指责为"卖女儿"。如此高昂的彩礼,加之结婚的其他费用和房子要求是一般农村家庭很难承受的。

> 阿香嫂:现在很多"单只佬"(光棍),真的是不论哪个家屋都有好多"单只佬"没老婆!现在结婚价钱提高,要求也高,不是这样的男的不嫁。你一问这个女的嫁不嫁,她就问男方有没有车,在镇上有没有房子。就这两句话就难住了很多男的。娶一个媳妇一二十万元,天老爷,拉着去摘树叶(指纸币)也要几天啊,10万元啊不是开玩笑。同样政府说要抓彩礼不要讲这么高,但是抓不到的!为什么抓不到?比如说我嫁女儿,我跟男方讲了多少彩礼我会告诉你吗?我们双方讲了10万8万20万元,他同意出,我同意拿,你政府怎么去抓!女的不跑,你就抓不到,如果女的跑了,她表露出来,你来抓,她就说她不赔,因为她女儿和男方家儿子睡了。所以现在很为难,我们做介绍的,现在都不掺和彩礼,牵红单讲价钱什么的你们自己去讲,我们就拿一点介绍费。我们就牵一下线,你愿意就结,不愿意就算了。

> 阿秀婆:是啊,就我知道的我们家屋20多户,就有10多个快30岁了还没娶到老婆!(阿香嫂、阿秀婆)

> 现在什么都上涨，年年涨。彩礼一二十万元真正涨是这10多年，什么都涨。（阿丽嫂）

> 现在啊，娶一个媳妇至少都要10多万，没有10多万元根本娶不到老婆！女方家会说哎呀，我生养女儿，又辛辛苦苦缴她读书。（阿冬婆）

总之，当地男孩偏好浓厚，出生人口性别比长期失衡，通婚圈内适婚年龄的女性数量减少，加之彩礼高涨，当地男性普遍面临"娶媳妇难"的婚姻困境。

二、男性婚姻压力传导

对于崇尚人丁兴旺、传宗接代的赣南客家人而言，娶不到媳妇，传不了代，无异于灭顶之灾。面对日益严峻的婚姻困境，H村年轻男性及其家庭采取各种策略，而这些策略也将婚姻压力传导至打工妹。村庄的男性婚姻挤压看似仅仅是男性的困境，"男多女少"使女性将处于婚姻优势，然而通过整个社会网络的层层传导，女性也面临着独特的婚姻压力。

1. 相亲作为打工青年择偶的主要方式

H村约1/4的人外出务工，而且以青壮年为主，村里平时只有留守老人、儿童和妇女在家。青壮年常年在外打工，除了同学网络和亲属网络，在家乡社交圈有限，依靠媒婆和介绍人相亲是她们在节假日短暂返乡时的主要择偶方式。

相亲的第一步需要介绍人提前了解情况和牵线搭桥，介绍人除了职业媒人还可以是亲戚、朋友等，在介绍相亲前介绍人需要了解双方的基本情况。

> 我们做介绍是这样的。比如说有男的要娶或女的要嫁，我要去他的家里看，看到那个男的来，看到那个男的父母来，我要认识他们，要讲得出他家房子有几个房间，家里有多少兄弟姐妹，他的父母多大年龄，男的身高有多少，相貌怎么样，做什么工作，我要讲得出来，讲不出来我不会去做的。我做县城的也同样要这样，做镇上也是这样，要看到"家厦"（男方家）来。（阿香嫂）

牵线就是比如我现在知道你，知道那边有个男的，开始的时候就知道什么样的人配什么人。打比方，你是大学生，他也是大学生，大家工作相差怎么样，后面你们两个人相处的时候就会讲，你是什么工作，他是什么工作，大家相处都没意见就比较好成啊。一般看什么样的人我们就会介绍什么样的人啊。要琢磨什么样的人配什么人，看双方的相貌，看家庭情况，看性格比如会不会说、灵不灵光、会不会哄，还要看年龄。太老，显老不行，尤其是女性，生完孩子更快衰老。比如一个很笨的、不会讲的男的，和一个很灵光的女的，就很难讲的来嘛。介绍不好，配不上，对方也是会不高兴的。（阿丽嫂）

介绍婆啊，有的也不算介绍，比如说我妈知道哪里有个女的要嫁，别人问她知不知道哪里有个别女的（要嫁），然后我妈就会告诉她，就由这两个不是专门做介绍的牵线。（阿娟）

有了介绍人后，介绍人一般会提前和女方父母打好招呼，相亲的地点约在女方家里，介绍人男方经介绍人指引带着礼物来到女方家，或是约在镇上见面。也有的时间紧急，介绍人不打招呼直接带人来到女方家。

研究者：相亲是怎么见面？

阿娟：介绍婆会把男的带你家里。坐在这里，就问你哪年出生的，在哪里上班什么的，就问这些基本问题。有的介绍婆会走开，让你们两个人聊。有的男的会问你加一个微信联系方式，然后后面通过微信什么的了解。基本上别人只是给你牵个线而已，没人牵线的话谁也不认识谁，不可能在大街上随便拉个人要微信。虽然说是做介绍，只是引荐认识一下而已。基本上都会问，留一下微信。聊完他说他要回去了，介绍婆就可以问他，探他的口风，问你觉得这个女的怎么样，什么意见。别人也会问我，觉得这个男的怎样怎样，都会问一些。

研究者：都是把男方带到家里来吗？

阿娟：对啊，你是女的，肯定是带到你家来看。有的是带到街上（镇上）哪个地方，比如女方在镇上的亲戚家，或是奶茶店什么的，事先说好。（阿娟）

2."相亲总动员"

近年来,随着村里适婚年龄女性减少,未婚女性成为稀缺资源。男方及其家庭积极动员整个亲属网络和社会网络介绍相亲,在返乡的短时间内尽可能快和多地相亲,以提高相中概率。媒人异常忙碌和吃香,事成之后所挣的介绍费也越来越高。

> 年轻女的少了,彩礼也是年年涨,男的父母都会焦虑,不停找人做介绍,生怕晚了就娶不到媳妇了。(县民政局刘主任)

> 现在每时每日都有人来找说要帮忙做介绍的,找到我家来让我帮忙做介绍。去年隔壁村的小林嫂,年初一就带他儿子来我这里了!我那时还在河边洗衣服。年初一就带过来了啊!我说小林啊,哎呀,过了新年这么早就来我这里啊。我们村的人都笑得要死,笑话小林,早早年初一就带过来(让我做介绍)。(阿香嫂)

> 阿倩:H村做介绍是很贵的,介绍做成了,介绍费都要拿一万二去。那时候听我妈讲过一下。现在娶个老婆是很贵的,没办法现在。
>
> 研究者:介绍就是见一下?
>
> 阿倩:是,谈得上就成,谈不上就算了。但是她有那个人脉,人家要娶老婆的也没法,只能找这些做介绍的。专门做介绍的是这样的。
>
> 张明:可以在S镇办一个婚姻介绍所了。
>
> 阿倩:婚姻介绍所没人家做介绍做成的那样多晓得吧,因为老人家。你也不要说现在年轻人的思想是比较开放,但是老人家还是谁做介绍做得好就找她,毕竟她是做介绍做出了名的,做了那么多对。(阿倩、张明)

除了职业媒人,亲戚、邻里、同学都被动员起来,几乎人人都可为媒。受访的12个研究对象中,由职业媒人介绍的较少,男方、女方与介绍人的关系各异,做介绍已不是以往职业媒人的专属领域。

> 我和阿辉(阿珠目前丈夫)那时候跟着媒婆在大樟(H村第八村民小组所在自然村)看另一个女的,相完后没成,阿辉就走了。我跟大樟里的人一打听,我们家就在大樟旁边(的自然村),和他们也都认识,一打听说阿少公有个孙女阿珠没嫁。我刚好又看到阿珠,人高大,皮肤

白,阿珠那时候正好有另一个人在看(指相亲)。阿辉看了好多个都没成,年纪也快二十八九了。我赶紧就找了我在大樟村的表姐阿芝介绍,说我儿子要求比较高之前好多都没看上,你问阿珠的父母要多少彩礼。我本来打算当晚就带阿辉去阿珠家看,我那时去看了,阿芝就说我们阿辉这么帅,白天都有很多姑娘追,不用晚上看,当晚就没有去看。第二天一早,早上八点的样子,阿芝打电话给我,打听到阿珠早上要去镇上赶集,让阿辉快去。我回家掀开阿辉的被子,说快去看你老婆,都二十八九了,以后我也不管了,你娶不到老婆我也不管了。阿辉就起床,去卫生间洗漱了一下,开车去了。来到阿珠家,那时候阿珠她们在门口,刚要出门去赶集。阿辉嘴巴也甜,一到就叫阿珠爸妈叔叔阿姨,说可以坐他的车去赶集。阿珠也没回答。阿辉就说,不用担心,又不是说坐了我的车就得嫁给我,就是朋友接一下去镇上赶集也没什么。阿珠她爸就催阿珠说快去,就坐阿辉的车。阿珠上了我们阿辉的车,后面又去了县里阿珠大伯家玩。(阿珠婆婆)

H村是个熟人社区,上几代人往往在H村内的自然村之间通婚,相互之间宗亲、姻亲、邻里等社会网络发达。阿辉母亲通过大樟的熟人打听到阿珠未嫁,又动员来自己在大樟的表姐阿芝来做媒,而阿芝和阿珠家是邻里,通过一整个农村熟人网络的传递,阿珠和阿辉得以初次见面相亲。

3. 打工妹的相亲压力

男方家庭应对婚姻困境积极动员亲属网络和社区网络介绍相亲,而打工妹及其家庭也处于当地社会网络之中,打工妹一到婚龄(一般是20岁),便不断有介绍人上门询问和介绍,面临频繁"被相亲"。由于介绍人往往既处于男方社会网络,也处于女方的社会网络,打工妹家庭和打工妹拒绝相亲将有损关系和"面子",面临舆论压力。

哎呀我不去相亲,也是不太想嫁。别人叫我去相亲呢,比如你给我做介绍,说那里有个男的让我去看,我老是不去看,别人就会说我,哎呀,是不是要求很高,觉得自己很了不起,别人就说反正几岁到了,你不去嫁是想怎样。然后哎呀我妈就怕别人会说这说那,然后我就老是看老是看,

> 哎呀,弄得我火大。村里这边就好多人给你做介绍,你不去看的话她就感觉你很清高、很高傲的样子,说别人给你说上了你还不去看,然后看看看看。带来的人乱七八糟,什么人都有,不看不给面子。(阿娟)

阿静 20 岁时因工厂食堂没油水犯胃病,7 月回家休养。

> 我胃炎犯了,回家养病来的。一回家就有媒婆不打招呼就带人来看(相亲),带了好几个。我爸妈都不催我,她们反而着急了。很烦,不愿意看。媒婆她们以为我是回家嫁人的。但是不看她们就会说我眼光高,自以为了不起。(阿静)

笔者作为未婚女青年在 H 村调研期间,与受访对象走在村里时,不断会有年龄较大的婆婆来询问笔者多大了,什么工作,父母在哪做什么工作,家里有几个兄弟姐妹等情况,一副要给笔者说媒的架势。与 H 村阿秀婆去镇上赶集过程中,阿秀婆会不断遇到同龄熟人婆婆,那些婆婆也会热情向阿秀婆询问笔者在哪里工作,是不是要嫁,自己知道多少个好人家。强烈感受到当地未婚女性的稀缺和抢手的同时,也可以明显体会到相亲的压力。而阿秀婆每次都会说,笔者还在读书。这也是唯一一个可以拒绝介绍人而又不伤及人情和关系的回答。在当地人看来,"成家立业"是人生两大任务,而读书属于"事业",在有事业的情况下,到了婚龄还未结婚是可以接受的。而打工妹打工在村里人看来并不属于事业,没有事业的情况下,到了适婚年龄结婚成家是必然的,也就没有理由拒绝介绍人好意安排的相亲。

村庄男性"娶媳妇难"的婚姻困境通过农村社会网络的传导,女方获得"不愁嫁"优势的同时也有着频繁相亲和"不得不嫁"的压力。

三、打工妹的选择

返乡后面对纷至沓来的介绍人和相亲对象,打工妹如何从中选定一个,并接受快速"牵红单"定婚这一个安排?

1. 城市受挫后的回归现实

传统乡土社会婚姻看重夫妻双方在事务上的配合默契，情感并非必备要素，甚至不利于家庭稳定（费孝通，1998）。城市打工经历虽然使打工妹婚姻观念趋于现代化，向往浪漫恋爱和注重婚姻的情感要素。然而，拆分型劳动力再生产体制下，打工妹在城市恋爱，但要在城市成家却遭遇经济和制度上的重重阻碍，她们的劳动力再生产高度依赖于农村家庭。阿倩和李瑞之所以没能完成从恋爱到结婚的惊险一跃，最为关键的在于李瑞家经济条件不足，给不出阿倩娘家要求的10万元彩礼。加之风俗文化上的差异，李瑞家认为10万元彩礼太高，接受不了10万元彩礼，也不愿意借钱娶阿倩。由此阿倩失去了娘家的支持，在婆家也没有正式的地位，社会支持匮乏，阿倩在彻底失望后回到了家乡。

城市恋爱结婚受挫经历，首先使打工妹意识到了恋爱和结婚成家的差别。恋爱可以是两个人纯情感性的体验，而结婚成家却不得不考虑油盐酱醋茶等最为现实的物质因素，并且依赖于家庭支持。

> 谈恋爱是两个人的事，我觉得谈恋爱是十分有乐趣的，结婚的话就没什么乐趣了，结婚不是两个人的事，是两个家庭的事了。什么事都不可能你们两个人私下解决这样，都会摆到台面上来说了。比如说要不要小孩这个问题都要摆到台面上来说的，要两个家庭来决定了。所以还是要理解现在社会上这么多人中意谈恋爱，不中意结婚的。谈恋爱只管浪漫，结了婚就要柴米油盐酱醋茶。我都觉得我谈恋爱没有谈一个好的恋爱，谈一个正常的恋爱。谈恋爱当时觉得很好，像泡在糖罐里一样，但是后面回想起来觉得，诶，没意思，还是蹉跎了很多时光，浪费了很多精力。如果说用那个时间那个心情去经营一段有结果的恋爱的话，肯定到后面是很甜蜜的。（阿倩）

其次，她们也逐渐认识到经济条件和娘家支持对于结婚过日子的不可或缺。在男性婚姻挤压下，女性具有婚姻优势，然而这种优势是相对的。打工妹由于自身的文化水平和农民工"双重边缘人"身份，在全国婚姻市场中处于劣势，当她们返回家乡，在本地婚姻市场中才具有相对的优势。失去了"面包""爱情"可能变得苦涩不堪，返乡听从父母安排和判断嫁一个好人家不失为一个现实的选择。城市恋爱受挫后，阿倩意识到结婚中经济条件和娘家支持的重要性，不再执着于感情。阿倩回家听从父母的安排参加相亲，并在经历了8次相亲失败后和张明相亲成功，在见面5天后就"牵红单"。虽然阿倩坦言对于张明了解不多，感情上并非满意，如此快速的"牵红单"出乎阿倩自己的意料，"闪婚"也非她所计划，但她最终还是选择相信父母的判断。

> 以前觉得一定要嫁给自己中意的人，但是还是过得很苦，过不下去，所以回来还是听父母的安排吧。我父母也是不同意，不同意我在外面谈，谈到后面我自己怀孕了，过不下去了，回来了。（阿倩）

2. 相亲疲乏后的先结婚后恋爱

农村男性婚姻挤压下，男性面临"娶媳妇难"困境。男性及其家庭通过积极动员农村社会网络给自己说媒做介绍，在返乡的短时间内增加相亲数量，以提高相中概率。通过农村社会网络的传导，打工妹也面临着强大的相亲压力，频繁"被相亲"。

阿娟20岁那年过年回家时，就开始被母亲催促结婚。21岁过年回家时，阿娟经同学介绍在镇上的奶茶店认识了隔壁镇的张伟，两人"简单聊了一下，加了微信，然后后面慢慢聊，就是多认识了一个朋友这样，有时候偶尔会回信息"。阿娟坦言，对于张伟"感觉一般，一直当朋友"（阿娟），偶尔联系，虽然张伟偶尔暗示结婚，但阿娟一直没有理会，不愿意太早结婚。这一年阿娟经村里人介绍又陆续相亲了5个，但是都没成，"要么我嫌他，要么他嫌我，反正就像别人说的跟他们没婚姻，自己也没有眼缘"。（阿娟）22岁回家过年时，阿娟3次相亲失败后，经村里住家对面的一个婆婆介绍认识了家在镇上的李涛，阿娟表示自己挺中意李涛，两人也相互满意，但是阿娟父母认为李涛不靠谱，太会花言巧语，不适合过日子。尽管阿娟父母不同意，阿娟还是在一个星期左右的时间里和李涛见了3次面，然而每次出去李涛都开车出状况。

> 我和他出去玩三次，每次他开车都出状况。然后哎呀，不靠谱，他

又喜欢用钱玩那个老虎机。第三次出车祸，差点就败在他手上，差点就死了，车头都扎进田里了，瞬间发生什么我都不知道，把一棵树都撞了。下雨他开很快，去市里的路很多转弯，刚好对面一辆车来了，我们下坡他们上坡，来不及避开，他乱了阵脚，不知道开哪里去，只能把车开沟里去了。真的，我当时坐在副驾驶上，我怕得要死，心想哎呀，我不会就这么挂了吧，真的怕死了。我吓得要死，从此以后我就没有再和他去玩过了。后面就因为这个事情我和他吹了，本来他说还准备定婚的，我一直在犹犹豫豫，其实我也会中意他，但是后面出了两次这种事情，每次坐他车都出现这些小事故，第三次坐他的车我就觉得哎呀，一点都不老成，后面就没有谈下去（阿娟）。

　　阿娟中意李涛，两人都准备定婚，然而三次开车出状况使阿娟还是选择相信父母的判断，没有和李涛定婚。在和李涛相亲失败后，阿娟有些心灰意冷，同时仍然不断有人前来介绍。阿娟不愿继续相亲，但是由于社会网络的传导压力和父母的催促，"不看不给面子"。阿娟拒绝相亲，但阿娟母亲仍然催促，两人大吵了一架，阿娟想收拾东西去广东打工。"我妈老是叫我去相亲相亲，我觉得老是相不中，相不到合意的，又不想这么快嫁。我就想下广东，和我妈大吵了一架。那时候连票都买好了的"（阿娟）。正好那时候张伟也要第二天去广东，阿娟请张伟来自己家里帮自己搬行李。张伟来到阿娟家，阿娟母亲和张伟却意外谈起了结婚的事情，张伟和阿娟母亲一拍即合。阿娟母亲和阿娟说那就和张伟结婚吧，阿娟默许了。当晚张伟就把父母接到了阿娟家，初次谈定彩礼16.8万元，第二天正式"牵红单"。第二天，张伟家带着近亲来到阿娟家，阿娟家此时也有近亲在，两家最终谈定彩礼16.2万元。

　　关于为何默许了和张伟"牵红单"，阿娟说道：

　　　　我刚开始也是对他没什么感情，然后我妈使劲催我结婚结婚，让我去相亲，也属于逮着他就说结婚吧。因为他脾气挺好的，觉得"十样总要图到人家一样"，我也不图别的什么，他人好也挺老实，哎呀，就这样吧。重要的是结婚之后肯定会产生感情的。我们之前就像朋友一样，

> 平时也会像朋友一样发些信息，聊些东西，但是比相亲又好得多，相亲的过了两天觉得中意，哎呀，就马上结婚，这个还更不了解。一些介绍人带过来的相亲对象乱七八糟的都有，都带过来，不好。有些都是今天看了会中意，明天或后天就说着牵红单结婚，好仓促真的很仓促的。但是最起码我们有了两三年，至少有点了解啊。然后我想我还是日久生情，先结婚后恋爱，跟别人谈了几年再结婚不同。（阿娟）

阿娟虽然和张伟认识了两年，但是在张伟来阿娟家之前，阿娟一直是把张伟当作朋友，从未想过和张伟结婚。相亲需要消耗时间、精力和感情，并且持续"相不中"，尤其是在和李涛相亲失败后，让阿娟心灰意冷，倍感疲乏，拒绝相亲。社会网络传导下快速密集的相亲以及父母的催促压力下，阿娟"一着急"从相亲对象中找了一个相对比较了解的对象结了婚，先结婚后恋爱。

> 我胃炎回家休息两个月，媒婆不打招呼，不断带人来我家里看，一直看看看，我都没看中。后来，村里就有人说闲话，说我"见了这么多人，相了这么多，不愿意，是外面有相好了"，说得我火大。相了这么多亲相得非常烦，听到村里闲话后我一赌气就答应了。那时候我和我老公相亲也谈了一个月，也算有点了解吧，他脾气还可以，婚后可以让着我。诶，后面很快就牵红单摆酒席。（阿静）

农村婚姻挤压下，打工妹获得了"不愁嫁"的优势，然而也从很早开始就面临着持续的相亲压力。传统的相亲是一对一、慢节奏的，而打工妹面临的相亲是十分密集、快节奏的，以迅速成婚为目的的。持续相亲失败不仅消耗时间、精力和感情，还将面临巨大的舆论压力。在相亲疲乏后，从已有相亲对象中选择一个相对比较了解的，婚后容易培养感情的对象先结婚后恋爱，是打工妹彻底终止当下面临的强大相亲压力的一种策略。

3. 家庭情感的软化

H村素有早婚传统，女性一般20岁到了适婚年龄便被催促结婚，二十五六岁如果仍未婚会被视为"老姑娘"，二十七八岁还不结婚会被认为是有问题嫁不出去。H村打工妹从20岁至27岁返乡在家期间往往被家庭催促结婚。

阿珠27岁仍未结婚,在村里已属大龄未婚,阿珠的父母、爷爷奶奶、叔叔伯伯都很着急。27岁那年回家过年,阿珠大年初二和阿辉相亲,大年初十两人牵了红单,完成了"闪婚"。

>阿珠:那句话怎么说的呢,没有永远的爱情,只有永远的亲情,两个人一开始爱情,慢慢都会转亲情。以前我也觉得一个人很好,不想结婚,一人吃饱全家不愁,多好啊。
>
>研究者:后来怎么结婚了呢?
>
>阿珠:我也不知道,后来被催得很烦,尤其是奶奶。一直说一直说,念经一样,念得我火很大。
>
>研究者:奶奶怎么念的?
>
>阿珠:成了一个人就要成到家来,你看那个谁像你这个年纪孩子都生了好多个了,很大了。婚姻乱对,看命对,看那个谁好像嫁得很好一样,一开始很好很好,后面不也是不好。有些人一开始不好一样,后面嫁过去不也是很好。一直说一直说,念经一样。爷爷也是一样。过年回来一直念。特别是爷爷,爷爷那次还哭了,看他眼泪一直掉。我说我都没有看过他哭过。爷爷那时候刚过完年,大年初一的时候爷爷还在守佛堂,见到爷爷,爷爷就说"我啊,年初一的一个早就在敬神那里求了个签上了个香,那个签说你今年是有婚姻的。我啊告诉那个菩萨要保佑我的好孙女要找到一个好家屋的人家",讲着讲着爷爷眼泪一直掉。哎呀。我从小从来没有见过爷爷会哭,爷爷从来都是老大一样吼这吼那,这下讲着讲着眼泪一直掉。(阿珠)

在中国传统观念里,成家是人生必经的过程,子孙到了年龄不成家或是成不了家,这对父辈和祖辈而言是极为忧虑之事。打工妹成家不仅是她个人的事,而是整个家庭甚至整个家族的事情。阿珠父母在阿珠很小的时候就外出打工,阿珠属于留守儿童,小时候由爷爷奶奶抚养直到初中毕业外出打工。奶奶的持续念叨和一向身为一家之长、威严的爷爷的哭诉,唤起了阿珠的家庭责任和亲情,意识到自己结婚成家的意义。

另一个打工妹阿贞虽然在外面已经谈了恋爱,但是回家面对母亲的哭诉和父亲的责骂,被家庭情感软化,最终听从了父母的安排。

> 阿贞那时候在外面谈了一个,过年回家的时候,阿贞她妈妈身体不好,有病,就一直哭,让她不要在外面谈,要回来嫁,天天哭,阿贞她爸也天天骂她,什么难听的都骂。阿贞就心也软了,嫁给了阿兴(一个前来相亲的对象)。有良心的女的听了父母劝和哭就会听父母的,有的还是会听的。(阿丽嫂)

打工妹虽然进入城市打工,但从未脱离农村的家庭和社会网络。结婚成家不仅是打工妹个人的事情,也是整个家庭和家族的责任。家庭情感软化唤起了打工妹的家庭责任,接受了相亲结婚安排。

四、快速定婚背后的双方家庭

农村"闪婚"的一大特征在于从正式相亲到"牵红单"(定婚)的时间被压缩到很短,甚至是一个星期内。例如阿倩和张明见面5天后便"牵红单",阿珠和阿辉从大年初二正式相亲到初十"牵红单"只用了一个星期的时间。阿娟和张伟虽然认识两年,但在张伟来到阿娟家帮忙搬行李之前,阿娟从未想过和张伟结婚,一直当作朋友,在阿娟母亲提起结婚一事后,两人第二天就"牵红单",结婚速度快得令人吃惊。

实际上,"牵红单"(定婚)的安排往往并非打工妹和相亲对象所主导,而是双方家庭主导,定婚仪式的主要内容是双方家庭"谈价钱"(彩礼)。定婚的速度之快有时令打工妹自己都措手不及,如阿倩在和张明交往5天后,就被告知要"牵红单"时并没有意料到如此快速地结婚,定婚前一天仍向母亲哭诉自己并不想那么快定婚。阿娟在请张伟来自己家帮忙搬行李之前,并未预料到第二天就会定婚。在获得打工妹的初步许可结婚后,为何双方家庭要如此快速地安排定婚?

1. 男方家庭

超常规的出生人口性别比导致H村存在严重男性婚姻挤压，适婚男性择偶困难，男方家庭也焦虑不已。给儿子娶媳妇成家是父母的重要责任，男方父母除了积极动员社会网络介绍相亲，当儿子有了合适的结婚对象时，必然倾其全力支持。加之当地彩礼有着地方规范，双方在彩礼商定上往往并不会有大的分歧。彩礼年年上涨，尽早定婚确定婚事，对于男方家庭而言是尽早解决心头的一大责任。

> 就是当晚张伟接他爸妈过来见面谈了一下，第二天牵红单，就定下了这个事情。其实说起这个事情也蛮仓促的，他的爸妈也比较着急，因为他的哥哥也还没娶，他的哥哥也二十七八岁了，然后他也是，意思是年龄到了，然后哎呀，他自己有合适的人选，他爸妈肯定尽快敲定这个事情。（阿娟）

> 现在彩礼年年上涨，男的父母都会焦虑，不停找人做介绍，尽早结婚，生怕晚了就娶不到媳妇了。（县民政局刘主任）

此外，当地新人往往在婚后一年之内便会生孩子，尽早尽快地结婚，对男方家庭而言也是尽早"抱孙子"。

> 我奶奶一直催我结婚，她说她很想做太婆，家里好些年没有添丁了。我爸也是，说想抱孙子，带孙子去射鸟儿玩。（阿勇）

2. 打工妹家庭

按照婚姻市场理论，婚姻挤压下女性获得婚姻优势，女性"不愁嫁"，尽可慢慢挑选，然而为何H村女方家庭也如此着急催促打工妹相亲结婚，并在打工妹初步许可后，积极推动快速"牵红单"（定婚）？

（1）对婚前性行为的担忧

传统农村婚姻讲究"父母之命，媒妁之言"，男女在定婚前不得相见，信息完全依靠媒人在两家之间往来传达。如今，男女双方相亲后如无抵触，便接着见面，进一步了解和交往。然而，男女双方如果在"牵红单"（定婚）前发生性行为，女方及女方家庭将处于不利地位，女方家庭对此多有担忧，于是在双方交往过程中女方家庭也希望能尽快定婚。

阿辉的母亲通过联系表姐阿芝做媒，了解到阿珠早上要去镇上赶集。大年初二，阿辉在阿芝的指引下来到阿珠家相亲，两人初次见面。在阿珠父母的催促下，阿珠坐了阿辉的车去镇上赶集。

> ……去了几次县里，周围的那个景点玩，比较晚没有回来。比较晚没回来，阿珠的母亲就担心，催着要定婚，要十五六万元的彩礼。我们家刚盖了房子，没那么多存款。好在家里人好，找了三家人就借齐了十多万元，凑齐了十五万八千元。十多天就牵红单。（阿珠婆婆）

阿珠和相亲对象出去玩，比较晚没回来，让阿珠的母亲十分担心婚前性行为的发生，于是催着男方家快速定了婚。

（2）防止外出打工带来的不确定性

打工妹外出打工时在城市恋爱和"嫁外地"是打工妹父母长期担忧的事情，前面打工妹外出打工时亲属网络的监督便已涉及打工妹父母对于女儿"嫁外地"的反对态度，而打工妹在家期间的相亲对象都是本地人，通过介绍环节的预先筛选已经在相亲前排除了"嫁外地"的可能，因而是打工妹父母最为期望的结果。由于打工时间周期的特点，打工妹节假日返乡时间短，为了避免打工妹外出打工"跟人跑了"，相亲后在外出打工前尽快定婚成了打工妹父母确保女儿能"嫁本地"的最为安全的选择。

> 现在好多女的在外面打工的时候谈恋爱，父母就怕女儿在外面跟人跑了，都催结婚，早早嫁掉。（县民政局刘主任）

阿娟在和李涛相亲失败后倍感疲乏，不愿继续相亲，打算前往广东打工，在请张伟来家里帮忙搬行李的过程中却在双方家庭的撮合下快速定了婚。

> 我妈老是叫我去相亲相亲，我觉得相不中又不想这么快嫁。那时候老是相不中，后面我就想去下广东，我妈怕我会跟人跑了。我和我妈大吵了一架，我说我不去相亲，我爸就随口说了句是不是忘不了那个四川男的。我说不是啊，早过去了有什么忘得了忘不了的，只是不想这么快嫁而已，

又老是相不中，相不到合意的，就说要去下广东。我回来收拾东西下广东，我就叫张伟进来帮我把东西拉出去。因为我和我妈之前讲过这个张伟，说他会中意我，想和我结婚，一直是我不答应他，而张伟之前也和我闺蜜来我家玩过一次，我妈对他也有一点印象。我妈就问张伟是不是之前来过我家玩的什么的，就问了他的情况，然后我妈就说起结婚的事情，然后后面就这样了，诶，聊了下天，就说要结婚，定婚了，就这样子。当晚马上就接他爸妈来了，那时候很晚了10点多了，他把爸妈接来我家看了一下我，谈了一下价钱，然后就这样，很快就决定了。第二天还是第三天，反正很快就牵了红单。（阿娟）

阿娟之前谈过一个四川男朋友，加之阿娟拒绝继续相亲，收拾东西去广东打工，这让阿娟父母非常担心阿娟会在外面跟人跑了。当有结婚意愿的张伟来到阿娟家时，阿娟父母撮合双方第二天便定了婚。

为了防止打工妹"跟人跑了""嫁外地"，打工妹家庭在打工妹短暂返乡期间催促相亲和定婚。在此，我们不得不问打工妹家庭为何如此坚决地反对打工妹"嫁外地"，其背后的结构性动因为何？

首先，拆分型劳动力再生产体制下，包括父母赡养在内的劳动力"更新"部分由农村承担。而现行农村养老仍然主要依靠家庭养老，具体而言即依靠子女养老。传统"养儿防老"，虽然儿子是农村父母养老的主要承担者，但是女儿对于父母年老时的情感关怀、往来走动和经济支持亦十分重要。在"从夫居"传统下，女儿如果"嫁外地"，往来的路途遥远，且生育后有家庭事务牵绊，很难顾全娘家父母的养老照料。而且由女儿结婚所结成姻亲往来做客走动也是社会网络的重要组成部分。

> 我们做父母的就是希望我们子女在我们面前，近一点才能照顾得到，比如老人有病有痛，没一个人在家，你老人在家有病痛谁理你啊。有女儿在的话，女儿会理的。不像女儿嫁了外地的话，她坐车就要几天几夜，甚至父母死了她都不知道。所有的父母都不希望你嫁那么远的，都希望你在附近结婚，父母日夜都能看到摸到。电话里虽然能讲话，但是没有当面讲话这么实在啊，你能摸到你女儿啊，电话里你看不到摸不到啊。

任何父母都不希望女儿嫁远，嫁远了对父母没有好处。一般都不希望嫁外地去。我女儿一开始说要嫁外地，我说你不要嫁外地，我只有你一个女儿，你嫁远了，我去不了你那里，你以后生了孩子也来不了我这里。我是不准你嫁外地的，你嫁附近，我日夜看得到，听得到，你就是不给我吃不给我穿，我也心满意足。你嫁远了，给再多钱钱给我用，我也不心满意足，我不喜欢的。（阿丽嫂）

要生到儿子又要生到女儿，将来到你老了的时候，就有儿子养。这个女儿就是嫁出去的人，但给父母做生日（办生日宴），也要来送一下。过时节的时候，拿给父母吃，拿到几百块钱给父母用。（阿娟妈妈）

其次，女儿的婚姻保障是打工妹父母反对打工妹"嫁外地"的重要原因。乡土社会中的信任结构呈现差序格局，依照血缘、地缘的距离由近及远向外推演。村民的婚嫁区间与信任区间存在部分重合，分为熟悉且充满信任的婚嫁区域（信任区域）和非婚嫁区域（非信任区域）的两个不同区间（施磊磊，2008）。乡村熟人社会中，相互知根知底，由熟人做介绍，女儿嫁给某一户人家，打工妹父母也方便考察，更为放心。而对于外地人由于不了解难以信任，而且路途遥远，担心女儿失去娘家支持，生活艰难。

本地的人更知根知底，文化习俗也相近，嫁本地父母更放心啊。外地的也不了解，你连他家什么样都不知道，嫁外地被骗了就晚了。（阿华伯）

阿慧她妈妈天天打电话不准阿慧在外面谈恋爱，这样也不只是为了那点钱（指彩礼），而是怕女儿被人骗了，最后被人抛弃，就废掉了。做父母的都怕自己女儿长大了废掉了，不像儿子在外随便滚都不用担心不用管。等她女儿长大了，阿慧她自己也就能体会为人父母的那种担心了。（阿兰）

好多嫁外地的最后都回来。生了孩子带回来的，很多的。很多自己谈的嫁外地，谈得不好，又（离婚）回来了。现在父母都不让女儿嫁外地，嫁外地父母又很难见得到，相当于卖了女，不是嫁女。比卖女还惨，好多十年八载不回来看，回来就是叫苦没钱的。鱼更小瓢更大，车票钱比给父母的钱都贵，太远了。（阿香嫂）

> 我妈经常都跟我讲,不能嫁外地哦,嫁外地很苦的。她说她们厂里几个人都是县城的,嫁湖南哪个地方去了,到现在孩子生了都三四岁了,还是受不了那个日子,还是会回来。她说那边受了欺负,这么远也不可随便开车去找你,帮你撑腰,这个不现实。嫁本地有爸妈还是更放心,如果对方家屋好的,你老公会疼你的话,也不一定说嫁外地就好。(阿倩)

面对陌生的城市社会,父母也害怕女儿在外面遭受意外风险和伤害。阿云18岁时经小学同学介绍,误入广东传销组织。

> 那个阿鹏是我的小学同学,是他骗我去的广东。那时候也不知道自己怎么了,到了那里先借钱入会,手机证件都被没收了,整天上课,不断打电话找亲戚借钱。就那么过了半年,我爸妈一直联系不上我。后来我一个一起学电脑的朋友阿金发现我不见了,找到我父母问我哪里去了。阿金和我爸妈就想办法,假装要来广东这里加入传销,后面把我救出来了。刚回来的时候,我也还不清醒,那时候还想着有事情没做完,还要去广东,我爸妈就不放心我,每次我出门都会让人陪着我。但我后面还是找机会要回广东,我人都坐汽车到了赣州了,我爸妈打电话给我叫我回来了。后面他们就一直担心我还想着去广东,那个阿丰正好追我,就牵了红单。我两个孩子都上幼儿园了,我下半辈子估计也就在这里了。(阿云)

误入传销组织的经历让阿云父母非常担心,好不容易把阿云带回了家,害怕她还想着去广东,便尽快让她在本地结了婚,安定下来。

最后,当地彩礼节节攀升,彩礼基本需要10多万元,这对经济本不富裕的当地村民而言是不得不考虑的因素。当地有着浓厚的男孩偏好观念,打工妹家庭至少都有一个兄弟。已知兄弟姐妹情况的受访女性家庭中都至少有一个兄弟,尤其是未婚的弟弟。高涨的彩礼使得打工妹家庭也不得不担忧将来家中儿子的"娶媳妇"问题,而打工妹出嫁所得彩礼将能成为兄弟娶妻的重要经济支持。当地的嫁女彩礼绝大部分最后归入女方家庭,而非婚姻资助理论中所认为的是对新婚夫妇新建立的小家庭的支持(阎云翔,2000:192)。打工妹自由恋爱后"嫁外地"往往使得打工妹家庭所得彩礼低于"嫁本地"彩礼,这也是打工妹家庭反对打工妹"嫁外地"的原因之一。

> 我要下广东,我妈就怕我会跟人跑了。最主要的还是在这里嫁一个女儿10多万块钱,但也不一定全部都是怕我跟人跑了这十多万块钱打水漂,也想着我如果跟着外地跑了,嫁外地去了,以后生活得好无所谓,以后生活不好真的以后想见我一面都很难,我回娘家也很难,所以我妈真的不同意我嫁外地。也不是说嫁女发财,女儿嫁十多万块也发不了财。也不全是说嫁外地就得不到这十多万块彩礼钱,反正就是不想我嫁外地去。(阿娟)

> 我其实那时候也没有很喜欢我现在的老公阿斌,他比较胖,有130斤。我们相亲后谈了一个月左右,最后还是我爸妈说了算。我哥那时候要做房子,我爸和我哥和阿斌谈好条件,后来就"牵红单",彩礼3.48万元,这个彩礼价格在那时候还算比较高。诶,那时候什么都不知道,我就是被我爸我哥卖了(笑),也不知道要钱(指要陪嫁)。(阿凤)

> 其实牵红单不就是讲彩礼,讲得差不多就出门吃饭了。然后是真的,自己谈的彩礼都比较少一点。然后经过别人介绍的,彩礼都会比较高。不知道为什么是这么一种现象,因为我也有朋友是自己谈的,然后自己谈的几万块钱就搞定了。因为你不答应也得答应,因为已经怀孕了,你不同意我就跟他走,就是这样。孩子已经在肚子里,你说要逼我打掉它已经不可能,你说逼我不认你们,就是这样啊,只能就同意了。(阿倩)

五、本章小结

H村男性婚姻挤压严重,彩礼高涨,当地男性普遍面临"娶媳妇难"的困境。为了应对这一困境,男方及其家庭积极动员乡村亲属、邻里、朋友等整个社会网络为自己做介绍,频繁相亲,以提高相中概率。而打工妹家庭也处于乡村社会网络之中,通过社会网络的传导,当打工妹节假日返回家乡,也面临着频繁"被相亲",通向"闪婚"之路也开始了。频繁相亲中,打工妹由于城市受挫后的回归现实,或应对频繁相亲的疲乏而采取先结婚后恋爱策略,或被家庭情感软化,从相亲对象中选取了一个，在父母安排下快速定了婚。

第六章 总结与讨论

改革开放以来，大量农村劳动力进城务工，其中不少为年轻未婚的农村女性，她们被称为"打工妹"。以往研究大多关注到了打工妹婚恋观念行为的现代化，不愿返乡嫁人，但是城乡二元结构下打工妹的城市恋爱婚姻面临种种困境，她们往往以在外打工拖延婚期，甚至进入婚外包养关系来进行抵御式的反抗，缺乏对于打工妹返乡结婚情况的关注和研究。近年来农村出现了打工青年返乡"闪婚"的热潮，打工妹为何返乡结婚，并且是以如此迅速的"闪婚"形式？本文通过对赣南 H 村实地调研所获大量调研资料的分析，将打工妹城市恋爱经历和农村的"闪婚"经历结合起来，描述了打工妹返乡"闪婚"过程中的主体经验，探究打工妹返乡"闪婚"背后的社会形成机制。

来自五湖四海、正值青春年华的打工妹在城市从事生产的同时，恋爱结婚也是她们打工生活的重要方面。然而她们在城市的恋爱受到农村家庭、阶层职业、拆分型劳动力再生产体制的重重阻碍，难有结果。具体而言，首先，打工妹虽然进入城市打工，但并未完全脱离农村社会。打工妹依靠农村亲属网络外出打工的同时也受到亲属网络的种种监督并形成自我监督，减少了恋爱可能性。其次，城乡分离体制和二元经济结构，加之自身文化水平的制约，打工妹进入城市往往从事劳动力密集型和传统型行业，其所处的阶层和高强度、长时间、甚至是封闭性管理的工作方式使得她们的社交圈狭窄，认识渠道有限；临时性、流动性职业使得她们缺乏情感培养的稳定环境，阻碍了情感的进一步发展。最后，拆分型劳动力再生产体制下，打工妹和对象难以依靠自身力量在城市成家，她们的成家高度依赖农村家庭支持。而打工妹在城市恋爱本身，在获得家庭支持的可能性上存在"先天不足"，容易失去娘家和婆家的双重支持，最终没能完成从恋爱到结婚的惊险一跃。

打工妹进城务工的同时仍然维持着与农村家乡的联系，定期返回家庭探亲和休息。不同于城市恋爱结婚面临的种种障碍，打工妹节假日返回家乡，便会有介绍人带着相亲对象登门而来。长期的出生人口性别比失衡导致当地男性婚姻挤压严重，适婚人口"男多女少"，彩礼节节攀升，男性面临"娶媳妇难"困境。男性婚姻压力推动男方及其家庭积极动员亲属、邻里、朋友等社会网络介绍相亲，在有限的返乡时间内密集相亲，以提高相中概率。通过农村社会网络的层层传导，打工妹也面临着频繁"被相亲"的压力。在频繁相亲过程中，打工妹由于城市受挫后回归现实，相亲疲乏后先结婚后恋爱策略、受家庭情感软化原因，从相亲对象中选取了一个，给予初步许可。双方家庭在获得打工妹初步许可后，快速安排了定婚。"闪婚"的关键在于正式相亲和定婚之间的时间被极度压缩，而快速定婚的主导者实际上是双方家庭。一方面男方家庭长期承受着婚姻困境和焦虑，加之传宗接代的动力，倾向于快速定婚；另一方面打工妹家庭由于对婚前性行为的担忧，防止打工妹外出打工带来的不确定性，也积极推动快速定婚。

　　本文也存在着一些不足，主要有以下三点：

　　第一是研究方法上。由于打工妹相亲和"闪婚"的时间主要集中在五一、十一、元旦和过年期间，尤其是过年期间。然而笔者的调研时间集中于暑期，所以没能对打工妹相亲和婚姻缔结过程进行参与观察，而是主要依靠回溯性的深度访谈，但尽量通过多方核实以保证资料的效度。而且调研地点在农村，打工妹在城市的打工和恋爱经历主要依靠访谈获得，资料的有效性较难核实。

　　第二是缺少对于打工妹丈夫，即"闪婚"男性的访谈。由于笔者调研时间点原因，调查期间大部分打工妹丈夫在外打工，缺少接触和访谈机会。而且男性在情感分享上比女性少一些，笔者所获男性访谈资料较少。

　　第三是对打工妹"闪婚"后目前的婚姻现状，即"闪婚"的影响有待进一步研究。笔者所访谈的打工妹在访谈期间绝大部分处于独自在婆家或娘家带孩子状态，其与丈夫的互动和关系状态、与双方家庭的互动较难接触到。另外，笔者还了解到一些"闪婚"后女方逃婚的现象，比如文中的阿贞虽然在母亲的情感软化下和阿兴"闪婚"，但阿贞在定婚"归门"两个月后还是跑了。

参考文献

费孝通，1998，《乡土中国生育制度》，北京大学出版社。

赫特尔·马克，1988，《变动中的家庭：跨文化的透视》，浙江人民出版社。

杰华，2006，《都市里的农家女：性别、流动与社会变迁》，江苏人民出版社。

罗香林，1992，《客家研究导论》，上海文艺出版社。

李银河、谭深，《2000 农民流动与性别》，中原农民出版社。

李霞，2010，《娘家与婆家：华北农村妇女的生活空间和后台权力》，社会科学文献出版社。

英克尔斯、史密斯，1992，《从传统人到现代人——六个发展中国家中的个人变化》，中国人民大学出版社。

杨善华，1995，《经济体制改革和中国农村的家庭与婚姻》，北京大学出版社。

阎云翔，《礼物的流动——一个中国村庄中的互惠原则与社会网络》，上海人民出版社。

———，2006，《私人生活的变革：一个中国村庄里的爱情、家庭与亲密关系 1949—1999》，上海书店出版社。

钟俊昆，2004，《客家文化与文学》，南方出版社。

陈印陶，1997，打工妹的婚恋观念及其困扰——来自广东省的调查报告，《人口研究》，第 2 期。

崔燕珍，2007，农村人口外出流动对当地婚嫁行为的影响——以崔村的个案研究为例，《中国青年研究》，第 1 期。

陈锋，2012，家庭经济与婚姻模式的互嵌与融合——对江西安义农村"闪婚"现象的分析《人口与社会》，第 1 期。

——，2012，"闪婚"与"跨省婚姻"：打工青年婚恋选择的比较研究，《西北人口》，第 4 期。

邓智平，2004，打工妹的婚姻逆迁移研究，《社会》，第 7 期。

段成荣、梁海艳，2015，青年流动人口通婚圈研究，《南方人口》，第 3 期。

风笑天，2006，农村外出打工青年的婚姻与家庭：一个值得重视的研究领域，《人口研究》，第 1 期。

斐斐、陈健，2008，农民工"闪婚"——后城乡二元结构中的挣扎《齐齐哈尔大学学报》（哲学社会科学版），第4期。

范成杰、杨燕飞，2013，"无媒不婚"：家庭策略下的农村打工青年婚配模式研究，《华南农业大学学报》（社会科学版），第1期。

郭俊霞，2012，农村家庭代际关系的现代性适应（1980-），华中科技大学博士学位论文。

龚为纲、昊海龙，2013，农村男孩偏好的区域差异，《华中科技大学学报》（社会科学版），第3期。

桂林日报，2017-4-10，有五十多名"光棍"的官岩村"出路"到底在哪？ http://epaper.guilinlife.com/glrb/html/201704/10/content_1659702.htm?div=-1

贺飞，2007，转型期青年农民工婚恋观念和行为的社会学分析，《青年研究》，第4期。

雷洁琼，2000，家庭社会学二十年，《社会学研究》，第6期。

李东山，2000，工业化与家庭制度变迁，《社会学研究》，第6期。

李树茁、姜全保、阿塔尼，2006，中国的男孩偏好和婚姻挤压——初婚与再婚市场的综合分析，《人口与经济》，第4期。

李培林，2011，中国新生代农民工：社会态度和行为选择，《社会》，第3期。

李培林、田丰，2012，中国农民工社会融入的代际比较，《社会》，第5期。

清华大学社会学系课题组，2012，困境与行动——新生代农民工与"农民工生产体制"的碰撞，《清华社会学评论》，第26期。

石人炳，2005，婚姻挤压和婚姻梯度对湖北省初婚市场的影响，《华中科技大学学报》（社会科学版），第4期。

施磊磊，2008，青年农民工"闪婚"现象的动因探析——以皖北Y村为个案的研究，《青年研究》，第12期。

施磊磊、王瑶，2010，在现代与传统之间：青年农民工"闪婚"的行为框架——以皖北Y村为个案，《南方人口》，第2期。

孙淑敏、闫堃，[2017-03-29]，新生代农民工择偶方式存在性别差异，中国社会科学网-中国社会科学报，http://www.cssn.cn/shx/201703/t2017 0329_ 3469597.shtml

谭深，1997，农村劳动力流动的性别差异，《社会学研究》，第1期。

——，2005，外出和回乡：农村流动女性的经历，《农村：农业》，第10期。

谭琳、萧特、刘惠，2003，"双重外来者"的生活——女性婚姻移民的生活经历分析，《社会学研究》，第2期。

田先红，2009，碰撞与徘徊：打工潮背景下农村青年婚姻流动的变迁——以鄂西南山区坪村为例，青年研究，第2期。

田先红、陈玲，2009，打工潮与农民婚姻生活变革——兼评阎云翔《私人生活的变革》，《古今农业》，第1期。

王春光，2001，新生代农村流动人口的社会认同与城乡融合的关系，社会学研究，第3期。

———，2010，新生代农民工城市融入进程及问题的社会学分析，《青年探索》，第3期。

王会，2011，农村"闪婚"现象及其村庄社会基础，《南方人口》，第3期。

王会、欧阳静，2012，农村青年"闪婚闪离"现象及其原因探析，《中国农村观察》，第30期。

许传新，2007，新生代农民工的身份认同及影响因素分析，《学术探索》，第3期。

肖索未，2010，"今天不知明天事"——婚外包养与打工妹的情感困境，《中国研究》，第Z1期。

———，2014，"双重边缘"：婚外包养与打工妹的情感体验，《中国青年研究》，第11期。

新华网，2016-2-17，海南存在大量"光棍村"：有村子四成适婚男性结不了婚 https://mp.weixin.qq.com/s?__biz=MzA3NzMyMjUxMw==, mid=403703123, idx=1, sn=e2c468a0e512b7d31d27db609faa2192, scene=0#wechat_redirect

叶妍、叶文振，2005，流动人口的择偶模式及其影响因素——以厦门市流动人口为例，《人口学刊》，第3期。

尹子文，2010，第二代农民工婚姻家庭问题探析，《中国农村观察》，第3期。

张二力，2005，从"五普"地市数据看生育政策对出生性别比和婴幼儿死亡率性别比的影响，《人口研究》，第1期。

张杰，2008，"闪婚"与"啃老"——"80后"理性行为背后的文化逻辑，《青年研究》，第6期。

张斐，2011，新生代农民工市民化现状及影响因素分析，《人口研究》，第6期。

杜伟雄，2012，安远县志：1986-2005，三秦出版社。

Beynon, L., 2004, Dilemmas of the heart: Rural working women and their hopes of the future. On *the move: Women in Rural-to-urban Migration in Contemporary China*, (ed.) by A. M. Gaetano and T. Jacka, New York: Columbia University Press.

Gusfield, Joseph R., 1967, Tradition and Modernity: Misplaced Polarities in the Study of Social Change. *American Journal of Sociology.* 72, (4).

Lang, G. and Smart, J., 2002, Migration and the "Second Wife" in South China: Toward Cross‐Border Polygyny. *International Migration Review.* 36.

Lee, J. Jørgen Carling. Orrenius, P., 2014, The International Migration Review at 50: Reflecting on Half a Century of International Migration Research and Looking Ahead. *International Migration Review.* 48, (s1).

Massey, D S., 1990, Social Structure, Household Strategies, and Cumulative Causation of Migration, *Population Index.* 56, (1).

Tam, S M., 1996, Normalization of "second wives": gender contestation in Hong Kong. *Asian Journal of Women's studies.* 2, (1).

东北工业体制的建立：1945–1952

解鸿宇　北京大学社会学系 2016 级
指导教师　孙飞宇

引　言

1945 年 2 月，美、英、苏三国首脑共同签署关于苏联对日作战的秘密协议《雅塔尔协定》。同年 8 月，苏联出兵东北。"八·一五"日本投降之后，东北在结束 14 年日伪统治的同时，立即成为了多方力量争夺的焦点。早在 1945 年 5 月的中共七大会议上，毛泽东就已经预见到夺取东北对于夺取全国的重要性：

> 从我们党，从中国革命的最近将来的前途看，东北是特别重要的。如果我们把现有的根据地都丢了，只要我们有了东北，那么中国革命就有了巩固的基础。（《毛泽东在七大的报告和讲话集》，1995: 232-233）

因此，在日本投降前，中共就已在边区根据地筹划调配干部前往东北的事宜，然而，在由林枫和吕正操所带领的、自延安北进的"先头部队"到达辽宁后，发觉情况比想象的复杂。

1946 年 1 月 21 日，时任中共中央东北局组织部长的林枫，于辽宁海城县举行的干部大会上作《目前东北情况和我们的方针与任务》的报告。报告中称，"红军刚进入东北时很乐观，以为东北一定是'我们的东北'"，而在《中苏友好同盟条约》发表后，"就不大乐观，东北不是我们的了,要准备慢慢来了"。而后不久,情况又向利于中共的方向转变,因此中央派了大批干部到东北,"(1945年)九、十、十一月达到了高峰。十月底,干部来了几千人,军队有几万人。当时的方针是独霸满洲,保卫沈阳,御敌于国门之外"。此时的中共雄心很大,对其打算在东北展开的工作进行了全盘的部署。十一月下旬,苏军打算撤离东北并将领导权交给中共,中共当即布置召开"东北人民代表会议",而就在会议期间,形势倒转,在美国和国民党政府的压力下,苏军代表要求中共立即解散会议,撤出沈阳、长春以及铁路沿线的各大城市(林枫,1946:1-3)。

面对此情形,刘少奇提出了"让开大路,占领两厢"的行动方针①。原本聚集于大城市的我党力量,不得不转向中小城市以及广大农村地区开展工作,以求站稳脚跟。东北局在接到中共中央的指示后,在彭真的主持下,于11月29日与东北人民自治军总部在本溪召开联席会议,起草《东北局关于今后新方针的指示》,提出要认识到独占东北之不可能,须"以中小城市及次要铁路为中心,背靠苏联、朝鲜、外蒙、热河,创造强大的根据地",面向长春路及附近各大城市,以便日后与国民党的争夺(参见《彭真文选》,1991:106-110)。此番形势突变,促使东北局的主要干部向北满转移。

上述关于日本投降后各方势力在东北地区竞相角力的描述,一方面显示出20世纪上半叶其地理重要性,另一方面也预示了在随后近10年间此一区域的复杂动向。20世纪以来,东北几次易主,同时还经历了人口、生产方式等方面的复杂变化。因而,就东北社会而言,移民作为主体、长期受外来统治、殖民地工业开发的历史,这些都构成了它复杂性的面向,因而可将其视作理解近代中国的一条重要线索。

东北是中国大陆最早解放的地区之一,亦是共和国早期经济建设的重镇。作为计划经济的最初承担者与实践者,形成了许多适应建国初早期工业建设的特色制度,也诞生了新中国第一批计划经济的干部,他们对于经济建设的想法,与中共在战局中的处境、中共中央的指令、

---

① 参见中共中央文献研究室:《刘少奇年谱》上卷,中央文献出版社1996年版,529页。

以及早期城市接收积累的经验等等都密切相关。"制定计划、发展生产、建设工业"看似环环相扣，然而，真实历史往往不是按照逻辑顺畅的剧本铺陈开来的，而是存在诸多变数，尤其是考虑到身处延安的中共中央对于日伪撤出后的东北局势了解并不充分。

那么，中共早期的干部[①]是如何在工业几近破碎的境况中开辟出一套人力与物资的全局性调配的体制，从而为随后共和国的计划经济打下技术人才与制度环境基础的呢？本研究的意图即在于，通过对1945-1952年间北满某矿区的发展历史的考察，将工业由分散到统一的建设历程、由"任意"到"计划"的生产过程具体化，尝试回答"中共早期在工业建设中形成的组织体制是怎样的、这一体制又是如何受到中共身处其中的地缘政治的影响而在战争形势的变化中不断调整的"这两个问题。

第一章 计划还是偶然：如何理解工业体制的发生史

作为工业建设的承担者，国营组织在新中国成立至改革开放的三十多年间一直在政治、经济、社会生活中占据紧要的位置，极大程度地塑造了中共统治下的中国城市社会生活。更多时候，在官方或民间话语中，这类组织以"单位"的概念被提及和讨论。

上世纪90年代，学界对"单位"现象[②]的讨论，势头一时无两。对于此番景象，普遍的共识是：魏昂德（Andrew Walder）在1986年发表的《共产主义的新传统主义：中国工业中的工作环境和权力结构》开启了"以单位作为分析中国社会的基本单元"的研究转向，提出了从政治控制手段的视角看待国营工厂的思路，而"单位"也被视作"共产主义社会所独有的制度结构"（李猛，周飞舟，李康，1996）。

[①] 此处以及后文中提及的"中共干部"的指称一般泛指在经济和工业中的主要负责人，因而主要指经济工作中的高层干部，涉及具体案例中的人物会标注出其职务，后文不再特殊说明。

[②] 本文并不打算对"单位"及相关的"单位制""单位现象"等进行概念上的梳理，文中出现的"单位"可在中国研究的语境下，从组织、制度、现象等多个角度来理解。

无论是否认同魏昂德的观点，国内学界对此的大部分讨论都没有绕开他的问题意识或研究范式，从而主要呈现出从功能和机制两条线路来理解"单位"的研究取向。概言之，一部分相关研究承袭了魏昂德的研究中"中国城市基层社会如何组织与管理"这一问题意识，将"单位"与1958年的户籍制度挂钩，认为其出发点乃是将单位职工与一定的社会空间绑在一起，从而造成了其后城乡二元分割的结构（路风，1989；李猛、周飞舟、李康，1996；李汉林、李路路，1999）。因而，当单位组织及制度遭受挑战时，有学者即从社会整合的功能视角来进行分析（李汉林、渠敬东，2005）。

相对于偏重对"单位"进行相对静态的功能分析，有学者提出对单位制的研究需要扩充至对其"动态的组织机制"的考察（李猛、周飞舟、李康，1996；平萍，2002）。此种思路与其说是继承了魏昂德的问题意识，毋宁说是接续了他的研究范式，即将分析的焦点置于"实际社会的微观运行过程和有理性选择能力的个人"。更为重要的是，他们关注到魏昂德的讨论所不曾注意到的一点，即作为层级结构的一环，国家以"单位"为中介来完成社会对个人的控制并不总是高压且有效的。而另一边，进入改革进程后，旧的运行机制的惯性却在阻碍着企业内市场改革的推进。

以上的种种讨论，无论是从"功能"或"机制"的视角分析，还是从内部考察相对独立的"封闭单元"或在与外部社会的联系的视角切入，都存在一个预设：研究者是在单位制度业已确立的情况下，将其视作调和社会主义中国的城市中个人与国家之间的关系的一种制度安排。而这种讨论预设的问题在于，似乎将该制度得以确立的过程隐去，容易给人以"将新中国成立后单位制确立的时段与20世纪上半叶的中国切割开来"的意味，从而未能提供一种更为历史化的解读。与此同时，将工业组织与党政机关两类皆归于"单位"之下进行讨论，似乎也难以把握两者之间在各自建制与运作上的差别，党组织与行政组织的发展史，在党史研究领域以及政治、历史与法学学科中都已有专门的讨论，更为重要的是，在进入东北之前，中共已然在大革命失败后的多年根据地建设中发展出了一套相对成熟的政治路线、组织路线和群众路线。

因此，本文的讨论意在考察中共建立起的国营工业的组织体制之发生史，来试图澄清以"组织工业生产"为中心任务的工业体制是如何在1945-1952年建立新中国的进程中被初步建立起来的。

关于工业体制发生史，已有的研究可粗略为被分为两类：其一，乃是在国内学界被化约为"单位制"研究之下，对"单位体制"发生史的考察，主要是基于对"制度连续性"的思考，将该体制的源头与某一先在的组织过程或制度安排相连，予以讨论。其二，则是国外学者基于对具有整体面向的"体制"研究的共同兴趣，分别对颇具"理想类型"意义的社会主义体制（the socialism system）[1]的解读（科尔奈，2007），以及使用组织体制（organization regime）的分析框架尝试"对历史作组织的解释"[2]。

一、制度连续性何在：对"单位体制"[3]发生史研究的再思考

正如学界所注意到的，近年来将"历史维度"引入社会学的考察似乎成为了一种新潮流。对制度源流的考察，其核心"问题意识"在于"考察不同社会历史情境中制度衍生的社会历史条件，呈现制度的社会基础"（孟庆延，2019）。而就本文所关怀的对"国营工业组织"发生史的考察，学界已有的讨论，多集中于从"制度连续性"的角度进行分析，分别将"单位制"的起源与延安根据地时期的供给制、国民党战时组织兵工生产的实践以及苏联的工业主义相联系。

路风曾对单位制起源问题给出了颇具解释力与启发性的阐释，他认为"单位体制"这种现代工业关系模式、作为国家行政体制基石的组织形式，是现代中国在经历由共产党领导的社会革命，并在夺取政权后以国家行政力量对社会进行大规模重组的结果，亦是理解中国

---

[1] 科尔奈基于对社会主义国家的分析提出的"社会主义体制"。
[2] 可参考查尔斯·佩罗. 第二章组织美国. 弗兰克·道宾著，王星译：经济社会学 [M]. 上海：上海人民出版社，2008：27-39.
[3] 此部分有相当的诸如"单位体制"的表述，文章随后会进行澄清；而对于"国营工业组织""国营企业""单位"等的指称则是沿用了所讨论的研究者在著作中的用语，指称某种组织类型，不具有"分析性"概念的意涵，而是一般意义上的指代，在此说明，以免造成误解。

社会主义体制形成过程的关键。它既非从中国传统社会中汲取的养分，也从未以如此完整的形式出现在其他社会主义国家之中（路风，1993）。由此可见，早在上世纪90年代，路风即已提出将单位体制视作社会主义中国建国策略中的关键一环来进行考察。不过，他意在讨论中共在根据地时期、因武装格局和经济封锁的历史现实所发展出的、针对参与革命公职人员所建立的物资的分配与供应的组织原则和分配方式，即"供给制"，与随后解放全国的进程中依靠前期"军事接管"而建立的行政体系之间，存在连续性。然而，卞历南并不认同路风将社会主义中国的单位体制与传统中国社会"切分"的做法，而是提出应在"新中国成立前后中国社会存在何种连续性"的理论关怀下，讨论单位体制起源的问题。

卞历南将国民党在抗日战争期间所做的工业建设和计划的活动与全面而持续的外部危机相联系，着重分析了国民党国资委与兵工署之间在建制上的连续性，以及此二者与传统社会官僚制度体制之间的连续性。简要而言，卞历南认为制度的移植与创设，源自应对战时危机的需要，而中国传统上的思想资源则对于"制度得以固定和延续"产生更为决定性的作用。因此，他将"制度实践"诉诸"文明特质"的解释，认为是新的思想模型指导了工业实践。在这个意义上，国资委在抗日战争期间，因招揽了众多深谙工业建设的技术人才，同时辅以整全的行政架构与可供选择的广阔的占领区，其工业实践主要表现为由整体性的计划与制度安排出发，自上而下进行贯彻和落实，表现出更为亲近西方以理性化的方式安排生产的路径（卞历南，2010）。

卞历南的考察一定程度上扩充了对于单位体制的理解，他与路风都注意到了军队或军工生产对于早期单位体制的重要意义，只不过在具体的分析中，两人将1949年后的中国的体制安排与不同的历史背景接续起来。需要指出的是，尽管在制度的铺陈上，抗日战争期间国民党兵工署与新中国成立后的国营组织存在形态上的相似性，但两种体制的"精神气质"是否相符，以及其发生机制是否一致，仍是有待追问的。如果说国民政府在日本入侵的十几年间的工业实践接续的乃是"正统"的传统中国社会官僚制度体系和孙中山思想中关于国防与实业的设想，那么共产党则是在进行了多年的农村根据地建设与群众动员之后，才在与日本的工业实践的遗产的互动中、解放战争时期接收城市与恢复生产的经验累积中、向苏联经济实践的学习中不断摸索，从而形成了在城市兴办大型工业组织与实行计划经济的一套制度方法。考虑到中共早期伴随着战争与接收城市进程而进行的工业体制的建设，与新中国成立后全国性的工业与城市工作之间的直接关联性，那么，在中共工业实践的进程中，把握单位体制的建立，则显得更为必要。

田毅鹏对于单位组织中"工业主义"要素的考察，便是将其置于社会革命时期军事主义的联系中，讨论这一要素如何经由工业组织发展起来，并拓展至其他行业与领域，从而为整个现代单位体制的建立提供范本。一方面，他将"工业主义"视作现代社会的一种普遍精神气质，可用以改造中国传统农业社会的"涣散性"，而"军事主义"则为这种整合提供了纪律保障。另一方面，社会主义中国的特殊性在于，"去资本主义化"的意识形态取向，使其最终选择在计划经济之下进行工业化建设，而这为"单位"这一整体统筹式的组织形态奠定了思想基础（田毅鹏，2016）。概言之，田毅鹏的研究意在将单位体制置于与"社会革命"和普遍的"工业主义"要求的亲近与远离的关系中，在中国近百年的思想与社会的总体进程和发展逻辑中理解这一体制的兴衰与出路。不能否认，这种理解一定程度上整合了前文提及的两种解释，将中国社会革命的传统与西方的理性与技术的工业生产模式共同注入对早期单位体制的把握中，另外，还将"计划经济"的思想背景也融合其中。然而，他未能解决的问题是：以上的几种要素是如何在具体的历史进程中、经工业实践落实在生产与计划工作之中的？毫无疑问，这一过程并非平滑直接的而是复杂且充满变数的。中共在东北建立起的初期工业体制中纪律与计算的要素，是否与他说的军事主义和工业主义相契合，这一问题也是值得讨论的。

在进入具体的分析之前，仍有必要对于本文拟采用的"工业体制"的分析视角，进行更进一步的追溯和澄清，以帮助理解和明确本文的问题关怀与分析框架。

二、作为建国策略的工业组织体制

在学界对于单位作为"组织"和"制度"及其形成的文化和社会结构等的诸多讨论中,"单位体制"或"社会主义体制"等概念经常被研究者提及。而对这种颇具总体意味的"体制"的关怀,也是本文目的所在。那么接下来要解决的问题便是,何为研究者所论及的"组织体制",或者说更具体地讲,分析涉及到哪些要素、论述到哪一个层面才可称得上对"工业体制"做出了相对充分的说明呢?

本文认为,不能泛泛地将对"体制"的研究理解为对某种特定组织方式的方方面面的关照。这种理解既未能将问题置于某种脉络中加以澄清,也不具备分析性。因而,笔者在此选取了两位国外研究者对本文所关注的"工业体制何以生成"这一问题的讨论,并参考对他们的问题意识与分析框架的考察,来明晰笔者问题关怀所在以及展开后续分析的思路。

《社会主义体制》是科尔奈的集大成之作,他在自传中不讳言自己的努力乃是"将处于分散状态的研究结果综合起来得出一个结论"(科尔奈,2013:340-341)。在他看来,社会主义体制的根本,在于官僚体制依靠党组织而实现对于人事的一整套安排和控制,而其他要素的铺陈皆基于此展开。诸如所有制下国家的经济行动、再分配体制下的人民生活,以及基于其面积、经济发展阶段、地理位置与自然资源所生发出的对外关系等要素,都随着体制的基本成型而表现出"亲和力",共同组成一个内在的整体,也正是在这个意义上,可认为它们构成了一个体制(system)(科尔奈,2007:348)。

如果说科尔奈意在指出社会主义国家在建设和发展逻辑上的一致性以及各国在制度设计上的相似性,那么佩罗的研究则更为关注作为美国工业化进程的重要产物——大型私人组织,是如何在近百年的历史进程中,颇具"偶然性"地确立了自身在经济生活中的主导位置,从而形塑了20世纪以来美国的社会生活,并仍在持续发挥作用。

对于佩罗来说,这并非是一个"历史必然"的结果,毋宁是一个"本可以不必如此"的过程。在他看来,不能否认美国特定的民情提供了工业化过程所面对的社会现实，但它们并不必然导致科层制与大型组织在美国社会成为主导，因此，他倾向于将注意力放置在诸多颇具"偶然性"的事件上：联邦法制结构的"突变"对于私人资本集中的默许、大批失地农民和爱尔兰移民所形成的依赖工资的劳动力群体、欧洲制造业技术和公司组织形态的意外引入、美国不同州的银行政策所带来的组织形态的分化、全国铁路的贯通进程对于整合国内市场的作用，以及制造业与铁路业的经济精英通过行贿而对政治权力运作造成的影响，以上种种意外事件的复合，最终使得在19世纪占据主导的中小型工业组织形态，在世纪之交被大型私人组织所替代，而后者由于在资金、劳动力、政治影响力等方面的强大，不断维续自身在美国经济生活中的统治地位，作为一种总体性的支配力量，最终使20世纪以来的美国成为了一个"大型组织"的社会（Perrow，2002）。

佩罗的研究启发性在于，一方面，他关注到在以大型组织为其表征的"组织体制"（organization regime）的历史生成并非是一个预先计划的制度设计，而是由多方力量参与、伴随着工业化进程的推进而逐步确立起来的；另一方面，他的分析始终表现出对不同时期、各种特定的组织形态与当地社区（community）相互作用的关注。而这也正是本文想要着力呈现的。

科尔奈和佩罗对于具有总体意义且对社会具有持久而全面影响的"体制"问题都给予了颇具启发性的阐释，但两位研究者各自的分析框架或理论预设存在相当的差异。科尔奈对社会主义体制的考察乃是在"政治经济学"[①]的传统中，着力讨论颇具一般性的"经典体制"和"偏离体制"两个模型，并论述其中各种规则的相互关系及重要程度，最终呈现为政治-经济-社会互相勾连的一整套体系。他试图说明的是，社会主义国家这一性质所带来的政治经济制度安排和社会生活的共性（科尔奈，2007：348-349）。因而，科尔奈笔下的社会主义体制更呈

---

① 根据 The System Paradigm, From Socialism to Capitalism, published by Central European University Press(2008), pp.183-207，科尔奈在该文中提及 Marx, Mises, Hayek, Karl Polanyi, Schumperter 以及 Walter Eucken 的研究对于他所主张的 system paradigm 的分析范式给予了学术传统上的滋养。

现出 system 的面向,即以"模型"的方式呈现出内部彼此依赖的要素,依其独特的运作机制,如何构成一个相对独立与封闭的制度系统,这是一种具备普遍解释力的分析框架。而佩罗的研究,更为关注围绕着大型工业组织而运作的组织体制的生成过程,及其如何对政治、经济和社会构成具有一定形塑作用,即着力展现出该体制 regime 的特点。换言之,他更关注使某种组织得以生成的诸多颇具意外性的事件所带来的变化,以及它们如何在历史进程中被某些行动者加以把握,而逐渐建构成为一种相对稳固、具有区分性的体制的这一过程[①]。

就研究对象而言,无疑本文应当更为亲近对社会主义体制进行讨论的科尔奈,但由于本文意在尝试对一种具有世界历史进程意义的"工业体制"的建立做出考察,因此一方面要承认历史背景和意识形态与由此生成的不同的行动者及其行动方式的重要性,另一方面也不应错过一些启发性的研究思路。就具体的分析和讨论而言,佩罗的研究无疑可以为笔者提供一个很好的切入点和参照。

在回顾国内外学者分别基于不同的问题关怀对于"工业体制"的研究之后,笔者有必要在此重新澄清一下本文的研究问题,即,考察中共于新中国成立前后在东北进行的工业实践,探究其如何逐步呈现为一个串联起政治、经济和社会诸多面向的工业体制,这一体制随着中共在 1945-1952 年几年间所处的地缘政治的变动又是如何调整的。值得注意的是面对这样一个具有总体面向的问题,笔者无法面面俱到地论及中共干部的设想、工业生产的过程以及串联起构想与实践的组织架构的建立,而只能基于上述对于"体制"问题的讨论,权宜地选取一些关键性的人物、事件和工业生产的环节,试图呈现东北工业体制建立的大致过程。

三、对北满某矿区的考察:研究对象与研究方法

基于以上思考,本文选取了位于北满东部一个在日伪统治后期才

[①] 当然,佩罗既不否定也不忽略特定的"政体"的诸多本质的要素,及其在此过程中提供的政治制度与文化背景。

开始开发的矿区,通过考察该矿区在解放后至朝鲜战争结束期间的发展,来为东北工业体制建立的过程提供一些注脚,以期更为具体地把握此一时期的种种复杂变动。

为何要选取北满的一个发展并不成熟的矿区,而非在日伪时就已在制度、人员、生产上有所成绩的南满大型工业城市呢?笔者主要是基于两方面的考虑。首先,东北地区的沈阳、鞍山、本溪等大型工业城市,在中共接收前经历过几年国民党的管理,这两次接收均对日伪时业已确立的管理架构予以很大程度的保存。中共随后进行的改造,亦是在先前北满接收城市与工矿积累的经验的基础上,逐步进行的。因而,对于北满中小城市工矿的考察,能够接续中共在延安根据地时发展生产与群众运动的历史,描画出中共如何在接收中小城市、恢复已遭破坏的工矿、与苏贸易、发动群众、进而重建工业的人力与物资基础的过程中,实现从改造以土地问题为核心的农耕生产,向发展以计划问题为中心的现代工业的转变,并逐步走向计划经济与企业化管理这一完整路径。

其次,大型工业企业所在的南满地区,在20世纪初日伪统治时,即已初具城市的规模与雏形,而北满地区由于地处北部边境地带,在清末弛禁移民、民国初军阀割据以及日伪统治的历史过程中,农业始终是主要的产业,虽然建成了一些工矿,但在数量与分布上,都呈现为块状散布。但在中共进入东北之后,北满地区因其背靠苏联、相对安稳的地理位置,始终是共产党基于内战、建立新中国、抗美援朝战争这一系列事态的推进,而进行支援战争、恢复与发展生产、调整工业布局等工业实践的主要阵地,因而,对该地区的考察能够更丰富地呈现出战争-工业体制之间相互作用-彼此影响的动态过程。

对以上两方面的细化与分析,也构成了研究的主体。

在进入具体讨论前,笔者拟就研究所选定的鸡西矿区在1945-1952年间的基本情况做一简要说明,以便于读者理解随后的讨论。

"北满"一词的使用,意在指明所讨论时段的起始处,以及中共进入东北后早期活动的区域。就鸡西矿区而言,1945-1952年间,行政建置属鸡宁县,上级行政归属虽几经调整,但就本文拟讨论的中共在东北地区的工业实践而言，尤其是工矿业，在新中国成立前皆归国营，受到统一的调度和命令。因而，以某一矿区的资料作为中共在东北地区的具体工业实践的载体来考察，不致有过大的偏差。

鸡西矿区地处中苏交界，且拥有丰富的煤炭资源，因而既被作为日伪统治时期边防布局的要地，也是伪满统治后期重点开发的区域。解放前夕，鸡宁县在生产上处在以农业为主、煤炭工业初步发展的阶段。1945年以前，就人口而言，鸡宁县是一个典型的农业县，但以耕地面积所占比例而言，却显得二者并不相称。其原因在于，日伪统治后期，曾派驻开拓团和满拓团等充实东北的农村和边境地区，与此同时，粮谷"强行出荷"和强征劳力与兵力等政策，导致大量农民出走，土地荒芜，耕地面积也逐渐减少。而就工业状况而言，该地区的工业产业主要有煤炭和电力，以及与之相关的机械加工和石墨工业。工业之外，鸡宁县的城镇建设在日伪统治时期陷于自流，市容混乱，环境肮脏，"街不成方，土道泥泞"（《鸡西文史资料第4辑》，1988：5-7）。

不难看出，日伪并未以经营之目的来对此地进行建设，他们的目标只是掠夺资源，因而，日本人在修铁路一事上是颇费心力的。在其统治期间，修建了可通往各矿区的铁路，以便向外运输煤炭。伪满统治结束时，与鸡宁县相连的有城鸡线、图佳线与虎林线，分别连接恒山、麻山、密山等矿区。与此同时，由鸡宁县通往牡丹江、佳木斯、哈尔滨等城市的铁路，皆在日伪统治时期即已通达，伪满政府的统治在东北地区留下了密布的铁路网。

总体而言，鸡西矿区在光复前，煤炭工业的框架基本搭建起来，但是若想了解其发展工业的具体过程及其对于当地社会的影响如何，则需在进入中共进行工业实践的历史现场之前，对伪满政府统治后留下的遗产做一番简要的梳理。关于材料的使用，亦有必要在此给予简要的说明。对于日伪时期的讨论，笔者多是基于已有的对于伪满洲国开采煤铁的历史与日本产业政策的二手研究，来进行简要的回顾，同时参考了新中国成立后东北煤炭管理部门所编年鉴中涉及的相关历史情况，进行了综合。而本文的主体，即对于东北工业体制建立的历史考察，主要以已出版的文献材料作为分析的基础，包括年鉴年谱、报刊杂志、统计资料、文史资料、档案汇编，等等。此外，由于文中讨论的历史时段迄今已有近70年，口述材料基本上已经难以收集，因此参考了诸多曾于1945-1952年间在东北进行财经与工业工作的中共干部的回忆录和传记，以补充历史细节，更加深入当时的历史处境来考察东北工业体制建立的过程。

第二章 中共进入前的东北：伪满政府的统治实践

聚焦解放战争至"一五计划"前夕这一时段所进行的分析，可归为对"建国史"①的考察。这短短的七年时间，在东北起着承上启下的作用。自上承接的，是日本入侵后十几年间、在统制经济下迅速工业化的殖民统治；向下开启的，是新中国成立后几十年间、在计划经济下的举国工业化的发展进程。上述历史的"切割"，在一批自抗日战争时期始或在各地从事根据地建设、或在苏联接受理论与军事教育、或在东北蛰伏或被囚禁的中共干部身上得以弥合，正是他们在东北地区的建设实践中，汇聚了不同的思想潮流与经验，"碰撞"出一条相对独特的发展工业的路数。

然而，在进入具体分析前，笔者并无意着重强调中共在东北的工业实践的特异性，因为自20世纪30年代后，由国家配置资源的策略并非是社会主义国家所独有的，毋宁是一种"世界潮流"。于本文而言，更关心日本在20世纪三四十年代的产业政策，因其既与日本在东北地区实行统制经济的实践相联系，也可一定程度上为厘清后文所讨论的中共"计划经济"下的工业体制提供参照。

自"九一八"始，伪满政府成立，日本开始了对东北地区14年的统治，"统制经济"即是此一时期日本产业政策的主要范式，其兴起乃是伴随着20世纪20年代末日本国内的经济危机，以及随之而来

---

① 杨奎松在《中华人民共和国建国史研究》一书中的提法，南昌：江西人民出版社，2015。

的通过军事扩张来解决经济问题之策略的实施过程（高柏，2008：54-59）。具体而言，日本在20世纪30年代开始，至二战结束期间，主要借鉴了德国应对战争的动员体制，辅之以苏联实施计划经济的经验，从而形成了较为独特的统制经济的思想，并以此指导其在东三省与国内的经济实践（高柏，2008：79-82）。基于此，或许能够更好理解日本在统治东北14年间工业政策的转向，以及战争走势何以显著影响了日本产业政策、进而影响了伪满统治者在工业实践中的种种变动。

一、日伪统治下的鸡西矿区：地理位置与人口结构

伪满政府统治时，鸡西矿区的开发并不归地方政府负责，而是由负责矿业开发的株式会社管理。伪满政府对于煤矿开发的"节奏"，是与日本国内经济政策的变动、所卷入战争形势的变化，以及对东北未来的设想密切相关的。

1937年提出的"第一个产业开发五年计划"，最初是根据关东军的对苏战略制定、确保在战事来临时可拥有物资自给的体制，然而，随着中日战争的扩大与长期化，五年计划变成了根据"日满一体"的物资动员计划，以加强对于东北地区资源和工业掠夺的计划性和统一管理。其后，日伪统治者又于1939年在东北中苏边境一带推行所谓"北边振兴计划"，鸡西矿区中的密山即是"要求事项"中明确规定的备战重点地区（刘信君、霍燎原，2006：559-560）。此一计划对地处边境的鸡西矿区的重要性在于，与满铁正在此处新修的铁路一道，为货物运输提供了方便。更重要的是，日本迁移了大量的移民到新开拓的地区，而当地居民被驱赶出家园，补充进入的，则是从东北各地和华北被"征用和哄骗"来的几十万工人（苏崇民，1998：31-32）。概言之，在这轮北边振兴计划中，此一边境地区的人口结构经历了一次洗牌，其结果便是，人口构成转变为以日本人和外来移民为主。随着战争形势的变动，伪满政府自1941年加速开发工矿业，对劳力的需求也相应骤增，因而，可想见矿区内的工人构成亦应当以移民为主（居之芬，2016：72-73）。

二、由统到分：产业经营与招工制度

两次产业开发计划对于东北的社会生态产生的最主要影响，一方面是从关内引入了更多的人口进入东北地区，而这些劳力主要分布在工矿所在的区域；另一方面，加速了对煤铁的需求，客观上对直接管理和组织生产的各机构施加了压力，从而促成了其在机构设置与具体招工制度上的变化。

就鸡西矿区而言，其下辖的滴道、恒山、麻山、城子河四个煤矿，在伪满时期统归密山炭矿株式会社管理。1939-1941年间，煤产量难以满足各工业部门激增的需求，煤价上涨，暴露出"一业一社主义"已经不再适应日本的工业掠夺了，于是"五大煤矿分离论"不断被提出。在上述背景下，伪满政府改组了"满洲碳矿株式会社"。由"满洲重工业株式开发会社"统领工业生产，而原属"满炭"的许多煤矿都独立成社，试图通过"上统下分"的制度变革，吸引日本国内的资本与技术，在独立经营中激发生产积极性，同时着力要改变先前不计成本、只顾出煤的开采方式（解学诗，1987：747-753）。

机构建制的变化之外，解决人力的补充问题也亟待制度上的调整。进入第二个产业开发计划后，伪满政府意识到先前因国际收支问题而阻止关内劳动进入的决定，已经不能再继续下去。于是，伪满政府开始通过"一招、二抓、三摊派"的手段将关内劳动力纳入东北地区的工矿生产。总体而言，仅有少数被哄骗而来的工人属于自愿，其他皆为强制；由把头招募的工人待遇最高、行动也相对自由、受管束最少；经摊派而组成的勤劳奉公队没有报酬，且受军队纪律约束，人身自身受一定限制；被强抓的浮浪，是矿山中最"委屈"的工人，以莫名的理由被划为犯人后，既要义务劳动，又随时会遭受非人的待遇。此外，后两种工人虽然都由官方组织起来，但是工人内部间并没有紧密的联系，甚至被禁止与外界接触、与他人交谈，因此，区域上的隔离、无处不在的监督、人身行动上的限制，加上随时就有人因生病、事故或逃跑丢掉性命，这些客观的现实使得矿工们即使身处统一矿区，彼此之间也难以形成稳定、密切的联系。笔者无意否定抗争的可能与发生，但是考虑到东北北部矿区的散落，以及日伪统治下密布的军队和高压控制，加上一旦失败所将遭受的惩罚，大部分工人的选择多是策略性地保全自身。

随着矿工人数的增多，日伪当局需要调整管理矿工的政策和机构设置。宪兵队和警察署实行的人身控制之外，劳务系和配给所也控制了工人们的生计（参见《黑龙江文史资料第10辑》，1983：210-212）。换言之，伪满政府对矿工所实行的控制贯穿于整个矿区各角落、各时段，是贯穿各生产环节，涵盖人身与财物的"全控"体制。

三、"全控体制"统治下的遗产：商品化经济与驯顺的人

对伪满统治下鸡西矿区的回顾至此告一段落，不难发现，日伪统治时期煤炭生产的特点，与其统制经济的构想与战争形势的变动是密切联系的。

随着1941年太平洋战争的爆发，日军卷入更大规模的国际战场，而对于煤炭的需求急速上涨。1942年，密山炭矿株式会社提出"大出炭，支援大东亚圣战"的口号后，各矿区在生产上便开始从"有秩序地生产"转向"不计一切代价尽快出煤"。这就使得煤炭生产呈现出畸形的状况，而矿工的生产条件变得更加恶劣。

经过一任又一任残酷或怀柔的统治后，矿工在长期与日本人打交道的过程中，也发展出一些技巧，来躲避日本人的无理惩罚，如麻山矿有的工人就总结道："不打勤，不打懒，专打不长眼。"（《黑龙江文史资料第13辑》，1984：188）。在这种环境下生存的人，多练就了察言观色的本领。与此同时，一方面，他们惧怕日本人高压的统治，对于不安定生活的恐惧深植于内心；另一方面，一部分人也发展出了斗争的性格。这两方面的特质，在中共早期进入到东北地区动员群众、团结工人的过程中，既构成了阻碍，也提供了条件。

经日伪统治后的东北，尽管越逼近统治后期，工业开发越畸形，但客观上也促使东北地区具备了工业生产的基本架构，同时聚集了大量的产业工人，可实现各类工业生产的不断发展。日本统治者强行工业化的结果是："即使放眼全国，东北地区亦可在当时称得上是高度

工业化的区域",这也是中共在进入东北之前,所做的基本判断(王首道,1988:466-467)。在此进一步对日伪统治时期东北地区的经济结构进行简要讨论,或许有助于把握中共进入东北后所面对的高度商品化的经济事实,也能更好地理解,为何随后的工业实践所面临的困局,必须通过前期的财经工作与贸易工作来才得以破除。

自日俄战争始,东北地区便再也无法复归其在清末以前的闭塞状况,而成为东北亚地区各国利益争夺与势力渗透的场域,此种境况贯穿了整个20世纪上半叶。最初,作为中国在东北部的边缘地带,其开发主要仰仗来自关内的移民,输出以大豆为主的商品作物,输入布料与其他日用品。进入20世纪的第二个十年后,随着东北与以上海为首的关内关系的加强,在轻工业产品上,已具备与日本产品竞争的能力。但进入到30年代,相较于周边国家,日本在东北的农业出口中占绝对优势。在这种贸易结构下,日伪的失败也同时意味着东北地区失去了上述垄断性的输入与输出(大泽武彦,1998:179-180)。

简言之,日伪统治后期的东北地区,尤其是北部诸省,以农业为主要产业,其特点为:出口大豆换取棉布的进口,以维持地区内对棉产品消费的要求。该特点导致的重要结果是,一旦棉布进口受阻,且交通不畅,北满地区势必会有相当数量的大豆滞销,由此会衍生出十分紧迫的"民用物资短缺"问题,且这种短缺以对布料的需求为主要表现。而伪满政府在东北所进行的十几年的统治,一方面,塑造了富于斗争性的少数工人与占据多数的驯顺个体,地方上残留的把头势力,基于特定的管理制度,其组织化程度较高,工人间的连带则大多很脆弱因而呈现原子化的特点;另一方面,也客观上造成了经济生活商品化与工业生产机械化的程度都较关内偏高的事实。

以上种种,构成了中共进入时面对的主要社会情境。

第三章 工业体制:从"分散经营"到"计划经济"

若要论述东北工业体制的生成,必然要涉及中共此一时期在东北的总体活动，由于物资与人力的短缺，恢复与发展工业并不能够"就工业谈工业"，而势必要与收粮、贸易、民主改革等等问题相牵扯。要解决以上种种问题，就不能不考虑初入东北时中共所处的环境，即苏联红军仍驻扎于此，日伪统治后的残局，以及国民党对于中共实行的经济封锁。

一、从南向北：中共初入东北的总体形势

中共进入东北，最初形势一片大好，而后却因美国的介入和国民党势力的渗透，在几个月内急转直下。面对"北利南险"的局面，中共将"向南发展"的战略方针，转为"向北发展"，1945年11月，中共北满分局成立，陈云任书记，林枫为副书记，高岗、张闻天为分局委员，共同筹划进一步的组织工作如何开展。

由于日俄战争以来的历史原因，日本经营的大型工业，其大多分布在南满地区，而北满则主要是统治后期开发的规模相对小一些的厂矿。因此中共进入东北之后，向北发展以进行根据地建设，其面对的处境，仍旧是广大的农村地区和中小城市散落的厂矿，而并非如南满相对密集的工业布局。不过，由于伪满在进行产业开发的时候，多家会社并行，出资人和管理负责人多有不同，所以，日本的产业开发尽管具有总体计划的特征，但是不同的厂矿并非以同样方式运作。因此，日伪统治下的十几年间，东北地区，尤其是北满地区并未在社会的层面上有整合的趋向，相反，殖民地统治的特点，便是将中国人排除在技术和管理层之外，且实行高压的保安制度防止他们反抗，即使是原本存在地缘、亲缘关系的把头与工人，也在招工制度改造过程中，逐渐被切断了个体间连带的劳动力群体所取代。

因此，共产党到来时，面对的是受尽物质剥削与精神压迫的一无所有的人，而争取他们的两个障碍或许是：首先，萦绕在他们脑海中

的"正统观念"①，即国民党政府是国家的正式领导者，对于此，由于信息渠道、公共舆论等原因，身处外国入侵者压迫下、身处边疆地区的人群，或许会更加坚定不移地相信。其次，中共的境况并不容乐观，在延安时需要自力更生生产物资以对抗国民政府的财政和物资封锁；到了东北，本以为可以占据大城市接收敌伪的工业遗产，但是情况却是，不能搬走的物资被日本人在撤退前破坏，残留的设备被苏联军队以各种名义运走，作为出兵东北的军事补偿。在这种情况下，中共如何解决军需民用这一系列迫在眉睫的问题呢？

1. 组建东北财政经济委员会

共产党军队初入东北时，在苏联的帮助下打开了日伪的几个仓库，接收了一大批敌伪物资，既包括武器和装备，还包括大量服装等各类物资，这批物资首先被用于装备部队。与部队的境况相似，1945年底至1946年初的几个月间，没收敌伪物资也成为中共财政的主要来源，而由于工矿企业遭破坏尚未恢复、人民生活贫困负担能力差且尚未发动、军队战斗频繁无法负担生产任务，这些"新"的问题，使财政供给只能是"分散经营"。

此一时期，各省市都成立了"敌伪资财清理委员会"，这对于保障党政军的先期工作而言，成果相当可观。但是，仅靠收缴敌伪物资并不能够解决广大农民生活上的困难。其后，尽管中共通过减租减息、分配土地，在发动群众上的工作上取得了一定的成果，但是工农业生产仍处于相当停滞的局面，财政经济和物资供给的困难仍未解决。加上此时苏军还未撤离东北，在各方势力搅动下，物价上涨，经济萧条，市场相当混乱。此种局面下，中共不得不即刻组建统一应对经济问题的组织机构（王首道，1988：470-472）。在上述背景下，身处北满的中共干部"为统一领导和协调党政军各系统的财政经济工作，经东北局讨论成立财经委员会"，直属于"东北行政委员会"主任委员陈云，

---

① 陈云在1947年5月8日致高岗的信《东北敌我力量发生变化的原因和东北建党问题》中有明确提及："……东北人民正统观念的幻想已大大改变了，我军土地改革的结果，人心向我了。"参见中共中央文献研究室编：《陈云文集（第1卷）》. 北京：中央文献出版社，2005：593-599。

王首道在其中任委员，此乃党政军民的统一财经的行政权力机关。自此，东北地区财经工作进入初创阶段（王首道，1988：475）。

1946年12月3日，东北财经委召开第一次会议，王首道传达了经东北局批准的"会议汇报制度"，决定定期召开财经委委员会议和各部门工作会议。由此可看出，早期的财经工作既强调"统"的一面，即在委员会会议上互相交换情报和意见，集中力量解决部分问题；也强调"分"的一面，即通过不同部门机构的内部会议，各自克服最为紧迫的困难。但考虑到战时状态，"统"的一面仍是占据主导。

此时的东北财经委仍属于初创时期，因而，其角色是东北局派驻在北满地区负责具体的经济和恢复工业等工作的中介，决策权仍旧掌握在东北局手中。随后，为打开局面、听取各省财经工作的汇报并交换情况，东北财经委经东北局批准，计划召开"东北第一届财政经济联席会议"。会议于1947年1月召开，王首道在会议上着重介绍了东北解放区的特点：首先，是又"新"又"大"，因而还未能广泛动员群众，也未经过反复斗争的考验；其次，是东北解放区处于革命战争和土改运动叠加的情况下，肩负双重的压力；此外，中共过去对东北"富庶"的认识是模糊而抽象的，经历过战争的破坏后工农业和交通都处于待恢复状态，而东北人民经历过长久的日伪统治后都极度贫困；与此同时，前线仍在作战，战局并不明朗，因而，此时财经工作的总方针应当是："抓紧贸易，发展生产，后方节约，支援前线"（王首道，1988：479）。

中共当时对工业实践的设想，并非直接从工业入手，而要假道于农业生产和对外贸易，这一点，可从时任东北局书记的彭真在财经联席会议上就"工业建设"问题所发表的讲话加以体会。他表示"现在问题的中心是粮食运出去，换东西进来"，因此中共各项工作的排序是：运粮第一，农业第二，第三才是工业。尽管在战争的形势中，中共开始由被动转入主动，但是仍未到全力建设工业的阶段，而是要"全力战争，全力农业，全力运粮，分一部分力量来建设工业"。当时中共面对的局面，可以说是一个巨大的"烂摊子""心很热，但力量很小"，干部少又没有经验，而工业是科学的东西，不能马虎（《东北解放区财政经济史资料选编第 2 辑》，1988：7-9）。

2. 经济恢复工作：统一领导，各尽其能

对于中共而言，相对充足的财政收入，乃是恢复与发展工业的前提。1946 年，没收敌伪物资构成了中共财政收入的主要来源。但这并非长久之计，身处持续战争与经济封锁状态的中共，其后续的财政来源，只能是依靠发展生产。

在"东北第一届财政经济联席会议"的基础上，东北局于 3 月 1 日发出《关于一九四七年财经工作方针与任务的指示》，表明统一财经工作的目的，首先是为支援战争而服务，其次是为根据地建设打牢基础，亦即，经由建立党政军一体、集中调配与管理的财经体制，以有效地完成各项任务。为了更好落实上述"指示"，东北局命令新设机构，要求各党政机关加强对财经工作的领导，实行首长负责，建立分局与各省委的财经委员会[①]，实行统一领导，分散经营（王首道，1988，480-481）。

北满地区在战时的处境下，财经工作始终面临收入不稳定的问题。经过一段时间的经济实践和总结讨论，中共干部们也意识到，困守解放区内来发动民众，对于经济的改善，作用不大，因为在官方渠道上，中共受到国民党经济与交通的双重封锁，靠解放区广大的中小城镇和农村的民众与大城市进行物资的流转，并不能满足军需民用的基本需求，反倒会使解放区经济陷入通胀。由于中小城市的经济不振，农产品也多滞留于农村，难以通过交易向外流通。在现实困境与统一管理的双重要求下，中共开始尝试与苏贸易。

3. 农业补给工业：从 1947 "与苏贸易" 谈起

尽管延安根据地时期，中共曾对在东北开展城市工作和发展工业做出过指示[②]，然而，中共在东北解放区初期的生产工作，仍旧实行农业第一的方针。一是由于国民党借助美国的势力迅速进入东北，抢占了大城市和交通要道；二是中共转移到北满后，无法长期依赖清理敌

[①] 对外称"财政厅"。
[②] 陈云曾在中共七大的讲话中，对于进入城市搞工业有所说明。参见《陈云文集》第 1 卷，437-441 页。

伪物资完成支援前线、发展生产的任务，因此亟需解决满足基本生活和初步恢复生产的问题；此外，在分配给群众土地后，中共又面临解决粮食销路的问题。以上种种情势，是中共与苏贸易的基本背景。

1947年1月1日，东北局负责人在《论东北一九四七年的任务》中，明确提出"发展生产，保障供给，改善人民生活"的任务，当时土地改革已经如火如荼地进行，1月召开的第一届财经会议上，王首道所做的"目前财经工作的方针与任务"报告中，结合东北局的指示，提出将农业生产提到重要的位置。其后，在官方政策号召、地方政府组织协调并提供贷款、贷粮的便利的情况下，农民生产积极性提高了，农业生产率先恢复，既有力地支援了前线，也为后期的恢复和发展工业提供了物质积累（王首道，1988：501）。而当时在整个经济生活中举足轻重的外贸问题，同样以粮食和其他农产品为资本。

1947年4月，东北财经工作开始由政府出面，而不再由东北局直接进行管理。此时的形势是，敌伪物资已经用尽，货币发行达到饱和，商业不活跃且工业未恢复，处于贫困中的广大群众已经无法承受更多的负担，而由于仍处于战争状态，军费开支占财政总支出的80%以上，各省财政赤字也占到财政总支出的四分之三以上（参见《东北解放区财政经济史资料汇编第4辑》，1988：30-31）就此而言，中共必须要想办法开源节流。（王首道，1988：484）。

在当时的处境下，发展对外贸易换取必要物资是为免除"冻死、饿死"的首要问题（王首道，1988：486）。中共干部充分意识到，对苏贸易顺利开展，能够使中共在"经济上有了盈余，手里有了大批进口物资，进而保证了统一财政工作的比较圆满的实现，而财政经济的基本好转，还要在总的军事形势好转、工农业生产逐步得到恢复以后才能真正实现"（王首道，1988：491）。由此不难看出，对苏贸易的开展既是在为恢复工业生产做好铺垫，更要为中共随后统一东北解放区的财经工作打下基础，此间环环相扣的关系，已是当时负责财经与工业工作的中共干部的共识。

然而，如前所述，中共在开展东北解放区的贸易工作时，面对不同于以往的困难处境。一方面，国民党占据了主要的交通干线和大城市，而中共只能在中小城市和广大农村范围内活动，因此，解放区处于被分割的状况；另一方面，东北地区工矿企业缺少资金和器材，未能恢复生产，汽油、机器零件等也十分缺乏，这些物资对于政府、军队十分重要。与此同时，各类生活必需品对城市居民和农民来说也同样重要，当时被俘的国民党特务就曾表示，如果中共不能解决盐和布的问题，就不可能打破农民对于国民党的幻想。因此，中共的干部充分意识到，"在现代化商品生产占统治地位的时代，任何闭关自守、自给自足的幻想都是行不通的"（王首道，1988：493）。若想动员农民生产大批的商品粮来保障几十万军队和职工的需要，必须以必要的工业品作为交换。在上述背景下，与苏贸易势在必行。

尽管购粮工作中困难重重，但总体而言其作用是显著的。1947年的对苏贸易，其直接作用在于通过外贸增加了财政收入、积累资金和支援工农业生产，于此之外，一方面"支援了同蒋管区的经济斗争"，另一方面"有利于加强对整个经济的统一领导"（王首道，1988：498）。

实际上，1947年的与苏粮食贸易，仅仅是东北解放区粮食统购政策的开始。中共在随后几年的购粮工作中，实现了通过基层组织与农民建立起密切联系和控制的目的（大泽武彦，2007：194）。通过征公粮和有偿采购粮食，中共发展出了一套利用农村补给城市的模式。在这个意义上，经由统一的粮食收购来补给工业以进行初期的恢复与建设这种工业积累的模式，在东北解放区就已经开始实行了。这既是恢复与发展工业的关键一环，也是新中国成立后统购统销、剪刀差的最初实践，更可被视作东北工业体制建立的开端。中共在新的社会经济条件下，既开辟了一种稳定的财政来源，同时也为及时有效地完成支援前线作战与恢复工业任务奠定了物资基础。

二、一边支援，一边恢复：东北工矿处[①]接管鸡西矿区

在东北财经委积极开展各项工作以解决北满地区民用与政府财政收入问题的同时，中共与国民党的战局也发生了一系列的变化。中共在南满地区组织的"三下江南，四保临江"战役几乎与北满地区的"对苏贸易"在同一时段进行。

此次战役使东北的局势发生了重大变化，中共由守势逐渐转为攻势（刘统，2017：303）。其后，中共在总结经历了扭转的战争局势后，于1947年5月5日作出《关于东北目前形势与任务的决议》，提出了全力反攻、收复失地、巩固与扩大解放区的新任务（戴茂林，李波，2017：177）。而这一作战策略，对于后方军工和运输相关工业的生产，提出了新的要求和挑战。

另一边，对苏贸易合同确定后，随之而来的严峻问题就是如何组织大规模的粮食运输。早在中苏谈判期间，中共就因物资短缺问题始终处于被动地位。此外，具体执行合同的过程中，时间短促、经验不足，加上贸易与物资处机构不健全，计划性也较差，都使得贸易的过程困难重重。

解放区内出口粮食的运输问题是对外贸易的重中之重。运输的首要问题是增加火车头，其次是要煤。当时东北工矿处下辖的矿区主要就是鸡西，在生产难以迅速恢复的情况下，抢运储煤就成为贸易工作中非常关键的一环。

在筹备对苏贸易的过程中，中共遭遇了统筹解决"燃料问题"的困难，这使负责东北财经和工业工作的干部们意识到，"燃料问题在当时已经是一个关系到金融、物价、财政、贸易等各方面的问题"。因此，1947年6月21日，财经委员会决定在东北贸易总公司之下组建燃料公司，负责统一解决燃料的合理分配。自6月末开始，城市用煤均由燃料公司负责统一计划分配与统一市价拨发各地（王首道，1988：500）。然而，若要实现上述对燃料的统一调配，必然要求煤炭

[①] 可参考"合江省政府关于购粮工作的总结"中的描述与分析，收于朱建华主编. 东北解放区财政经济史资料选编第3辑，哈尔滨：黑龙江人民出版社，1988, 17-27页。

的持续供应，即要求各煤矿进入恢复生产的进程。而在恢复生产之前，矿区的组织工作也经历了相当的困难。中共需要完成包括确立矿权、恢复供电、动员并组织技术人员和工人、调集生产生活物资等一系列环环相扣的工作。

当时东北财经委下设"东北工矿处"负责当时北满地区各工厂与矿山的恢复工作，其中鹤岗和鸡西两个煤矿曾在日伪时期进行过大规模生产。而鹤岗煤矿最初是由铁路局负责接收，煤炭产出首先要供应铁路运输之用，鸡西矿区则由工矿处负责接收，虽然名义上是矿区，但其后中共在此所进行的工业活动却囊括了对前方作战和后方生产最为关键的三个部分：发电、产煤、造炸药。因此，以下的讨论仅以中共在鸡西矿区恢复生产的过程为例，尝试说明本文所言及的东北工业体制建立的第二个重要环节——恢复工业。

1. 抢运储煤，收复矿山：与白俄和地方把头的斗争

日伪统治后期贯彻"以华治华"的方针，在各工矿扶持了大量把头，负责工人日常生产和生活的管理与监督。日军撤退后，1945年8月12日，苏联第一方面军第35军即进驻鸡宁县，同时进驻各煤矿（参见《鸡西文史资料第4辑》，1988：1）。因而，在中共组织抢运储煤之前，无政府时期的鸡西矿区中，有苏联红军、国民党特务、伪满遗留的把头群体和白俄矿商等多方势力活动。由此直至1946年下半年，各矿才清除掉把头和俄商的势力，开始抢运储煤。此次抢运除了为与苏贸易的运输环节提供了燃料，对于军需民用以及北满地区的工业都意义非凡，据当时的工矿处长刘向三回忆：

> 那时，东北工矿处只有鸡西一个重要大矿。要靠鸡西出煤炼钢铁制造军械，供给前方打仗和交通，供给哈尔滨市用煤。工业有了燃料就都活了，当时所有工业生产也全为武装鸡西煤矿发展生产而工作。……后来的实践证明，在鸡西矿区建立的这个后方基地，所搞的军工炮弹、手榴弹、炸药、火柴和煤炭，对支援战争起了极大作用。没有鸡西矿区的飞快发展，锦州等地也不能那么快就夺回来！（《鸡西文史资料第3辑》，1987：19）

这段回忆点明了后方生产与前方战事之间的密切关系，然而，抢运储煤只是一时的紧急任务，收回矿山继而恢复生产的过程并不顺利。

在工矿处接收前，各矿都由不同的势力把持着。情况较好的当属恒山煤矿，因为在抢运储煤的过程中，中共派出军队的力量直接进入，从占领煤矿的俄人手中夺回矿权的过程还算顺利。而同样由苏联人经营的滴道煤矿，接收的过程就相对曲折。由于当时滴道矿权归属中长铁路，而苏联曾在与中共谈贸易的过程中，趁机要求共同管理中长路，因而接收滴道煤矿的是苏联军方。苏联军方经营的方法是：雇佣在东北居住的白俄来管理，但白俄商人只懂卖煤赚钱，却不懂经营管理，导致矿井受到严重破坏。工矿处处长刘向三曾于东北局高岗主持的工业生产会议上对此进行了汇报，提出应当收由工矿处统一管理，对此，李富春表示还是由中国人自己管比较好，而长期负责与苏联打交道的军工部的李立三则表示"收回矿权会影响中苏友好"。意见一时难以统一，高岗遂决定由刘向三陪同李立三亲自到鸡西矿区视察。最终，尽管遭到俄商矿长乌罗维赤的抵制，滴道煤矿仍成功地在李立三的主持下收归工矿处（刘向三，2001：201）。

滴道矿的接收是中共与苏联商人的一次交锋，而事件最终能顺利解决，最大功劳当属李立三，在中共与苏联军方中的双重影响力，使得他能够在处理此事的过程中便宜行事。此次事件，当属中共与苏联之间官方层面的博弈，并不触及与地方势力的争夺，因而过程相对顺利。然而，麻山矿的接收则因把头势力的深入而更显艰难。

中共在接收时面临的最大障碍，是在日伪统治末期带领一批吉林摊派的劳工进驻麻山煤矿的刘荫锷。他曾是伪军中校，后因年迈退伍归家。听闻招工开矿是个生财之道，但碍于伪满政府实行劳工划区摊派制后，不允许私自去农村招工，因此他到新京军事部和民生部，利用过往的人脉，签署了一份招工的"特别证书"（《黑龙江文史资料第10辑》，1983：229）。"吉林挺进队"的成员并非一般劳工，而是主要由退伍军人和"国兵漏"组成的，他们在军事化的管理下，很快在麻山煤矿站住脚，成为生产效率最高的一支队伍。由此可见，中共接收麻山矿所面对的不是简单的进驻外部势力,而是在当地经过渗透且高度组织化的地方势力。日本战败撤出东北后,刘荫锷顺理成章地接管了麻山煤矿。

1945年9月,林口县成立民主政府后,派驻曾任八路军团长的刘汉五带领五人工作组进入麻山煤矿,访问贫苦工人,但由于势单力薄,且急于扩军对抗刘荫锷,反而被其利用,破坏了自己苦心经营起的共产党和八路军的正面印象,最终于1946年6月被刘荫锷设计杀害(《黑龙江文史资料第13辑》,1984:227)。7月初,林口县政府派人组织抢运储煤的工作,刘荫锷趁机"好好表现",当选工人会会长。随后,工矿处派出任弼绍为首的工作组进入麻山煤矿,筹备接管工作。工作组成员赵萍在暗中了解情况时,偶遇一位在伪满统治时就工作于此、曾与日本人斗争过的青年工人刘柱,这次"偶遇"成为了中共深入麻山矿工的重要契机。而后,任弼绍工作组通过动员刘柱联络矿区内其他敢于斗争、脑子清楚且未参与到刘荫锷组织的"家帮"的积极分子,与此同时,刘荫锷也动作不断,派亲信前往吉林寻求国民党的官方庇护(《黑龙江文史资料第13辑》,1984)。

刘荫锷和工作组双方一直在暗中对峙着,直到1946年11月,恰逢解放战争日趋激烈,军需民用都要求大量的煤炭供应,工矿处组织各矿山抢运储煤,任弼绍趁此机会,与矿工同吃、同住、同劳动,引起工人很大反响,许多工人开始主动与工作组谈心,积极与工作组靠近,即使是刘荫锷散布关于工作组的谣言也不攻自破(《黑龙江文史资料第13辑》,1984:256)。最终,刘荫锷在其暴动阴谋发动前,被一举拘捕。至此,接收麻山的工作历时一年多,终于宣告成功。

中共接收麻山的困难之处,便在于刘荫锷在当地形成了组织化的控制势力,还利用"安青帮"这一组织归化了相当数量的工人,同时,他积极利用"工人会会长"的身份作为掩盖,周旋于中共、俄商与国民党等多方势力之中,成功地在当地工人对于共产党无所了解与认同的情况下,相当程度地扎根于地方,而非如滴道矿的白俄商人悬浮于地方社会。然而,他最终失败一定程度也由于他对地方实行严密的组织化控制,却同时实行盘剥工人的管理制度,必然会形成部分未归顺于他的反对势力。虽然这部分人在中共到来之前，迫于种种外在的限制未能自动地实现组织化，但中共却有意识地组织起这些积极分子，一方面在对抗把头的斗争中，加强了自己的力量，另一方面，也为后续恢复矿山生产，做好了一定的人员储备。第一个与工作组主动接触的刘柱，在麻山矿的民主改革的前期，就发挥了积极的作用。

1947年2月，工矿处完成了对矿区四处煤矿的接收后，便立即开始恢复生产。然而，如工矿处副处长孙然在1947年所做的"鸡西矿十个月工作总结"中所讲：

> 民主政府接收时，北满的各煤矿，坑内灌满了水，一直淹到坑口，坑定顶塌成大洞，坑道圆多已失散，几乎无从着手；而坑外的机械与设备，有的荡然无存，有的剩些破烂。在这种满目凄凉而又人力资财全感缺乏的条件之下，谈到恢复，不是容易的事情。（《东北国营煤矿年鉴》，1949：81）

由此可见，恢复生产一方面需要发动群众并安置工人生活，另一方面也要立即修理机械设备并补充器材，二者都迫在眉睫。

2. 民主改革：动员群众，改造工人，创办学校

收回矿山后，中共立即派干部到矿区进行民主改革，动员群众，恢复生产。承担这一重任的，是刚刚完成了初步土改任务、赴任中共中央东北局生产委员会主任的陈郁。1947年初，煤炭供应相当紧张，"开往前线的军用火车，不得不烧豆饼，火车在钢轨上缓缓爬行，像老牛一样喘着粗气"，陈云在给陈郁布置工作时表示："火车运行缓慢，会造成不少损失，给前线增加很大伤亡。"（周焱等，1985：180-181）而"有了煤炭，工矿交通就都活了，全局也就活了"（杨长春，1999：177）。1947年3月，陈郁带队前往鸡西各矿区开展工作。

陈郁一行人到达矿区后，眼见矿区仍是一片凄凉，广大职工生活十分困苦。据随行的杨长春回忆：

> 许多工人连"橡子面"也吃不饱，住处透风漏雨，有些工人连一件囤囤"更生布"的衣裳、一双不露脚指头的鞋子也没有。我们必须同煤

矿领导一起,首先努力解决广大矿工最基本的衣、食、住问题。(杨长春,1999: 182)

在此种情形下,工矿处根据陈郁的指示征调来相当数量的日用品,并积极组织矿工改善衣食住行各方面的条件(杨长春,1999: 182-183)。尽管中共干部们想方设法解决了临时的一些问题,但在前线持续作战的情况下,向后方的物资补给只能是临时的,矿区必须要恢复生产,尽快自食其力。而恢复生产的首要任务,即是发动群众。

在矿区,中共进行民主改革的基本工作方法是"访贫问苦,扎根串联"。工作队进入矿区后,深入到独身宿舍和家属区寻找最穷、最苦、受压迫最深的矿工和家属访问,调查研究;向他们宣讲共产党拯救矿工脱离苦难的道理,并启发他们与反动分子作斗争。最初参加斗争大会的主要是积极分子,大多数的矿工仍旧持观望态度。以滴道矿为例,1946年7月末第一次斗争会时,只有一二十人参加,会上大多只是上台靠言语揭发,斗争后大会将没收的16万元地方流通券和180垧土地分给工人和附近农民。第二次斗争会时就有百余人参加,这次斗争中,群情激愤,一致举手要求枪毙某把头。第三次开会,以矿工为主,还成立了工农联合会,组织了20多人的基干自卫队(康广良,1993: 115-116)。

尽管鸡西矿区的民主改革中有各种插曲,但"上半年大超产"的生产成果无疑是成功的。因此,工矿处于1947年7月7日在恒山煤矿召开了"全矿区职工群英大会",王首道、陈郁、刘向三、孙然等中共干部都出席了大会,大会共持续了3天。第一天是生产大会,会标横额是"东北工矿区鸡西矿区第一届劳动英雄大会",可见主题乃是表彰在上半年的生产活动中表现突出的矿工。值得注意的是,会场左右布置的横联,右横联写着:"克服一切困难完成生产任务",左横联则是"全力支援前线争取彻底胜利",可见此一时期的矿区生产,仍旧是围绕着"支援作战"为中心进行的,鸡西矿区作为大后方北满地区为数不多的工业区,生产任务是相当重的(《鸡西文史资料第3辑》,1987: 37-38)。

发动工人的生产积极性，仅仅是恢复生产的第一步。中共干部很早就意识到工业生产不同于农业生产，工业需要相互的配合。相较于农业个体耕作即可的生产方式，恢复工业生产涉及组织、劳力、物资、计划等诸多环节。

矿工作为生产活动的主要力量，是相当关键的，但就鸡西矿区刚接收时的劳动力规模，并不足以支撑恢复生产的进程。就地招工和精简地面辅助单位的人员以充实采掘生产工作，也无法改善劳力紧缺的局面。在这种情况下，刘向三和陈郁二人多方采取措施，向矿区调集工人万余人。哈尔滨当时社会秩序混乱，刘向三和陈郁请示驻哈军管部门同意，自1946年10月始，在哈市抓捕、筛选出矿工近千人。随后，又从齐齐哈尔、长春以及附近的勃利等地向鸡西矿区调集新工人万余人，至此，新工人占矿区工人总数的三分之二以上（康广良，1993：76）。然而，短时间内招募到的大量劳力基本上都不具备矿区工作的经历，要求他们迅速投入生产劳动、对恢复矿区生产做贡献，是不切合实际的。此外，新工人当时大部分是无业游民，还有一部分轻罪犯，因此，如何改造新工人成为中共干部面临的新问题。

当时的解决办法首先是号召老工人以"新工友"称呼曾经的犯人，以此来不断构建起他们对自己新身份的认同。在白天工作结束后，晚上会上政治课，将"积极劳动"与"赎罪"挂钩，以消除他们的思想负担。在稳住"新工人"的心理后，矿区便组织大家学习并掌握生产技术。在具体的生产环节中，老工人同样扮演了重要的角色。以麻山矿的经验为例，当时矿区的安排是，"一老带多新"，新老工人都在一个场子里干活，一个班组的单位产量必然会比先前低，对此，老工人们大多发扬风格，将工作量都算在"新工人"的头上。有些工会干部，搬进宿舍与"新工人"同住，教他们安全生产知识，鼓励他们积极立功（康广良，1993：78）。

以上种种措施，在前期有效地解决了新工人融入生产的问题，然而，矿区内的干部们也认识到，逐渐庞大起来的矿工群体既需要有组织地进行技术学习，也亟需训练有素的工人干部来进行管理。基于此种考虑，陈郁要求袁浦之带领另外两名懂技术的干部在恒山创办起东北第一所工人学校——鸡西工人学校。

1947年5月学校成立,此时工人已初步发动起来,需培养工人干部来办工会及开展行政工作。当时正值民主联军三下江南,夏季攻势胜利展开,因而,鸡西矿区的工人学校还承担起"培养干部支援其他地区工作"的任务。自1947年5月办学开始,直至1949年第十期开班,工人学校陆续接收了来自工矿处、铁路、军工部各系统,以及来自鹤岗、蛟河等各地区的煤矿工人参与学习(《东北国营煤矿年鉴》,1949:139-140)。可见,在当时的东北解放区,不同行政系统与不同地区工业组织之间的沟通交流是相当密切的,而工人学校因其"教育"的性质,很好地承担起了中介交通的环节,也一定程度上整合起东北解放区内分散的煤矿工业。

创办初期,学校教育与战争的密切联系在教学内容中得以凸显。根据校长袁浦之的介绍,进入工人学校的工人们,最先学习的就是"战争时局"。值得注意的是,中共干部们很注意在学习过程中,培养工人们应当在生产中具备的素质。以往的实践证明,让工人自主管理矿山并非易事,长期经受压迫的生活经历,使大多数矿工并不善于发表意见,也不注意彼此交往。对此,学校注意在教学中开展民主讨论,积极鼓励工人们发言,与此同时,还强调互相帮助与团结,"天下穷人是一家,提倡各矿山工场互相批评,互相学习,大家交朋友,互相来往开脑筋"(《东北国营煤矿年鉴》,1949:140-141)。

然而,办学也并非如想象中容易。最初工人不愿去学校,怕被征兵,后来才了解情况。在教学过程中,许多老工友不愿写字,说"拿笔比拿镐把还重",还有的人开始学不进去,说"我不学了回去刨煤还可以支援前线,在这里白费高粱米"。对于此类情况,袁浦之很透彻地意识到,这些工友老实又正派,不会说一句假话,生产积极苦干,坑内经验多,和工人群众关系好,有很多老实工人,表面看起来似乎落后,但回去会起很好的作用(《东北国营煤矿年鉴》,1949:141)。

由此观之,中共干部在开展恢复工业的工作中,相当清楚地认识到"老工人"的重要性,无论是在组织新工人生产时,还是选举职工会、组织工人教育的过程中,他们都发挥了重要且不可替代的作用,当然，这也与中共一直以来坚持的团结工人的方针路线相一致。不过，对于工人的"格外"关心，也为职员与工人间矛盾的爆发埋下了伏笔。1947年底，鹤岗矿区在进行民主改革的过程中，就发生了轰动中共中央的"鹤岗事件"。陈郁等人在开赴鹤岗煤矿开展民主改革运动的过程中"用农村斗地主的方式搞城市民主改革"，导致运动"发生了扩大化的偏差"，善后工作直至同年8月才全部结束（《中国煤炭志·黑龙江卷》，1996：715）。1948年8月，陈云受东北局委托起草《关于公营企业中职员问题的决定》，分析了职员与工人各自的情况、彼此之间的关系，以及由此而制定的对职员的具体政策（薛世孝，2014：649-652）。

从政治影响的层面来讲，上述事件的确需要检讨。但若从另一个角度来分析，矿区早期民主改革中偏"左"的举动，及时地暴露出中共在前期处理工业生产中职员与工人问题中的片面：工人无疑是生产的主体，但若做长期打算，工业组织的管理势必需要大量职员的参与，因而，此次"事件"的发酵，一定程度上也促使中共在短时间内迅速做出反应，及时调整政策，也为战局明朗后接管大城市、接收大型工业组织积累了经验。

3. 调配物资，抢修设备，改进劳动组织

矿区民主改革的同时，恢复生产的工作也迅速展开。当时工矿处可以调用火车，于是处长刘向三积极从哈尔滨及其周边城市调集各类日用品和生产急需的机械设备运往鸡西（《鸡西文史资料第3辑》，1987：18-19）。与此同时，机电设备的修复也是刻不容缓的工作。虽然经过伪满经营后的矿山，电气化水平相当高，但是由于日本人撤退时烧毁了全部的设计图纸和材料，加之矿区内技术人员稀缺，修复过程并不容易。最终，时任鸡西工矿处工矿科长的聂春荣带领三名日本技术人员，组织了一批老干部和技术骨干，加上二十多名老工人，将预计工期缩短一半，完成了任务。此外，为了解决器材不足的问题，各矿工人纷纷自动献出器材，或是遍野去寻找，或是废物利用，有的工人还进行创造，制作代用品（《鸡西文史资料第3辑》，1987：27-30）。

然而,仅仅将人力与物资调配齐全,并不等同于矿山就能够顺利恢复生产。前线作战对于煤炭生产的要求可算是"时间紧,任务重",然而恢复坑口并非朝夕即可完成,因而,如何在有限的生产场所有效地组织生产,成为当时矿区干部面临的主要问题。

鸡西矿区曾于1947年底发布"四个月产运简报",总结了10月间,针对矿区内劳动力组织所发现的问题和应对措施。简报中称,1947年3月以前,矿区内大部分坑口尚未修复,工矿处又从哈尔滨调来了千余名工人,形成了"工人多、场子少"的局面,对此,矿区加速了人力流转,并细化了坑内工作以期解决问题,却意外造成了窝工的现象(《东北国营煤矿年鉴》,1949:91)。

直到4月中旬,工矿处干部到基层开展群众工作,改进组织机构,才发现了诸多问题,其中最主要的是坑口"两多""两少"的问题。"两多",一是指坑口领导上的"头"多,难以形成有效领导;二是指坑内的杂员多,直接生产人员还不到一半。与此相对的,"两少"指的是,坑口产量少,同时出勤不足。(《东北国营煤矿年鉴》,1949:91)

针对上述情况,矿区首先开始改造领导,比如鸡西五坑民主选坑长,统管坑口事务。其后,又将三班制改为两班制,将坑内的刨煤运输统一进行。解决了"两多"的问题后,生产率有所提升,但产量仍然不稳,波动很大。针对出勤率不高的问题,经研究主要有两类原因:一是存在一定量不靠矿山工作赚取主要收入,只为在矿上挂号,以免除当差以及解决燃料和食料的问题的小商人和农民,二是招收的新工人大多出勤表现不佳,相比较而言,老工人占比高的生产小组出勤率皆相对较高(《东北国营煤矿年鉴》,1949:92)。

为了有效地解决"两多""两少"的问题,矿上提出重新登记坑口在籍人员,适当调剂住处,以固定在籍部门。同时,规定工人借款、领取粮食、衣服、水杯等,须经坑长根据上班次数批准发给。在分配任务时,将坑口生产任务对应小组,任务完成的标准以产量而不以工时为准。在积极推行新的组织制度后,9月底,全矿平均出勤率由8月的70%提高至79%(《东北国营煤矿年鉴》,1949:92)。

4. "一切为了战争":工业恢复时期的北满地区

经过近一年的恢复工作，鸡西矿区的生产情况逐渐好转，参与生产的坑口数由 1946 年接收时的 5 个增加至 1947 年底的 25 个，处于恢复与半恢复状况中的坑口数持续增加（见表 1），煤炭产量也在工矿处接收后持续增长（见图 1）。若以"恢复坑口"的情况显示"恢复生产"的进度，而借"煤炭的生产运输情况"以代表"矿区支援战争与根据地建设"的情况，那么表 1 和图 1 实际上直观地显示出了恢复生产与支援战争之间的关系。

表 1 中显示，1946-1947 年间，民主政府接收的煤矿中，仅有通化煤矿新建坑口 1 个，其余所有煤矿均以恢复已有坑口为主。究其原因，以鸡西矿区而言，大多数坑口在日本人撤退时被严重破坏，坑内注水，无法直接恢复，而新建坑口的难度并不见得比修复旧坑口低。更为重要的是，当时中共与国民党正在前线进行激烈的交战，对后方物资的补给要求很高，尤其是燃料供给更是重中之重，因此，各矿区皆以一边生产、一边抢修旧坑口，作为矿区恢复的主要策略。

表 1：民主政府接收各矿逐年坑口数

年度 坑口 类别	1946年						1947年						1948年					
	生产	恢复	半恢复	新建	计	露天	生产	恢复	半恢复	新建	计	露天	生产	恢复	半恢复	新建	计	露天
鹤岗	3	6	2	—	11	1	4	9	—	—	13	1	9	3	—	2	14	3
鸡西	5	6	—	—	11	—	25	16	15	—	56	—	33	13	13	—	59	—
蛟河	3	3	—	—	6	—	3	3	—	—	6	—	9	5	5	4	23	—
西安	—	—	—	—	—	—	9	—	5	—	14	—	10	4	—	2	16	1
阜新	—	—	—	—	—	—	—	—	—	—	—	—	4	12	8	—	24	1
通化	—	—	—	—	—	—	2	9	—	1	12	—	5	6	3	1	15	—
抚顺	—	—	—	—	—	—	—	—	—	—	—	—	8	—	3	—	11	1
北票	—	—	—	—	—	—	—	—	—	—	—	—	—	—	—	—	8	—
赛马	—	—	18	—	18	—	—	—	8	—	8	—	14	—	—	—	22	—
合计	11	15	20	—	46	1	39	41	28	1	103	1	92	41	40	19	192	6

来源：《东北国营煤矿年鉴》，1949，第 81 页。

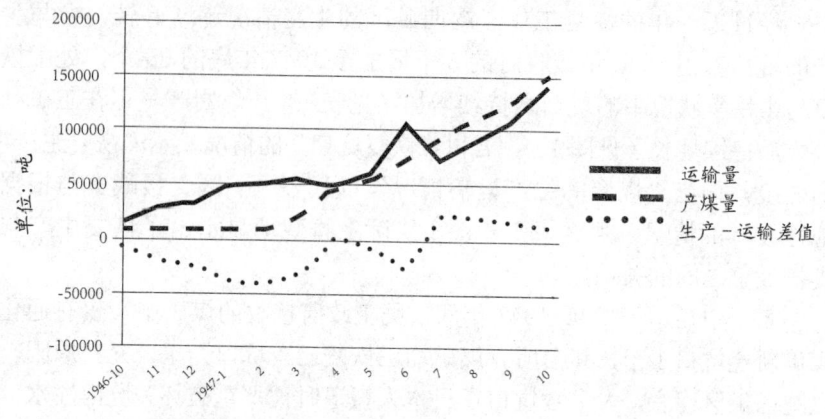

来源：《东北国营煤矿年鉴》，1949，第84—93页。

图1 鸡西矿区生产运输情况统计表（1946.10-1947.10）

从图1中也能清晰地看出，自1946年9月工矿处组织抢运储煤开始，鸡西矿区的运输量始终一直处于增长。向外运输主要有两个去向，一是支援前线作战，二是送往东北财经委及燃料公司，用以对苏贸易运输和解决城市内生活用煤需要。1947年6月运输量激增，应当与东北联军决定向国民党发起夏季攻势的作战进度有关，因而7月运输量又跌回先前水平，其后9月和10月的又一轮上涨，也与其后的战争进程密切联系。仅从产量而言，自1947年2月开展民主改革以来，矿区内的产量始终处于增长状态，看不出明显的波动。

另外值得注意的是，矿区产煤量与运输量之间差值的变化。在1947年4月以前，几个月的运输量均远多于矿区产量，这多出的部分，即是前文曾讨论过的矿区原有的储煤。4月后，随着矿区生产的恢复，除了上述提及自6月的军事作战带来的对煤炭需求的激增导致产量低于运输量，随着生产的恢复及根据作战情况而做出调整的生产命令，加之矿区曾于1947年7月至10月间进行劳动组织的改革，以提高生产率与出勤率，因而在随后的时间里，随着储煤量的减少，矿区的产量已可独立负担起上级对运输量的需求。

综上所述，鸡西矿区自经工矿区接收之后的一年多时间里，生产任务是与前线作战的战略密切相关。由于战事始终处于胶着态势，因而北满地区的工业生产一直是以"支援前线"作为首要方针。与此同时，在接收物资已无法维持前线作战与后方根据地建设的要求后，积极恢复生产同样成为战时工业生产最主要的任务。

总结中共早期在北满地区的工业实践，不难发现，尽管后方的物资调配因战时的需求，皆以类似"供给制"的方式进行，但是在具体恢复工业的实践中，体现出中共干部为后续进入常态化生产做准备的意识，能够根据时局以及矿区内的具体情况，及时调整生产组织和制度。不久，"一切为了战争"的早期工业生产，随着中共在东北战场上节节胜利，面临着迅速转型的挑战。

三、动员生产，确定定额：从立功运动到创纪录运动

进入1947年下半年，前方战事持续对物资补给的高要求，一方面需要生产更多的煤炭以供运输，另一方面，也要生产出足够的军工产品，用以作战。要完成上述任务，就必须要充分调动起工人的积极性从而组织起大规模的生产。上一节曾讨论过中共在矿区内组织生产的日常状态，但其弱点在于难以在短时间内完成生产量的快速增长，而这毋宁是当时工作最为紧要的一点。为此，中共开展了一系列发动工人积极生产的运动，其中以"立功运动"和"创生产新纪录运动"最具典型意义。

1. 立功运动：广泛动员生产

立功运动的原本打算是调动生产积极性，支援前线作战。然而在一开始，一些职工们纷纷表达了"立功吃大饼子，不立功也吃大饼子""挖多少煤挣多少钱，何必立功？""名誉又不能吃"等观点，这使得中共干部们意识到职工中间仍普遍以"单纯的经济观点"来看待立功运动，因此，从思想上来重塑工人们对"立功"的理解，就成为解决此类问题的关键。由此，中共干部在具体开展工作时，注意将其与前线作战关联起来，强调精神奖励而非物质奖励（《东北国营煤矿年鉴》，1949：118）。通过在"在后方生产立功"与"在前线作战立功"之间作类比，"功"便超越了当下所做的具体生产事项而具备了某种精神性的力量，因而，能够有效地起到动员生产的作用。

随着立功运动的推进，无论是立功人数，还是个人立功次数的上

限,都在不断向上推进①。这一方面是由于中共干部在动员中不断吸取经验,制定了"各矿职工立功标准"与"记功、评功、奖功办法草案"②等文件,将前期模糊的立功条件确定下来,为广大职工提供了行动的参照;另一方面,在"各矿职工立功标准"中,在每条立功标准后另附"惩罚"条款,暗示立功运动不再仅以"评先进"作为唯一的筛选机制,而是同样设定了生产中的"底线",一定程度上也推进生产工作向有序、保质的阶段迈进。由此,立功运动既成功地发展了生产,提高了质量,确保生产任务的完成,还改造了以往的一些陈旧的劳动思想和习惯,同时,也培养了一大批熟练工人,激励他们进行发明创造,也产生了大批工作骨干,为后期提拔干部进行管理,做好了人员的储备。

总体而言,由于立功运动中的标准都设有"基础门槛",因此它还是为矿区内所有人提供了一个公平的基线,而且针对不同的分工给出了差异化的条件,不够明确之处也给了自由裁量的空间。因此,在一定时期内,相对出色地完成了全面动员工业生产的任务,为支援作战提供了有力的支撑。

2. 创纪录运动:全面动员,确定定额

1948年7月,由于革命形势的迅速发展,东北行政委员会正式建立了部的组织,王首道任工业部部长。创造新纪录的大背景,便是东北工业部在进入1949年后,于上半年检查了东北解放区内各局、各厂矿的工作,发现国营工业中存在严重的、普遍的、惊人的浪费。这一方面是受客观上技术人员紧缺、设备器材原料来源困难、缺乏发展大工业生产的经验所限,另一方面,仍是各级领导干部未能认识到经济核算的重要性。在客观条件难以快速发生实质改变的情况下,中共再一次以改造主观态度的方式,来激发生产积极性。

1949年9月,东北工业部发布《关于开展群众性创造生产新纪录的决定》(以下简称《决定》)。《决定》中指出,新的运动要在延续以往"以劳动为荣"态度的基础上,向前推进。"新纪录运动"的核心,

---

① 具体数据可参考罗维主编:《东北国营煤矿年鉴》,"受奖人员统计表",1949,133页。
② 可参考罗维主编:《东北国营煤矿年鉴》,1949,122-131页。

在于突破工业干部以往在战时生产中形成的种种"成见",如强调"生产不正常""机构不健全""物价不稳定""原材料供给不及时""干部不够""自己不懂技术,没有经验"等客观原因,而不是去积极发展生产。已有事实证明,工业生产是有能力突破"伪满标准"为最高的"技术定额"的观念的(《东北解放区财政经济史资料选编第2辑》,1988:223-224)。

更重要的是,《决定》点明"新纪录运动"是串联起战时工业生产与后续企业化经营的关键一环。"我们要求突破现状,创造各式各样的新纪录",发动群众自下而上制定各种定额,为经济核算制打下基础(《东北解放区财政经济史资料选编第2辑》,1988:221-222)。在这个意义上,此次运动是东北的经济干部立足于新的战争条件下、以发展东北工业进而推行普遍的计划经济作为构想所提出的。

值得注意的是,《决定》中要求创造"群众性的新纪录",而不能只注意少数先进分子的新纪录。因而,在这个意义上,"新纪录运动"与"立功运动"的一大不同体现出来:立功运动通常以个人为单位来界定,尽管官方文件中表示要将"集体立功"与"个人立功"并重,但在实际的成果评定中,仍旧以个人立功为主,且因不同岗位和分工中劳动作业的难易程度不同,立功的难度实际上仍旧是有区分的,而立功标准的制定,也并非是统一且严格科学的。而"新纪录运动"对于"群众性"的要求,能够相当程度地在观念中进一步将大众夷平化,而且在创新纪录的后期,辅之以"合理化建议"运动[①],倡议工业生产参与者向行政部门提出个人能力无法改变或实现的合理建议,这对动员生产有进一步的推进作用。

总体而言,立功运动中最主要的作用在于通过为劳动赋予"功"的意义以调动生产积极性,普遍地进行生产动员。然而,由于工业生产此时仍处于恢复期,秩序化的、合理的生产规章和组织架构都还没有建立起来,因而生产活动仍然是相当无计划性的,加之在长达一年

[①] 可参考"东北开展新纪录运动的现状与问题"中的讨论,《人民日报》1950年1月26日转载《东北日报》。

的立功运动中，号召个人在本职工作之外多做贡献，一旦在一些生产活动的"飞地"出现问题，极有可能导致责任的认定出现偏差，而以"量产"作为基本立功标准，体现为一种结果导向的评价，对成本并不计较，也导致工业生产存在着大量浪费的现象。但中共干部们在工业体制建立的前期，仍旧是以"动员生产"作为最首要的目标。

新纪录运动则是在立功运动基础上，要求工业生产的各个环节都创造新纪录，不能只管数量不重质量，也不能只重效率而忽视机器安全。然而一旦某个纪录出现，一定的标准就已经存在，"新纪录运动"实际上开启了一个持续向前运转的逻辑，却并不一定符合发展工业生产的要求。需要注意的是，创纪录运动最初是在机械局系统开展的，而对于工业的其他部门，比如矿山，其生产进程时常会受到自然地理条件的影响，而这也一定程度上造成了新纪录运动推进中的困难。

以"立功运动"和"新纪录运动"作为典型，不难看出，如果说立功运动的逻辑是以完成任务为导向的，那么创生产新纪录运动则被设计为推广定额制度的序曲，是为制定工业计划而服务的。二者虽然是在东北解放区处于不同战争形势、工业体制建立的不同阶段下开展的，体现出工业生产由"为生产而生产"的任务导向、转向科学化、纪律化的管理。但它们本质上都是反计划的，在非日常化状态下受持续的"运动"的动员而产生的纪录，即使如文件所称取其平均值作为定额，也极大可能是一个高于日常的指标，这一点对后续的计划工作埋下了问题的种子。

3. 从恢复到建设：1948年接收沈阳

考虑到南北满地区在战争进程中因地理位置而形成的工业生产情况的差异，我们能更好地理解"新纪录运动"在进一步动员生产、为实行计划经济奠定基础这一目标中的作用。1948年接收沈阳的经历，使中共干部们更为深刻意识到"现代化工业生产与小农自然经济之间十分巨大又细致的差别"（王首道，1988：541）。

1948年下半年，战争形势迅速发展，东北局在总结先前接管长春的经验教训的基础上，制定了"一切原封不动"的方针。此次接管，因为事先计划得当，指令严明，过程相对平稳（李锐，1992：35-

36)。这次接管对于东北工业而言最直接的影响,就是恢复和发展生产重点的转移。南满地区由于历史原因,本就拥有大量的工矿业基础,尽管国民党曾苦心经营,三年战争仍旧对其造成了严重的破坏,因而,在全境解放后,"修复开工的尚不及伪满时期最高生产水平的40%"(王首道,1988:549)。因此,中共接下来的任务,是在东北全境已解放的形势下,大力恢复并发展南满地区新接收的各大城市的工业生产,以支援全国战争。

中共第一次接管大工业城市的过程,也让工业干部们深刻且直观地意识到现代化工业的特点。现代化工业的结构庞大且复杂,时刻都需要工业管理机构来维持正常运转,并不能像对待农村官僚体系那样一概扫除(王首道,1988:541-542)。因此,"接管沈阳"这一事件迅速到来,又一次在短时间内对中共迅速反应、及时调整工业发展的策略,以及陆续落实迈向计划经济的各个环节提出了挑战。

无论如何,东北的解放为中共提供了一块可自行计划发展的区域,尽管全国战争还没有结束,东北作为主要的工业生产力,仍须为支援战争而完成相当的生产任务,但必定已不再是先前"物资输送"式的支援。此时身处东北的中共干部,已经开始筹划建立一个更为科学与健全的工业体制,即在统一经济计划指导下的工业生产。

四、朝向纪律与计算的努力:成本核算与计划经济

1949年3月15日,东北工业部在"关于统一与加强经理工作的指示"中明确表示:为了发展计划经济,保证实施生产计划,必须加强经理工作,而其中首要要求就是"严格执行经济核算制,加强成本管理",以逐步通过经济定额的管理,实现国营工业的企业化(《东北解放区财政经济史资料选编第2辑》,1988:132-133)。由此可见,在东北先于全国解放后,其工业建设也率先朝向"计划经济"的方向努力,而此一过程中,最为关键的两个要素无疑是:纪律与计算。

1. 生产纪律:从"立功标准"和"新纪录要求"来看

关于生产纪律的问题,自北满地区恢复工业始,各工矿就一直在强调,中共也一直进行着"运动式"的达到纪律化生产的努力。"立

功运动"受制于战争形势，收效有限。而后以反浪费斗争作为先导而开展的"新纪录运动"，体现出中共对于工业生产中的浪费从"意识"到"行动"的进一步转向。

"新纪录运动"开展几个月后，《东北日报》发布《东北开展新纪录运动的现状与问题——东北工业部局长经理联席会讨论新纪录运动会议的结论》，总结过去几个月运动中存在的问题和未来的方向。其中最为关键的问题就是重新界定"什么是我们要的新纪录"，以及"如何继续推进新纪录运动"。《结论》中称：既要从整个生产中所起的作用看，避免只图一时的新纪录而粗制滥造，也要从长期价值看，从经济核算的意义看，"要在整个经济计划之下看它对提高劳动生产率的效能上的作用"来衡量。既"打破现有水平、现有技术定额"，又"完全合乎质量规格，无损于机器寿命、机器运转的，才是提倡的新纪录"。从上述界定中，我们已经能够明确看到"整体"的、"计划"的思想。然而，若要真正达成这样的纪录，在工业生产中，就不能像以往一样只着眼于生产过程，以完成生产任务为首要甚至是唯一的要求，而必须健全与生产相配套的组织、技术、纪律等制度。

尽管此时"生产任务"仍然是工业生产的一个重要指标，但却开始在与"是否有计划以及有效地组织生产"的问题的关联中被考察。与此同时，创造新纪录对"技术"也提出了新的要求。以上种种问题的解决，都必须以纪律来保证制度及其在生产中的落实。

生产纪律的问题，一直以来都是工矿生产中的难题。在鸡西矿区，仅以煤炭生产为例，早期坑内大量的劳动作业皆由人力完成，因而出勤率的高低、劳动分工是否合理、生产安全是否达标等，对于生产率的高低以及劳动力是否稳定充足都有直接的影响。然而，由于最初劳力紧缺而生产任务紧急，招收的多是城市中的闲散人员，导致矿区出现生产率和出勤率双双降低的局面。虽然在立功运动中，以"惩罚"条款的形式予以初步筛查，但在以"支援作战"为主要任务而组织起的工业生产中，产量始终占据中心位置，而矿区迫于任务的紧迫性，短期内也无法彻底根除此类现象。在"新纪录运动"中，东北已然成为可以安稳进行工业生产的大后方，其原初目的就是清理工业生产过程中的浪费现象，其原因，一是纪律制度没有有效地建立与落实，而更为重要的是，成本问题，在实行"物资配给"的战争阶段，是无法大力整治的，因为细致的核算工作，一方面要求相对平稳的生产环境，另一方面也需要配套的组织架构与专业人员。而这既是后一阶段东北地区工业实践的最为主要的内容，也是东北工业体制迈向科学化与成熟化的一个关键环节。

2. 成本核算：计划工作的基础

"计算"即指涉经济核算制的落实，这并非是经由自上而下的统一计划即可实现的，毋宁是作为走向"统一计划"的初始步骤。

关于经济核算的问题，彭真早在1947年1月的财经联席会议上就已经提及："公营企业一定要建立经济核算制度，现在铁路、矿山都算不清账，都向财办要钱，长此下去，一定垮台……今后用电要给钱，用煤要给钱，坐车也要给钱。"彭真的这番话透露，中共对于以供给制来搞工业的路子，是给予否定态度的，他们一早就已经认识到，工业要想发展，各厂矿都需要有严格的营业计划（《东北解放区财政经济史资料选编第2辑》，1988：10）。然而，在1948年东北全境解放之前，由于战时工业生产的特点，经济核算困难重重。

困难之处首先在于，对于不同的工业部门而言，成本计算的方法和标准并不相同，其中尤其以煤炭的成本核算最为困难。煤炭的成本计算与其他工业不同，并非通过统一的分类或标准即可算出正确的成本。以天然条件来说，各矿之间就有明显不同，而它们决定了采煤工作的难易与用料的多寡，直接影响成本的高低。也因此，各矿煤炭成本，高低不均，很难比较研究（《东北国营煤矿年鉴》，1949：26）。

伪满统治末期，在此问题上也几经摸索。以煤炭的收买价格为例，1938-1942年间，采用"成本主义"的计算方法，即以各煤矿实际所需的成本，加以合理的利润，作为收买价格。但此种方法的问题在于，收买价格既然决定于煤炭的成本，势必将无人努力减低成本，导致经营状况日趋懈怠和散漫，煤炭成本逐渐增高。作为补救措施，1943年伪满政府实行煤矿等级制度，依各煤矿的天然条件决定煤矿的等级，进而确定其煤炭的收买价格。该制度因日本在战争中失败而未能推行，而中共负责工业的干部，在整理伪满资料的过程中发掘了该项制度（《东北国营煤矿年鉴》，1949：26-29）。

简言之，成本核算的问题作为计划经济的基础，早在1947年就已出现在中共干部对经济工作的构想中，然而，在战争条件下，工业生产的主体都围绕着"完成生产任务"这一目标进行，物资配备和恢复工业都无法摆脱"供给制"而运转。直至东北解放，中共才拥有了相对完整与安定的地区可进行工业生产，尽管仍需要作为大后方支援全国建设，但显然在这一时期，中共已有余力进行东北工业的摸底，并意识到供给制逻辑带来浪费这一问题的严重性，开始大力着手开展制定工业计划的工作。

3. 建立计划与统计机构

东北工业编制计划的开端可追溯至1947年。据当时负责东北工业部计划处工作的袁宝华回忆，1948年工业计划对于恢复工业起过一定的指导作用，但当时东北处于战争之中，"大部分工厂被国民党军队占领，加上对刚接管的工矿企业情况不不了解，也没有制定计划的经验，所以许多计划都未能实现"（袁宝华，2018：97）。

随着战争形势的变化，编制1949年计划的条件已经改善。然而，尽管东北工业部事先尽可能地对计划内容做出了细致而周密的考虑，对于厂矿的基本情况、建设史、地图、设备、产品、原材料、资产、职工等各方面都做了细致的要求，但既没有考虑到各厂矿是否配备专门的机构和人员能够完成初期调查与资料收集工作，也并没有能够有效建立上通下达的信息传递的机制，更为重要的是，仅1948年期间，中共便完成了从"以北满地区为根据地"到"解放全东北"的任务，迅速地收复了大量的厂矿，因此整体的工业恢复与生产情况既存在着区域间的分化，也发生了工业中心的转移。以上种种，共同阻碍了1949年计划的有效执行。

接收沈阳后不久，东北工业部于1949年1月12日发布《关于建立各级计划机关的指示》，决定成立工业部、局、直属公司、分局、厂、矿各级机关机构，《指示》中明确规定了东北财经委计划处的工作任务。其中最主要的制定东北的公营工业计划，包括生产、修复或建设计划，同时审查下级计划，并通过报告制度或巡视制度，检查计划的进行情况（袁宝华，2018：98-99）。

在计划机构逐步建立的过程中，东北财经委要求东北工业部负责制定1950年计划。为此，时任东北工业部部长王鹤寿专门在干部会上做《1950年的生产修复计划问题的报告》，明确了"为什么要做计划、对计划的看法、计划的作用、计划要有现实性也要有进取性、做计划和贯彻计划中的困难、做计划要顾及国家的困难、做计划是个新问题"等等重要问题（袁宝华，2018：99）。不难看出，此时中共干部对计划工作已然形成了总体的思想和布局，但是从袁宝华所言及的"制定1950年计划是一次重要的学习"中能够体会，当时直接负责计划工作人员仍然对于"如何具体的来制定计划"认识不足。在这种情况下，东北工业部一边聘请苏联专家指导工作，一边为计划处配备了大量熟悉工业的干部或高级知识分子。

当时苏联派驻了一批专家到东北工业部，分配到部直属的十几个单位，他们对于计划工作抓得很紧。中共方面则由计划处负责，当时技术人才来源主要有四。其一，是延安及其他老解放区的"小米加步枪"式的老八路，其中一部分是新中国成立前夕参加工作的知识分子。其二，是东北留用的一部分日本技术人员和国民党政府中的技术人员（袁宝华，2018：90）。以上两类人员，在初期恢复工业的进程中，或为技术人员中的主要力量。一方面由于战局不明，政权未定，去关内招揽技术人员成本高、困难大、成果也不确定，另一方面，在各厂矿一线进行劳动生产的工人，是恢复时期的主要力量，生产活动还未进入到科学管理与计划的阶段。

当东北工业由恢复转向建设时期，原本调集和培养工人的体制并不适用于技术人员的培训和选拔，因为工业中的生产技术是相对容易学习和掌握的，而要构建起自上而下一整套的计划机构，会计出身的专业人才必不可少。因此，东北工业部开辟了另外两条渠道，来为东北工业建设输送人才。一种是相对临时的方式，即从社会上大量招聘工程技术人员，国民党统治下的中国有大批工程技术人员失业。此外，相关专业的大学毕业生被统一调配，一部分随军南下，另一部分到东北参与经济建设。据袁宝华回忆,"1949 年毕业的大学生大部分都到了东北,仅计划处就接收了几十个人",时任东北工业部部长的王鹤寿总结当时东北搞经济的人才模式就是"老干部+大学生"(袁宝华,2018:89-90)。

上述人员调集方式的丰富以及对人才种类需求的转变,也预示着东北地区的经济和工业建设即将进入一个新的阶段。然而,"学习如何制定计划"仅仅是计划工作的开始,工业计划若想顺利制定与推进,必然需要事先能够准确掌握东北地区各厂矿生产的具体情况,事后则需要监督计划的落实与完成进度。以上两个要求,都促使中共在从恢复转向建设之后,将统计工作提升到相当重要的位置上来。

1950 年 7 月,东北统计局召开"第一次统计会议",时任统计局局长的王思华在会议上做"统计工作的任务"报告,将过去的统计工作分为两个阶段,以 1950 年 4 月 10 日为界,前一阶段的特点是"分散的、零碎的、各自为政的",这一方面是因为机构残缺不全,尽管东北财经委设立了"调查统计处",但各省市仍无统计组织,各部局仅少数成立统计机构,且彼此之间毫无联系,关系不明;另一方面,由于"报告制度"尚未建立,各部门滥发表格,乱要材料,统计数字的填写规则也未统一,难以整合。在这种情况下,尝试以统计工作来推动计划工作,必然事倍功半。1950 年 4 月 10 日,东北人民政府发布了《关于加强统计工作的决定》,要求成立东北统计局,各省市、各部局成立相关统计部门,受前者领导。此一决定中,最为紧要的一点是制定统一"调查统计报告制度",统计局负责要对各种统计报告表格加以审查,下级统计机构按要求在规定时间定期向统计局提供各类统计资料。自此,统计工作逐渐走向统一与科学(王思华,1986:1-2)。

以上种种征调技术人员与配齐机构建制的措施,尽管为东北工业走向统一计划、科学管理奠定了一定的基础,但具体的计划与统计工作的关键更在于统计知识和方法的确立与贯彻。伪满的工业遗产中至关重要的一部分,便是当年实地调查所留存的大量资料和留用的技术人员。中共组建东北财经委会计划处后,积极搜集与整理日伪时期的调查资料,并由留用的日本统计工作人员汇总出版(横川次郎,

1991：138-139）。

总体而言，当时中共对于计划工作的构想与努力，便是在苏联的经验、日本的材料与中共的专业人员的互动中，结合着各工业厂矿的实时的资料与数据，一步步摸索出来而来的（袁宝华，2018：100）。

综上所述，随着中共接管沈阳，东北全境解放，东北的工业体制在贯彻经济核算制与开展计划和统计工作的进程中，日趋完善，努力向兼具纪律性与计算性的方向努力。此一阶段，亦是从倚重工人进行工业生产的阶段，向依靠专业技术人员发展与建设工业环节的迈进。在各方的努力下，1950年的经济计划如期制定，并稳步推进，直至1950年的朝鲜战争突然到来。

五、再次卷入战争：东北工业体制的基本确立

在率先解放的历史条件下，东北地区领先全国进入到大力发展工业和计划经济的准备阶段，在短短一年时间内配备了大量专业技术人员，建立了配套的职能部门和组织制度，似乎工业体制开始从"战争形势主导"转向"日常化建设"阶段，并日渐成熟与完善。然而，随着朝鲜半岛形势恶化，在美国的介入下，朝鲜战争于1950年爆发，这次战争颇具偶然性地打断了中共原本计划好的连贯的进程。

1."第二条道路"的破产："抗美援朝"对东北工业体制的影响

1949年7月31日，李富春在东北的纺织局厂长经理会议上做题为"东北工业建设中的变化"的报告。报告中提出，在"支援全国"的新时期，要重新考虑如何发展东北工业的问题。在报告中，李富春清楚地表明，随着东北全境解放，东北工业建设的情况发生了变化：解放前，搞工业、搞厂矿，是为了政区东北的解放，"支援战争"是动员一切人力、财力、物力的轴心；新中国成立后，就全国范围来讲，东北已经处于大后方，经济建设成为了压倒一切的中心任务。要完成新的任务，就必须要经过生产、再生产、扩大再生产的过程，不断完成工业生产的资本积累。对此，中共的打算是，经由农业生产粮食和工业原料来征收公粮，是主要的资本来源；由纺织业等轻工业赚钱，投资重工业，是巩固的来源；此外，节省财政开支用以投资工业。由

于财政收入的主体一直是来源于农业,农民负担已经很重了,而行政支出在财政收入中仅占不到百分之一,因此,搞好轻工业、降低重工业成本,是未来发展工业的中心任务(《东北解放区财政经济史资料选编第2辑》,1988:198-203)。

李富春的报告展现了中共在新中国成立前夕对于东北未来工业体制的整体筹划,然而这与我们后来在新中国成立后几十年间所经验到的依靠城乡分离、实行粮食统购统销,全面以农业支援重工业发展的路径似乎不大一样。当然,李富春并没有否认农业仍旧是东北地区财政收入的主要来源,因而也是重工业投资的主要来源。但他明确说明农民负担已经相当沉重,而财政支出可节省的部分比重太小,由此提出了未来以"搞好轻工业、减低重工业成本"作为工业建设的中心任务。

"减低重工业成本"的努力,我们在前文以推行经济核算制为轴心的一系列实践中,能够清楚地把握到,而东北地区的轻工业,主要包括纺织工业和食品加工业,而后者显然不足以承担起向工业输送资本的能力。笔者无意过多讨论东北地区此时轻工发展的情况,而是想以上述短浅的介绍,为以李富春为代表的在东北进行工业建设的中共干部在进入1949年下半年后对东北工业发展新的设想,提供一些参照。"较发达且规模较大的纺织工业主要在南满地区"这一现实,无疑也指示出自1949年末开始,轻工发展的中心,即是沈阳一带。然而,1950年朝鲜战争的爆发对中国东北部,尤其是其南部地区的工业基地建设构成了相当的威胁,而出兵朝鲜的举动,无疑也打断了此前东北工业体制在和平状态下向前发展的进程。

2."南厂北迁":东北工业布局的重新调整

抗美援朝对于东北地区工业体制的影响,主要在于两个方面:一是重构了东北的工业布局,也一定程度上巩固了重工业占绝对主导地位的工业内部分工;二是再次以战争催动了工业体制的进一步发展。

在这一次战争中,南满地区除了几个特大型的厂矿,机械工业、纺织工业都迁到了北满,尤其对于当时的黑龙江与合江两省的工业格局产生了很大的改变(袁宝华,2018:104)。值得注意的是,东北地区自1949年开始贯彻落实的经济核算制、生产责任制、开展基础建设等健全东北工业体制的工作,在此次战争期间仍在持续,计划与统计工作也没有中断。首先,因为出境作战,国内仍旧处于和平状态,东北地区尤其是北满地区仍具备工业生产的条件,较之中共最初进入北满开展根据地工作的时候,境况改善了许多;其次,东北作为距离朝鲜最近的边境地区,自然肩负起支援前线作战的后勤责任,向前线输送物资再次成为工业生产的首要任务。在此过程中,轻工生产又一次以向前线补给作为主要任务,而无暇在工艺、品质改良等耗费过多精力,因而失去了原本可能的发展机会;而重工生产则随着又一次战争的驱动,掀起了生产的浪潮。1951年5月18日至6月2日,东北局在沈阳召开城市工作会议,提出"爱国主义增产节约"运动的要求,随后各工矿迅速陆续形成增产节约运动竞赛的高潮。

这次搬迁,一方面促生了北满地区一大批工业城市的兴起,另一方面,工厂的大量搬迁也对东北工业部门安置工人提出了紧迫要求。在这个意义上,战争一定程度上也促使工业部门从全力关注生产,转向了"生产生活并重"。这一转变体现在,东北工业部在此期间新设了设计处与基本建设处。基建工作的开展一定程度上也代表着工业体制内容的进一步扩充。在此,笔者仅以建国初期几年间鸡西矿区建设的情况,对此一时期工业体制的改进,做一简述。

3. 向"生活"的拓展:新中国成立初期东北工业体制的新变化

矿区生产活动要顺利开展,最为关键的就是劳动力问题。然而,由于常年处于战争状态,煤矿开采工作又十分艰苦,矿区长期处于劳动力短缺的状态。因此,恢复生产初期,中共干部采取的办法多是从外调拨和招募工人,这也意味着,矿区实际上一开始就面临如何安置工人生活的问题。然而,最初几年,矿区都在拼命地组织工人们搞生产运输,伪满遗留的恶劣环境并没有明显改观,部分工人为此离矿。资料显示,1950年鸡西矿务局采用1212人,其中,退矿离职者达921人,留守率仅24%(康广良,1993:100)。为了留住职工,从而给长期发展生产创造条件,局矿的领导坚持从1949年开始连续三年抓职工劳动、生活和学习环境的改善。

首先,组织人员对生产环境进行了改善,例如,定期清除井下巷道等工作场所的煤尘、积水、杂物等，增设安全保护装置，增加工人保健品，还会派专人向井下送开水。对此，工人们表示"如今的煤矿真是换了天地，我们哪也不去，在矿上干一辈子"。此外，矿区着手彻底清理"把头"现象，建设和加强工会力量。经过1947年的民主改革，在籍工人已被从把头之下解放出来，但季节性的临时工人仍旧会受到把头不同程度的剥削。一种典型的方式是小股的包工形式，名义上几个人被编成一班，共同与公家订立包工合同，实际上在股子班以外还雇了很多日工，由工头吃劳金，最后的红利只有股子班的几个人来分。这种现象主要发生在土建工程[①]的部分，尤其是在矿区着手改善矿工生活的背景下（康广良，1993：101）。

不难发现，矿区生产看似在进入1949年后逐步迈向了计划和科学管理的阶段，但是工业建设的进程并非只处理好生产环节就可以顺利的，尤其是井下工作的煤矿工人群体，大多"活累、挣钱少、不安全"。因而，在进入常规化的工业建设后，中共不再通过运动式动员的方式调动工人投入生产，而是要将成本核算、生产责任制等常规化，要对厂矿进行企业化管理，在这种"科学管理"的取向下，例行化的生产劳动如果在生活上没有改善和额外的回报，很难留住矿工。因而，伴随着"南厂北迁"进程中基建工作的大范围展开，北满的各矿区也普遍开始更加关注职工的生活需求，以此来将其固定在生产区域内，同时也为日常化的、相对单调的生产工作提供一些调剂[②]。

综上所述，中共结束内战、顺利建立新中国后，东北的地理位置决定了其仍处于东北亚地缘政治前沿的处境，而随着朝鲜半岛局势的恶化，美国出兵朝鲜的举动对中共建设东北工业的进程形成了干扰，在此种背景下，中共决定出兵朝鲜，东北地区再次转入战时状态。然而，此次战争的性质和时机已不同于之前的解放战争，一方面，东北地区在短时间内建立起相对完备的工业体制，物资供应与兵力输送相较于之前都更为充足和顺畅，基本可以实现自给；另一方面，在战争的催

---

① 如建宿舍、食堂、澡堂、医院、学校等。
② 以鸡西矿区为例，矿上还会组织文艺节目、建立体育设施等，限于主题和材料，此处未展开。

化下，东北工业布局做出了迅速的调整，而此次调整不仅带来了产业格局的新变化，也对东北的工业体制已有的内容进行了巩固和扩充，即表现为再次强化和动员重工业的生产，以及随着大规模工厂迁移而开启的基础建设的新进程。

第四章　结论与余论

一、"军事－工业"互动：作为过程的东北工业体制

本文讨论了1945-1952年间中共于东北地区进行工业实践并逐步确立起初期工业体制的过程。如前所述，这一体制经历了"一边支前、一边恢复"的战时体制，到"动员生产，发展建设"的例行化体制，转而因"抗美援朝"又再度进入到新一轮战时动员和工业体制的再调适。整体而言，这是工业随着战争条件的变化而不断调整其中心任务的过程，亦是中共干部在"计划经济"和"工业为先"意识的指导下，落实生产、管理、计划各环节的体制建立进程。

实际上，在前文对日伪时期"统制经济"实践的回顾中，我们已能够比较清楚地把握伪满政府开发东北地区的进程，认识到它是与日本国内对于东北亚地区的整体构想及其卷入战争的形势走向是相伴相随的，这其实就指示出一种工业建设与军事行动之间互动的路径。其间最为关键的两次产业开发五年计划的实施，对于东北地区的人口构成、经济生活、产业布局形成了持久的影响，从而形成了殖民统治下特定的社会生态，其中最为关键的影响便是高度商品化的经济和原子化的个人。在日本撤出东北后，这一社会生态并未消失，而是经过中共的接收和改造后，成为了东北这一区域社会生活的某些底色。

二战失败之后，日本结束了在东北地区十几年的统治。1945年下半年，中共抢先挺进东北，原以接收大城市、发展大工业作为先期准备工作的重点，但由于美国的介入和苏联的战略性妥协，不得已转战北满地区开辟根据地。这一形势急转，颇具意外性地打乱了中共原本

的计划，同时，将北满地区提升到新的部署中相当重要的位置。中共与国民党势力在北满与南满的对峙，也一定程度上重构了两个地区经日伪统治后留存的工业生产的格局。

在时空的双重压力下，中共迅速基于现实处境调整部署，以解决纷至沓来的各类问题。1945年底至1946年下半年间，中共面对的最主要困难是解决军需民用的物资与财源问题。在经济与生产商品化程度高的处境下，中共首先建立起统一财经工作的机构，以积极开展对苏贸易以解决民用工业品需求，稳定财政来源，并充实可调用以恢复工业的物资储备。此一阶段，就东北的工业体制而言，中共干部解决的是工业资本来源的问题，即初步确定了以农业补给工业的模式。

随着中共与国民党之间战争形势的白热化，前线作战对于后方生产提出了紧迫且刚性的需求，1947年间，中共的主要任务是广泛地发动农民积极生产以保证物资充足。在此期间，以鸡西矿区为例，调配物资和征集劳力的过程中，都采取了临时性的强制措施，这些做法实际上对后期工业生产向日常化的转变构成了障碍。

在基本完成北满地区部分工矿的开工准备后，中共继而在各矿区进行了民主化的改造，确立起对北满各工矿的领导，并清除残存的旧有势力，同时确定了以"支援作战"为先、以"完成生产任务"为工业生产首要目标的方针，初步恢复与组织起生产。值得注意的是，此一时期，在"一切以支援作战"为纲领的生产活动中，组织化与纪律性的要求都没有得到足够的重视，但囿于当时的处境，对此确实无法多做要求。

鉴于北满地区的主要工矿多是因埋藏巨大的矿产资源而在伪满后期被大力开发，因而呈现出块状的分布，加之苏联军队的进入以及地方上原本残存的把头势力，中共难以在短时间内以统一且成熟的策略进行接收和改造。因此，各地的接收情况多呈现出不同态势，即使如文中所讨论的，同处鸡西矿区的各煤矿之间在接收的困难及其过程也存在分化。紧随其后的矿区民主改革如何开展，也与被派驻的中共干部的个人特质不无关联。对此，笔者在前文的讨论中并未展开，仅意在说明中共在北满地区的前期工作，尽管在形式上受统一机构领导，但在具体开展中仍旧是以"便宜行事"的方式进行的。此外，中共在北满地区进行民主改革的过程中，逐步触及到工业体制中的人员问题，即开始注意到如何区别化地看待工人与职员群体的问题，这为后续接管大型工业企业提供了先期经验上的累积。

自1947年下半年开始，随着中共在战争局势中由守转攻，战况愈加激烈，后方的工业生产也开始转入大规模动员生产的阶段。在此一阶段，中共发起了以生产立功运动为代表的数次运动，以改造工人的生产态度。而后，随着1948年底接管沈阳，中共全面占据东北解放区，面对管理大工业生产和支援全国的需要，开始着手解决前一阶段以支援战争为中心的生产造成的浪费问题，即以物资供应的方式发展生产因而不计成本所形成的普遍的浪费现象。对此，中共再次以"运动"的方式加以矫正。与此同时，由此开展的"创新生产新纪录"运动也被中共干部赋予联结未来有组织、有计划地发展工业生产的中间环节的位置，即以创造出的各种新纪录作为生产定额的依据。"立功运动"向"新纪录运动"的转向，标志着中共已逐步放弃统一供给以恢复工业的模式，转而为迈向具有计算性的工业体制做好前期铺垫。

东北全境解放后，东北解放区已然成为支援全国作战的大后方，物资配给不再是东北地区支援战争的主要手段，毋宁是发展生产成为新一时期经济工作重心。在此背景下，中共通过强化组织纪律与贯彻成本核算的方式，推动东北的工业体制朝向计划经济的逻辑转变，并在此期间初步建立了各级计划与统计机构，在清理伪满调查资料的基础上、在与苏联和日本专业技术人员的互动中，学习并制定出1949与1950年计划，对工业生产形成一定程度的指导与规制。

然而，就在东北工业体制刚刚朝向纪律性与计算性的起步阶段，地缘政治再次陷入紧张的冲突，朝鲜战争爆发，东北的地理位置迫使中共不得不对其工业布局做出调整，这既打断了中共干部对未来一段时期内东北工业发展的新构想，也驱动了东北工业体制的调整。其结果是，在抗美援朝战争的影响下，逐步发展轻工业以支援重工业的路径，由于支援战争任务迅速降临，而被搁置。与此同时，大规模的工厂迁移对中共提出了"如何短时间内安置工人生活"这一与工业生产密切关联的新问题,由此,基础建设工作开始成为此一新阶段工业体制的重要构件。

持续了近三年的抗美援朝战争对东北的工业体制而言,既构成了地缘政治的基本环境,也构成了中共求助苏联以筹划未来工业建设与经济发展的契机。此次战争期间,作为紧邻苏联与朝鲜的边境地带,东北地区,尤其是北满地区的工业生产与建设,主要围绕两个环节展开:一是为前线输送物资以支援作战,二是为后续全国范围内"一五计划"的实施积累并输送技术人才与经验。在战争的催化下,东北工业体制进一步巩固了重工业占据绝对优势的局面,而抗美援朝作为契机,使中共获得了苏联的信任从而为其"一五计划"的制定与实施提供从人员、物资到技术、经验的全面支持。

总体而言,早期的东北工业体制的建立,既是一个跟随国内政权与地缘政治所引致的战争局势的变动而不断回应的过程,亦是一个经由早期的中共干部对于日常化的工业建设与计划经济的构想、而有意识地驱动工业生产由以完成生产任务为中心朝向以纪律化和计算性为特点的相对科学的工业体制转变的过程。

因此,通过对1945-1952年间东北早期的工业体制建立过程的考察,我们能够了解到此一过程并非是一个纯然的应对战时危机而构建起来的计划体制,而是渗透着中共干部对计划经济的构想而体现为某种建设策略。与此同时,这一早期工业体制,也并非以"供给制"或"工业主义"的单一面向作为对其战时与日常化两种状态之特征进行概括即可清楚说明的,毋宁是一个接续战时供给体制,进而在战争局势进展中不断调适以转向以纪律和计算为普遍特点的"工业主义"体制的连续历史进程。此过程并非连续顺畅的,朝鲜战争作为颇具"偶然性"的一次事件,再次动员起初具组织架构与人员配置的工业体制,其中部分得到强化,部分得以调整。

1945-1952年的东北地区这一特定时空,如笔者最初所言,构成了中共自身由农村进行根据地建设转向接管城市发展工业的节点,与此同时,也承接了该地区经日伪统治后的遗产并开启了新的工业体制建立的进程。进入东北后的形势突变,既对中共开展工业实践形成了阻碍,却也一定程度上给了中共缓冲期,由农村和中小城市所积累起的对东北地区发展工业的知识与经验,为后期接管大城市、进而开始计划经济的进程提供了助力。在这个意义上,中共干部作为工业实践的承担者,其所逐步搭建起东北工业体制的历史过程,构成了自延安根据地时期的农村工作至新中国成立后大规模工业建设之间的连续性。

总体而言,东北地区在1945-1952年期间经历了工业实践,不能否认伪满统治与苏联经验在此过程中的作用,但主要仍是中共干部基于自身的构想,在短时间内迅速构建出的一种建立工业体制的路径,其间的种种设想,甚至超越于当时的战争与工业的形势而富于前瞻性,但也碍于战争与地缘政治的突变,而发生延迟或破产的结局。不过也正是其间种种的错位,使东北工业体制初期建立的过程虽然具备一定的计划性却不具备一贯性,而是充满了复杂与偶然的变数。

二、余论:工业体制与社会主义中国的城市构想

东北工业体制的迅速建立仅仅是中共开启工业建设与计划经济的一个开始,而此一历史进程对于随后数十年的意义,既在于它奠定了中共在东北进行工业基地建设的基底,也一定程度上在于它开创了"由工业生产带动城市形成"的模式。

就前者而言,"一五计划"便是基于对发展国家经济与建设东北工业基地的构想上制定而成的,中共干部在此过程中赴苏联谈判以寻求技术与经济援助,其中最为重要的成果便是"156项工程"项目。由于东北在解放初期所建立起的从人员配置到组织架构进而到产业分布的工业体制的基础,其中绝大多数项目都立项在东北地区,苏联工业的关键制度也是在这一时期大规模渗透到中共的工业实践之中,因而,此一轮的建设对于东北地区的民情而言,无疑是一个巩固与重构的颇具决定性的历史环节。

而对于东北工业城市的兴起,如前文所展示的那样,抗美援朝战争为东北的工业布局带来了一次大规模的调整,与此同时,以"人民志愿军"出兵朝鲜,毋论其政治上的考量,在实际征兵过程中,地方向前线输送了相当数量的人员。战争结束,部队释放出大量的人员流

入东北,其安置问题,大部分都由工业部门的企业承担起来,加上本就有相当数量的工业劳动力被人为地聚集在此区域,如何组织起有序的工业生产与城市生活,成为了中共在战后的东北地区亟待解决的关键问题。若将历史继续向后推进,我们能够了解到,中共是依靠"单位"组织及其制度来广泛组织起了城市生活,而在东北地区发育的这一模式也成为了中共在新中国成立后很长时间发展工业与建设城市的主要策略[①]。

凡此种种,仍需要循着历史的车轮向后碾过的痕迹,方可作出更进一步的分析。

参考文献

卞历南,2011,《制度变迁的逻辑——中国现代国营企业制度之形成》,浙江大学出版社。

大泽武彦,2007,解放战争时期中国共产党对东北的管理与对苏贸易,《中共党史资料》,第1期。

戴茂林、李波,2017,《中共中央东北局:1945-1954》,辽宁人民出版社。

东北解放区财政经济史编写组编,1988,《东北解放区财政经济史资料选编第2辑》,黑龙江人民出版社。

东北局第56卷第7号文件,1946,林枫在干部大会上关于目前东北情况和我们方针与任务问题的报告。

东北开展新纪录运动的现状与问题,1950,《人民日报》1月26日,转载《东北日报》。

高柏,2008,《经济意识形态与日本产业政策——1931-1965年的发展主义》,上海人民出版社。

横川次郎,1991,《我走过的崎岖小路 横川次郎回忆录》,新世界出版社。

居之芬编,2016,《日军侵华期间中国劳工伤亡调查1933.9-1945.08》,中共党史出版社。

康广良主编,1993,《鸡西在建国初期1949年10月-1952年12月》,中共鸡西市委党史研究室。

[①] 如20世纪60年代的三线建设,一定程度上导致了西南一些地区工业城市的兴起。

科尔奈,2007,《社会主义体制——共产主义的政治经济学》,中央编译出版社。
——,2013,《思想的力量智识之旅的非常规自传》,上海人民出版社。
李汉林、李路路,1999,资源与交换——中国单位组织中的依赖性结构,《社会学研究》,第4期。
李汉林、渠敬东,2005,《中国单位组织变迁过程中的失范效应》,上海人民出版社。
李猛、周飞舟、李康,1996,单位:制度化组织的内部机制,《中国社会科学季刊》(香港),第16期。
刘统,2017,《决战:东北解放战争1945-1948》,上海人民出版社。
刘向三,2001,《往事的回忆》,黄河水利出版社。
刘信君、霍燎原编,2006,《中国东北史第6卷修订版》,吉林文史出版社。
路风,1993,中国单位制的起源及形成,《中国社会科学季刊》(香港),第5期。
罗维编,1949,东北国营煤矿年鉴1949,东北煤矿管理局计划处。
孟庆延,2009,社会学视野下的中共制度史研究:理论传统与"问题意识",中共党史研究,第1期。
彭真,1991,《彭真文选1941-1990》,人民出版社。
平萍,为什么内部市场机制会失败——对一个国有企业组织形态的经济社会学分析,《清华社会学评论》(2002卷)。
苏崇民,1988,伪满洲国《北边振兴计划》初探,《现代日本经济》,第2期。
田毅鹏,2016,单位制与"工业主义",《学海》,第4期。
王金文、1993,周桂芬编,鸡宁大生产支援前线,中共鸡西市委党史研究室。
国家统计局统计科学研究所编,1986,《王思华统计论文选》,中国统计出版社。
王首道,1988,《王首道回忆录》,解放军出版社。
夏良才编,1985,《近代中国对外关系》,四川人民出版社。
解学诗编,1987,《满铁史资料第4卷煤铁篇第2分册》,中华书局。
薛世孝,2014,《中国煤矿革命史1921-1949》,煤炭工业出版社。
杨长春,1999,《一个联络员的自述》,中共党史出版社。
袁宝华,2018,《袁宝华回忆录》,中国人民大学出版社。
李锐,1992,接管沈阳记事,《中共党史资料杂志第40辑》。
中共中央文献研究室编,1995,《毛泽东在七大的报告和讲话集1945年4月-6月》,中央文献出版社。

《中国煤炭志》编纂委员会编，1996，《中国煤炭志黑龙江卷》，煤炭工业出版社。
中国人民政治协商会议黑龙江省委员会文史资料研究委员会编，1983，《黑龙江文史资料》第10辑，黑龙江人民出版社。
中国人民政治协商会议黑龙江省委员会文史资料研究委员会编，1984，《黑龙江文史资料》第13辑，黑龙江人民出版社。
中国人民政治协商会议黑龙江省鸡西市委员会文史资料研究委员会编，1987，《鸡西文史资料》第3辑，黑龙江人民出版社。
中国人民政治协商会议黑龙江省鸡西市委员会文史资料研究委员会编，1988，《鸡西文史资料》第4辑，黑龙江人民出版社。
周焱等，1985，《陈郁传》，工人出版社。
朱建华编，1988，《东北解放区财政经济史资料选编》第4辑，黑龙江人民出版社。

Kornai, János, The System Paradigm", *From Socialism to Capitalism*, Central European University Press, 2008.

Perrow, Charles, *Organizing America: Wealth, Power and the Origins of American Capitalism*. Princeton University Press, 2002.

祠堂背后的社会构建

熊志颖　北京大学社会学系 2016 级
指导教师　高丙中

绪　论

一、地缘、宗族与问题的提出

在历史上，宗族（Chinese lineage[①]）曾是一种重要的地方社会力量。许多既往研究都指出，宗族至少有两方面的突出历史功能：一是在政治方面，它能够实现皇权到达不了的地方社会尤其基层社会的自治；二是在经济方面，它能够形成内部的劳动合作并拥有一定的共同财产。这些其实奠基于一个共同的历史基础，那就是"聚族而居"的居住格局。

"聚族而居"似乎是宗族的必要条件。钱杭从历史学角度分析宗族的世系学时，指出宗族具有"前宗族""宗族"和"后宗族"三种形态。他认为"前宗族"形态的重点在于"族"，这是一种共同居住的地域范畴；"宗族"形态则是在"族"的前提下加入"宗"的概念，"宗"的观念在"族"的共同地域的意义中得到凸显；"后宗族"形

[①] Lineage 一词本是指"世系"。在人类学中，"世系"本有父系、母系以及双系之别；而中国的宗族只有父系，这似乎与 lineage 的本义不符。但是笔者认为，用 Chinese 来限定 lineage 之后，强调的是中国的世系，所以 Chinese lineage 还是可以与中国的"宗族"对译的。

态则是说基于"宗族"形态进行的迁徙,在异地形成新的宗族(钱杭,2011:18-38)。在"后宗族"形态中,宗族的分化实际上是在宗族作为整体的意义上被论述的,而具体的、单个的宗族仍然被假定为类似于"宗族"形态的"聚族而居"。

但"聚族而居"其实是一种"历史"形态,现在的宗族——至少笔者在四川看到的个案——在居住格局方面其实是分散的。这里的分散有三层含义。第一层含义是指如果从村落的视角来看,当地村落中房屋布局不似北方村落集结式聚居,而是依据田地地点而零散地分布。也就是有些研究成都平原的学者所称的"随田散居"(王笛,2018:26-30)。第二层含义是指宗族的迁徙历史造成某一宗族成员家庭住址的分散。就实际情况来说,这又有两个不同的方面:一方面,即使是在以某一宗族成员为主的村落中,也可能兼有其他的多个姓;另一方面,某一宗族的成员由于历史上的迁徙[①],分散在多个村落,有时甚至可能越省跨市,但是他们依然认同为一个宗族,共用同一座祠堂并且被收录到同一部族谱中。第三层含义则是实际居住层面,这主要表现在宗族成员平日里在外地工作、生活,或者在外地置办房产家业等,但是他们的根基仍在原地。分散居住的三层含义在以往的宗族研究中没有受到足够的重视,但这却是越来越凸显的历史与社会现实[②],因此现在研究与宗族相关的问题时,分散居住这一特点应该受到更多的重视。

结合中国当下的现实,与宗族相关的、最有意义和最紧迫的议题之一是宗族复兴。自清末开始,宗族逐渐呈衰退萎缩趋势(Anderson,

---

[①] 这里的迁徙与造成"后宗族"形态形成的迁徙不同。最根本的区别在于:在"后宗族"形态形成的过程中,被考察的对象是作为整体的宗族;而这里的迁徙是说宗族个体成员的迁徙。事实上,整体宗族的迁徙必然基于宗族个体成员迁徙,前者是后者的一个历史积累的结果。

[②] 笔者根据族谱的信息,对本文将要研究的宗族进行了居住地址和职业的统计。其主要结果如下:就家庭住址来说(有效信息5612条),该宗族的成员分散居住在四川、重庆等28个省一级的行政地域中。四川和重庆是主要的分布地区,但是其中又以四川省的广安市、南充市、达州市和成都市为主。在广安市和达州市里,又分别主要分散居住在广安区和渠县。再往下,也能找到相对集中居住的乡镇村落,但已经只占宗族人口的很小一部分了。而就职业来说,宗族成员主要从事农业生产和外出务工,这两项职业合计占有效信息(3729条)的七成以上。

1970)。尤其是新中国建立以后，宗族经历了一系列的社会运动，传统宗族的文化特征曾几乎被彻底否定：传统礼仪活动曾被取缔，族谱多数被烧毁，祖宗牌位被移走，祠堂也多另作它用。这种情况一直持续到改革开放以后。学者们后来也注意到，20世纪80年代以来，全国各地先后出现重建祠堂、续编族谱、重新举行集体祭祖仪式等现象。这些现象被统称为宗族复兴，并得到不同角度、不同程度的关注。

多数有关宗族复兴的研究聚焦于宗族的要素和文化特征方面。将传统宗族与现代宗族的要素和文化特征——祠堂、族谱、祖坟、世系、集体仪式等——进行对比（汪启和，2003；陈兴贵，2013），是许多研究解释宗族复兴的主要思路。此思路建基于传统宗族自身的逻辑，而没有注意到现代宗族虽然仍被称为宗族，但在许多方面形成了对传统宗族的翻转。例如，传统宗族是因为人们具有对共同财产的所有权和继承权，所以结合在一起成为一个团体；而在现代宗族中，则是因为人们已经聚在一起了，才会置办共同的财产。这其实是一个很重要的区别，也是本文的突破口。传统宗族逻辑思路下的研究，抱持着"聚族而居"的理所当然之"执念"，或许根本就不会提及居住形态这个问题。

意识到"聚族而居"成为特殊的历史，分散居住才是当下的现实的基础之后，本文提出的问题是：就四川的个案来说，分散居住的成员为何以及如何在宗族的名义下重新凝聚？结合宗族复兴的背景，换句话说也可以是：四川的宗族复兴是如何可能又是如何实现的？

要回答这个问题，当然应该着眼于对历史与社会的考察。但笔者认为不应该只从宗族的角度来探究与之相关的历史和社会，而应该将宗族置于总体的历史与社会的情形之中，因为分散居住已经使个体的成员相对独立地进入到总体的历史与社会之中。个体在这个历史与社会中能够离析得更加干净彻底，也就在另一方面意味着个体具有更加多元的与社会联系的方式，可以形成更加多元的社会关系和网络。每一种社会关系都被个体所考虑，都有可能在这种社会关系的基础上形成某种制度化的结果，或者也可以说是形成某种组织。同时，这也意味着，一种社会关系被制度化或形成组织，可能会受到其他社会关系的影响。这是现代有机社会的特征，与以往的同质的、整体的机械社会有着根本的不同。同质的、整体的机械社会可以参考非洲的努尔人社会。埃文斯-普里查德（E.E.Evans Pritchard）介绍了努尔人的政治制度和亲属组织,就发现了这两种不同体系之中的内在对应（埃文斯-普里查德,2014:273-281;福蒂斯、埃文斯-普里查德,2017:237-239)。在努尔人的社会中,政治和亲属等多种不同的体系使用了同样一种结构;而在现代有机社会中,每个体系都有自己的结构。各个体系相互独立又相互交织,构成一个更复杂、庞大和完整的社会。独立的个体是联系各种体系的枢纽;但是个体并不能随心所欲联系各种体系,而是为传统、社会现实所限制和框定。诚如马克思所说:"人们自己创造自己的历史,但是他们并不是随心所欲的创造,并不是在他们自己选定的条件下创造,而是在直接碰到的、既定的、从过去承继下来的条件下创造。"（马克思,2001:8-9）

二、文献评述：聚族而居的"历史"与分散居住的"现实"

关于宗族"聚族而居"的居住形态,林耀华和弗里德曼（Maurice Freedman）在各自的背景下进行了特别的强调,但又在政治的视角下相契合。他们的共同特点是将"聚族而居"落实到村庄。1935年,林耀华在其硕士论文开篇的第一段就说:"义序是一个乡村,因为全体人民共同居住在一个地域上。义序是一个宗族,因为全体人民都从一个祖宗传衍下来。前者为地域团体,后者为血缘团体。义序兼并前后二者,就是一个宗族乡村。"（2000:1）林耀华写作的背景,是以英国为主的功能主义理论在中国的传播,以及社区研究法在中国的逐渐成型和应用（吴文藻,1990:122-189、294-308;杨雅彬,1988;刘雪婷,2007;吕付华,2009）。而在后来的人类学中国宗族研究的经典范式（paradigm）中,弗里德曼也在开篇就指出:"在福建和广东两省,宗族和村落明显地重叠在一起,以致许多村落只有单个宗族,继嗣和地方社区的重叠在这个国家的其他地区也已经发现,特别在中部的省份,但在中国的东南地区,这种情况似乎最明显。"（2000:1）。弗里德曼的写作背景,则是英国人类学传统在非洲研究中的新进展。他是要与研究非洲大陆政治制度的福蒂斯（M.Fortes）、埃文斯-普里查德等人对话。林耀华的写作在福蒂斯、埃文斯-普里查德之前,但他也认为乡村其实是一个政治团体(2000:1)。是故"聚族而居"的宗族,通常从政治的角度被理解为帝国之下的基层自治单位。

宗族其实类似于莫斯(Marcel Mauss)所说的"总体社会事实"(莫斯,2016:128-130),它可以启动诸多的社会制度,而这些社会制度也在"聚族而居"的前提下被关注。林耀华和弗里德曼虽然十分在意宗族的政治属性,但他们也都同时关注了其他方面。其中比较重要的是经济问题。例如弗里德曼重点阐释了"村落生活的经济基础",其中特别关注的是与宗族组织存续相关的共同财产:族田(费里德曼,2000:13-21)。其他研究也关注宗族的经济方面,只是可能关注的具体内容不同。例如黄宗智(1986)认为华北村落社会中宗族组织并不突出,原因在于小农经济的形式、农业生产中较多畜力的使用等,使得村落内宗族的结合没有必然需求。有学者认为,黄宗智的华北宗族研究挑战了弗里德曼的东南宗族范式(兰林友,2005),但其实从这一点来看,黄宗智的观点和弗里德曼也有一定的契合:弗里德曼认为,水利建设所需的劳动合作,是东南宗族组织突出原因之一;而黄宗智的分析,其实是说华北的小农经济不需要大量的劳动合作,所以宗族组织并不突出。科大卫也是从经济的角度,阐释了珠三角地区的沙田开发竞争和争取"入住权",促进了明清时期该地区宗族的形成(2009:63-94)。但是,不管是公共的族田财产也好,还是家户间的劳动合作也罢,经济角度的关注依然是基于"聚族而居"的居住形态的。这也难怪费孝通会在重视家庭的基础上,倾向于认为在农民中形成的宗族组织更多的是一种地方组织,而非亲属组织(Fei,1946:5)。

有关宗族复兴的研究,也强调宗族族员共同居住的现实。高丙中在论述传统社会宗族的时候,指出:"中国人过去聚族而居,形成一个亲密群体,相互照应,为进一步规范亲族关系,在村子内外修祠堂、建寺庙,请祖先和神佛保佑自己,于是,生活有所依靠,心理有所慰藉。"(2008:26)这是对传统宗族组织逻辑最生动的写照。但随着中国社会的剧烈变革,乡村土地所有权和经营形式经历了三次变化:第一次是土地制度改革运动,废除了封建土地所有制,农民将土地握在了手里；第二次是集体化运动，集体劳动、吃大锅饭，土地复归集体所有；第三次是家庭联产承包责任制，实行"包产到户"，虽然土地还是归集体所有，却是由"户"独立经营，自负盈亏。一些学者认为，这些变化通过改变土地或生产、生活关系，先是对原来的宗族功能逐渐进行了替代，后来又产生对宗族的功能需要。例如王铭铭在研究福建美法村时指出："1979年家庭联产承包责任制的实施，造成了民间社会对旧的家庭模式的新需求，导致传统家庭意识的复活；由于集体机构力量的减弱，社区的生产和生活的社会互助缺少组织者和资源，因而旧的房祧关系、婚缘关系作为社会资源重新回到美法村；近年民间对自己的历史和认同的追求，也进一步引起传统公共仪式的回潮。"（1997：57）这也算是一种解说。然而，张小军对此刚好有相反的看法，他认为宗族的深层语法一直是与国家同构的，人民公社集体的"垮"，同时也解构了宗族的深层语法，而复兴中的宗族向"社团化"发展，取代了原先的结构（1997：203-208）。不管具体观点如何，"聚族而居"的共同生活，在有关宗族复兴的研究中也是被确认了的。

意识到宗族的"社团化"发展，其实提示了宗族研究的一种新思路。这种新思路使得宗族与特定的地域"解绑"，为解释分散居住的宗族重新凝聚的原因指引了方向。以往宗族研究遗留下来的问题，不是没有注意到宗族村落，或单姓村之外还有复姓村和族员跨村落分布的宗族，而是在研究范式、方法论等因素的影响下，一些学者只在特定村寨、乡镇内做研究，而回避了处理特定地域范围之外其他分支的问题。景军和张小军的宗族复兴研究，虽然也没有专门解决这个问题，但是他们的研究蕴含了解决这个问题的可能。景军（2013）以集体记忆为核心概念分析了甘肃大川村孔姓家族重建的过程，作为核心概念的集体记忆，是跨越村落乡镇而联系起整个宗族的；张小军（1997）则是从文化实践的角度，来呈现福建阳村境内多个宗族复兴的现象，实践的转向其实是对功能分析的反思，也具有和社会记忆类似的效用。他们没有直面"聚族而居"，而是将宗族本身作为研究的起点，其结果也就突破了居住形态的限制。也就是说，如果沿着他们的思路继续前进，是可能解答居住分散的族员为何要重新凝聚的问题的。

集体记忆和文化实践,看起来是相去甚远的两个术语,但只要借鉴合适的概念,其实是能将二者统合起来的。这个合适的概念就是伯格(Peter Berger)和卢克曼(Thomas Luckmann)所讲的现实的"社会构建"(social construction, Berger & Luckmann, 1991)。景军在其研究中所强调的集体记忆,类似(当然不等同)于通过制度化、合法化而构建的客观现实;张小军所说的文化实践,则和通过社会化而构建的主观现实相契合(也当然不等同)。客观现实和主观现实的相互依存和相互转化关系,则要求在"生活世界"(胡塞尔,2016:131-150)的基础上同时关注这两种现实的社会构建,这也是统合景军和张小军的研究,并继续前进的题中应有之义。

三、田野:个案选择与调查过程

本研究选取四川东北部的一个普通宗族——唐氏宗族作为研究对象。该宗族在明末清初"湖广填四川"时迁入该地,落户于今广安市广安区消河乡的唐店村,也叫唐家店。落户唐家店以后,由于开垦土地的需要、农业种植的便利,该宗族的成员又经过数次迁徙,现在主要的宗族成员分散地分布在广安、渠县、南充等地的十几个乡镇内,尤其是广安的消河乡、花桥镇、恒升镇,渠县的宝城镇、射洪乡和拱市乡等地。虽然唐店村依然是以唐姓为主,但是在该宗族所在的村子中,还有蒋姓(2队[①]蒋家院子)、邓姓(6队邓家沟)、谢姓等其他的姓。根据该村书记(唐启坤)以及其他村民估计,唐店村约有60%-70%的人口姓唐并属于这个宗族。其他地方的宗族成员也形成一定程度

[①] 这里的队是指生产队。虽然在官方文件、户口簿中,该村名为唐店村,但是当地人还是习惯集体时代的称呼,称之为八大队。八大队共有八个生产小队(现在叫"组")。唐氏宗祠在3队,除了入赘的一个王姓和一个张姓,该队绝大多数男性姓唐。

的小聚居（例如渠县射洪乡马鞍村[①]），但是更多的宗族成员与其他姓氏的人交错杂居。同时，川东北是四川省劳动力输出最重要的地区之一，年轻人多数背井离乡外出打工，唐氏宗族的成员自然也不例外。也有不少人经过打拼，在花桥镇、渠县和广安、成都、重庆等地购置了房产并长期居住。

该宗族复兴的年代较晚，却有着蓬勃发展的态势。2010年开始，该宗族有少量的人开始相互联络谋求复兴。2012年举办首届宗亲联谊会，并召开了筹备委员会会议，开始着手复建祠堂的工作。2013年在原先祠堂的遗迹上，新的祠堂落成。随后前往湖南寻根、续谱，2016年修成新的族谱。2017年"清明会"[②]颁发族谱。自2012年开始，每一年都会举办宗亲联谊会，是该宗族最主要的活动之一。

选择位于西南四川的该普通宗族作为研究对象，是基于以下几个原因。一是与东南、华北和西北的宗族研究形成对比。主要是与东南的宗族形成对比，分散的居住形态是其中一个重要对比点。二是四川等地在清末就被认为是宗法文化并不发达的社会（冯尔康，2013：67），当宗族研究在东南大盛而后又扩展至华北和西北时，也几乎没有有关四川宗族的重要研究出现。但是笔者在川东北地区所见的情形却并非如此，川东北地区重修祠堂的现象甚至可以用"蔚然成风"来形容。因此，笔者想用民族志的方式来质疑这种由来已久的判断。三是有关四川农村社会结构的经典解释是施坚雅（Skinner）的市场理论

[①] 马鞍村原属宝城镇管辖。后来行政区划调整，划归射洪乡，依旧沿用马鞍村的村名。在族谱中对马鞍村的唐氏宗族成员有较为清楚的记述。落业四川以后，仲铭公的一个曾孙在赶清溪场的路上，发现马鞍山附近临河，又地势平旷，遂决定迁居此地。不过这时已经进入了湖广填四川后期，土地应该不是依靠插占获得。到了马鞍山以后，他们与其他姓氏的人一起辛苦耕作，接通了宝城到清溪的驿路，并建立了驿站，修了跨河的桥，最后竟发展成一个拥有数千人的小镇——码头镇。后来，外国传教士来此地探矿，与当地人发生了争执。外国人勾结清兵，对这个小镇进行了攻伐。双方力量悬殊，小镇人被迫撤退。后来，清军一把火烧了镇子和附近住房。风波平息之后，小镇人再回来，已经失去了家园。于是除了少量人留下来，他们大部分进行了又一次的迁徙，一些向西迁到拱市乡水井湾，有一些向南迁到了有庆镇糍粑店，有一些向北迁到清溪场，还有一些跨越几百里迁到了重庆（参见唐三众，2016：372-373）。

[②] 在宗族成员间，流行的还是使用"清明会"这个词，但是在对外宣传和交往的时候，他们都是说"祭祖大会暨宗亲联谊会"。两个不同的称呼接续了传统和现代。

（1998），最近则有王笛（2018）主要根据沈宝媛在燕大的毕业论文对川西的袍哥组织（哥佬会）进行了关注。袍哥组织已经确定消失了，市场却依然在四川流行，那么宗族和市场关系就应该是一个有意义的课题。四是笔者的家也在川东北地区，从小生养在这一地带，对这里的文化和习俗有一定程度的了解，可以在有限的时间内收集到更多有效的信息。五是笔者母亲来自于这一宗族，因为有了这一层关系，在很多情况下可以方便调查。

2018年6月底，笔者正式开始田野工作，直到9月返校结束第一阶段的调查。这一段时间，主要利用当地发达的公路网骑着电动车拜访各地的宗族成员，并进行访谈，了解到与该宗族有关的基本信息；也多次到了位于唐店村的祠堂，访谈祠堂周边的住户，并绘制了祠堂的平面图。这一段时间的主要报导人是居住在渠县射洪乡唐家坝的唐启方①和居住在广安区花桥镇的唐杰②。

2019年1月至2月（春节前后），笔者有三周左右的时间居住在离唐家坝不远的周家院子。该院子及其附近居住有从唐家坝迁过去一支族人，现在约有一百人，多数平日里在外地从事各种各样的工作。这一支族人中有一些已经搬到县城，也有少数人在成都、重庆等地购置了房产。这一段时间，主要关注他们在年前、年后的人生礼仪和节日风俗，并试图以此来观察他们的实际社会关系。

2019年清明节前后，笔者居住在位于唐家店的祠堂里，并在清明节的当天以志愿者的身份参与和观察了清明会。其中，4月5日-6日，跟随宗亲委员会的常务委员会去往蓬安县③，观摩了另一个唐氏宗族的祠堂落成典礼。

四、论文结构安排

除导言，正文第一章对唐氏宗祠进行细致的描写，涉及祠堂的地理环境、历史、复建过程、建筑景观、日常管理等内容。

---

① 唐启方，射洪乡马鞍村人，79岁，农民。
② 唐杰，消河乡共和村人，44岁，小学教师，现任宗亲会常务副会长兼秘书长。
③ 蓬安县隶属于南充市，但是与达州、广安交界。

第二章对老年人和祖宗进行区分,从丧俗、纪念仪式等角度,呈现"从老年人到祖宗"的客观现实的社会构建过程,以理解与宗族有关的概念和观念及其如何在当地人日常生活中被填充、丰富起来的。这一部分当然不是作为客观现实的宗族进行社会构建的唯一内容,却是与日常生活相关的最重要的内容。

第三章试图在时间和空间的视野下,描述和分析该宗族续编族谱、寻亲联宗的经过,并描写一次清明会,探讨主观现实是如何在这些事件中被社会构建的。客观现实和主观现实并非决然分割,而是相互渗透、相伴而生的。

第四章以社会关系为主要线索,继续分析宗族的社会建构中的细枝末节,包括地缘群体与亲缘群体的同在、利用私人关系协助宗族事物、不同宗族之间的相互学习等。

最后一部分作结,指出通过复兴而形成的现代宗族组织,是利用文化传统并基于日常生活世界的社会构建而结成的公民社团,并在此基础上,开启有关中国的社会领域、第三领域,以及"个人-中间组织-国家"社会构想在中国的适用性等进一步思考。

第一章 一座祠堂

在分散居住形态的背景下,祠堂是把握宗族最直接和最初级的事物。作为一个局外人,只有在祠堂的情境中才能最明确地感受到宗族的存在。族谱当然也具有类似的工具性作用,但是相较而言,笔者更倾向于选择将祠堂作为切入口。首先,祠堂是鲜活的。祠堂不是一座冷冰冰的建筑,它事关人事,可以聚集活生生的人、举行隆重的仪式,当地人的日常生活因此可以部分地在祠堂展演。而族谱则是私密或半私密的,多数时候都是被束之高阁妥善保管的,外人难以见到。其次,从宗族复兴的具体个案来看,一般的程序是先建祠堂再修族谱。广安唐家店的唐氏宗祠是这样，南充市蓬安县金溪镇的老屋山唐氏宗祠①也是这样，亦即有些宗族可能还没有族谱，但是我们通过祠堂便可以确认宗族已经复兴。鉴于此，笔者将祠堂作为首要的观察和描写对象。

一、唐家店：来历与环境

理解四川的农村社会，施坚雅的"市场理论"确实是一个非常好的入口。他在《中国农村的市场与社会结构》（Marketing and Social Structure in Rural China）中，记录了一个曾经在四川农村十分普遍和重要的事项，即"幺店"，有时候也叫"幺店子"，大概就是"小商店"的意思。施坚雅认为，有一些"幺店"相当于其他地方的小市，可以将之看作初期的基层市场，许多重新建立的基层市场都是从"幺店"发展而来（施坚雅，1998：7）。近几十年来，四川地区的集镇越来越繁荣②，然而"幺店"却逐渐趋于消失，只剩下地名提示着那些逝去的历史。

唐家店就是这样一个地名。这里曾经有一个施坚雅提到过的"幺店"，但现在只剩下一处房屋破败的遗迹。2019年清明节的前一天，唐氏宗族宗亲会的会长唐元江③和常务副会长唐启安④曾带笔者去看过那个遗迹，并且为笔者指点和复原了当时的"幺店"设置。"唐家店"的地名就是根据这个遗迹的过去得来的。在现在的官方行政区划中，该地名叫"唐店村"，是去掉了其中的"家"字，但保留了"唐"和"店"字。有意思的是，当地人眼中的"幺店"，其实并不是杂货铺，而是一种建设在集市、场镇之间类似于"驿站"的机构。旅人可以在这里吃饭、喝酒、打地铺睡觉。

根据"唐家店"这个地名，我们其实可以获得两个信息：一个

---

① 唐家店唐氏宗祠清明会结束以后，笔者应宗亲会管理委员会的邀请，和他们一起赴蓬安金溪镇参加了另外一座唐氏宗祠的落成典礼（2019/04/05-06）。这座宗祠从2016年开始筹备复建，至2019年完成了主体工程，下一步的打算是赴湖南寻亲修谱。
② 这里的繁荣是经济意义上的，而不是施坚雅的理论意义上的。随着经济的发展，一方面当地乡镇集市越来越热闹，另一方面当地人交换的地理范围也有所扩大。
③ 唐元江，龙台镇复兴村人，60岁，退休干部，现任宗亲会会长。
④ 唐启安，消河乡唐店村人，57岁，小学教师，现任宗亲会常务副会长兼总策划。

是施坚雅所说的市场或交换场所,另一个就是宗族。地名是很可以揭示历史的。有学者从社会经济和生态效应的角度,研究了"湖广填四川"的地名学,在文中提到了多个以"某家某"为名的地名,并且解释这些地名正是该某姓人口迁徙该地之后新起的地名(黄权生、蓝勇,2007)。具体到该地,我们查阅《四川省广安县地名录》,发现有两个地名与此地相关,即"唐店大队"和"唐家店"。其中对"唐家店"的解释是:"解放前唐姓人在此院曾开过店子,故名。系唐店大队驻地。"而对唐店大队的解释则是"以唐家店命名。耕地957亩,1154人。"(广安县地名领导小组,1988:76)由此可见,"唐家店"这个地名,正是该宗族先祖落业此地以后才逐渐被命名的。"唐家店"这个地名中的"家"字,其实提示了在四川的农村社会中也是可能存在宗族的①,或至少存在类似于宗族的同姓群体,并且占有很重要的地位。也就是说,唐家店的地名来源于农村市场和宗族的结合②。

唐家店地名对宗族的提示并非特例,当地其他地名也可以提供类似证据。例如在村落内部,往往有某家沟、某家坝、某家院子、某家方井等地名——唐店村里就有"蒋家沟"和"邓家院子";在乡、镇一级中,亦存在着类似的情况,例如,离唐家店不远就有一个宋家乡③。在施坚雅自己提供的地图中,也有带有"家"字的地名(1998:28;31)。

这个由地名推测出的四川农村社会中宗族存在的可能性,也在地方志中得到了证明。据《广安县志》记述:"解放前,广安境内同姓同宗结成宗族的现象非常普遍,有的宗族又通过联宗结成庞大的宗族

---

① 或至少存在类似于宗族的同姓群体,并且这个群体在不久的将来可能发展为一个宗族。
② 施坚雅认为在基层市场之下,还有一些初级的"小市",它们通常和聚居的村庄对应,但是经济职能较弱。四川的情况更为特殊。一方面,在四川农村存在的主要是分散型的村庄,另一方面,就是市场之下的初级"幺店"。由此可见,施坚雅其实是注意到了四川农村居民分散居住的居住形态的(参见施坚雅,1998:5-7)。但是施坚雅太过重视家庭或村社与市场的直接联系,或者发展一个市场理论来概括中国农村社会结构的心态过于急迫,以至于一方面轻视了小市除经济职能以外的其他职能(例如作为公共空间、消息集散地等),也就轻视了村庄这种小同体;另一方面也轻视了建立在宗亲和婚姻基础上的的亲缘关系。也就是说,施坚雅不是没注意到四川社会中的宗族,而是没有给予宗族足够的重视。
③ 宋家隶属达州渠县,位于达州渠县、南充蓬安、南充营山两市三县交界处。唐家店则隶属于广安,位于渠县和广安区交界处。

网……清末，全县有宗祠50余个……民国时期，又新建了一些宗祠……解放后，按政策分配了祠产，以宗族为核心的活动停止……1980年后，个别地方又有人从事宗族活动，如续族谱等等。"①（四川省广安县志编纂委员会，1994：750-751）《广安县志》只给出了一个总体的数字，却没有列出具体的名单，也不知其统计标准，故不知道这个唐氏宗祠是否是这50余个宗祠之一。

318国道从达州市渠县的有庆镇而来，穿唐店村而过，到了广安花桥镇以后一路向西北延伸通向南充。被指认为唐家店的建筑遗迹，就位于318国道旁边，与318国道的主干道只相隔一蓬慈竹。笔者所要描写的祠堂位于国道的另一侧，与国道也相距不远②。住在祠堂的那段时间，每天晚上除了能听到不时的犬吠，还间或能听到车辆呼啸而过的声音。

318国道历史久远，但只要是能追溯到的历史，便没有绕过唐家店。民国十七年（公元1928年），国民革命军入驻广安以后设立的嘉渠马路总局，通过招标方式建成了广渠马路；民国廿四年（公元1935年），广渠马路纳入川鄂公路，并被定为省道（四川省广安县志编纂委员会，1994：750-751）。后来，川鄂公路部分路段与成渝路成简段、川藏公路、川藏南线等线路的部分路段相互联结，就是现在的318国道（四川省交通厅公路局，1994：96-97）。现在的318国道，连接起了上海和拉萨，是线路最长的一条国道。

国道上是繁忙的车流，国道边则是宁静的生活。国道的两旁，是大片大片的水田和旱地。当地人原则上是以水稻种植的农业经济为主的，但事实上大多数年轻人常年在外打工。水田一般地势较低，旱地则主要分布在地势较高的地方。旱地主要种植玉米、油菜、胡豆、红薯、花生等经济作物。有一些地势上介于水田和旱地之间的田平没有蓄水，只是在插秧的时候会灌上水，当地人称"干田"。干田的产出其实比水田多，因为干田一年可以种植一季水稻和一季经济作物。活人的房

---

① 值得一提的是，目前唐家店唐氏宗族的名誉会长唐三众，便是该县县志的副主编之一。
② 在国道旁边有一个路标，标示"唐氏宗祠"，显示距离300米。

屋和逝者的墓地等建筑，便点缀在这些田、地之中。房屋周边，一般会有规模不大的竹林或树林。竹子是当地生产生活中重要的材料和工具；院子里的果树，田间地头的柏树、千丈树等各种树木，也可能为当地人带来一定的经济收入。

  从地图上来看的话，该地处于亚热带季风气候区，气候特征春暖秋凉，夏热冬寒，四季分明。夏季气温非常高，常高于40℃，近年来愈有升高的态势。由于地理位置（中国西南内陆）和地形、地貌（主要是丘陵地形）的影响，该地春夏秋三季多雨。夏季不仅气温高，且多阵雨。因为夏季正是水稻收获和晾晒的季节，所以农民常常需要"抢偏斗雨"[1]。降水量并不稳定，少数年份需要抽取河流和水库里的水灌溉水稻农田。新中国成立以后政府曾在这片地区修建了大量的水库、灌溉水渠以及拦河坝，但人民公社解体之后缺少管理和维护，现在多数已失去灌溉作用[2]。听说最近唐家店也在争取修建村级堰塘的项目，但是在当地人眼中，其更大的功用是用于水产养殖。当地有专门的"水管站"管理水库、堰塘等设施，主要工作是保证水库蓄水量和保障水库安全。

  值得一提的还有当地特别发达的公路交通网。这里不仅有318国道过境，还有若干条省道、县道、乡道，并且农村公路的村村通、户户通基本已经全部实现。50公里内有若干个高速公路出口。相应的，交通工具也比较多元，短途出行越来越方便。这为汇集分散居住的宗族成员举办清明会提供了十分便利的条件。当然，发达的公路网之本意，并不是为了方便当地人的举办清明会，更大的作用在于方便他们"赶

---

[1] "偏斗雨"就是雷阵雨。当地方言，流行于四川达州、广安一带。
[2] 按照弗里德曼的观点，水利灌溉可能是东南宗族发达的原因之一。新中国建立以后，政府兴建的水利工程看起来也正好符合集体生活对宗族生活的替代的假设。但事实上，水利设施的废弃或另作他用否定了这两个观点。

场"、走亲访友等日常使用。若是"当场天"①，各村有面包车通往附近的场镇；如果不想坐面包车，还有摩托车可以叫。越来越多的人购买了电动摩托车或三轮车，三轮车一般用来载货，有时也载人。每个场镇都会有通往县城的班车，固定时间发车，各个场镇的班次数量可能有所不同。发达的公路交通似乎印证了施坚雅的观点，但其实也是对他的一个挑战，因为公路交通并不只为市场所用②。就我们的议题来说，公路网的意义，重要的除了方便日常生活，还有使得分散居住的宗族成员，在清明会当天的汇聚成为可能。这是社会提供给现代宗族的现代条件之一，不容忽视。

二、唐氏宗祠：过去与现在

从318国道上分出一条岔路，是通向原唐店村村委会的③。在岔路上前行100余米，又有一条岔路。从这条岔路上去，再前行100余米，穿过一片竹林，便到了唐氏宗祠。这两段岔路都是祠堂复建时由国家硬化的。根据唐启安的说法，这条路国家早晚是要建的，只是他们在复建祠堂的时候，提前享受了国家的政策。

现在的祠堂基本上是在老祠堂的位置上重建的。笔者没有见到老祠堂的遗迹，但是看到了一张照片，照片上只剩下一片废墟。根据会长唐元江的介绍，出于风水角度的考虑，新祠堂复建的位置，是在老祠堂的基础上向西"挪了半间屋"，为此还拆了旁边一户人家的半间

---

① "当场天"就是逢集的日子。当地人按照阳历，取日期的个位数按照一四七、二五八、三六九分配各场镇的"当场天"，临近的场镇会将"当场天"错开，这也造成当地人其实几乎天天可以"赶场"。逢十的日子和三十一日原则上不"当场"。不当场的日子，叫做"冷场"。有些场镇规模大，所辖人口数量多，几乎每天都可以"赶场"，这样的"场"叫做"百日场"。例如离唐家店较近并且都在318国道线上的两个场——有庆和花桥——就是"百日场"。
② 如果要给一个初步的判定的话，发达的公路网其实是户与户的直接连接，以及方便个人和个人之间的社会联系。而将户与市场联系起来，实际上可以被认为利用既有的历史结果和条件，实现当下的目的。
③ 原村委会与祠堂在318国道的同侧。现在的村委会因为精准扶贫异地搬迁，迁到了国道的另一侧。

旧房①。新祠堂大门的朝向也有微调，主要是为了避开风水上的"白虎尾巴"。他们认为现在祠堂的风水很好。

老祠堂建成于清朝道光元年（公元1821年），这已经是该宗族的先祖落业此地（公元1697年）的一百多年以后了。据族谱记载，老祠堂为三合院，穿木结构，有正殿三间，转角两间、厢房四间、占地面积三亩左右，一直是该宗族祭祀和族事活动的重要场所（唐三众，2017：326）。新中国成立以后，全国的祠堂主要有三种命运：一是直接分给贫民居住；二是充公作为大队办公地或者大队仓库；三是改造成为学校。唐氏宗祠的命运属于第三种。变成学校后的唐氏宗祠，执行了很久的教育职能。多数当地村民正是在这里念的小学。唐启安从师范院校毕业以后，还到这个祠堂学校里教过三年书。进入21世纪以后，由于招生困难，政府决定八大队（唐店村）和九大队合建一个小学，并将祠堂（学校）建筑拍卖。学生则分流，有些到了新建的村小，有些则到了消河乡小学就读。后来，祠堂（学校）逐渐成为一片废墟。

2010年清明节，宗族成员唐杰在广安花桥镇街道上看到当地的兰氏宗祠举办的活动，颇为震撼和受到感染②。2011年春节，唐杰利用拜年的机会，向族中几位长辈提起此事，没想到大家一拍即合，约定清明节就开始筹备。原来，族中多数长辈对这几年别的祠堂的情况，都看在眼里急在心里，只是出于各方面原因，没人出头提出此事。正好唐杰将这事提了出来，自然得到莫大的支持。

2012年举办第一届清明会的时候，是在老祠堂的建筑废墟上搭建

---

① 但是《唐氏家谱》中又说"新祠在原祠的位置修建，正中取原位"。参见唐三众主编：《唐氏家谱》，民间资料，2017年，第330页。
② 唐杰还向笔者讲了他叔爷告诉他的另外一个故事，也是他热心宗祠重建的原因。他的叔爷在赶清溪场的时候（渠县的一个场镇），路过马鞍镇（马鞍村），感到口渴，便向路边一位老人家讨碗水喝。叔爷礼貌地称呼对方为老人家。对方问他从哪里来，他说从唐家店来。对方问，你姓啥？叔爷答道，姓唐。对方赶紧说，先别喊老人家，可能你才是我的老人家！连忙把叔爷请进屋中歇息，又兑了白糖开水请他喝。唐杰说，即使双方没有往来了，但是一提起唐家店，还是能够感受到家族的温暖。

了一个临时大棚。清明会以后，发出捐款倡议，随后捐款逐渐到来①。2012年11月26日，复建工程正式开工。新祠堂的设计和施工是由唐福成②负责。唐福成是学土木工程出身，建筑施工是他的专业，他现在也在承包各类工程。唐杰曾向笔者介绍道，整座祠堂的修建节约了不少的成本，因为唐福成是专业的，又有"关系"。两个月零七天以后，祠堂主体工程完工。2013年4月4日清明会上举行了竣工典礼。虽然在唐福成的努力下节约了不少资金，但资金仍显不足，装修工程便留待后面进行。

有一个问题值得注意，即祠堂的土地使用权和房屋产权问题。祠堂虽然修建在老地方，但是用地并没有经过审批，祠堂建筑也没有明确产权。但是他们好像并不认为这是一个重要问题。因为在重建祠堂之前，他们已经就用地的事情与当地政府协商过，得到了当地政府的默认。至于建筑物的产权，他们认为祠堂本来是大家共有的，修建祠堂花的钱也来自大家的捐赠，产权落在谁身上都不好。这个解释逻辑其实是讲得通的，因为在原屋基上重建的依据，便在于宗祠的"社会（文化）合法性"（高丙中，2000，2002）。除了唐氏宗祠，当地还有许多祠堂在近十来年成功复建，不知它们在土地使用和房屋产权方面是否也是如此？

三、祠堂观感：精巧安排的建筑

祠堂隐藏在竹林和树林的掩映之中。站在祠堂正前方观看，会发

---

① 要在已是废墟的旧址上重建一座新的建筑，花费自然很高。尤其是近几年建材向农村转移，造成建材价格上涨；当地青壮年劳动力多到东南沿海一带打工，劳动力缺乏，人工费用也很高。为了解决这个问题，唐启安等人通过关系人找人，联系上宗族里的数位老板，老板们慷慨解囊，纷纷答应资助。其中一位名叫唐利民的企业家，现在广东开公司办企业，为了此事专程跑回来。与数位发起人碰头交谈之后，对此事很是支持，当即拿出1万元现金，并承诺后续看情况再给10万元以上（最终捐款累计18.3万元）。唐利民说，捐款是做公益，个人家庭条件有所不同，但是多少是个心意。只要你认自己是唐家人，只捐一分钱对于家族来说也是一笔宝贵的财富（唐杰转述）。另一位捐款较多的人是唐启杉。他在2013年春节回乡祭祖时，听说本族正在修建宗祠，当即赶赴宗祠施工现场捐款11.8万元。还有一些宗族成员远在外地，也是听说宗族正在修建祠堂，便想方设法捐款助力（参见《唐氏家谱》第328页）。
② 唐福成，龙台镇北斗村人，55岁，从事建筑行业，现任宗亲会常务副会长兼建祠总指挥。

现祠堂虽然素朴,但还是有别于周围的普通民居,最明显的特点是外形上的高大敦厚。祠堂建筑总体上成轴对称。正殿居高临下,从正殿到路边的坝子中间,共有三组石梯,分列在三层平台之上,阶数分别为九级、五级和三级①。最低一组阶梯的两边,各有一座高大的石狮子,目测有两米多高。石狮再往两边走四五米,各有一个一米见方的树坑,2018年夏天时坑里还种着银杏树,但2019年清明节再去时发现已经被挖掉②。石狮背后的第三组阶梯的两边,各有一座花坛。花坛里各种有一株铁树③。花坛正面的墙上,镶有两块黑底石板,石板上分别刻有"忠""孝"两个金黄大字。

与平台相应,房屋也有三层错落。正厅最高,两转角(房顶)略低(地基其实等高),两侧厢房更低。房屋内侧有两米余宽的游廊,外侧则仅有一米宽。房屋主体框架是钢筋混凝土,柱子和横梁被涂成大红,做成木料的样子。所有墙体用灰砖砌成。房顶盖的瓦,与大部分民居使用的青瓦形制不同,倒像是最近在民居里流行起来的瓷瓦。房顶屋脊也是混凝土打造,上面贴有瓷砖。正殿的上方的屋脊中间,装饰有陶制的二龙戏珠。屋檐飞甍之下,四对八根大红柱子稳稳垂下,每对柱子上悬挂刻着对联的木牌。对联的内容,有赞颂祠堂建筑的,也有劝人从善、读书的。

拾阶而上,来到正殿的大门前,抬头可以看见一个巨大匾额悬挂上方,上书四个颜体大字,便是"唐氏宗祠"。牌匾下面是两个混凝土质的圆柱形户对,户对顶端雕有莲花。每根柱子的基石也被浇筑成莲花的外形。正殿的大门共有四扇,中间两扇较大,宽度超过一米,左右两侧稍窄,但也有近一米宽;大门全部为红色,有细小门钉。门旁的墙上,贴了两张拜帖,分别是肖河乡政府和唐店村党委拜年时留

---

① 唐元江解释说,祠堂的安排都很有深意。第一层阶梯是三级,"三"与"升"谐音;第二层阶梯是五级,寓意"五子登科";第三层是九级,与第二层合起来,是九五之数。因为祠堂的风水是左青龙右白虎,但是取的是青龙之势。九五之数正和青龙之势暗合。
② 唐元江说,两个坑里种树总是不活,他想可能是下水道从树坑旁边经过,水太多,将树淹死了。不过他又给了一个可能是玩笑的解释:他暗想祠堂正殿两个圆门,是青龙的眼睛,这两个树坑正好正对圆门。这两颗树长起来,会遮了青龙眼,所以树难成活。
③ 据说铁树移植过来以后,年年开花。当地人认为铁树开花是一个好兆头,会带来好运气。有一株铁树里面有一个鸟窝,唐杰笑称:"你看!凤凰都来筑巢了!"

下的。这两张薄薄的旧旧的小纸片,似乎既是国家的在场,也是祠堂的"许可证"。厚重的大门颇要些力气才能推开,推开门之后,就看见祠堂的正殿了。

祠堂正殿的主要内容是历代祖宗牌位。牌位根据辈份错落排序。最高的也是最大的是始祖文通公夫妇,他们的牌位大致一米见方。从第二代开始至第九代历共八辈祖先分列文通公牌位两边,应该是模仿"左昭右穆"。从第十代开始,便一辈先人占领一级台阶,最低一级是十四辈。事实上,这一支唐氏也正好主要是从第十辈(仲铭公)携子孙三代自湘入川的。再往下就是香炉。香炉是用砖砌的一个长方形凹槽,约一米长。香炉两边放置香、火纸等祭祀之物。香炉离地约1.2米高。墙上有洞,里面中空,烧纸之用。洞顶有烟囱通向屋后,据说这样在烧纸时就不会产生烟尘。牌位前面有蒲团六个,供作揖磕头之用。两边各有木椅两把,两把木椅之间放有一小几。牌位两旁,另有两个较大的空间,各放有条案数张,有长有短,当是设置为教习之所,因为传统的祠堂也是学校。更靠边的墙上,镶有数块石碑。右边记唐氏宗族由来、家规家训、重建宗祠经过、家族字辈等;左边是功德榜,上镌捐款人姓名及捐款金额[①]。

再往两边走,便是转角房间。左边的房间里陈列系列照片,涉及重修祠堂、管委会议、寻亲联宗、宗亲联谊等;右边陈列一些贺匾和锦旗,尽是祝福子孙繁荣之词。出得厅来,可以看见左右两边的厢房也大致对称。左边是一间活动室和两间卧室。活动室里陈列着宗亲会章程、规则以及管理结构,卧室则其实只有一间房里有床铺,2019年清明节笔者就是住在这里。右边是资料室、茶水间、厨房。资料室里收藏了新旧族谱、文件、书本等。相比左边,右边厢房又冒出一截,用作卫生间,三面墙都全被涂成红色,以示区别。

[①] 捐款名单主要按照地域划分,但是并不是使用同一级标准。小地名小到各村,大地名直接使用川渝,中间还有乡镇、区县等。这足以表明他们居住格局的分散。

四、公共空间[①]：祠堂作为宗亲网络的映射

与对传统宗族的既有研究类似，我们对该宗族的关注，也是从祠堂切入的。但是我们却需要看到新建（复建）的祠堂与原先的祠堂相比，其背后的支撑网络是不一样的，它带有现代社会的特性。而祠堂在这样的网络之下，也呈现出特殊的重要性。

我们现在依然用宗族来称呼以世系为纽带的组织[②]，但事实上，另外一个称呼已经出现并被广泛使用，那就是"宗亲会"。世系虽然仍然是重要的纽带，并且在族谱中也被强调，但是宗亲会的称呼已经将世系的重要性削弱了。顾名思义，现在的宗亲会有三个基本要素：一是"宗"，即共同的祖先；二是"亲"，即相互之间的亲缘关系[③]；三就是"会"，也许可以理解为会聚，但是更深层的意义应该在于"社会"。也就是说，现在的"宗亲会"，并不是完全按照传统宗族世系关系建构起来的，而是一种基于"宗""亲"和"会"多元纽带建构起来的现代社会组织，具有新的社会性质。

新的社会性质在管理机构上的体现，便是"宗亲管理委员会"。传统宗族的组织管理很重资格、声望。而资格和声望很大程度上是由辈分、年龄、嫡庶等因素决定的。宗族中的掌权者，并非主要的是以才能决定。所以传统宗族的管理系统其实是族长、房长、家长的层级结构。但唐氏宗族现在的情况根本不是这样，诺大的一个宗族，居然不再有族长、房长、家长，取而代之的是宗亲管理委员会。管理委员会是一个协会的性质，虽然也有上下级关系，但是这种关系的前提是契约、才能以及意愿。辈分、年龄、房支等因素起不了大的作用。唐杰说，现在采用的管理委员会制度，比起原先宗族的管理制度，可以

[①] 需要说明的是，这里的公共空间并非是哈贝马斯意义上的（哈贝马斯，1999）。宋靖野最近用川南的民族志个案反思了公共空间政治意味之外的社会诗学意义，可以作为一个参考（宋靖野，2019）。但是这里也不是指诗学。这里的"公共"，更和community的"共同体"意涵接近。

[②] 这里参考的主要是钱杭的观点。除了钱杭，华琛也提出了一个较具反思性的定义（参见Watson, 1982），在这个定义中，他强调的是确定的血缘和定期举行的集体仪式。

[③] 这里的亲缘关系不仅包括血亲，还包括姻亲。例如唐氏宗族中就有媳妇和女婿入族谱。这一点在后面讲到"续修族谱"的时候还会提到。

大大提高效率；假如一个人辈分高、年纪大，但是没有才能，这样的人占据了高位，可能会对宗族未来的发展产生障碍。

而在笔者看来，采取管理委员会的方式，相较于传统的方式，其实已经很大程度上改变了宗族的内部关系。因为传统宗族中的权力关系其实等同于尊卑关系，这种制度其实是韦伯所讲的家长制（韦伯，2010）变体。难怪有人会认为中国的"小家族"其实是"扩大了的家庭"（费孝通，1985：36）。而如果采取管委会的管理形式，便在很大程度上削减了家父长的权威。权力不是从家长的地位来的，而是从契约和才能上来。一切都是为了宗族更好的发展。但是这并不是要否认族中高辈分的人（老辈子）的尊贵地位，这种由辈分决定的尊贵地位，不仅在祠堂中，也在日常生活中得到完全体现。而我所强调的差异，其实是尊贵和权力的区分。事实上在现代宗族组织里，即便是理论上的权力最大者，其实也并没有什么权力。因为他们实际上是一个自愿结成的公民社团，既然可以自愿结成，那么理论上也可以自愿解散。而宗族组织之所以设立一个管理机构，实际只是方便活动。

唐氏宗族宗亲管理委员会的组织结构如下：名誉会长（唐三众）；顾问（唐时钧）；董事长（唐利民）；执行董事（唐启杉）；会长（唐元江）；常务副会长（唐启安、唐杰、唐福成）；副会长（唐三周、唐元辉、唐元峰等22人）；秘书（唐素华、唐云、唐小媛）；理事（唐元谷、唐时芬、唐时德等11人）。这个结构中，人数最多的是副会长一职。这是由于多次迁徙，唐氏宗族的族员居住比较分散，所以每一"聚居地"[①]设立代表一人，这个代表就是副会长。代表的选任也是主要考虑能力和热情。

值得注意的是，如果只看组织的结构，我们完全可以将复兴后的宗族和传统宗族放置在对立的两端。但事实总是不尽如想象。如果查看管理机构每个职位的实际任职人员，便会发现其实传统宗族的元素还在。例如，本族中还活在世上辈分最高的两人之一的唐三众，担任

---

① 正如前面介绍捐款名单时提到的，这里的"聚居地"也有不同的单位，最小的有村（例如唐店村、马鞍村等），最大的有直辖市和省（例如重庆市、四川省），但是不管是哪种情况，这里的聚居都不是传统意义上的聚居。

了名誉会长，并且也是《唐氏家谱》的主编。会长唐元江是元字辈，也是一个很高并且人数很少的辈份。然而，我们并不能依此判定现代宗族其实是换汤不换药。相较而言，我更愿意相信这不过是两种制度设计的巧合。来源于自愿、契约的权力和来源于亲属关系的尊贵其实并不矛盾，在理论上它们是分立的；但是在现实生活中，它们可能分立，也可能结合在一起。

宗亲会的形式还有一个特点与传统宗族不同，那就是这个形式可以最大限度地扩展。传统的宗族是相对封闭的独立单位，目前还没有证据证明不同传统宗族之间有大规模的联合；倒是异姓宗族之间的斗争时常可见。因为各宗族的独立封闭，自然也就造就了隐藏的力量和危险，对于过去的国家和其他宗族来说，都是如此。但是现在的宗族因为采取宗亲会的形式，这种形式特别利于另一种形式的联合，即根据地域而来的不同级别的联合。整个宗族整体加入到更大的另一种系统中，例如各级别的宗亲协会，实现了与其他宗族的共生。更重要的是，因为有各级协会这一系统的存在，宗族本身空间被最大限度地扩大了。宗族空间的扩大有两种方法：一种是通过重新整合宗族内的个体成员，使得宗族内部成员的社会关系因为宗族而扩大；另一种就是通过协会的途径，尽可能寻亲联宗，从而使宗亲关系的空间范围尽可能地扩大。

事实上，在一个小小宗族的背后，还有一个巨大的宗亲网络。唐氏宗族背后最大的宗亲网络是"中华唐氏宗亲总会"。这是一个在香港注册的社会组织，即境外非政府组织。本以为境外非政府组织在大陆活动需要到公安局备案，但是唐福成告诉笔者，他们参加了"中华唐氏宗亲总会"，但平时的活动并不以这个组织的名义进行。在省一级，他们成立了另外一个组织"四川唐氏宗亲会有限责任公司"，因为确实名下有实际的企业，所以他们成功获得了工商注册。除了这两个组织，还有各级别的文化研究会或文史研究会。这些可以被视作"双名制"的政治艺术（高丙中，2006），已经受到学界关注。

宗亲管委会所做的工作，一方面是公益服务，另一方面也是兼职。所以在宗族的核心之地祠堂并没有设立专门的办公场所，平时联系都是依靠电话、QQ、微信等现代网络通信技术，这也是宗族成员日常生活的一个方面。事实上，整个祠堂的使用也主要是在春节的团拜、清明的祭祖和宗亲联谊会。此外的特殊情况是，因为复建的祠堂事实上提供了很大一片空地，所以附近宗族成员家中如果有红白喜事的场地需要，祠堂前的空地就变成了潜在的可利用空间。据了解，已经有两位唐家店村民在祠堂门口的院坝里办了80岁的生日宴席。平时的祠堂是冷清的，除了极少数由于特别原因来参观拜访的人（例如笔者），祠堂基本上是大门紧闭。住在附近的一个族员唐时芬①，成了实际上的日常管理者，而其管理工作的主要内容就是负责卫生和祠堂安全。

在宗亲会的网络之下，祠堂的重要性被凸显出来。祠堂是这种宗亲网络的映射结果。一方面，除传统的方式，宗亲会的成员可以利用现代社会的电话、QQ、微信等网络信息技术成果来进行新的日常联系，并在这种联系中不断扩大、强化宗亲关系。但是另一方面，网络信息技术提供的只是虚拟的空间，它可能充斥现代人的日常生活，但是它没有能力取代真实的日常生活。宗亲关系被提及、被思考、被强化，但是仍需要一个现实的公共空间来进行最终的确认。而祠堂所扮演的正是这样一种角色。祠堂的建立（复建），实际上是为各种形式的宗亲网络做了一个真实空间上的标记，只有在这个公共空间里的知觉、体验才是真实的，是所谓生活意义上的。但也需要注意的是，现代社会的条件及其相关的宗族网络与"传统"的祠堂并不矛盾，这二者之间是相互成就的。或者说在现代社会，只有二者的结合，才是现代宗族的常态。

第二章 从"老年人"到祖先

当地很明显地有过宗族存在的历史，但是当地宗族停止活动已经超过半个世纪了，那么是什么支持宗族又在特定的时期重新出现呢？

---

① 唐时芬，消河唐家店人，79岁，农民，祠堂日常管理者。唐时芬已经看管了几年祠堂。宗族每年给一定的报酬。最初的时候给500元，后来给800元，最近两年给了1200元。

要回答这个问题，就要回到宗族赖以持续存在的基础，即当地人的日常生活。需要注意的是，这里的基础不是宗族产生的原因，而是使作为一种知识的宗族观念和概念得以传递的社会生活现实。只有在日常生活之中，宗族的观念和概念才会在个体的脑海之中清晰化和不断巩固。宗族要成为在社会生活中可把捉的对象，首先需要人们在脑海中形成有关宗族的概念，这些概念共同构成了宗族的观念。而概念首先是语汇，这种语汇可能来自过去的历史与文化，但是概念不止于语汇，它必须在日常生活中得到填充和丰富，才能作为工具被人们所使用。被填充和丰富的语汇，虽然仍然时常表现为一个语汇，但是挟裹着日常生活的经验，其内涵也只有在日常生活之中才能得到更好的理解。于是，这种日常的语汇，不只具有作为单纯语汇的意义，还具有伯格和卢克曼所说客观现实（Berger & Luckmann, 199：63-146）的意义。正是对这些语汇的日常使用，才使得客观现实得以实现其社会构建。

一、阴阳之间：日常语汇中的老年人

在当地社会中，"老年人"是一个含义很丰富的日常语汇。"老年人"其实和年龄没有必然关系，尽管能被称作"老年人"的人多数确实年纪比较大。对于当地人来说，"老年人"这个词是和个人、家庭联系在一起的。这里的个人，一般特指作为一家之主的夫妻双方，而非通常意义上的每一个个体。也就是说，"老年人"一般是指家庭或家庭一家之主的长辈。"老年人"既可以用作在世的人的称呼，也可以用作已经过世的人的称呼，但相对来说，用于对过世的人的称呼的使用情况较多。所以"老年人"往往指一家之主已经过世的父辈、祖父辈以及辈分更高的先辈。"老年人"的称呼没有性别之分，男女同等对待。在有些情况下，家族中辈分较高者，也被承认为是"老年人"。这个辈份其实是超出家庭之外的，是不是真正具有家庭内的"老年人"的同等意义，还有待商榷。

"老年人"的称呼连接了阴阳两界。多数（但不是全部）时候，"老年人"中的"老"字其实有过渡礼仪的味道。当地人说"某人老了"，其实是说这个人去世了,从阳间去了阴间。"老了人"[1]是当地很隆重、持续时间很长的系列仪式。通过这些仪式,人们妥善地处理着阴阳两界之间的关系。

仪式的第一个阶段是入殓和"开路"等。当确定老年人去世了以后,立马燃放三颗之前准备好的鞭炮,当地人称之为"落气炮"。"落气炮"在礼仪上的作用还不甚明了,但是笔者发现它可以起到一个向邻里报丧的作用。燃放完"落气炮"以后,子孙后代便要在老人落气的地方烧"倒头纸"。"倒头纸"的数量是三斤六两,只能多不能少。烧"倒头纸"的时候,邻里多半会过来帮忙,主要是帮助入殓。入殓时,要将"倒头纸"的灰烬用另外的纸包好,连同逝者生前其他所爱之物塞入逝者的手中。入殓以后,要尽快请"阴阳先生"为逝者"开路"[2],并根据逝者以及子孙的生辰八字择"上山"[3]的日子。"开路"完成以后,丧礼的第一个阶段就算完成了。

仪式的第二个阶段是做道场。这一阶段的仪式可简可繁。根据逝者的生辰八字和子孙的经济状况,最繁复的仪式可做几天几夜,最简单的甚至可以不做。根据时间和程序的不同,道场的名称有"烧一期""十王道场"等。做道场与开路在许多方面不一样,其中最主要的差异在于前者是可以选择的而后者是必须的。如果有做道场的安排,一般会在"上山"的前一天晚上结束。

仪式的第三阶段是"上山",也就是入土安葬。这一阶段的仪式也需要"阴阳先生"主持,因而也是必须的。除特殊情况,当地入土的时刻一般选择在早上,并且多半会是在辰时,但是入土之前还有一系列的仪式需要准备。首先是"发引",这也是由"阴阳先生"进行的。然后是"背面",让子孙见逝者最后一面之后,用火纸盖住逝者的脸。然后封棺,由八大金刚将棺材抬出大门,在大门外暂放;阴阳先生在门外主持祭拜仪式,子孙在屋里扫地,意味着扫去霉运。至这一刻,

---

[1] "老了人"在当地,既是一个事件,又是一个时间段,就是逝者逝世的事件和随之而来的丧礼时间段。
[2] 丧礼仪式,据说可以为逝者开通通往阴间之路。
[3] 理论上讲,当地人把只有土堆的小坟墓叫做"坟",把有石头砌饰的高大坟墓叫做"山"。但是新建的"坟"一般也被视作山。在有的时候也会"坟""山"连用,合称"坟山"。

逝者的肉体便和这所作为家的房屋没有任何关系了。一切准备好后，由子孙端着牌位、相片、祭品，扛着花圈走在最前面，后面跟着一众亲属，最后是八大金刚抬着棺材，热热闹闹的上山去。到达墓地之后，一方面由八大金刚按照流程下葬培土，另一方方面由阴阳先生给子孙散"粮米"。"粮米"大概是名义上来自逝者的最后的物质馈赠。

入土掩埋之后，丧礼并没有结束。还有一系列其他的仪式。入土之后的头三天每天傍晚，需要在坟头烧一堆稻草，是谓"送火"；第三天上午，需要在坟前祭拜，并分发祭品给来观礼的周围邻居，是谓"上山坟"；自逝者逝世之日起，每逢七天需要祭拜，祭拜七次，是谓"烧期"。然后逝者逝世满百日，也要祭拜，是谓"百期"。逝世一年之后的忌日，同样需要祭拜，是谓"周年"，第二年和第三年的周年亦如此。特别重要的是第三周年，会给逝者再烧一座"灵房子"①，有条件的家庭还会大宴宾客。直到这一步，整个丧礼才算是结束。

这一系列的仪式，其实营造了一个神圣的地点，并重新建构和延续了逝者与生者的关系。这个神圣的地点就是坟墓。坟墓是处在阴阳之间的，同时具有阴阳两种性质，因为一方面它作为物质在阳间存在，另一方面它在象征意义上是死者在阴间的居所。神圣意味着禁忌，但是禁忌并不是意味着远离，而应该是保持合适的、正确的距离。在平常的日子里，逝者——也就是"老年人"——睡在坟墓里，生者居住在房屋里，各不相扰；但是在某些特定的时间，生者需要到坟墓前去祭拜，或者将逝者请回居住的房屋。因为生者和"老年人"已经阴阳相隔，属于两个不同的世界，所以所有的联系都是仪式性的。

二、纪念仪式：结构化的日常生活

日常生活是非结构性的，但是一些与"老年人"相关的纪念仪式可以使非结构性的日常生活结构化。这些纪念仪式分为公共的节日和私人的纪念日两种。前者主要包括清明节、中元节、除夕和元宵节，后者主要是"老年人"的生日以及一些其他特殊的情况。

---

① 用竹篾搭架，外表纸糊的房子，专为在各种仪式中烧给死者之用。

首先是清明节。清明节对于家庭和宗族来说，都是相当重要的。由于还会在后面详细描写宗族的清明节，所以这里先只关注家庭的清明节祭祀。家庭的清明节祭祀是在坟地举行，祭祀的主要内容是上香、烧纸和插花（插坟签）。如果是三年以内的新坟，还需要加一抔土。有人解释说清明节是多雨的季节，安排在这个时候扫墓，是为了查看"老年人"的坟墓是否因为雨水的冲刷、浸泡而有所损坏。如果有损坏的情况，需要及时修补。这种观点也可以解释为什么当地许多迁坟动土、修整坟墓的活动都选择在清明进行。这是一种功利主义的观点，看起来很有道理，可以参考。但这绝不是唯一合理的解释。即便是从功利主义的角度来说，这种解释也是不完整的。例如，这种观点没有解释，为什么要在清明祭祀的时候给坟头插上坟签，这是清明节特有的习惯。笔者认为插坟签其实是一种标记，既标记坟地所在的位置，以免漏忘，也标记此坟有后人在。后者似乎更加重要，因为在人多地少、土地紧张的时候，无主的坟不知道要遭受什么样的命运。作此推测的依据在于，当地的家庭清明祭祀一般在"正清明"之前进行。而在当地流行着一句俗语："有子有孙清明前"，这句俗语提供的一个重要信息，就是清明祭祀的部分原因，正是为了表明"有子有孙"。

清明之后另一个重要的节日是中元节。当地人称之为"鬼节"，所谓百鬼夜行是也。或许是因为百鬼夜行，灵魂都从坟墓里出来了，所以中元节的纪念仪式并不需要去坟地，而是在家里举行。按照传统，中午要在神龛和大门口焚烧火纸，召唤"老年人"回家过节；桌上的菜肴，要"老年人"先"吃"，之后才能让活着的人吃。晚上吃饭重复上述步骤。晚饭后，送"老年人"离去，这是这个节日的重要礼仪。一般流程如下：事先准备好白石灰（如果没有白石灰，也可以用灶头的草木灰代替，甚至有用洗衣粉代替的），用白石灰在院坝里画上圆，每一个"老年人"一个圆圈；画圆圈的时候留一个小口，小口朝向坟地所在的方向；然后在白石灰圈内焚烧火纸，送"老年人"回去。圆圈内纸烧完之后，还得烧一堆没有画圆圈的，这是烧给孤魂野鬼的。孤魂野鬼不仅指死于非命不能进入祖坟的人的灵魂，还指那些没有后人或者后人没有条件烧纸的鬼魂。

中元节之后重要的节日是跨了年的除夕和元宵节。每年的除夕上午,家家户户贴完春联以后都要到坟头上香烧纸,请"老年人"回家团年。当地的年夜饭其实多数是在中午,名称也叫"团年饭"。同中元节一样,团年饭也要在神龛和门口烧纸唤"老年人"回家,活着的人吃饭以前,要请"老年人"先吃。这一段时间,"老年人"被认为是与子孙一起居住在家屋里的,一直到元宵节的夜里。元宵节在当地简称"十五"。元宵节的晚上吃过晚饭,便要将"老年人"送走。过了十五,年也就过完了。一般来讲,元宵节有一道特殊的菜,就是一块带尾巴的猪肉。这块肉在除夕的那天是祭品,从家里煮到半熟的程度端到坟头,祭拜完成之后又从坟头端回家里,并要在元宵节这天吃掉。

除了以上的公共节日,还有逝者的生日,也需要到坟头上香、烧纸祭祀。但由于有些"老年人"逝去的年代久远,如果已经没有后人记得其生日的话,也可以不烧。还有一些特殊情况是,老年人给子孙"投梦",说自己没有钱花之类的,一般也会上香、烧纸。这份香纸的花费是"老年人"找谁要,就必须是他掏钱,不可由别人垫付。这些非节日的仪式,可能更具有纪念的意味。

以上论述都是假设生者居住在农村的家里,然而事实上,当地多数人常年奔波或居住在外,很多时候其实并不方便举行这样的纪念仪式。但是这并不意味着这些仪式将会被减省。相反,春节和清明节返乡祭祖是一件很重要的事,多数人一般都会专门抽出时间返乡祭祖。而快速交通为这种返乡提供了条件。中元节不需要到坟头,但是晚上给"老年人"烧纸是必须的,所以在某些城市里生活的人们,可能选择在马路上、郊区等地进行。不管怎样,这表明了生者的心中记挂着"老年人",因为"老年人"依然是自己的家人。

这些纪念仪式对于生者来说,还是日常生活的结构化过程之一。奔波忙于生计的在世人,多数时候生活千篇一律,日常生活浑然一体,仿佛无法分割。但是有了这些祭祀的安排以后,浑然一体的日常生活在时间上被分割开来并且结构化了。唐元江会长在 2019 年宗亲联谊会上的讲话中提到,清明节成为法定假日,就是要让平时忙于工作的人有时间缅怀先祖。当然,这并不是说与"老年人"有关的纪念仪式是日常生活结构化的唯一途径，其他的公共节假日、人生礼仪都有类似的功能，并且当代人还在不断的创造节日，使节日日常生活化（张青仁，2019）。这里所强调的，只是我们需要看到这些纪念仪式对结构化千篇一律的日常生活的作用。

因为有了神圣地点（坟墓）的营造和日常生活的结构化，我们可以在这个基础上思考神圣与世俗的对立。在涂尔干那里，神圣和世俗不仅是二分的，还是对立的，神圣之物要保持禁忌，以防被污染而世俗化（涂尔干，1999）。但是，神圣和世俗真的那么截然两分吗？我们呈现的事实好像并非如此。

更加重要的是，以对"老年人"的纪念作为基础，可以"推导"出祖先。祖先的存在本已经是理所当然的，但是要意识到祖先的存在，必须经过"老年人"，因为祖先实际上是"老年人"脱离"家"转换而成的。而将"老年人"与祖先联系起来的，也就是使人们在日常生活或特殊仪式中意识到祖先的，正是宗族。"老年人"对家庭是有意义的，而祖先的意义只有在同宗的情境中彰显。虽然我们不十分清楚从"老年人"到祖先的这个转换的标记和具体过程，但还是可以通过描述呈现二者的区别。

三、差序祖荫：从老年人到祖先

"老年人"的归宿一般来讲只是"坟山"[①]，尤其是去世超过三年的"老年人"。"老年人"们依然被看作是家庭的一员，只是他们"睡"在坟地而已。各种纪念仪式期间，去坟头祭拜或者请老年人回家，正可以说明这种情况。家庭关系的维持，能够从"老年人"的生前持续到死后，一个重要的原因是"老年人"可以给予子孙以荫庇。在当地人看来，这种荫庇主要体现在"老年人"对子孙气运的影响上。

[①] 传统的情况还有家中的神龛，供奉"老年人"的牌位。笔者专门访谈过当地一位颇有名气的阴阳先生周建安（居住在花桥），他擅长看阴、阳两宅风水，精通安排各种礼仪细节，并且还是当地一支专门办丧礼的临时队伍的组织者。言谈中他告诉笔者，过去每家每户一般都要在堂屋正中设立神龛，供奉去世的亲人，每月初一、十五祭拜；现在的情况则是虽然神龛早被取消，但也还会保留有逝者遗照。

如果家中"老了人",在悲伤的同时,也被认为是这一家人改变气运的一个重要时刻。子女们精心选择风水宝地作为坟地、尽力操办丧事,既可以说是为了尽孝,也可以说是为了寻求去世"老年人"的荫庇。丧事的过程要顺顺利利,不争不吵,不然便会影响子孙的运势。一般认为,血缘关系越近,对运势的影响越大,也就是说对子女的影响最大。例如,当地有一个习俗,认为假如下葬的棺材有一角高了,就意味着去世的人可能会在未来偏袒子女中的某一个,所以在掩土之前,会让每一个子女过来亲自查验,查验无误后再进行下一步;查验的人,一定得是逝者的子女,因为其他人包括孙辈都与此无关,也就不具有查验的资格。丧礼完成后的其他时间,当后人去坟地祭祀"老年人"的时候,也会祈求"老年人"保佑自己一家平平安安,或者升官发财。

荫庇这个概念的灵感来自许烺光,他在研究大理西州的宗族的时候提出了"祖荫"的观点(2001)。他很详细地阐释了当地人观念中祖宗是如何荫庇自己后世子孙的。但遗憾的是,在他的个案分析中,没有将"老年人"和祖先区别开来(这本无可指责),并区别来自二者的不同的荫庇,也就无法真正将家庭和宗族区分开来。

"老年人"和祖先是不同的。从在世子孙的角度来看,一方面,"老年人"和在世的人曾同处阳间,有过亲密的面对面(face to face)关系,更准确的说就是生育、抚养关系——因此父母对子女气运的影响最大;祖先和在世的人则没有这种关系;另一方面,"老年人"的后世子孙在数量上是有限的,他们之间大多数同样存在着面对面关系,但是祖先的子孙理论上讲在数量上可以是无限的,至少是为数众多的,以至于某一祖先的大部分后代之间,可能一生之中都没有一面之缘。从"老年人"和祖先的角度来看,一方面,"老年人"可以被想象成是可以准确地识别自己的子孙后人的,因为他们之间曾有过面对面关系;而另一方面,也是更为重要的,就是"老年人"还被认为是家庭的成员,但是祖先已经逸出家庭之外了。需要说明的是,这里的面对面关系,并不是说所有在世的子孙后代,都需要与老年人有过照面。这种面对面关系不仅可以在在世的人之间,通过家庭进行代际传递,在特殊情况下，在世的人还会通过家庭的代际关系继承"老年人"的责任。也就是说，他可能会祭祀与他没有过面对面关系的"老年人"。但是这种情况其实并不多见，也不会被推延到很多代。当一切可能的联系方式都不成立了，"老年人"就会被家庭遗忘，转变成为超越家庭的祖先。这个时候如果没有宗族，祖先的坟地便很难被人们记住。

"老年人"和祖先给予后代子孙的荫庇也有所不同。我们已经看到"老年人"的荫庇更多地在于对后世子孙气运的影响，那么祖先的荫庇是什么呢？在分析"老年人"的荫庇的时候，笔者没有提到遗产，因为就笔者观察到的现象而言，当地的"老年人"一般不能给自己的后世子孙留下多少珍贵的物质遗产。当然，这不是说什么东西也不留下，"老年人"随身的零钱之类，也会被子女分割，只是这种分割更多地是在象征意义上进行的。甚至可以说，包括"粮米"在内的这类遗产，就是气运的象征物。祖先则与此不同。按照传统的宗族来看，祖先会给后世子孙留下一些物质的财富，最主要的就是弗里德曼他们强调过的田产。这些公共的田产或作为祭田，或作为学田，或作为义田等等，原则上是属于宗族成员所共有的。埃亨在关于中国祖先崇拜的民族志中讨论了土地继承与牌位供奉的关系（Ahern, 1973: 145），可为这一观点提供一个证明。

"老年人"的祖荫和祖先的祖荫不仅是有差别的，而且是差序的。差序的灵感来自于费孝通（1985: 21-28）的"差序格局"概念，但是需要对其进行一定的修改。按照费孝通的意思，差序格局中的社会关系是越推越弱，最后消失。尽管差序的祖荫在"老年人"那里的确是越推越弱，但是跨过"老年人"的界限进入到祖先之时，则是越推越强，直到开宗始祖那里达到祖先里面最为强盛的阶段。这种祖荫关系最弱的地方，在于那些即将被遗忘的"老年人"或不是始祖的祖先。开宗始祖与关系最亲密的"老年人"之间的祖荫强弱程度不可比较，因为这实际上是两种不同的祖荫，或者说这是两种互补的祖荫。例如，"老年人"没能留下的物质遗产，可能可以从祖先那里获得；而祖先给不了的气运，则可以被"老年人"给予。

但是，这里讨论的宗族还是传统的宗族，在一定程度上依然将之当作一个功能实体,并只考虑到它。笔者的意思不是说传统宗族不是一个政治、经济的功能实体,而是说传统宗族不止是一个政治、经济的功能实体。传统宗族在作为一个功能实体的同时,也是一个文化象征的体系。或者说为了确认和保持祖先的遗产传下去,需要识别和划分宗族的界限。也就是说,通过建祠堂、供奉牌位、修族谱等手段,创造一些文化象征,并使这些文化象征制度化和不断合法化。这些文化象征不是凭空创造起来的,而是基于日常生活,并且也存在于日常生活之中。例如,按照辈分决定本家之间的称谓以及安排社会关系。并且正是连续的日常生活贯通了传统宗族与现代宗族。只有在这样的情况下,尽管宗族有一段停止了活动的历史,但是依然能够在恰当的时间复兴起来。也就是说,现代的宗族是借用了传统的文化(形式),但实际上是当代公民的自由结社(内容)。关于这个问题,后面还会进行详细分析。

通过在日常生活中区别"老年人"与祖先,当地人在阳世之中构建了一个阴间,并使这个阴间通过坟地、祠堂等附属于阳世。这不是说构建起一个宗教性质的阴间世界,而是说构建起一种制度或文化,或者用伯格和卢克曼的话来说,是构建起一个客观现实。"老年人"和祖先都同处于这个阴间,但是与阳间的联系途径和方式并不相同。同时值得注意的是,祖先是从"老年人"转化而来的,虽然还不清楚"老年人"向祖宗转变的标志,但是可以明确的是理解"老年人"是理解祖先、理解宗族的前提。于是显见,祖先和宗族不是存在于概念或观念体系之中,而是以概念或观念的形式存在于当地人的日常生活之中。有了这个附属的阴间的存在,阳世也被不断地改变和型塑着。改变和型塑,既包括社会化过程,尤其是次级社会化过程,也包括对有机体认同。这也就是伯格和卢克曼所说的主观现实的社会构建(Berger & Luckmann, 1991: 147-204)。

第三章　后代子孙的时空

客观现实和主观现实的社会构建，不是分门别类的而是同时进行的，甚至是一个事物的一体两面。有关宗族的观念不是单方面的形成和生长，同时也在各个方面影响了个体的私人生活。为了"敬宗"而修建祠堂，实际上给本来可能互不相识的族人提供了面对面的空间和机会。为了找到自己的来源而寻根问祖，实际上造成了不同群体之间的联结。为了"收族"而续编族谱，则是利用明晰的系谱将一些分散独立的个体团结成一个群体。为了祭祖而举行清明联谊会，则使宗族的关系得到确认和强化。前面在介绍祠堂的时候，已经讲述了祠堂的功用。下面将继续以唐氏宗族为例，分别介绍他们的寻根问祖、续编族谱和清明联谊。

一、寻根问祖：宗族空间的扩大

祠堂主体工程完工以后，唐氏宗族一方面开始统计资料续编族谱，另一方面开始着手寻根问祖的事情。但是寻根问祖该往哪里去？湖广填四川的传说和记忆[①]为宗族的外部寻亲提供了一个大致方向，即湖广地区；旧族谱中的记载则证实了这种方向，并且提供了一个相对更为详细的地点，即湖南永州邮亭镇庄埠头。然而毕竟年代久远，行政区划更新换代多次，再加上族谱中的记载也很不详细，因此要找到这个庄埠头其实颇为困难。网络上可查的确实有一个永州市，但是找不见那个庄埠头。地方志书、档案可能会有相关记载，但是都保存于当地。

[①] 在当地，张献忠灭四川可谓是妇孺皆知，并且因此发展出许多关于张献忠灭四川相关的传说和民间故事。例如，当地有一座石山，突兀地立在那里，人称十人寨（更可能是石人寨）。据说张献忠灭四川时，有十人曾躲进该山的石洞，幸免于难，成为这一带人的部分祖先。有张献忠灭四川，就有湖广填四川。关于湖广填四川的传说故事也不少，并且能够反应不一样的"历史"。虽然目前见到的相关研究，多注重解释清政府的移民政策，但是当地历史上的"虎患"、关于四川方言"解手"的故事，说明当地湖广填四川的移民其实也有强制的成分。更重要的是广泛流传的湖广填四川传说说明一个事实，即大部分人基本都知道自己的祖先刚迁来此地不久。这也使得"寻根问祖"成为当地宗族在重新建立起祠堂以后的普遍动作。

于是管委会决定派人亲自前往寻找。2014年8月1日,由会长唐元江带领先遣"出寻团",一行四人出发前往湖南。

对方没有具体的接应人,唐家店唐氏宗族只好尝试联系当地的宗亲协会。前文已经提到,"中华唐氏宗亲总会"是一个在我国香港注册的全球性的组织,各省、市都有分会[①]。唐氏宗族联系上的是永州市唐氏宗亲协会。当地宗亲协会热情地接待了他们,提供当地所有的图书、档案供他们查询。然而一番查询之后,却还是没有找到庄埠头的信息。会长对此也不了解。正在唐家店人一筹莫展之际,会长突然想起冷水滩区有位退休的宗亲曾在邮亭镇当过校长,说不定知道一些情况。唐家店人立即请求前往拜访。后来他们见到这位退休校长,校长也确实知道庄埠头,爽快答应带路过去。半小时后,终于找到庄埠头。

"说来也凑巧,一去便找到了!"唐杰后来说。车开到村子里以后兵分两路,一路去往村支书家,一路拜访其他住户。问到第二家的时候,主人先是表现出诧异,随后也热情相邀。唐家店人取出四川老谱展示。四川宗亲来湘的消息很快在村里传播开来,村民们纷纷聚拢。一位刚从地里回来的老农接过族谱,又与他们的族谱对比,最终确认,确是从本地迁出去的宗亲,激动地说道:"你们终于找回来了!"

两地唐姓依靠各自老谱,核对字辈排行,发现前十六个字是一样的,后面的有些不一样。分析之下,得出结论:最早排定字辈的时候只排定了十六辈,后来第十辈携儿带女迁入四川,与原来的族人断了联系,只好自己又拟定十六辈。庄埠头也接续拟定了十六辈,与唐家店不同的是,由于人口增加,为避免重名,庄埠头的十六辈每一辈都是三个字,他们称之为"一派三字"。走到到这一步,不管怎样,寻根问祖的事情算是做成了。庄埠头的祠堂热情接待了唐家店的来访者,并带他们参观了祖坟所在地满竹山。唐家店来访者们纷纷上香烧纸缅怀先人,自然不在话下。同年8月26日,湖南庄埠头唐氏宗族回访唐家店。礼

[①] 或者他们是有其他名称的组织,但实际成员可能重叠,这样就可以通过各级协会联系到对方。这样的组织实在太过"民间",内部使用的时候,往往怎么方便怎么说。

尚往来，唐家店自然也热情接待。

由于精力和操作技术限制，唐家店的寻亲联宗止于湖南永州零陵，也就将文通公确认为始祖。但是据唐家店族人了解，永州零陵庄埠头唐氏也是自江西迁来，再往前追溯，可以追到山西晋祠。中间是否还有故事，就不得而知了。只是自湖南开始，再有寻亲联宗事宜便应该以庄埠头为主力，由庄埠头迁出到各地的宗亲会辅助。但是如果仅从理论上讲的话，这种寻亲联宗的范围是可能扩展到整个地球的。将全球的唐姓通过联宗联系起来，这就是笔者说的宗族的空间扩展。从另一个角度看，联宗对于宗族来说，实际上是缩短了空间的距离。看起来，不管天涯海角，只要有唐姓的人，便好像有了亲人一样。这种方式的操作比较困难，因为越往前走，确认宗族越困难。大多数人还是认为，我们现在所谈论的宗族，是宋代以后"宗法庶民化"的结果。也就是说，再往上追溯，可能是相当困难的，因为可能根本没有世系资料记载。但是，笔者之所以提出全球联宗的可能性，并不仅仅是因为存在一个在香港注册的"中华唐氏宗亲总会"，也是因为唐家店的唐姓族人唐福成参加了该协会 2016 年在山西晋祠举行的祭祖活动，并被增补为中华唐氏宗亲总会副会长。唐福成后来说，他每年参加的此类协会活动有很多。

二、续编族谱：宗族时间的压缩

续编族谱首要的一个工作是收集旧谱书。问题在于，决定复建祠堂的时候，宗族成员分散居住在哪些地方都尚不清楚，更别说在这些人当中找到族谱。但是这事一旦实施起来，仿佛又挺顺利。因为从湖南落户四川的时间并不太久远，尽管经过多次迁徙，但实际多少还是有一些记忆的。通过人找人，多数人可以被找到。例如唐家坝的宗族成员就是这样被找到的。唐杰在寻找老谱书的过程中通过打听，先是找到当时的中学教师唐时礼[①]，唐时礼就是唐家坝人，但是已经不住在唐家坝。唐时礼给唐杰指引方向，唐杰边走边问，找到现在仍居住在

---

① 唐时礼，宝城镇马鞍村人，65 岁，退休教师，现为宗亲会副会长、《唐氏家谱》副主编。

唐家坝的唐启方。唐启方听说宗族千辛万苦找来，立即应承了统计族员的工作；此外，他还提供了周边的周家院子唐氏的信息，因为周家院子唐氏就是上世纪初从这里迁出去的，离唐家坝也不远，他比较了解情况。

通过探访寻找，找到一些旧谱书，但是数量不多，且大多残缺不全。收集到的旧谱主要有湖南老谱、恒升老谱、观龙老谱等数份。这一方面显示了重修族谱的迫切性，另一方面这些残谱也给续谱工作提供了一定的便利和依据。

然而续谱不是简单的延续旧谱的传统，新编的族谱在体裁和内容方面都有很大的变化①。族规家风这些传统因素自然依然存在；在传统的基础上，新修的族谱还增加了许多内容。一是大的人文背景。唐氏家谱的开篇，就将人文背景设置在追溯至黄帝的传统，黄帝在族谱中被承认为中国人的共同祖先。二是族谱的编纂以马克思主义为指导，其中不仅有名人名言，还有国务院、文化部的相关文件。三是对现世的族员比较重视。虽然族谱中一再强调活人不立传，但是族谱里有根据统计得来的族员分布现状；但凡是宗族的成员，都有资格进入族谱名录之中；娶进来的媳妇可以入谱；出嫁的女儿，连同其夫家（唐家的女婿），也都有资格进入族谱。四是族谱对学历很是重视，若是有大学生或研究生，是一定要在学历一栏上登记的。

相对而言，新修的族谱更加注重现世。一方面它积极寻求与大人文传统、大政治背景的融合；另一方面它将在世的所有宗族成员，都纳入当下的谱系当中，并记录比较详细的信息，实际上是对当下资源的一个整合。整合的意义有两个：一是显示宗族当下的人丁兴旺，给人以宗族规模巨大、宗族兴盛的印象，增加内部成员对宗族群体的自豪感；二是赋予宗族内部成员以建立新的社会联系的可能。编修族谱的原则中，本有活人不立传一条，但是对于宗族复兴贡献较大者，是

---

① 刘军认为这样的变化其实说明了现代宗族社会的衰落（2018）。他的论述集中在意识形态层面。但是笔者以为他的观点难以令人信服。最主要的原因在于他只看到传统宗族对于传统国家的正功能，而没有注意到这种正功能的实现其实是基于传统宗族与传统国家的同构。传统宗族和现代国家之间不能同构，如果宗族想要存在下去，那么就一定要改变自身，寻求与现代国家和社会的同步。

可以写一个简介的,这些人成为了宗族内部成员以及整个宗族未来发展的潜在支持资源。从这个角度来看,续编的族谱是有益于重塑一种社会团结的。事实也证明确实如此。据了解,伴随着宗族复兴发展而来的,是宗族内部成员社会交往的扩大。例如,笔者2018年第一次去找唐杰的时候,刚开始约的地点就是在祠堂。但他住在花桥镇上,离祠堂约有十公里路程,笔者不愿意给别人添麻烦,便还是要求去他家里拜访。结果到了之后我才发现,笔者后面的要求才是给别人添了麻烦,因为就是在当天,他要回到唐店村参加一个族中长辈的葬礼,而这个族中长辈,在之前是不认识、没有人情往来的。

续编族谱最主要的一个工作是统计资料。续编族谱的过程被分成三个阶段,第一阶段就是收集族人资料。为此,宗亲管委会制定了三张表格,逐户摸底登记。这三张表格分别是《公房直系登记表》《族人大专毕业以上人员登记表》《族人职务、职称登记表》。在统计的过程中遇到一定的困难,例如族员自己也记不清自己家人的生庚、少数族员不理解不配合等。但是他们终归是将这些困难解决了。经过后面第二阶段的编写、第三阶段的复查修改,《唐氏家谱》终于在2016年续编修订完成。2017年清明会,开始向族员发布。

但是对于普通族员来说,更重要的是族谱所传递出来的信息。前面已经提到族谱的封闭和私密,族谱都是个人收藏的。但是对于族人来说,族谱是一个实在之物,看到它和看到祠堂一样,仿佛就看到了宗族。族谱的内容编排也很重要,因为新修的族谱有一个十分详细的志书体系,阅读它可以很容易地对宗族整体情况有一个大致了解,以前模糊的宗族,在族谱里变得清晰。族谱收录了当下在世的几乎所有族员的信息,并制成表格。当在宗族的图表中看到自己的名字时,也就会在宗族的名义下把图表中的所有人看作是一家人。

族谱整理、书写侧重现实,但是这并不是对历史的忽视,相反,它让历史在现实中不着痕迹地得以表述。族谱中现在的人的信息来源是依靠统计,但是其可靠的根据却是相对完整的世系图录。钱杭将世系视为宗族最核心最本质的要素(钱杭,2011:8-9),但是他并没有指出世系对于宗族的全部重要意义。除了他提到的观点,笔者认为族谱中的世系图录，通过清晰的系谱脉络，将过去的祖先和现世的人之间的时间差隔给压缩了。祖先本来属于遥远的过去，因而是陌生的；但是有了世系图录，清晰的谱系却使得时间被压缩了，祖先仿佛变得熟悉起来。也就是说，只有通过祖先，现在的大多数人才有理由聚集在一起——这也是祖先和"老年人"的区别之一；而对遥远祖先的认识，很大程度上来自世系图录。

族谱对时间的压缩不只是发生在过去，也发生在未来。前一节提到过的字辈问题还引发了一些后续的工作，就是增加字辈的问题。唐家店唐氏在续修族谱的时候，将庄埠头十六辈字辈也收录进谱书中。双方曾达成共识，对双方都未启用的最后四辈进行形式上的合并：将庄埠头的最后四辈中每一辈减去一个字，而把唐家店的最后四辈加进去，作为共同的字辈。以后双方起名，既可以按照自己原定的字辈起名，也可以使用对方的字辈。并且鉴于目前的所余辈分其实也不再多，于是在三十二辈之后重新又拟了十六辈，现在的字辈排行总共就有四十八辈了。并且双方约定，以后不管是哪里的唐姓，只要是文通公的后人，都要使用新拟定的十六辈。如果这部族谱能够传承下去并被遵守，那么唐氏宗族族人便在现在看到了部分遥远但确定的未来。

三、时空汇聚：祭祖与宗亲联谊

笔者以志愿者的身份，全程参与和观察了"消河乡唐家店唐氏宗祠2019年清明祭祖暨宗亲联谊会"。这个长长的名字是当天挂在祠堂上的横幅的叫法。这个名称所传递出的活动信息其实有两个，一是祭祖，二是联谊。祭祖是祖先与后代子孙的联系，联谊是后代子孙之间的联系。这两者都应该被看作一场仪式。

4月2日上午，宗亲管理委员会部分成员在祠堂碰头，对参加清明会的人数进行大致的统计。他们之前已经印制好了餐券，就是为了统计人数。这些餐券对普通宗族成员"售价"50元一张，但是对年满80

岁以上的老人和年满 60 岁的"五保户"[①]免券。实际上这两类人人数还不少。最终参加当天清明会的约有 400 人，这两类约有 20 人。

3 日下午，会长唐元江亲自带来工人维修水管。由于长时间不使用，有几个水龙头坏掉了。

4 日早上 5 点多，办席的厨师团队就来了，开始在祠堂前的院坝里忙碌。不到 7 点钟的时候，宗族里来了一位志愿者，帮着打扫祠堂的卫生。7 点多，宗亲管理委员会的人陆续到来，安排各种事情，筹划仪式流程。食材大部分从市场购买，少部分从附近村民家里购买。因为要举行集体宴会，他们对饮食的卫生问题十分在意，不仅要求厨师团队戴白帽子和穿白大褂，还特意安排了医生明天要在场。白天将食材准备得差不多，晚上吃完饭，将食材收进房间里。笔者本来是住在祠堂里的，为了保障安全起见，晚上又安排了一位族中长辈一起守着食材。

4 月 5 日是"正清明"，也是举行"清明祭祖暨宗亲联谊会"的正日子。最早到来的还是厨师团队，他们开始生火扣笼。7 点半，"宗亲管理委员会"部分成员和一些"帮忙的"也来了，大家一起帮忙沿路插彩旗，从 318 国道一直插到祠堂前的院坝。忙完这些才吃早饭。早饭过后开始布置会场，利用三合院和院坝的广阔空间，布置了主席台和观众席。在正对祠堂左手边的卧龙居（也就是笔者住的房间）的门前布置了"接受捐款处""售餐券处"和"售谱书处"。根据往年的经验，宗亲联谊会的当天，会有很多人现场购买餐券，所以在计划人数的时候会多安排三到五桌。一共计划了 52 桌。《唐氏家谱》则是售价 100 元一本，并要登记姓名、住址，以便以后更新、增补信息时回收。

快 9 点的时候，陆陆续续有一些人过来了。他们从各地而来，三五成群地聚在一起闲聊。有一些人之间早就相识，聚在一起聊天叙旧；也有些人看起来之前并不相识，见面时互报住址和辈分。

10 点钟，会长唐元江宣布"清明祭祖暨宗亲联谊会"开始。由名誉会长唐三众带领各支脉两至三人从右手边游廊进入祠堂正殿，上香

---

① "五保户"，即"保吃、保穿、保医、保住、保葬（孤儿保教）"，这个词在国家的正式文件是有使用的。但是在当地，"五保户"却通常是用来骂人的，奚落对方没有后代。唐元江似乎也比较介意这个词，与笔者谈到这个词所指的对象时都是用"特殊人群"代替。

祭祖。完毕之后，由唐元江主持，举行了祭祖仪式，所有人参加，面向祠堂大殿，集体三拜九叩。之后是讲话环节，分别由唐三众、唐国庆、唐利民和唐元江讲话。唐三众算是一个文化人，他的讲话侧重阐释"新二十四孝"，号召各位宗亲要多带年轻人来祠堂接受教育。唐国庆是渠县人民医院的医生，他的讲话是关于幸福与健康的话题。唐利民是一位企业家，他的讲话侧重强调合作，号召宗亲之间相互团结帮助。唐元江阐释了他对于宗族、祠堂的理解。大概11点半，讲话环节结束，大家一起用餐。当天的天气比较炎热，多数饭桌被安排在祠堂各房间内。

午饭后，远道而来的宗亲们大多陆续离开，宗亲管理委员会常务委员会开始核账、现场报销。收入的项目主要是售卖餐券和接受捐款所得，两项所得一共约14000元。售卖族谱所得另外登记。支出项目主要是举办清明会的开销（购买食材、请厨师团队以及租用音响设备等）和支付看守祠堂的补助。每一项支出现场填表，由会长签字。看守祠堂的补助，则是由会长和两名以上任意宗族成员签字。食材所剩不多，还有不到7斤米和两个大半桶下过炸的菜籽油，米被唐杰以高于购买价的价格买走，油也被另一位宗亲买走。

回顾整个流程，仪式可能有一些调整。祭祖的仪式在一定程度上被简化了，宗亲联谊则成为了仪式的重要内容。从宗族成员到达祠堂到离开祠堂，整个时间段内所进行的活动都算作联谊，这种联谊具有一定的仪式意味。而从仪式的角度来看的话，其高潮在于集体祭祖和集体进餐。大家从各地而来，聚在一起，一方面集体缅怀先祖；另一方面汇聚交谈，让不认识的人相互认识，认识的人之间增进感情，以扩大和强化社会关系，这大概就是清明会的本意。在这个意义上，我们可以将清明会理解为一场时空汇聚。正如赵克生（2018）在研究明清时期的"族会"时所言："族会提供了宗族互动的时间空间，化解了散居隔绝、血缘淡薄导致的人情稀疏，使'形同路人'的族众可以'面目以时相亲，情愫以时相感'，面善相亲而后有宗族归属感。"

时间和空间当然不是截然两分的。寻根问祖和联宗不是不涉及时间问题，续编族谱也和空间相关，只是时空在这两部分中有不同的强调。而清明祭祖和联谊，则是将时、空汇聚起来的，时间和空间的重要性得到了同样的昭示。

会长唐元江在清明会上讲话时提到,祠堂是解决"我是谁?我从哪儿来?我到哪儿去"这三个终极哲学问题的地方。确实,族谱通过压缩时间能够让个体成员知道祖先的历史和自己的来源;寻根问祖通过扩展空间可以让个体成员明确自己在宗族中的位置;清明祭祖和宗亲联谊的时空汇聚则蕴涵着回顾过去、展望未来的味道。但是我们可以继续提问,为什么这些人要不远万里去寻根问祖?又为什么要不辞辛苦续编族谱?又为什么要舟车劳顿从各个地方赶来参加清明会?尤其是他们又为什么能够这样做?笔者认为,其背后是作为制度或文化的宗族的支撑。这种作为制度或文化的宗族,存在于日常生活,又在个体的思想中内化于个体,并在个体的行动中获得表达。

第四章 宗族与社会关系

到目前为止,我们一直都是在宗族内部进行讨论,还没有涉及宗族外部的社会关系。事实上,既然我们已经发现作为社会现实的宗族是日常生活中的社会构建,那么我们也就可以明白,宗族不是存在于祠堂、族谱、祖坟、牌位和集体仪式之中,而是在日常生活中被独立的个体所承载。如果将视线转移到个体身上的话,就不难发现,个体所承载的宗族,只是其承载的社会的一部分。个体的完整承载,应该是整个社会,所以我们更应该在社会领域的视角下来重新审视宗族。

一、亲缘内外:丧俗中的地域群体

前文讲到丧俗的时候,对当地的邻里有一点提及,但是并没有从共同体的角度来审视邻里及其地缘关系。这种关系历来是受到人类学关注的。人类学中国研究的一个惯用方法就是社区研究法。社区研究法在功能主义(Flis,1992)的前提下,主张借用早期人类学的对孤岛社会的田野调查方法,并结合芝加哥学派的人文区位法,选取一个最小的、完整的社会单位进行研究。这种研究方法的策略其实强调研究一个力所能及的地域共同体。不管这种方法受到怎样的质疑,它直到现在也依然是中国人类学民族志研究的底蕴。

地缘关系在当地人日常生活的社会关系中的确十分重要。俗语云:"远亲不如近邻。"唐氏宗族的成员分散居住,他们的邻居并不都是宗亲。例如居住在周家院子的唐氏族人就是如此。周家院子是一个三合院,共有13户住户,户与户之间共用一面墙。周家院子中仅有3户人家姓唐,其他的姓有:黄、糜、陈、任。黄姓共有4户,是户数最多的。周家院子旁边,还有大小两个黄家院子,但是这两个院子里住的又不都姓黄,例如大黄家院子就有很多户姓周。集体生产的时代虽然已经过去,但是不同姓氏的人们,确实直到现在都还以院子为单位,保持着一定的合作劳动关系。除了合作劳动,另一个重要的事情是相互帮助。从这个角度看,非同一宗族的地缘群体,替代了以往宗族研究中所发现的宗族的部分功能。换句话说,合作劳动、相互帮助这类事情,其实也可以由地缘群体来进行。可能有些研究太过关注聚族而居的宗族村落,所以掩盖了这一事实,并没有论证他们之间的合作和相互帮助到底是基于地缘还是宗族。事实上,格尔兹(Clifford Geertz)提供的巴厘灌溉政治的个案(1981:68-86),是足以引起我们反思的。

在当地的丧俗中,尽孝的事宜有逝者的亲属负责,礼仪和宴席的事宜有"丧葬一条龙"负责,但是还有很多其他的活需要人手。例如烧完"倒头纸"之后,需要抹汗入殓,抹汗虽然有专门的人来做,入殓也是需要子孙们亲力亲为,但是还有其他的事需要邻里帮助。在当地的风俗中,丧礼中的棺材是放在堂屋的,平时则是放在其他地方,入殓需要在堂屋进行,这个时候就需要找人帮忙将棺材抬到堂屋。时间紧迫,能够帮得上忙的只有近邻。此外还有许多杂活,例如搭个泥台、砍几根竹子、买一点应急的东西、帮忙做饭等,也需要近邻帮忙。

丧事一般需要帮助,这种帮助主要就是来自亲属和邻里。当地人的亲属关系不仅仅限于血亲,姻亲也和血亲在现实生活中具有同等重要的地位。在一些特殊情况下,比方说兄弟不和的时候,姻亲提供的帮助可能大于血亲。亲属会在丧事过程中送上一些礼物,以协助办理丧事。这些礼物主要分为两部分:一是奉献给逝者的礼物,主要是火纸和鞭炮；二是送给生者的礼金，现在一般都是钞票。邻里也会送两类礼物给丧事主家：一类与亲属所送相同，就是一定的钞票礼金；另一类礼物则是不确定的，看主家缺什么，就送上什么，一般是实物。因为当地的丧事一般会持续较长时间，每天都是好几桌人吃饭，一家人自己种植的蔬菜瓜果肯定供应不了，市场上倒是有卖的，但是不需要样样都买。邻里会在这个时候，送上一点蔬菜瓜果之类的东西。

亲属和邻里以不同的身份参与丧礼，在丧礼中做不同的事情，但是在宴席这样重要的场合上他们并没有明显区别。亲属参与丧礼，一方面是给生者提供帮助，另一方面是送逝者最后一程。送这最后一程主要是礼仪性的。亲属不仅要为逝者献上礼物，也会根据亲缘关系的远近，被写进祭文中。如果道场做得大，这篇祭文会写成榜张示。但是不管写不写榜，都会在一日三餐前念诵一遍。将亲属关系写进祭文中，一方面是告慰逝者，另一方面也是重申生者之间的亲属关系。邻里参与丧礼也是一方面给生者提供帮助，另一方面送逝者最后一程。但是这个邻里送的最后一程则主要是实际性的，比方说作为"八大金刚"抬逝者上山，作为"打杂的"放鞭炮、丢买路钱或者挑逝者生前的衣服等遗物等。上山的前夜和上山当天的早上，需要大摆宴席。早上的宴席是在逝者上山以后开席。也就是说逝者上山恰是在这两次宴席之间。亲属和邻里在这两次宴席上一同进餐，并没有明显区别。

邻里的范围是一个很有意思的问题。多次参加宴席的经历使笔者发现，邻里的界限多半与生产队的界限重合，大概就是人类学中的"自然村"所指。生产队是一个集体生产时代遗留下来的旧概念；现在早已经过几次行政区域的拆并，有些生产队的地域范围，通过把名字换成组而保留下来，更多的生产队在行政和地域范围上的关系改变了。然而有意思的是，村民们的社会关系多数还是以旧的生产队为界。当地人在计划宴席规模的时候，也总是计划内亲外戚来多少人、"队头"来多少人。笔者询问过其原因，他们的回答总是"我们是一个队的呀！"之类。为什么"一个队"就要如此？这大概不是单单一个自然村的"自然"就能回答的。笔者猜想其中的原因，可能也与过去的集体生产和大锅饭相关。生产队以前是一个生产单位，整个生产队的人一起劳动生产；甚至在一段特殊时期，大家还在一个大锅里吃饭。同劳动和共餐实际上缔结了一种类似家的社会关系。在许多民族志中提到分家的时候一定要分灶的这类情况（费孝通，1986：45-49；林耀华，1989：13），似乎是一个反面的证明。

这里只是用丧俗来举一个例子，而不是局限于丧俗。一方面，在实际上婚丧嫁娶等人生礼仪中，情况都是如此，都能发现他们之间存在一个地缘共同体。而另一方面，这个地缘共同体能够在诸多人生礼仪的情境中被发现，也少不了一个日常生活的基础。这些材料似乎可以证明，分散居住的宗族成员在归属于一个宗族的同时，也归属于一个地缘共同体。更进一步，也就是说，在他们的实际生活中，包括血亲和姻亲在内的亲缘关系和地缘关系都是很重要的。这是对他们多元社会关系的一种说明。

二、人情社会：公事中的私人关系

办成公事，需要很多人的无私奉献，尤其是像现代宗族这样的公事。捐款捐物自不必说，因为只要自己有某些资源，在宗族情感的作用下，将之奉献给宗族并不是一件困难的事。稍显困难一点的是无偿为宗族做事，因为没有回报，这更需要一种奉献的精神。例如唐福成为祠堂设计、施工，没有要一分报酬，还利用自己的专业知识，为宗族节省资金；去湖南寻根时，是驾驶自己的私家车，没问宗族要一分钱报销油费。再如宗亲会的会计唐启刚[①]，曾是生产队的会计，但是家离祠堂较远，每次都是自己掏钱坐车来祠堂，也从来不向宗亲会报销。这样的例子还有很多。所以唐杰才会说，他眼中的唐氏宗族其实是一个公益组织[②]。

更难得的是利用私人关系办公事。因为捐献财物和凭自己的能力为宗族办事是在当时就结束的，不会有什么后果；而一旦动用了私人关系，便欠了一个人情，将自己置于一个不确定的未来之中。而公事

[①] 唐启刚，消河乡唐家店人，61岁，曾任生产队会计、乡村教师等，现任宗亲会副会长。
[②] 除了直接为宗族整体做各种各样的奉献，该宗族还设立了助学金，资助考上大学的贫困家庭学生每人1000元。

并不是一个独立的封闭领域，因为任何公事其实最终都要落实到个人的身上去具体实施，这也就为贯通公事和私人关系提供了一条可能的路径。事实上，有很多公事都是依靠私人关系办成的。

　　唐氏宗祠复建的过程中，有许多这样的例子。这些例子可以展示，唐氏宗族的成员如何通过各种各样的私人联系，使得外姓的人也愿意帮忙，参与到宗族的事情中来。例如，每年清明会期间，负责饮食的厨师团队已经和该宗族合作多年，甚至形成了集体之间的友谊。然而这个集体友谊关系的建立，最初却是由于私人的经历。唐杰在参加一次喜庆宴席的时候，发现当时这个厨师团队所做宴席在味道、清洁卫生和桌布等方面都是该宗族追求的方向，于是便和这个团队洽谈，最终达成一致意见：无论什么时候，价格和人员配备都首先满足该宗族的活动的开展。从此便开始了数年的合作，直到现在。与厨师团队的结识，本是出于私人之间的信任和认同，但是这种信任和认同又被宗族所认可，最终促成了合作关系。清明会上的音响团队，则是唐杰的"老朋友"，是在平时的活动中早就熟识的了。出于双方的相互了解和友谊，再加上宗族多次热情相邀，所以对方愿意以最低的价格为宗族的活动提供帮助。

　　私人关系的维持，需要依靠所谓的人情①。为公事动用了私人关系，其实是不自觉地欠了对方一个人情。欠钱不可怕，因为总有一个数字在那里，总有还清的可能性，也极容易还清。但是人情不一样，人情是还不清的。人情只能用人情偿还。即是说，假如我欠了你的人情，等你有事来找到我的时候，我就应该义无反顾地帮助你，我不应该感到为难推脱。也就是说，欠下一个人情，就承担了一定的风险，谁知道你下次找我的时候是什么事情呢？即便如此，他们还是在需要利用私人关系的时候毫不犹豫。当然，也有一种情况是，人情在相互的亏欠中趋于平衡，这种平衡不是相互抵消，而是在充盈之后"贬值"，你欠我的人情和我欠你的人情都是顺理成章了。

　　有学者认为，考虑人情和面子是中国社会的现实。笔者在田野里

---

① 在当地人的日常语汇中，礼金也被叫做"人情"。

和自己的生活里察觉到的情况也确是如此。但是，笔者认为我们并不应该就此便对人情和面子进行盲目的批判。我们提倡"公私分明"，这本身是没有任何问题的。但是如果将"公"和"私"完全割裂，则并不见得是明智的。"公私分明"的真正意涵，可能更应该在于"公利"和"私利"的分明。这种分明既承认"私利"，又保障"公利"。在"公利"和"私利"分明的前提下，是可以贯通公事和私人关系的。很多公事确实需要私人关系才能够更好地办成。

私人关系并不是一个见不得光的东西。它是在个体发展的背景中发展的社会关系。就像个体是社会的基础一样，私人关系也可以成为公事的支持。而从另外一个角度来看，在一定程度上，公事也可以被理解为是私人关系的固定化或制度化。

三、相互学习：制作中的现代宗族

宗族的复兴，究竟是传统的发明（霍布斯鲍姆、兰格，2004）还是文化的再生产（Bourdieu, 1973），这个问题现在还很难说得清楚。一些学者已经尝试使用这些理论来分析解释宗族的复兴了（杜靖，2005：267-271；陈兴贵，2016；靳松、王天鹏，2017）。但是我们需要看到，这些分析和解释其实有一个共同基础，就是假设在历史上曾有过一个"真"的、稳定的、标准的传统或文化。然而笔者以为，这个假设并不能成立，因为世界处在永恒的变动当中。即便是涂尔干所论述的来源于社会的"概念"（涂尔干，1999：483），也只能认为其具有的是一种相对稳定的状态，而不可能绝对稳定。相较而言，笔者更愿意从另一个类似但不相同的观点接受启发，那就是巴斯（Fredrik Barth）的"制作中的宇宙观"（cosmologies in the making）。

"制作中的宇宙观"所强调的是"制作"。巴斯在研究新几内亚Ok山区6个群体的入会仪式时，发现这一场10年才举行一次的仪式，可能存在很大的变数。仪式知识完全保存在仪式专家个人的脑海中。每当这个仪式将要举行的时候，仪式专家只能依靠自己的回忆来记起仪式的细节。10年的周期很长，必然会有很多细节回想不起来。特别是，假如这个仪式专家突然逝世，那么这个群体就有丢失其传统的危险。6个群体之间有很多相似性，但是在入会仪式的细节方面又表现出很大的差别。他们举行入会仪式的时间会错开，仪式专家们之间会相互参加邻居群体的仪式，这给了仪式专家们学习其他群体仪式细节的机会。但是，他们不会照搬邻居的仪式。巴斯将最后的分析落脚于当地人的宇宙观上，认为他们的宇宙观不是固定的，而是处于不断的制作之中（Barth, 1987）。唐氏宗族的复兴过程，和巴斯所讲的情况不同但道理相通。

2019年清明会的前一天下午，唐元江和唐启安带着笔者在村子周围转转。在路上他们自己感叹，经过几年时间的摸索，今年的清明会算是运行得比较有序了。他们说前几年，尤其是刚开始的那一两年，完全是摸着石头过河。毕竟清明会已经停办几十年了，谁还知道那些古老的传统？现在积累了一些经验，程序便逐渐固定下来了。这些经验的积累和程序的固定是一个长期的过程。而这个长期过程中的一个重要路径，就是相互学习。

清明会结束的当天下午，宗亲会管理委员会常务委员会的几位长辈，邀请笔者跟随他们去南充市蓬安县参加另外一个唐氏宗祠的落成典礼。在路上笔者问他们之间是怎样联系上的。唐福成说四川有一个宗亲协会，是宗亲协会在里面沟通、串联。晚间吃饭的时候，听他们言谈，才知道原来对方早已拜访过唐家店的唐氏宗祠，因为他们计划要修祠堂，但是不知道建成什么样子。第二天在去祠堂的路上，快要到达祠堂时，我们发现老屋山的唐氏宗祠在路口拉了一条横幅，上面写着：欢迎各位宗亲回乡祭祖！唐启安和大家商量："我们明年也可以拉一张这样的横幅？"唐杰觉得这样的横幅是政府才会拉。唐启安说："在宗亲前面加一个唐氏就行。"路两边的彩旗也和唐家店的不同，唐家店的彩旗上面没有文字，但是老屋山的彩旗上，有一个大大的篆书唐字。唐杰说这个明年可以办，可以在网上订做。在这里，我看到了他们的学习心态和态度。

老屋山唐氏宗祠为每位宗亲准备了帽子和围巾，在祠堂大门的入口处为大家分发。帽子和围巾上面都是唐氏标志，落款老屋山唐氏宗祠，并且有日期。因为当天天气炎热，帽子还是起到了很大的作用，同时也可以是一个纪念物。中午吃饭的时候，唐启安端起酒杯询问对方："我想请教一下，帽子和围巾，是从什么渠道购入的？"对方大方回答从网上买的，并且主动提议互相加上微信，好将链接分享发送过去。席间，"相互学习"这个词屡次被提及。

进入到祠堂以后不久，笔者就发现，这座位于金溪镇老屋山的祠堂与唐家店的唐氏宗祠有几分相似，但是并不完全相同。例如，他们的主体建筑都是钢筋混凝土结构，没用一根木头；各房间的设置、总体的风格也大致类似，等等。但是，老屋山的祠堂是一个四合院，唐家店的祠堂则是一个三合院；老屋山的祠堂在正殿外面设了两个铁炉烧纸，唐家店的则将烧纸的地方设置在正殿的牌位下面等等。这说明老屋山的祠堂向唐家店祠堂或其他祠堂学了一些东西，但又不是全学。据说，参观学习唐家店祠堂的宗族（不限于唐姓）还有很多，就像他们当年参观学习其他祠堂一样。

巴斯研究的新几内亚 Ok 山区的 6 个群体，都没有文字，很多东西都只能依靠个人的记忆和口耳相传，所以他们的宇宙观不是固定的，而是一直处在制作的状态之中。但这并不是无文字社会的专利。有文字的社会中，比方说中国的现代宗族，也并非完全依靠文字提供的框架去实践，而也是在持续的社会中不断制作。笔者甚至愿意做一个大胆的判定，就是历史的宗族，不管是传统还是现代的，其实都是在不断制作的。

制作（in the making）提示了社会的时态。文化和社会本身是没有时态的，但是我们可以从时态的角度去理解它们。自泰勒（Edward Tylor）以后，许多人类学家在定义文化的时候，都会提到文化是一种习惯或传统模式（泰勒，2005：1）。既然是一种习惯或传统模式，那就说明文化在逻辑上已经存在了。也就是说，当我们谈论文化时，文化应该是过去时的。社会则不一样。涂尔干虽然强调社会的客观性和优先地位，但是这并不意味着我们面临的社会就是过去时的。与之相反，社会恰恰就是当下的。涂尔干（2016：24）自己已经说明了个体如何意识到社会，那就是在违背它的时候。舒茨（2012）依靠从胡塞尔和柏格森那里吸取的营养来划分生活世界的时候,从时间上也划分了前人世界和后人世界,但是这两个世界都不如同时的"周遭世界"和"共同世界"重要。可以理解为他所强调的也是社会的进行时。文化和社会本是一体的,格尔茨(1999)说,文化和社会不过是对同一事物的不同抽象。笔者做的这个从时态角度来区别文化和社会的尝试,最终目的也并不是为了区别,而恰恰是为了将文化和社会的关系打通,并在这个基础上既理解宗族作为文化的存在,也理解宗族作为社会的存在。也只有这样,才能更好地理解宗族复兴以及现代宗族。

宗亲关系,只是现代中国人多元社会关系中的一种。由此结成的组织,也只是多元社会组织中的一种。至少可以肯定,在四川,亲缘团体(不仅限于宗族)和地缘团体是并存的。更多的社会关系通过独立的个体及其私人的社会关系相连接,宗族的公事可能依靠私人关系所办成。并且也正是在独立个体基础之上的的社会交往之中,宗族不断地制作自身。所有现象都表明,我们需要将宗族重新置于总体社会的情景之中,同时重视宗族现象作为一个"总体社会事实"的存在。

结论 社会构建与社会领域中的现代宗族

四川并不是没有宗族。"湖广填四川"发生的时代,正是中国民间宗族组织发达的时代。当时的清政府鼓励移民,让其尽力开垦并免征赋税,所以吸引了大量的人口入川(田光炜,1981;李映发,2018)。迁入四川的人口,可能带不进来多少金银财宝[①],但是可以"带"

[①] 在原籍不能承受生存的压力,往往是外省人在"湖广填四川"时迁入四川的原因之一。陈世松曾分析入川多家族谱,得出结论,认为迁入四川需要准备大量盘缠,在一二百两银之间。而这一二百两银往往需要耗费全部家产(参见陈世松,2016:137-143)。虽然也有迁入四川之后还有剩余银两的少量个案,但是普遍情况确是带不进多少金银财宝。

进来宗族①。由于这个事件发生的时间并不算太遥远,所以迁徙人口的后人是很容易有机会聚集在一起的。这场移民运动持续了八九十年时间,最早进入的移民已经又繁衍了两三代,他们又可以选择荒地开垦并且"随田散居"。这可能造成移民内部的移民,也在很大程度上造成了现在宗族成员分散居住的局面。而现代社会的发展,使这种分散居住的形态发展更为充分。

四川的宗族,并不是存在于祠堂、族谱、祖坟、牌位和集体仪式等宗族的文化象征之中,而是根植于当地人的日常生活。在他们的日常生活、节日和人生礼仪之中,形成了有关宗族的概念和观念。传统的宗族为了维持和确认祖宗的遗产,能只为属于该宗族的子孙后代所继承,便有意识地建构了这些文化象征,以此来框定和划分宗族的范围。虽然这些文化象征是过去时的,作为物质的文化象征很容易被毁灭,但是概念和观念却具有顽强的生命力。在长期的宗族制作当中,逐渐确认了祠堂等文化象征是宗族不可缺少的要素,并作为概念和观念延续下来。

宗族要有祠堂是没有问题的,问题在于要有一个什么样的祠堂?这个祠堂修建成什么样子?祠堂里的祖宗牌位如何摆设?修建祠堂的钱从哪里来?祠堂要怎样管理和运营?等等问题,不一而足。这些问题不是依靠传统就能解决的,因为传统并非被事无巨细地传承下来,更何况这传统还中断了几十年?祠堂是如此,族谱、集体仪式等属于祠堂的文化象征都是如此。

宗族要复兴,可以从文化那里知道自己要做什么,却只能在社会中找到做的方式和途径。宗族根植于日常生活,其复兴的可能性和实践性,也都必然来自于日常生活,因为在日常生活之中,概念和观念

---

① 虽然目前尚不知其他宗族的具体情况,但是就唐氏宗族的个案来说,他们迁入四川的时候,带着老的谱书,并且在后来的生活中,延续使用了在湖南排定的字辈。现在的唐氏宗祠,里面供奉的始祖也是当时落户湖南的始祖文通公,族谱中也强调的是文通公后裔。这些事实使我们完全有理由认为,这个宗族可以看作是从湖南带进四川的。陈世松也提到,在入川过程中,外省人的行李中往往会留出一定的空间,用来装与宗族家族相关的东西,可能包括族谱和骨骸,有的甚至还带着祖宗画像、神主排位。当然也有一些未随程携带,所以后来后悔莫及,安定以后想方设法要回乡取回祖先骸骨到四川安葬(参见陈世松,2016:157-164)。

才会不断的被填充和丰富起来。日常生活对概念和观念的填充和丰富过程具有无限的可能性,因为日常生活本身既是既成的,又是未完成的、开放的(高丙中,2017)。因此,只有在日常生活的基础上,我们才能够理解宗族复兴作为一种两方面现实的社会构建。

宗族的根基在于日常生活,并不只是说在日常生活之中填充和丰富了有关宗族的概念和观念,其另一层意思是不同的社会条件都可以为宗族所用。对于本文研究的个案来说,发达的公路交通使得大范围的清明会成为可能,电话、QQ、微信等网络通信技术实现了社会交往方式,当这种交往的内容被掺杂了宗族因素的时候,宗族本身也依靠新的网络通信技术获得发展。日常生活是分散的,但是日常生活中也有新的聚的成分和动力。这种新的聚的成分和动力不断汇聚,最终在祠堂的公共时空中展演。

祠堂是复建的,是宗族复兴的表现和结果。而宗族复兴的动力和路径,只能在社会领域当中寻找。中国正在生成一个与政治领域和经济领域有别的、具有自主性的社会领域(高丙中、夏循祥,2015)。宗族复兴是这个社会领域生成和发展的结果,也是这个领域生成的信号之一。在当下的中国社会中,宗亲关系不仅本身不同于传统的宗亲关系,并且当下的宗亲关系,也只是现代多元社会关系中的一种。我们不仅能够在他们的日常生活、节庆和人生礼仪中,看到亲缘群体与地域群体的同在,还能在有关宗族的事件中看到私人关系与公事的贯通。宗族不再只是本宗族自己的内部事情,而是通过宗族内部独立的个体与开放的世界发生联系,因而实现了将宗亲关系带入社会,而不是将宗族等同于社会。宗亲关系与其他社会关系(例如地缘关系、姻亲关系、市场关系、合作劳动关系等)交织在一起,共同构成了现代的社会。社会领域有其自主性,可以创造自己的规律和逻辑,并按照这个规则和逻辑做成某些事情。号称"江南第一家"的郑氏家族这样的大家族是一个证明(高丙中、夏循祥,2012),本文研究的川东北唐氏宗族这样的小家族的复兴个案也是一个证明。

在这个基础上,如果我们再往前推一步,会发现现代的宗族组织其实是基于日常生活的 civil society。Civil society 其实是指政治领域和经济领域之外的所有民间组织和民间关系的总和（俞可平，2006），本应该译为"公民社会"，但是此处只强调宗族这一种组织，所以在使用上将之译为"公民社团"，既表示带有公民社会的性质，又注意到只是诸种公民社会组织的一种。实际上，已经有学者认识到并且强调："家族组织在结社形式上是传统的，但是家族作为组织实体却是当代的。"（高丙中，2016：29）本文的研究用不同地域、不同时期、不同特点的材料，印证了这一判断。

这里还需要强调一点的是，现代宗族组织实际上是一个公民社团的判定，更多地是依据对传统宗族和现代宗族组织的构成的比较，以及个人与社会的关系的变化而做出来的。传统宗族当然不是天生的、自然的，但是当我们确认这样一种组织的时候，这种组织的构成就是既定的。在传统宗族中，个人一般是不能选择宗族的，个人天生就是某一宗族的成员（收养、上门婚姻等特殊情况除外）。而在现代宗族组织中，不是说个人可以自由地选择一个宗族加入，而是说可以选择加入或退出特定的宗族，或者说一部分人可以自由决定要不要重新结成一个宗族、结成一个什么样的宗族。现代宗族的这种组织构成的变化，其实很大程度上可以归因于个人与社会的关系的变化。我们以往的社区研究法所研究的对象，其实是基于一定地域的完整社会单位，把community当作society来看待；以往的许多宗族研究，也将宗族当作类似于社区的对象，于是他们的研究结果往往呈现出"宗族就是社会"的表象。在彼时的情境下，这些研究可能比较合适、贴切，但在现在的条件下，这种认识应该更新了。在现代社会中，个人通过许多途径与现代社会发生联系，宗族、公司、劳动合作、市场等等都是联系的可能途径和方式。所以，人们是可以自由选择要不要重新结成一个宗族、重新结成一个什么样的宗族的。也就是在这个意义上，现代宗族其实是一个自由联结的公民社团。

这样自由联结的公民社团，是现代社会中一部分人的自组织。现代社会的自组织正蓬勃发展，它现在的力量还小，在获得完整的合法性方面也面临一定的困难①,但是未来的潜力不可忽视。如果按照这个态势继续发展下去,随着其"应责力"(accountability)提升努力(高丙中,2016:285-300)的发展,现代的宗族以及其他的社会组织,终究会成为解决社会问题主要力量。到了那个时候,社会领域的许多问题,便不再需要其他领域的力量插手,社会自己便可以解决自己的问题。黄宗智从历史学角度总结并重新思考的国家、社会之外的第三领域(黄宗智,2019a,2019b),其实可以和这里的社会领域相契合,并在这种充分考虑了历史与现实的情况下,反思二元对立、非此即彼的逻辑。

在这个基础上,我们可以进一步地提升,达至对一般社会理论的新理解和新运用。如果此时我们重新思考涂尔干早期提出的"国家-中间组织-个人"的(现代)社会构想(涂尔干,2015),可能是大有裨益的。尽管在涂尔干的实际设想中,具体占据中间组织位置的是职业团体,但是一方面,涂尔干的想法对应的法国当时的现实;另一方面,职业团体虽只是一个名称,但其本身也是多元的。我们从他的设想中获得的是中间组织的设置的启发。这种构想不仅给了宗族以现代的可能,也给了其他的社会组织、团体以现代的可能;所有的社会组织、团体的现代可能的总和,就是现代的社会的可能,就是成全我们每一个人的可能。

参考文献

埃文斯-普里查德,2014,《努尔人:对一个尼罗特人群生活方式和政治制度的描述》,商务印书馆。
陈世松,2016,《大迁徙:"湖广填四川"历史解读》,四川人民出版社。
陈兴贵,2013,一个西南汉族宗族复兴的人类学阐释——重庆永川松溉罗氏宗族个案分析,《广西师范大学学报》(哲学社会科学版),第1期。
——,2016,当代中国农村汉族宗族复兴原因探析——以重庆永川松溉罗氏宗族

---

① 就目前的祠堂来说,成为文化遗产或文物保护单位,是其获得政治合法性、行政合法性和法律合法性的主要途径。但是能够成为文化遗产或文物保护单位的毕竟是少数。这条路径很有启发意义,但是对于普通宗族还不具有适用性。

为例,《天府新论》, 第 2 期。
杜靖, 2005,《闵氏宗族及其文化的再生产——一项历史结构主义的民族志实践》, 中央民族大学博士学位论文。
费孝通, 1985,《乡土中国》, 三联书店。
———, 1986,《江村经济——中国农民的生活》, 江苏人民出版社。
冯尔康, 2013,《中国古代的宗族和祠堂》, 商务印书馆。
弗里德曼, 2002,《中国东南的宗族组织》, 上海人民出版社。
福蒂斯、埃文斯 - 普里查德, 2017,《非洲的政治制度》, 商务印书馆。
高丙中, 2000, 社会团体及其合法性问题,《中国社会科学》第 2 期。
———, 2002, 社会团体的兴起及其合法性问题,《领导文萃》, 第 10 期。
———, 2006, 一座博物馆——庙宇建筑的民族志——论成为政治艺术的双名制,《社会学研究》, 第 1 期。
———, 2008,《民间文化与公民社会:中国现代历程的文化研究》, 北京大学出版社。
———, 2016,《社会领域的公民互信与组织构成:提升合法性和应责力的过程》, 社会科学文献出版社。
———, 2017, 日常生活的未来民俗学论纲,《民俗研究》, 第 1 期。
高丙中、夏循祥, 2012, 作为当代社团的家族组织——公民社会的视角,《北京大学学报》(哲学社会科学版), 第 4 期。
———, 2015, 社会领域及其自主性的生成,《北京大学学报》(哲学社会科学版), 第 5 期。
格尔兹, 1999,《文化的解释》, 译林出版社。
广安县地名领导小组, 1988, 四川省广安县地名录, 四川省地名录丛书之九十五。
哈贝马斯, 1999,《公共领域的结构与转型》, 学林出版社。
胡塞尔, 2016,《欧洲科学的危机与超越论的现象学》, 商务印书馆。
黄权生、蓝勇, 2007, "湖广填四川" 社会经济与生态效应的地名学研究,《中国农史》, 第 4 期。
黄宗智, 1986,《华北的小农经济与社会变迁》, 中华书局。
———, 2019a, 国家与村社的二元合一治理:华北与江南地区的百年回顾与展望,《开放时代》, 第 2 期。

——，2019b，重新思考"第三领域"：中国古今国家与社会的二元合一，《开放时代》，第3期。

霍布斯鲍姆、兰格，2004，《传统的发明》，译林出版社。

靳松、王天鹏，2017，传统的发明：乡村宗族复兴中的"双名制"研究——以江西赣南客家白鹭古村的田野调查为例，《嘉应学院学报》，第7期。

景军，2013，《神堂记忆：一个中国乡村的历史、权力与道德》，福建教育出版社。

科大卫，2009，《皇帝与祖宗：华南的国家与宗族》，江苏人民出版社。

兰林友，2005，"同姓不同宗"：对黄宗智、杜赞奇华北宗族研究的商榷，《广西民族学院学报》（哲学社会科学版），第5期。

李映发，2018，"湖广填四川"的家族记忆，《寻根》，第5期。

林耀华，1989，《金翼——中国家族制度的社会学研究》，三联书店。

——，2000，《义序的宗族研究》，三联书店。

刘军，2018，从新旧族谱编纂内容对比看现代宗族社会的衰落——以广东四会市的三个宗族为例，《青海民族研究》，第3期。

刘雪婷，2007，拉德克利夫-布朗在中国，《社会学研究》，第1期。

吕付华，2009，派克、布朗与中国的"社区研究"，《思想战线》，第S2期。

马克思，2001，《路易·波拿巴的雾月十八日》，人民出版社。

莫斯，2016，《礼物：古式社会中交换的形式和理由》，商务印书馆。

钱杭，2011，《宗族的世系学研究》，复旦大学出版社。

施坚雅，1998，《中国农村的市场和社会结构》，中国社会科学出版社。

四川省广安县志编撰委员会，1994，《广安县志》，四川人民出版社。

四川省交通厅公路局，1994，《四川省公路志》，四川人民出版社。

舒茨，2012，《社会世界的意义构成》，商务印书馆。

宋靖野，2019，"公共空间"的社会诗学，《社会学研究》，第3期。

泰勒，2005，《原始文化》，广西师范大学出版社。

唐三众，2016，唐氏家谱，民间资料。

田光炜，1981，"湖广填四川"的移民过程，《四川师院学报》，第2期。

涂尔干，1999，《宗教生活的初级形式》，中央民族大学出版社。

——，2015，《职业伦理与公民道德》，商务印书馆。

——，2016，《社会学方法的准则》，商务印书馆。

汪启和，2003，当前农村宗族势力复兴探析，《青海社会科学》，第4期。

王笛，2018，《袍哥：1940年代川西乡村的暴力与秩序》，北京大学出版社。

王铭铭，1997，《村落视野中的文化与权力——闽台三村五论》，三联书店。

韦伯，2010，《支配社会学》，广西师范大学出版社。

吴文藻，1990，《吴文藻人类学社会学研究文集》，民族出版社。

许烺光，2001，《祖荫下》，蓝天书局。

杨雅彬，1988，四十年代中国社会学的建设，《社会学研究》，第2期。

俞可平，2006，中国公民社会：概念、分类与制度环境，《中国社会科学》，第1期。

张青仁，2019，节日日常化与日常节日化：中国当代的节日生态——以2015年为案例，《北京社会科学》，第1期。

张小军，1997，《再造宗族：福建阳村宗族"复兴"的研究》，香港中文大学博士学位论文。

赵克生，2018，明清时期的族会与宗族凝聚，《史学集刊》，第3期。

Ahern, Emily M., 1973, *The Cult of Dead in Chinese Village*, Stanford University Press.

Anderson, E. N., 1970, "Lineage Atrophy in Chinese Society", in *American Anthropologist*, New Series, 72(2), pp. 363-365.

Barth, Fredrik, 1987, *Cosmologies in the Making: A Generative Approach to Cultural Variation in Inner New Guinea*, Cambridge University Press.

Berger, Peter L. & Luckmann, Thomas, 1991, *The Social Construction of Reality: A Treatise in the Sociology of Knowledge*. Penguin Books.

Bourdieu, P., 1973, "Cultural Reproduction and Social Reproduction", in *Knowledge, Education, and Cultural Change*, Edited by Richard Brown, Tavistock.

Fei, Hsiao-Tung, 1946, "Peasantry and Gentry: An Interpretation of Chinese Social Structure and Its Changes", in *American Journal of Sociology*, 52(1), pp. 1-17.

Flis, Mariola, 1992, "Malinowski and Radcliffe-Brown: Two Versions of Functionalism", in *The Polish Sociological Bulletin*, 97, pp. 35-43.

Geertz, Clifford, 1981, *Negara: The Theatre State in Nineteenth-Century Bali*, Princeton University Press.

Watson, James, 1982, "Chinese Kinship Reconsidered: Anthropological Perspectives on Historical Research", *in The China Quarterly*, 92.

城市噪音与实验音乐场景研究

徐　冉　清华大学社会学系 2016 级
指导教师　郭于华

第一章　导论

> 让我们坦白，我们曾经参与过这样的派对——在那里，在短暂的夜晚里，所愿得偿的共和国实现了。我们何不承认，那个夜晚的政治对我们而言更真实、更有力量，例如甚于整个美国政府？
>
> ——Hakim Bey, T.A.Z.

一、背景与问题的提出

2012 年 12 月 25 日，圣诞节，笔者第一次在北京看噪音演出。中国人没有过圣诞节的习惯，但多少会"凑热闹"。当天"小萍"里安排的演出却没有任何"过节"的气氛。这次演出属于实验音乐人朱文博多年来固定每周二组织的"燥眠夜"演出系列，当晚表演的是两个"无浪潮"乐队和一个由三个音乐人的"噪音"即兴计划。后者表演的是刺耳的噪音，这次仅有几位观众的演出最终以乱砸乐器的方式结束。音乐与演出形式之极端引起了笔者对这个群体和他们的文化的兴趣。

顾名思义，实验音乐以实验为主，追求的是未知，因此每一个音乐人的音乐都不同，而同一个音乐人的每一次现场也会试图表演出新的声音来，因此音乐风格难以定义。从无声的、将表演权利给听众的现场，到具有攻击性的电子噪音演出，再到使用自己创造的乐器和日常物品演奏的即兴合作，多元是实验音乐的关键词。对于其中专注噪音的音乐是属于实验音乐的分支还是已经形成了独立的流派，不同的人持有不同的意见，而且在此场景的发展历史中噪音音乐的隶属也有所改变。中国的噪音与实验音乐场景虽然有厂牌，部分的音乐人会出唱片，但它以现场表演为主，而这种现场一般在小型酒吧里进行。除了酒吧里组织的演出，还有在其他场所进行的现场。例如前几年的"客厅巡演"演出系列，观众可以邀请音乐人和其他观众来到自己家进行表演，这种演出当然比平时更小型，也更亲密。另外还有在公共场所，比如在地下通道，甚至在郊区户外的山洞里面进行的演出。北京噪音与实验音乐很"小众"，核心音乐人数为30人左右，因此场景中容易结合成紧密的关系甚至共同体。根据不同的算法，观众可以说不超100人，也可以说总体有几百人，因为具体哪些音乐和演出属于这个场景并没有明确的界限，而且有时候也有噪音或实验乐手参与相对大规模的演出，现场有许多观众，但其中有些观众平时未必关注此领域。

在访谈实验音乐人的过程中，除了"自由"，最常见的关键词之一是"可能性"。这种词汇结合此场景的边缘性质令人思索此文化领域的社会性何在。噪音与实验音乐在形式上脱离常规是否带来社会上的失范倾向？其中是否存在抵抗性或是明确的抵抗对象？在这个社群创立的文化领域里，音乐现场空间以及声音本身发挥何种作用？因为失范等概念都是对应主导文化而成立的，所以本研究在解答此类问题的过程中，将会探讨噪音与实验音乐场景相对于在访谈中被音乐人描述为"非常紧凑的中国文化环境"的社会位置。

二、理论文献回顾与概念界定

在解答上述问题的过程中，本研究围绕着下列的几个主要概念与理论，在此作初步的介绍。

1. 社会"噪音"

本文中的"噪音"概念具有三重含义。第一个含义是对噪音在声音层面上的解释。从物理角度而言，声音本身是关系性的：其多重的起源和方向以及多重的接收对象，使每个声音都是公共的事件（LaBelle，2015：xi-xiii）。声音以听力与倾听为先决条件，而倾听是基于听力的文化行为——我们对某种声音的感受与反应是习得的（Sterne，2003：12），而这种反应在每一种文化里是不同的。在此自身以关系性为特征的领域，噪音的相对性更为突出，因此给噪音加以界定并非易事。除了可量化的"白噪音"，即所有声频同时都存在，并且在整个可听范围内都是均匀的声音之外，噪音的特征都是相对的，可以指向声量过大、不符合听者审美、在不当的时候或是场合发生的声音。噪音只在文化中才产生，但其范畴却在不同文化与历史阶段中都所不相同（Novak，2015：125）。然而，所有不同的噪音之间也存在一致之处：噪音总是"之外"的，它是被否定、被嫌弃的声音。由此，本文将声音维度上的噪音界定为错位的声音。

噪音的第二个含义指向其作为音乐流派。实验作曲家埃德加·瓦雷兹曾经将音乐定义为"有秩序的声音"，但这种定义很难接纳某些基于即兴或随机性的音乐形式。音乐人类学视角下对音乐的定义更为准确：音乐是声音中的移位性子集，其具体性质因人的不同取向而异（Sakakeeny，2015：122）。仅仅这个最为宽容的定义才能接纳作为音乐流派的噪音。所谓的噪音音乐在声音因素上无所不吸收，却在声音呈现层面上普遍地具有某些特征：噪音音乐一般为刺耳的电子音乐，其缺乏明确的节奏、旋律，音量却非常大，有时被描述为一种"声音墙"。1980年代的日本，通常被视为噪音作为独立音乐流派的发源地，而"日本噪音"1990年代被西方音乐人"发现"，发展为目前全球的、却又边缘的音乐实践。值得指出的是，"日本噪音"在西方收到边缘音乐界的认可之后，本来极为边缘的日本噪音乐手，在自己国家短暂地受到了主流文化的关注与接纳（Novak，2013：13-15）。中国的首批噪音乐手在1990年代末出现，他们虽然深受"日本噪音"的影响，但与日本不同，中国的噪音音乐从未受过广泛的关注，更不要说被主流文化接纳。反之，作为音乐流派的噪音在中国，从头到尾都是非常小众且地下的文化现象。需要注意的是，本文除了噪音音乐还探讨非噪音实验音乐,这种音乐因为在噪音音乐范畴之外,而在此被称为"非噪音"。但这种描述仅在噪音概念的第二个含义中成立——在场景之外的人,看"非噪音"实验音乐的声音,一样属于噪音,这便回到了噪音概念的第一个含义。

噪音的第三个含义指向社会性的、非声音的噪音,本文称之为社会"噪音"。噪音曾被定义为干扰信息接收的信号(Attali,2009:27),沿着此思路,声音层面之外的"噪音"可以理解为干扰官方文化的信号,这种信号以各种方式,具体化为脱离主导文化的社会行为。正如声音层面上的噪音以"之外"与"被否定"为特性,社会"噪音"与文化规范互斥而被界定,其指向那些"局外"的、未被整合的社会文化实践。正如狭义上的声音噪音指向"错位的声音",非声音的社会"噪音"指向那些在主导文化中"错位"的文化行为。此种"错位"可以是无意的,甚至可以是无意义的,然而其存在自身指向主导文化之外的可能性与意义,因此总是构成对现有规范的挑战。在本研究谈论的噪音与实验音乐场景中,噪音的三重含义均有体现。

2. 亚文化与相关概念

对亚文化的定义大致分为两种,分别起源于芝加哥学派与伯明翰当代文化研究中心。前者对亚文化这一概念的理解最具有一般性,将此界定为小于社会的群体的规范系统,亚文化以价值观、风俗、想法、语言、象征等因素与其所嵌入的广泛文化区别开(Yinger,1960;Adams, Ernstes and Lucy,2015:626-628,637)。对亚文化概念的另一种解释起源于伯明翰当代文化研究中心,其将抵抗当作亚文化的关键因素。这种界定下的亚文化总是嵌入到某种以社会阶层为基础的"根源文化",例如劳动阶层,在形式上与此发生部分的冲突,却最终离不开广泛文化的基本特性(Hall and Jefferson,2006:7)。

逆反文化的概念与亚文化息息相关,区别在于逆反文化以与广泛文化的冲突为核心因素(Yinger,1960:629)。逆反文化通常以改变广泛文化为目的,并为此建立非主流的社会机构。

严格而言,本文关注的文化群体接近于芝加哥学派最一般意义上的亚文化现象:一个小于社会的群体的规范系统。然而,其规范并非呈现高度的系统化或是一致性。虽然噪音与实验音乐文化含有某些逆反文化的趋势,却不以文化冲突为核心因素。因此,在利用亚文化与逆反文化作为概念工具的情况下,本文以"场景"——一个专指以某种音乐风格为基础的群体的概念(Adams et al., 2015: 639)——指向围绕着噪音与实验音乐的文化领域。

与亚文化、逆反文化等相对的是其所嵌入到的广泛文化,通常叫作主流文化。本文将此种广泛文化称之为主导文化,由此强调其无孔不入的引导作用以及其某种程度上的随机性——主导文化虽然不可逃避,但同时仅代表着无穷的可能性之一。

3. 阈限与相关概念

阈限是一个源于对渡过仪式分析的概念,特指渡过仪式的中间阶段。经过仪式者在仪式中与广泛文化分离之后,且与广泛文化重新并合之前,会处于一种模棱两可的不明确的领域,阈限便是对此时期及其带来的条件与状态的统称(Gennep, 1960)。阈限意味着临时地脱离社会文化,在其中已离开的文化因素被剖析、甚至被毁坏,因此特纳将阈限称为"反结构"的、解除秩序的领域。同时,这种"反结构"过程腾出来的空间代表着建立新奇文化与规范秩序的余地,因此阈限既是脱离文化的领域,也是构建文化的过程(Turner, 1992: 27-28)。噪音与实验音乐以及其现场演出以各自不同的方式呈现反结构与阈限的特质。

与阈限息息相关的概念是"共融体"。因为阈限使其中的人临时地失去其社会地位与文化条件,所以容易形成这种以个体之间的平等为基础的共同体。阈限可视为在社会结构之外自由活动空间,而共融体是在此空间中不同边缘人士的理想互动状态(Turner, 1992: 44-51)。

虽然阈限、共融体等概念起于对渡过仪式的分析,但这些概念的适用范围如今已经超越了仪式研究,可以作为对社会空隙中产生的脱离广泛社会秩序的文化现象。与过度仪式中产生的阈限不同,现代的许多阈限领域是在休闲状态中自愿且自觉进入的,由此临时性不再是阈限的先决条件——缺乏合并仪式的现代阈限可成为一种持续的反结构趋势。

4. 公开文本与隐藏文本

自觉建立的阈限空间好比于斯科特提出的隐藏文本的社会空间。斯科特将不同社群之间的社会文化交换分为"公开文本"与"隐藏文本"（Scott, 1990）。所谓的公开文本是官方所认可的"正式"文化，支配者与从属群体均遵从公开文本所规定的作为。隐藏文本与此相反，指向那些与公开文本具有矛盾的话语和文化行为。为了避免正面冲突带来的后果，各个社会群体只有与"自己人"互动之时才表现出其隐藏文本的内容，其余情况下，每个群体按照公开文本扮演自己的社会角色。

虽然支配者也有属于自己的隐藏文本，但因为偏离公开文本的后果对于从属群体更为严重，所以"隐藏文本"基本上成为了"从属群体隐藏文本"的代名词，由此在斯科特笔下，隐藏文本与抵抗紧密地关联到一起。这便是一般解读下的阈限与隐藏文本社会空间的不同之处：前者的临时性意味着其中的反结构总发生在广泛文化秩序之内，而后者是一种反现有秩序的势力。然而，本文在噪音与实验音乐场景的分析中与此种解读不同，将阈限与隐藏文本理解为适于培育抵抗的萌芽的领域，而抵抗同时非是两者的必有产物。抵抗是在具体的社会语境中产生的，而在接近于总体性权力的文化环境中，任何非统一性的声音都带有抵制意味。

5. 游戏与玩

在本次田野调查中有音乐人将自己的声音实践描述为一种"游戏"不无原因。游戏通常被界定为自愿的、使人享受的、在时空维度上具有明确的界限，并且具有伪装或者超越的性质。同时，伴随游戏的秘密性使"玩家"之间容易形成持续性的共同体（Huizinga, 1949: 12-13; Norbeck, 1974: 1）。显而易见，游戏的首要特征不仅与音乐的特性相符，而且也与自觉进入的现代性阈限领域相同。正像阈限，游戏是建立文化的，在其中，脱离的广泛社会规范临时失效，而新的规则自由地被建立，又自由地被拆除。

赫伊津哈等学者没有给"游戏"和"玩"两个概念加以区分，在对噪音与实验音乐的分析中此种区分变得显著。与"游戏"不同，"玩"

未必基于秩序，它的形式总是流动的，却可以"玩"出游戏来（Graeber, 2015：190-192）。有鉴于此，噪音与实验音乐作曲可以视为"玩"，而表演实验音乐作品属于游戏的领域。这种高度游戏式的状态在此场景中超越声音实践，熏染到许多噪音与实验音乐人的日常生活状态之中。

6. 临时自主区域

小型酒吧是噪音和实验音乐场景的连接点，半隐藏性的特质使这些被特殊化的文化空间与隐藏文本的社会空间相合，而在其中进行的现场演出是一种游戏式的阈限过程。上述的概念都在此重叠，可以总称为"临时自主区域"，此概念专指有意聚集的群体，创造出的独立于其文化环境的社会空间。临时自主区域中的社会文化实践，不谋划外界在未来中的变迁，其目标为在当下体会自由存在性，并且社会空隙中维护属于自己的独立空间（Bey, 2003：76，83，95）。

三、研究范围与方法

本研究以北京的噪音与实验音乐场景为研究范围。北京是中国实验音乐的基地（王婧，2017：19），从场景的早年一直到现在，北京吸引了中国各地的许多噪音与实验乐手，将大部分与这种音乐有关的人士集中在了北京。因此，北京不仅是中国文化与政治的中心，而且对全国的噪音与实验音乐场景具有一定的代表性。

本研究主要采用定性研究方法中的参与观察和深度访谈两种方法收集一手田野资料。此外，研究方法以文献法为主，回顾前人研究，并且梳理中国实验音乐场景自身发表的采访、文章、杂志等资料。

1. 参与式观察

本研究从一开始便除了以观众、研究者等身份，还以音乐人的身份参与此场景的各种实践。通过参与表演得到的经验非常宝贵，考虑到此场景中乐手占的比例之高尤其如此。本次田野调查时长两年多，从 2017 年初到 2019 年初。

2. 深度访谈

本研究以参与观察为核心方法，是为了避免把研究对象从日常环境中抽离出来,因为如果情境发生了这种变化,研究对象提供的信息也会有改变。尽管如此,但是访谈还是不可或缺的,专门进行访谈能获得与在参与观察过程中不同的信息。本人在田野调查的过程中访谈了场景中的某些在某一方面上具有代表性的人物。第一次访谈是2017年初进行的,最后一次访谈时间为2019年初,深度访谈对象共有7个音乐人。在此,所谓的深度访谈指的是时长2到4个小时,全程录音的正式访谈。此外,本研究以在田野调查中通过与许多其他乐手非正式的交流和访谈为资料。此次田野调查当然也涉及到与观众的接触,但因为场景以乐手为轴心,而且自己不做音乐的观众很少并且不固定,所以接收的信息量不足以在专门的一章中讨论。与观众的角色、体验等有关的信息会在相关的章节中插入,正式访谈之外在与乐手的交往中获得的信息也会如此处理。

3. 文献法

中国噪音与实验音乐场景的文化产出不限于现场演出与唱片,而还包括发表到网上的采访、在微信公众号上发布的文章等。除了现有的对本领域的学术研究,这些资料也作为本研究中参考的文献。因为本研究以既未积累很长的历史,又属于边缘领域的文化现象为对象,所以还缺乏本地的研究资料。因此,使用的文献以国外的相关理论以及探讨相似领域的资料为主。至于音乐作品本身,因为本研究将作品视为许多人的集体活动的结果,所以不再对单独作品的解读中寻找其反映的社会意义,而专注于围绕着这些作品所反映的集体文化。

4. 研究者角色与参与程度

值得提及的是,在对此音乐场景进行参与观察之前,笔者在某种意义上早已"进入田野"了。从荷兰迁居到北京之后,便开始"看演出",关注北京的"小众"音乐。而来到中国之前,在荷兰以不同的方式和身份参与非流行但非噪音或实验的音乐场景,参与形式包括组织演出、当DJ、设计海报与唱片封面等。虽然此场景中的音乐人与组织方的角色与观众的角色相比更为重要,但是亲身看演出的经验不失为一个初步了解此文化领域的好手段。就此而言,田野调查开始之前,笔者已经有几年的"实地经验"。虽然本人当时与噪音与实验音乐场景中的核心人物尚未建立紧密关系，但是此场景规模之小意味着"虔诚"参加活动的人自然而然地与他人变熟。因此可以说，笔者最起码以"陌生的熟人"以及"普通观众"的身份，早已属于场景中的人。从2012年末首次看噪音与实验音乐演出，到2017年初开启田野调查，4年期间内的一手经验，尽管是以非研究者的身份和非研究的方法积累的，却正因此提供了此研究从局部的、而又丰富的内部信息基础为出发点的机会。出于此原因，"正式"进入田野之后的聚焦方向转为与音乐人和场景中的其他核心人物的近距离接触，从超越观众身份的视角，补充对此领域已有的理解。

在北京生活的前几年笔者已经被场景里的不同人问过许多次："你自己也做音乐吗？"每次回答都比较犹豫，因为确实多年来"玩合成器"，但从来不演出。为从事本次研究，田野调查自然地使笔者近距离地接触到更多的音乐人，因此做不做音乐的问题也经常出现。在这个过程中，体会到了"普通观众"与乐手的差异在此场景中仅仅取决于对这个问题的回答——一个"是"字而已。说出了这个"是"字不久后，笔者便首次被邀请以自己的"个人计划"参与演出。田野调查期间，笔者在"水果空间""学校酒吧"等演出场地总共进行了四次演出。除此"正式"表演，非观众的参与还包括多次私下与场景中的音乐人和非音乐人"玩"音乐，这些"即兴"主要是在音乐场地之外的日常交流过程中发生的。另外多次以DJ角色的演出，因为此类音乐活动不在这里关注的场景范围内，所以在此可忽略不计。有鉴于此，本次研究对象对笔者而言属于"他者"与"本文化"之间的位置，而作为来自于不同文化背景，却长期关注中国噪音与实验音乐的外国人，组成本场景的中国人自然地会将笔者置于类似的位置——既是"局外人"，也是"自己人"。

在对爵士音乐文化的研究中，Becker（1966：168）指出研究越轨者的研究者需要深入田野，持续地参与观察才能够获得越轨者的信任，由此才能够获得较为全面的信息。本文关注的场景是否涉及到越轨行为在第七章会进一步探讨，但可以肯定的是，同样的道理适用于围绕着噪音和实验音乐的社群。在这方面上，"半他者"的身份无疑利于更顺利地深入田野，从多元性的视角更全面地观察与思索此文化空间的不同层面。Becker还提及，我们一般无法同时从越轨者与规则执行者的角度解释问题——因为实际时间等限制，所以无法深入两方的日常生活，无法同时获得两方的深度信任。因此必须两者选一，但无论选了哪方，研究者都会受到片面的指责（Becker，1966：173）。如果暂时沿用"越轨者"与"规则执行者"的二元对立，便可以确定本研究选了"越轨者"的视角，以从一个"半他者"成为"局外人中的局内人"的过程去理解研究对象。此选择除笔者个人文化背景与位置，还有另一个实际原因。噪音与实验音乐文化实践之半隐藏性意味着其具有的越轨性属于"秘密越轨"，因此不引起社会反应（Becker，1966：20）。既然如此，本场景中的"撤退"趋势比其与广泛社会的冲突因素要强，导致了社会环境对此实践的无视，因此在田野调查中以"越轨者"作为出发点成为必要。

虽然最终需要回归学者的"他者"角色，力图从客观的角度去诠释田野中所体验到的，但从选题时便具有的偏向是不可避免的，也是无需隐瞒的。虽然为边缘人群发出声音是容易产生的愿望，但这种妄想最终不仅是自大的——本研究关注的群体并不请求代言人——而且不切实际。尽管如此，这种对一个群体自行建造的现实的个人解读并非一定无价值。在无法摆脱个人倾向的情况下，对这种片面性具有自知之明的意识是可争取的最佳状态。由此而言，本文呈现的研究成果是一种无法消除愿望成分的理解。

第二章 场景概述

实验音乐到底是什么，围绕着这种音乐的的场景又有什么值得我们关注的特征？实际上，"实验音乐"是一个不明确的词汇，关于它的定义存在争论，而且这个词汇严格而言并不一定能完全包含这里关注的文化现象——之后进一步探讨的关于噪音与实验音乐的关系足以证明这一点。因此，为了使我们能够对这些现象，对这个场景，有初步的理解，与其留在抽象层面上花大量篇幅与定义斗争，不如先"进入田野",观察几场演出。以下讲述的是我们关注的场景中,具有代表性的两个场地与活动,其代表性的主要原因为:第一,场景中最活跃、最有影响力的一些音乐人参加了这两个活动;第二,这两个活动能够很好地代表这个场景中的两个主要趋势——非噪音实验音乐与噪音音乐;第三,活动发生的两个场合对于所论述的两个趋势都属于重要场地。

一、水果空间的实验音乐演出

北京有二三十家酒吧组织摇滚、朋克、民谣等"小众"风格的音乐演出,其中大部分位于东城区,其余的几家酒吧散布于798、五道口、西城等地区。这种以小型演出为主要营业方式的酒吧有时候自称"livehouse",最大的几个能容纳500到1000人,而大部分场地容量为50到150人。其中,田野调查期间仅仅有一家酒吧以实验音乐为主题的场所,即fRUITYSPACE(中文名为水果空间)。在这里,几乎每周至少有一场与实验音乐相关的演出。另一家小型音乐酒吧School(中文名为学校酒吧)平时以朋克、摇滚乐等现场演出为主,但近年来也成为了北京噪音乐手的家园。乐空间作为偶尔举办噪音或实验音乐演出最大型的"livehouse",但其规模之大意味着很少有适合在乐空间进行此类的演出。常规酒吧范围之外还有颜峻的工作室,他在一所居民楼里的房间定期地组织"密集音乐会",给非噪音实验音乐人提供了一个平台。另外还有三元桥的某一条地下通道,场景里的乐手不定期地在这个公共场所聚集,共同即兴演奏。北京的环境总是变化很快,举办噪音与实验音乐演出的场地变化也一样快,之前的XP(小萍俱乐部)、时差空间、杂家、SOS(救命小酒馆)等许多场地近年来因为各种原因关门了。

水果空间的微信公众号2018年9月10日发布了一条标题为"9月10日(周一)晚9点,独奏与二重奏"的活动宣传帖子,点击进入后读者看到的是演出时间等基本信息。之后是三个音乐人的介绍,文字非常简约,如颜峻的"诗人、乐手。住在北京"。虽然演出的宣传总会写表演几点开始,但这个时间通常可以理解为"大概不早于XXX"的一个时间段,演出一般并不会准时开始。宣传中的"演出开始"时间一般是笔者从鼓楼附近的胡同里骑自行车出发的时间。从笔者的住处出发后,会路过北京的各色场景:热闹、小清新和俗丽——骑过鼓楼就是地安门外大街,附近总是人山人海;什刹海地铁站出口处,有针对后海游客表演地民谣卖唱青年;而过了南锣鼓巷地铁站,能看到附近居民在皇城根公园跳广场舞,播放的是《小苹果》或是类似的流行歌曲。右拐进入美术馆后街,路上的行人才稀少了一些,我们的目的地"水果空间"就位于 24 小时营业的三联书店正对面。路程大约有 15 分钟,到了现场后一般还需要等一段时间演出才会开始,有时候是 10 分钟,有时候甚至是一个小时。

水果空间的大门比较狭窄,上面有个发亮的小招牌,名字只有英文"fRUITYSPACE"。过路人从外面无法鉴别"水果空间"是一种什么样的地方。这家演出场地位于地下室,一进门就是十几级楼梯,楼梯上总会有几个人在聊天、抽烟。下了楼梯开右手门便进入了酒吧的主要场所。吧台旁边有个小桌子,这是售票处,但是售票员经常不在或者忙着玩手机,逃票很容易。水果空间不卖预售票,演出也从不售罄,平时票价 30 元到 80 元人民币不等。这间地下室是长方形的,分几个部分。最里面是被音乐人用来演出的空间,大概有 10 平方米,这里平时放着乐器,但水果空间没有舞台,用来表演的空间与用来看表演的空间之间没有明确的界限。水果空间用来表演的空间前方是大约 25 平方米属于观众的地方,沿着两侧的墙放着些椅子,离演出最远的地方有两张桌子,而大部分观众只能站着或者坐在地上。西边还有两个小空间,一间半开放,当做音乐人或者相关人员用来展示自己的作品的小画廊,大约七八平方米。另一间房间一样大小,是用来卖艺术作品、书、唱片、磁带、杂志、布袋、衣服等物品的小商店,大多都是独立艺术家和音乐人自己"DIY"(Do It Yourself,自己动手做)的作品。剩下的空间就是最靠外的吧台。整间地下室大小一共约 60 平方米。值得特别提及的是水果空间的卫生间,卫生间里竟然保留了洗澡设备,而墙上有一幅装裱过用毛笔写的"请勿拉屎"的书法——像"日常和业余"的海报与类似于画廊的装修一样,这里也显出优雅和低俗反差与融合的审美。

笔者记得 2017 年 3 月 6 号去看"噪音星期一"[①]系列的一次噪音演出的时候，当天到场时在售票处的小桌子上看到的一张纸条上写着"正"和"一"：有六个人买了门票，屋里却有十几个人——当晚演出的音乐人比观众要多。虽然到水果空间看演出的观众有时候也有几十个人，但观众没有音乐人多的情况也占有一定比例——尤其是工作日期间的演出，观众通常不超过十几位。看演出经常是一种社交过程，但除非自己已经认识了一些圈子里的人，认识新人并非自然，许多人脸熟，一起看过几年的演出，却互相不交谈。

酒吧里的人从"演出开始"的时间一两个小时内慢慢多起来，平时一共有 15-35 位观众到场。因为观众没有固定的座位，演出过程中可以自由活动，所以晚到的人并不影响他人。当观众人数超过十几位时，椅子都坐满了，部分的观众便会坐在地上，其余的人站在后面看演出。演出期间，总会有些观众拍照片，也有一些看手机，但平时大部分人会集中精力关注演出。

开始以实验音乐为研究对象"进入田野"之后，笔者在水果空间参加过 30 多次演出和活动，而除了几次"噪音星期一"的活动，其中几乎任何一次演出都可以用来介绍北京的实验音乐场景。以下对于水果空间环境之外的具体演出描述是基于 2018 年 9 月 10 日的一次演出，当天的表演者为照骏园、颜峻、朱文博和铃木孝子。本次演出之所以较有代表性是因为以下几个原因：第一，主办方为颜峻，他不仅是在中国最早开始探索实验音乐的人之一，而且依然属于中国实验音乐的中心人物，甚至可称为代表人物。朱文博年龄相对较小，所以在实验音乐场景中活跃的时间没有颜峻长，但也多年以来属于场景中最活跃的人之一。第二，当天晚上有两位外来的表演者，即居住于上海的照骏园和常居于柏林的日本人铃木孝子。前者为了此次演出而专程来到首都，而后者是为了参加"不是音乐会"——颜峻组织的一个以实验音乐为主的音乐会，才到访中国的舞蹈家。这种演出阵容属于常见——

[①] https://mp.weixin.qq.com/s/OE3wDLofT9WejnOw9TIC2Q。

因为北京的本地实验音乐人并不多，所以经常会邀请来自于外地或是外国的音乐人与本地场景的核心人物一起表演。像铃木孝子这种非音乐人的艺术家也常参与实验音乐演出，使音乐与其他艺术领域的界限模糊化。

一个酒吧一个晚上的演出一般会有几场，有时候明确地分为先表演的"嘉宾"和之后的"专场"，每场演出之前会有10分钟音乐人用来准备设备的休息时间。当天的活动有三个阶段，不分专场和嘉宾。第一场是照骏园，他使用小号表演自己的作品，即各种接近于噪音、节奏感时有时无的杂声，时长大约30分钟。第三场是照骏园演奏高音萨克斯和朱文博演奏单簧管的二重奏，他们一起演了三个作品，其中的两个作品是一位日本音乐人的作品。两个人选择不在舞台上而在在空间的正中央表演，观众彼此面对面地坐在椅子上听他们演奏乐器，声音始终是非调性的，作品大部分也是无节奏的，时间比第一场演出稍微长一点。这种对表演者与观众之间的界限的探索和攻击，在实验音乐演出较常见，许多音乐人放弃舞台，选择在场所中央位置或者分散在观众之中表演。以下，我们主要聚焦于当晚第二场演出，即颜峻和铃木孝子的合作。

颜峻是最早开始在中国做实验音乐的音乐人之一，他是"撒把芥末"厂牌的创始人，多年来组织各种与音乐相关的活动。颜峻提前在主空间里的两张桌子上布置好了两个喇叭和一个小调音台，他把站在门口的几位观众叫过来，让他们坐得近一点之后，便用调音台开了喇叭，自己坐在舞台前的椅子上。演出开始了。喇叭发出的是超低音，是基本上听不见的音频，但它们的震动是可以看出来的，证明了声音的存在。观众意识到了喇叭的动静，坐在摆着喇叭的桌子后面的几位观众尽快地将自己的一些个人物品从桌子上拿下来，有的还用手机拍下了听不见的喇叭的几张照片或是视频。不久以后，观众的注意力从喇叭转向颜峻，他背部挺直，将手放在大腿上镇静地坐在椅子上。颜峻偶尔张嘴，但是像喇叭一样，他不出声。演出进行了几分钟之后，坐在我旁边的女人突然脱了她的鞋，光着脚走到了附近的另一个无人的椅子，在那边又坐下了。这位女人演出之前还问我"旁边的椅子有没有人，能不能坐"，原来她就是与颜峻合作演出的舞蹈家铃木孝子。她很快又站起来，开始她缓慢的舞蹈。走到了离颜峻和观众大约仅有一米的位置，铃木孝子以慢动作，用了几分钟跪下，跪下后再起身，她动作慢得几乎像是静态的。同时，颜峻的动作变得明显一点，他的手臂不自然地浮在空中，而他张开嘴的时候上身往前移动，像他正想说话，却每次遇到什么障碍，受到什么阻挠，或是不敢把话说出来似的。铃木孝子坐在另一把椅子上了，穿了鞋，又脱了鞋，走到了空间中心的另一端，离坐着看演出的几位观众不到一米距离的位置停步站直，接下来她的身体开始发抖。稍后她用手指用力地挠头皮，这是一个紧张不安的、从后脑到正脸的、快快的小小的身体动作，然而这却是本场演出最大的声音——观众在整场表演中鸦雀无声。演出已经进行到一半了，这个时候颜峻也终于开始发出声音了，是人声。他的声音是很小的，但是听得见的，是一个一个的低低的长音，让人联想起和尚念经，但这次"念经"是无词汇的。与此同时，铃木孝子再进行了几次坐椅子、脱鞋、穿鞋、站起来换位置，继续无声音地跳舞的小仪式。她时而仿佛用手指着人，但她的手势只有一个不明确的方向，没有明确的对象，时而她紧握了拳头发抖，气喘吁吁地，像是害怕了，又像是生气了。演了半个多小时以后，颜峻站起来了，走到了他的小调音台，操作了一下喇叭，喇叭就静止了，之后他又走到场地的角落。听不见的声音结束了，颜峻的表演也结束了。铃木孝子再跳了一分钟的舞，然后坐下了，穿上了她的鞋，走到颜峻身旁。两个表演者向观众鞠躬，表示演出正式结束了，观众报以掌声。以"寂静"为主题的实验音乐演出不少，而且2018年似乎尤其多，这种表演要求观众有极高的注意力，因为除了一些微小的声音与动作，通常没有其他的事件可以抓住观众的注意。

一般而言，水果空间的演出晚上11点，最晚晚上12点前结束。演出结束后背景音乐马上会响起，但大部分观众几分钟之内会散场。留下来再听播放音乐的大多是音乐人和相互熟悉的"核心观众"——即那些每一场类似的演出都会参加的人。音乐人演出前后混迹于观众之中，观众与表演者相互交谈，不存在明确的界限或者地位差异。

二、荒音祭：野长城下的噪音音乐节

本文关注的音乐场景大约可以分为两大块：非噪音实验音乐与噪音音乐。许多场景中的人经常用实验音乐这个概念来概括这两种音乐，认为噪音是实验音乐的一部分，但同时也有音乐人反对这种用法，认为噪音与实验音乐已相互分离。无论如何，能确定的是这两种音乐风格或是趋势，具有各自的音乐人与观众群体，而这两个群体有部分是重叠的，但同时也分得十分清楚。这种分离一方面是在时间维度上表现出来的，例如上面描述的演出属于典型的非噪音实验音乐，当晚几乎没有平时参加噪音演出会碰到的音乐人或者观众，虽然水果空间也偶尔举办噪音演出，比如像上面提到的"噪音星期一"系列活动，而在这些在同一个空间里举办的噪音演出，又很少遇到通常参与非噪音实验音乐演出的人。但除了这种在时间维度上的分离，也存在场地上的分开。

从 2012 年到 2015 年，北京的大部分实验音乐与噪音演出都在"小萍俱乐部"（英文名为实验的英文翻译 experimental 一词的缩写 XP）进行，而以上介绍的实验音乐人朱文博，当时每周二在小萍组织"燥眠夜"，给许多做实验音乐与噪音的表演者提供了一个平台。自从小萍俱乐部关门之后，朱文博有一段时间在三元桥的一条地下通道继续组织演出，而再后来这些演出又转向 2016 年营业的水果空间。时隔一年多后，自称为"即兴噪音萨克斯"音乐人王子衡在同一条地下通道组织"荒音祭"系列的第一次演出。第二次"荒音祭"本来确实计划在北京郊区的山洞里举行，但因为天气原因，这个计划被临时取消，原本安排的音乐人大部分都在地下通道里表演了。过了几天原来计划中的山洞被封闭，原因是暴雨之后，有几位游客死在那里。之后，在山洞里举办演出的念头似乎被放弃，但在旷野中举行噪音演出的想法依然存留。直到 2018 年 5 月 12 日，这个想法终于得以实现。此次"荒音祭"在当时作为场景聚集地的救命小酒馆的微信公众号刊出[①]——此预告的文字与上面描述的，在"水果空间"举行的实验音乐演出的极

---

① https://mp.weixin.qq.com/s/flbkaLXjzjbpy3211jFfSw，在这里以原文的排版格式呈现。

为简约和克制的预告风格,形成了鲜明的反差。水果空间的表演预告与这条以"荒音祭 5 月 12 号旷野噪音"为标题的预告在各种方面上形成的对比显而易见:前者篇幅短小,后者篇幅较长;前者格式严谨,后者格式随意;前者文字简洁,后者内容冗长;前者克制,后者自在……等等。在一定的程度上,这也反映了两种音乐的倾向——北京的许多非噪音实验音乐现场让人感到压抑,在表演中经常运用的"寂静"甚至让人感到窒息。而中国的噪音现场与此相反,不仅使用刺耳的混沌之声淹没听众,而且希望听众随心所欲地加入到这种混沌之中。荒音祭的预告中明确表明,组织方希望看演出的人自带乐器,随时任意参与荒音祭;与此相比,颜峻定期地组织的以非噪音实验音乐为主题的"密集音乐会",不仅演出开始之后不让迟到的人进门,而且表演开始之前会要求所有观众将手机设置为飞行模式或者将手机关机。组织方对演出进行模式的不同期望,深刻影响现场的氛围,引起观众在看演出的过程中截然不同的感受。

想参加此次荒音祭的观众需要加王子衡的个人微信,在微信上向他转账 450 元钱,就会被拉到一个荒音祭的微信群,在那里大家可以提前交流,组织方也会在群里发布最新信息,如大巴具体的出发地点等。这次荒音祭比一般的演出要贵很多,这不无原因:部分的表演者是从外地邀请到北京参与此次演出的,而且门票包含所有人员到演出场地的来回交通、住宿;还有免费的啤酒、矿泉水和烤肉。2018 年 5 月 12 日早上大家都在安定门地铁站附近集合,几乎没有人迟到。大家一上车就被要求签下免责声明书,一张似乎没人看过具体内容,但全是密密麻麻的名字的 A4 纸,大家签完了大巴就在上午 10 点按时出发。我们的大巴中午到达目的地,主要坐着音乐人的第二辆大巴随后也到,但大家下了车以后,帮助王子衡举行此活动的志愿者不知道怎么从停车场走到住宿区,并且联系不上王子衡。等了半个小时后,志愿者终于得知怎么带领大家到达住宿地点——两栋别墅。安排好了房间以后,微信群里有消息说"演出还不开始,大家可以先自己在走路 10 分钟可到达的村里吃饭或者探索一下山里环境"。

演出的地点离住宿区只需要上山步行不到 10 分钟,在那里有一块比较平坦的区域,大约100平方米。当笔者到这里时已经快下午4点了,按照原本公布的时间安排,演出应该即将开始,但音乐人与部分的观众正在用堆在附近废弃的破木板打造出一个临时"舞台"。舞台两边放了两个大音箱,音箱线链接到了放在舞台右边的一张塑料桌子上的调音台上,而给所有这些设备供电的是从别墅中拉到山里的电源线。有些音乐人在一旁准备自己带的乐器与设备,虽然还无法调音,而观众要么还在别墅里聊天,要么还在村里吃饭,还有一部分在爬山,只有少数在现场等着看演出,他们把堆在后面的塑料椅子在舞台前面摆成几排。等到5点左右第一场表演开始的时候,大家却都迅速到场,这些过程给人的印象与整个"荒音祭"一致——在有序与无序之间进行。

  因为此次"荒音祭"接近一个音乐节的形式,一共有10场表演,所以在这里只能挑选几个印象深刻的表演时刻来描绘。当天前几场表演的音乐人中有丁晨晨——北京噪音与实验音乐场景中最活跃的音乐人和观众之一,其个人简介的第一句为"无意义的声音,全部来自'单块效果器',电路串并联随机、钻耳纯硬件粗噪"[①]。他表演时站在摆满了效果器的桌子前,身体轻微地摇晃着,边操作桌子上的乐器,边操作手里拿着的接触式麦克风,从一开始便发出刺耳的电子噪声,持续性的声音接近于所谓的"噪音墙"。丁晨晨没表演几分钟就起风了,山里的天气快速转变,观众察觉到了天气的变化,纷纷从椅子上站起来。风越大,大家越靠近丁晨晨,不久后一场暴风雨袭来,现场出现了混乱——有人试着用废塑料布覆盖音箱、调音台、乐器等电器,而丁晨晨似乎在暴风雨里才进入了状态,越演越猛烈。有观众跑着离开现场去找避雨之处,但大部分观众像丁晨晨一样,在大雨里才充分地投入,在噪音与雨声中浮现出人们的大喊与尖叫声,此时王子衡拿出他的萨克斯,在攒动的人群里出现,加入了这一场与大自然的共同即兴或是对抗。这种高度危险的状况只能是短暂的,暴风雨里的演出5分钟之内结束了,志愿者与部分的观众一起把电器尽量地覆盖好或者挪到其他避雨之处,有些音乐人抱着自己的乐器打伞,剩下的人都回到了住

---

① https://mp.weixin.qq.com/s/f1bkaLXjzjbpy3211jFfSw。

处。虽然王子衡在此次"荒音祭"演出前几周就开始关注天气,担心当天会下雨,但似乎没有为这种可能性做出充分防备。接下来的计划是在别墅里继续进行剩下的演出,却没有人做在室内表演的准备工作。大家等了两三个小时后雨停了,组织方宣布还是要在山里继续表演。志愿者联系不到组织方、没有雨天应对预案、很快就被喝完了的"无限量"啤酒等类似的细节,暴露出"荒音祭"的非专业性质,但无论是音乐人还是观众,没有人因此而抱怨,这种非专业反而加强了这次活动"D.I.Y."的感觉,对于参与者来说也是一种魅力。

当天晚上还有几场演出,其中的一场是李杨漾的表演,他在现场开始的时候已经快半夜了,许多人也已经喝醉了,但大部分观众还都在看演出。李杨漾像丁晨晨一样,也使用"单块"来表演,出来的声音是一样抽象的电子噪音,但表演的形式更有仪式感——他的身体语言像个萨满,似乎通过手势控制空中的能量。演出进行了20分钟的时候,大约到表演的三分之二处,李杨漾突然暂停了所有的声音,在相对的寂静中迅速地从一个箱子里拿出来了几根树枝,然后冲到观众中,猛烈地抖动着手中的树枝。此时,除了几声尖叫,抖动的树叶彼此摩擦,似乎发出了夜空中最大的声音。在观众中这样激烈地表演了不到30秒后,李杨漾走回到木板上,操作了他的效果器,震耳欲聋的噪音又淹没了听众。

除了音乐方面上的不同,"荒音祭"和一般在"水果空间"等场地进行的非噪音实验音乐演出,最鲜明的不同之处在于,其非正规的氛围和观众的参与程度。在水果空间,本身是一个相对正规的演出场地,颜峻尽了很大努力控制声环境,表演之前尽量地让整个现场寂静下来,并且试图让观众靠近表演的位置,让观众坐下来。而在表演过程中,表演者虽然进入了部分观众的个人空间,但除此,观众没有参与表演。相比之下,荒音祭在一个非正规的场地进行,在这种环境中观众来往自由,使观看演出的人态度更随意,气氛更加轻松。虽然荒音祭的演出中依然保留着音乐人与观众的明确界限,但观众的参与程度相对较高:有些演出有观众跟着噪音大喊,有时候还有人爬到山的更高处,在没有表演的时候自发地演奏自己的乐器。这种高度参与性不仅是场地环境的影响，也是在组织方的鼓励作用下发生的。在这次"荒音祭"最后的演出开始之前，王子衡把他带来的几个扩音喇叭分发给观众，让观众在他的表演中自由地加入。在荒音祭的预告中组织方鼓励大家自带乐器，为一起即兴做好准备。这种准备引导了一场多人参与的即兴：第一天晚上演出结束后，别墅里的一间房间中，有人开始"玩"乐器。虽然是深夜，但许多人尚未入睡，被声音所吸引的人来到了这间小宿舍，一开始只有两个白天看演出的观众坐在在炕上发出声音，但很快火炕坐满了人，屋子也站满了人。宿舍里乐器数量有八九个，其中有镲、小提琴、鼓、吉他等，都同时有人演奏，乐器轮流转手，音乐人与非音乐人混合，都动手尝试自己不熟悉的乐器。在边聊边即兴的过程中，声音的重要性让步于其产生出的氛围。

第三章　音乐人的声音

　　音乐人的声音是描绘一个音乐场景的文化志不可缺少的部分，而在这个场景中接触到愿意接受访谈的音乐人可以说并不难，也可以说并非易事。作为此类演出的多年常客，笔者与大部分音乐人都脸熟，但基本上都不认识。最终笔者放弃了"观众"的角色，以新的"参与观察者"的角色及其相应的心态正式地进入了田野。在学校酒吧的一场实验演出结束后认识了当天表演的音乐人丁昕，发现他不仅表达能力较强，而且态度积极。于是，丁昕成为了田野调查中的第一个访谈对象，而通过丁昕笔者认识了噪音乐手周日升。如此，笔者在参与一场一场的演出的过程中，在两三年内与北京的噪音与实验音乐场景中的大部分音乐人变得越来越熟悉。

　　以下以笔者对不同音乐人的访谈录音为主要信息来源，以在参与观察过程中获得的非正式访谈口头信息，和网上公开的采访和其他线上信息为次要资源，从音乐人自己的视角，来观察噪音和实验音乐场景。接受正式访谈的乐手一部分在上一章里已经有介绍：颜峻，从2000年代初便开始做实验音乐、组织噪音与实验音乐演出，是此场景早期的核心人物;朱文博,从2000年代末开始做音乐,组织演出,属于目前非噪音实验音乐场景中最活跃的人之一。另外访谈对象还包括尚未提到的乐手:周日升,大同农村人,从2000年代初依照农忙时间季节性地来北京表演噪音;和小宇,从2000年代开始活跃于此场景,以前是乐评人、帮助颜峻组织演出,目前是"学校酒吧"的合伙人,近年来开始做噪音音乐;李松,2010年代初开始做笔记本音乐,此次田野调查时期活跃于北京的实验音乐场景,目前已搬到伦敦工作;赵丛,以前和朱文博一起做另类摇滚音乐,近年来自己做非噪音实验音乐;丁昕,在美国留学时接触到了电子音乐,2008年回国后当DJ,近年来才开始活跃于此场景做噪音音乐。

一、走上音乐之路

在此场景中活跃的音乐人家庭背景多种多样,因此他们初次接触实验音乐的方式也有所不同。首先以丁昕和周日升截然不同的家庭背景与通往音乐之路为例来展开讨论。丁昕是北京人,一个留长头发留胡子,访谈时38岁的男性艺术家。他父母都是画家,上大学的时候丁昕跟随父母的脚步,学习油画专业。于中央美术学院毕业后,他到美国就读实验电影硕士专业,回国后便被聘到中央美术学院担任教师。上高中的时候丁昕就开始买打口盘,接触各种各样的音乐。"街上什么货都有,所以当时就觉得哪个封面好看我就挑哪个。"他开始看摇滚杂志,听相关风格的音乐。通过接触当时的实验音乐,丁昕慢慢自己开始做这类音乐。最近两年丁昕是"液体宫殿"——一支四人的噪音乐队——的成员之一。这支乐队以模块合成器为主要乐器,丁昕不演出的时候经常自己做这种电子乐器。

因为丁昕的家庭背景使他从小处于艺术环境里,所以他走上音乐之路也不足为奇。与此相反,周日升是大同农民的儿子,今年49岁。周日升2017年5月底在学校酒吧的演出信息如下:

> 周日升——来自山西大同的噪音音乐家,平时务农,农闲时流窜到北京,郊区租一间小屋呆着,有时去美院代课,讲讲声音……他朋友圈

和微博上写一堆。像喝多了,或者失眠好几天。他说我是艺术家,说算命案例,说因为有朋友躲他嫌他穷,为啥没有志同道合的女朋友啊。说房价,生活啊……一条一条读下去,渐渐觉得每句都是他别在肉里的勋章。勋章不断有新的戴,辉煌闪亮,是苦的结晶,是给读者凄美的礼物。精英们言之凿凿,尽是花式的苟且。而人民中间有那么多无冕的王,老周是其中一个……老周没钱,不擅经营。理论武器,语言硬通货啥的,咋搞咋显外行。野路子。问题全出在零部件的打磨上。可社会只需要合格零件,需要聪明的奴才,不需要人。他能用一些20世纪的电子设备,可他的乌,他的愚钝,他的黯然和顽强,出自更古老的源头,那是千万年来农夫,猎人,隐士,乞丐,天残们的伟大传统。一个不需要上补习班,做高级华人,不需要在文艺的丝袍下当跳蚤的传统。而今却成为边缘了。行。老周继续。他是噪音,他能够发出噪音。①

周日升高中毕业就进入了社会,开始在大同打工,蹬三轮车,卖水果等。

> 打工打了三四年,就觉得不行,一辈子这样为了活着赚钱也没啥意思。后来就不干了,就开始发愁,不知道自己该干嘛。后来有一天,街上看有个长发的,类似于那种嬉皮士那种感觉,我想这个人肯定是个弹吉他的,我就上去问他是不是弹吉他的,他说我就是,我说我想学学。我觉得这打扮,装饰挺特别,很有意思。然后他说我在哪儿哪儿哪儿,你想学学就过去,完了我就过去。

当时27岁的周日升去找这个人之后发现他是一家乐器店的老板,就开始在这家店里面打杂,做老板的助手。有一段时间老板教他音乐,于是周日升开始看乐谱,也开始写自己的歌曲。他29岁的时候在网上接触到了北京的朋克乐队,感觉视频里的人"鼓动性很强,特别激进,看完我觉得不行,我得去北京"。周日升在北京待了一年,看了许多乐队,但因为他发现这不是他理想中的音乐方式,所以最终回了大同。

---

① https://mp.weixin.qq.com/s/rlD2P0OA6F9gdXudTd_uCQ。

回了老家周日升"就迷茫,也不知道干啥。晃了两年,晃完了又没钱又开始打工了"。他当时的老板知道周日升其实就想做音乐,怕他走,于是给他买了一台电脑来学音乐软件,做音乐。不久之后,周日升在网上接触到了实验音乐,便找到自己的方向了,开始尝试自己做。从此之后,他活跃于北京的实验音乐场景,属于在中国做实验音乐最早的人之一。周日升平时在大同帮助父母种地,但因为父母接受不了儿子的生活方式,与父母关系不好,所以他有机会就来北京待几个月。有人说周日升是隐士,笔者2017年到他在北京郊区北河村从2012年开始租的房间做访谈的时候,他承认他是第一次在那里接待客人。周日升没有固定的收入,但他生活简朴,接受笔者的访谈时他的房租刚从100元/月涨到了150元/月。他以前偶尔在中央美术学院教半个学期的声音艺术课程,由此赚到的"两三千块"可以让他在北京生活好几个月。虽然如此,但他也经历过完全没有钱的日子:

> 2010年我活跃在一个艺术圈,那时候有几个月只吃山上面那些水果,两三个月,也没死。后来好几个艺术家就慢慢觉得,这艺术家挺不容易的,后来他们吃饭就天天喊我,老周,下来吃饭吧!很多艰苦的经历,其实经历经历挺好的,你不经历你就觉得人没钱咋活,你就觉得很恐怖,可怕,不可想象,但你要是说经历那么一两个月吃野果,像古代人,原始人那样就觉得,哦,原来没钱也可以活,就在没钱的时候你也不觉得恐怖。

周日升在北京平时演出不多,因为认为演出太多是对音乐的不负责,所以一般呆在屋里,思考音乐,做谱,写诗,画画,看书。

丁昕和周日升走上通往音乐之路的经历可以说是两个极端,接受访谈的大部分音乐人既没有前者的艺术家庭背景,又没有像后者那样生活原本离音乐那么远的个人历史,他们一般都是上高中或者上大学开始接触音乐,要么是通过打口带,要么通过网络。许多人上学的时候听音乐听得越来越投入,一直到有意无意地迈出从消费者跨越到创造者的第一步。

二、演出与观众

对于许多音乐人来说,每次演出都需要花大量的时间。丁昕有演出的时候会整天想这件事,演出之前会先在家里试试,然后下午4点钟从家里出发,开车到演出场所,晚上6点左右开始调音,演出完了到家通常已经是第二天凌晨两三点了。周日升从郊区到市中心需要三个小时坐公交车和地铁,所以晚上演完了他无法回家,他要么住在朋友家里,要么在外面等到第二天公共交通开始运行。因为租不起郊区的小屋子了,加上家人健康问题,他从2018年初不再居住在北京,常年居住在大同农村,有演出则专门坐火车回北京,因此每次演出要花掉三四天时间。

虽然观众很难判断出来,但是演出的过程中会出很多错误。对于周日升而言,这些错误"主要在声音的小细节上"。但演出的失败与成功不取决于这种错误。对于李松而言,把一个演出判断为失败主要与预期有关:

> 你可能心里有个预期,但有时候效果和预期不一样……比如说变化太多了,就会变得非常乏味,你会有这种不同的体会。反过来说,成功就是你发现一些很奇妙的东西。你可能为这个演出想好了一些东西,但你最后觉得它变成另外一个东西,但是这另外一个东西更好。可以演出来一些新东西,你预料之外的东西。

李松补充解释,在表演过程中有新的因素产生不一定意味着成功,这最终"肯定是和你自己的感觉有关系的"。可见,演出成功与否的标准非常主观,天平向成功一边还是向失败一边倾斜主要取决于表演者当下的体验。

丁昕也认为成功的范围挺广,"达到了自己的一个爽点……大家听觉得有点意思,就已经算成功了"。但依他看,除此成功也有更深的层次:"如果音乐产生的能量场能够把观众给他催眠或者是能够给他带到另一个宇宙、另一个领域里面,那样我觉得我们的音乐比较成功。"至于噪音演出是否为一种发泄不满的方式的问题,音乐人表示了部分地肯定。丁昕回答：

> 有些人有人格上的缺陷，没法跟社会接轨，他不愿意跟社会去接轨……这个是没办法的，他就是这样的，但是他做音乐的时候他不会是这样的，我觉得这是弥补人格上的不足，弥补自己的不满。还有一种不满是对于社会现象的不满，我觉得也有一些。包括对社会经济体系、社会矛盾，对于这些东西的一种情绪，那么对于这些，噪音是一个非常好的治疗方式，不光是发泄，它可能是一个治疗方式，你特别不爽的时候听点噪音浑身就很舒服。

做非噪音实验音乐的朱文博对于表演的态度表明发泄的功能不仅限于噪音音乐。

> 如果说我要做一个什么样的演出来发泄，那听起来很愚蠢的，但是生活总是很不如意的，我可以在很不如意的生活里很开心得去做音乐，在演出的这个过程我觉得我是很开心的。这个不能算是逃避，但如果说是为了发泄去演出的话，我觉得这也是一种出口吧。

三、场地和公开性

最近几年有许多组织噪音与实验音乐演出的酒吧都关门了，原因包括房租涨价、城市规划改变、扰民问题导致与居民或警察的矛盾等，而其中没有一家酒吧是十分自愿关门的。周日升认为组织实验演出的场合多是一个好现象，但他不想将实验音乐限定在酒吧这种过于狭隘的范围里，"我认为应该扩展空间，扩展到任何一种场合"。这种趋势在北京是存在的，我们上面已经谈到在三元桥地下通道举办的演出，以及从地下通道发展到山区的"荒音祭"。伴随着这种"非 livehouse"的趋势是一种去中心化，加之每次在去看演出的路上看到许多百姓自发的音乐活动，使我不由自主地想象倘若地铁出口的卖艺表演演奏的不是流行歌曲，而是噪音或者实验音乐会如何？依丁昕看，这种尝试很少是有具体原因的，"有人会管你扰民，警察会来"。但在同样"扰民"的情况下，为什么唱民谣的少有人管？

> 文化实际上是一个 pattern……它是在这个 pattern 之中的，可以被接受。但是噪音、实验音乐……它肯定不是在这个 pattern 之内的东西……如果把这个东西扔到公共场合，尤其是大众场合，那他明显是一个不合体的，在这个环境之中很不合的一个东西。假如正是因为这个你才去做，那你肯定不合，那就会产生一些反馈，警察就会来。

丁昕继续诠释：

> 中国文化环境非常紧凑，一环套一环，它很难容纳在这个一环套一环之外的东西，它也不欣赏这个东西……我很怀疑艺术家能不能在这种环境里做出这种出格的事情，这种事情在这个文化环境下可能做不了。

谈到场合，多位音乐人都提及"小雷音"，噪音音乐人李杨漾前10年在通州开的"livehouse"。当时丁昕还不从事噪音，但他知道"很多人都住在那儿，后来变成一种乌托邦似的一种东西"。周日升去过小雷音，"小雷音有点偏，但是当时通州住很多搞音乐的，晚上有一个去处"。小雷音的乌托邦性何在？周日升只说它跟当时的酒吧很不一样，不以盈利为主。小雷音的核心人物都属于一个围绕着噪音音乐叫做"NOJIJI"或者"闹唧唧"的集合体，其网上的自我介绍为：

> 中国地下音乐死硬厂牌 NOJIJI。诞生于 2004 年，总活动中心位于北京通力福尼亚州小雷音。NOJIJI，意思即无常，无法定性，即是充满自由，即是无法涵盖的宇宙，即是创造力本身……闹唧唧不仅仅是一个完全独立的音乐厂牌，更是一个积极的行动组织……事实上，试图超越音乐并投入对感观和精神世界的探险之旅才是闹唧唧的主旨之所在，然后，让音乐自由发声。

有一次在水果空间碰到李杨漾，谈到小雷音时他说希望可以再自己开一个空间，但是因为他没有钱，所以不能实现。资金是每一次和做噪音的音乐人的访谈都会出现的问题，"我们都是穷鬼"，周日升说。和小宇指出，虽然物价的问题的确影响了这个场景，但里面也有政治环境的因素。关于北京能不能再出现像小雷音那种性质的空间，他说："在北京办的话，首先在五环内绝对是不可能的。没有这样的地方。小雷音那时候还没有像去年那种整顿违建房。"虽然学校酒吧"也无聊"，但它是在北京的这个大环境中现存的"唯一有一点点 dirty 的地方。如果没有那种 dirty，那么二环就真的被清扫干净了"。在不久的将来不无这种被清扫干净的可能性，"关键是，我们都猜想，也许四年之后你未必能在二环内开一个这样的地方"，而这主要取决于北京的社会环境，要看"怎么搞，如果还要再施加压力的话，好像愚公移山之类的首先会很危险，之后就是我们小的这种"。愚公移山是一个更大的 livehouse，主要举办摇滚等独立音乐类型演出。近年来，愚公移山经常临时性关闭。和小宇解释，愚公移山"就是太大，太显眼。它的演出要审批，然后上面有什么检查或者开什么会议，要整顿二环什么的，它因为大就被整"[①]。学校酒吧不会这样被整吗？"School 太小了！影响力也没什么油水，也没那么惹人注目。但如果你要再大一点规模其实也不行。"

四、地下与独立

除了实验音乐、噪音音乐等名称，一个较常用的词汇是"地下音乐"。在这里，我们应该怎么理解"地下"？首先需要指出的是，不是每一个音乐人都认为自己处于一个地下的场景，比如李松认为他熟悉的音乐人"其实没有那么地下，因为其实很多人知道，只不过他不感兴趣"。丁昕则认为：

> 地下，指的是在主流的商业社会，在大家能够用经济模式来交流的这个社会里面，它是没有一席之地的，这就是所谓地下的。地下有一个标志，就是这个东西无法被商业社会所吸收……某些行为在人的正常的社会行为里面是不被接受的，比方裸体，但是有些实验乐队会裸体，那么这时候某些场合是不适合的，比如大型场合，但它地下演出的时候可

[①] 2019 年初，愚公移山已经关门，宣布在原来的位置无法继续运营，其管理人正在找其他场地。

以的，因为首先观众范围比较小，其次这个场合比较特殊，它什么东西都允许。

进行所谓地下音乐的演出"被特殊化了，这个场合已经不是一个所谓正常的社会场合，而是一个独立的，跟我们现在社会场合不一样的语境"。

周日升则认为"地下"作为概念不适用于当代的实验音乐场景。"地下准确地说是一种不被官方，或者是主流体系所承认的一个东西。我其实更倾向于谈独立——独立音乐，独立艺术。因为如果老谈地下，说自己是做地下的，我觉得它自身有一个潜意识在，你还想被主流社会承认。说地下的话就不由自主地暴露了你内在的那种欲望。但我觉得对我来说我觉得无所谓，你承认不承认我也无所谓。你承认了，给我更多的资源也好，条件也好，帮助也好，更好，如果你不承认我也无所谓，反正我就活着、我就在做这个。"由此来说，老周不使用"地下"来形容自己的实践不是因为这个实践受到了社会的容纳，而是因为其不再寻求社会的容纳。

五、不标准的中国人

荣光荣，一位活跃于北京的艺术家，正在拍摄的纪录片是关于中国的实验音乐。"我想给大家看有这些不标准的中国人存在。许多人以为中国人都彼此相似，但是我觉得这些实验音乐家与其他中国人很不一样……我想，这些人很重要，许多人都应该知道他们！"[1]

笔者与周日升提了荣光荣的这个说法，他笑了一下，说需要思考一下他的朋友"阿荣"的话。"中国人都按照那样的一个传统的方式，比较安全感的方式去生活，但是有一拨人不是那样，他把自己放空了，放在一个不安全的、不稳定的一个状态上生活。他是这个意思。从这个层面上也可以这样去说，那仅仅是与传统，一个过去时的东西去做一个相对比。如果不比较的话，没有这种界分，自己不多情的时候，我觉得也

---

[1] http://blog.escdotdot.com/2017/05/16/critical-music-5-interview-with-ambra-corinti-and-rong-guang-rong/。

没有啥标准不标准。"周日升已经拒绝了标准的概念本身,然而笔者刚到他家没几分钟的时候,周日升说他的邻居"都是正常人"。"你不是吗?"我问。"我不是!"周日升嘻嘻地笑,"活法跟大众不一样。像一朵云朵飘着,把自己放在一个不安定的因素上。"这种活法得不到父母的支持,"来这儿基本上也属于一种逃避。可想而知,格格不入……但是我觉得这些也都无所谓……很多东西需要对抗,你不去对抗不行,如果总是去臣服,那就没有血性,做艺术还是需要一些血性"。总是这样对抗很难吧?"你不对抗也难!成天让你去过一种单调的生活。"

不符合社会规范的人在以上谈到的地下文化较为常见,和小宇甚至把这种边缘人士视为地下文化不可或缺的要素,但北京的大环境近年来使得这种人变得越来越少:"北京后来越来越贵了,很多人都离开北京了,没办法在这里长期呆下去。新的人又很少。很关键的一件事,90年代的北京,在当代艺术……没有那么商业化的时候,还是有一个很强的流浪艺术家的群体,包括地下摇滚也是,那个东西没了之后已经不存在一个真的生活在边缘,同时又在做真正边缘的或者说激进艺术的这样的群体。可以说土壤也没有了,那如果没有这样的东西的话,你很难产生有真正的力量的、有杀伤力的声音、实验音乐"。如今在这个场景中依然有一些这种生活在社会边缘的音乐人,但他们在北京很难成为一种集体。这"是环境的问题",和小宇感叹。除了周日升,阿科也曾经说自己"不正常",而杨修谈到个人背景的时候说他"家人就是正常人",和他不一样。有这种自我认同的音乐人多数是做噪音的,而像李松做非噪音实验音乐的人一般与此不同,认为场景中虽然"有一些边缘的人物,但比如说我就也不太边缘吧,就是一个正常的上班的人"。

第四章 文化塑造的"音乐之声"

一、声音与倾听

"由物体振动而发生的声波通过听觉所产生的印象",这是《现代汉语大词典》给声音下的首要定义。这种定义符合我们对声音的一般理解：声音是非文化的、不具有社会性的物理现象。然而，在LaBelle看来，声音在本质上是关系性的。空间里的人体不仅影响声音的音响效果，而且还给声音提供一个社会环境，由此影响倾听者给予声音的意义。作为具有多重的起源和方向的现象，每个声音都是公共的事件，它从多个起源被传递到多个目的地。因此，出声意味着超越个体，等于存在于多个脑海里（LaBelle，2015：xi-xiii）。

在《可听见的历史》等书里，声音研究者Sterne离开了个体的声音感受，论述声音感受的社会和文化基础。他以技术为出发点，指出听觉上的技术创新与文化革新是交织在一起的。例如，对噪音的定义与意识随着声学家开始使用麦克风等工具来量化声音而形成，而这些倾听的方式又促成了针对于声音与噪音的社会政策（Sterne，2015：70）。

但倾听方式的社会性不取决于技术媒介，倾听本身是文化的。在1801年，法国医生伊塔尔发现他研究的一个野孩子听力没问题，但野孩子对声音测试反应不符合预期，他连在他耳边开枪时都表现得若无其事——野孩子不是听不见，而是对这些文明的声音不感兴趣。伊塔尔只好下结论，听觉是习得的（Sterne，2003：12）。由此可见，身体体验是社会文化条件的产物，而不是先天的。倾听意指注意力的分配，但这种分配未必是听觉上的（Rice，2015：99-100）。这涉及了倾听在声音之外的含义，即其在多种语言里比喻的关心和关注——像倾听底层的学者，或是多天罢工后承诺倾听工人意见的领导。在中文里有多种类似的词汇，例如听从、不听话等，这些词汇不仅包含关注的意义，而且直接与权力有关。值得注意的另一个特征是中文不像英文一样，对sound和voice进行区分，两个单词均可翻译为声音。由此，"钢琴的声音"和"人民的声音"使用的词汇无区别，充分地反映了倾听的广义。

二、噪音与寂静

谈论声音与音乐的区别之前，应该先探索与声音息息相关的概念——噪音。实际上噪音受生产与接收环境的影响——只要声量够大，任何声音都可以成为噪音。所以，噪音不是某一种声音，而是"声音与其社会诠释的元话语"（Novak，2015：125-126）。

如果从科技媒体视角看，噪音意味着过度和破坏（Novak，2015：128）。这正是Attali（2009：27）对噪音的一般定义的出发点，对他而言，噪音是干扰信息接收的信号，无论这种干扰的信号本身有没有意义。可见，噪音的概念总是充满了负面内涵，然而它同时不仅离不开生活，而且经常被视为生活的本质，如达达主义者Richard Huelsenbeck曾说，"噪音提醒了我们生活的色彩有多丰富"（Nyman，1999：42）。

在他对噪音作为生活之原料的肯定中，Attali将寂静识别为与噪音对立的：生活充满着噪音，寂静仅存在于死亡中。无论是工作的噪音、人类的噪音、动物的噪音、被买卖的噪音还是被禁播的噪音，无噪音无动静（Attali，2009：3）。然而，约翰·凯奇提醒我们，绝对的寂静是不存在的，事实上只存在非故意的声音（Nyman，1999：42）。这个定义下的寂静接近于噪音，两者均是相对的。像噪音一样，寂静也可以被利用为武器，隔离屋的寂静是对囚犯的最大折磨。使用噪音和寂静的两种酷刑在形式和效果方面上都非常相似：一个被强加并且无法逃避的声景使人失去自我感。这和笔者这几年在参与观察中的感受一致，看以寂静为主题的演出通常比听噪音表演难受，寂静有时显得比噪音暴力。同时两者都有冥想式的一面——冥想本身是在寂静中进行的，而经常参加噪音演出的一位观众向笔者表示过，"噪音中的不同层次非常适合冥想"。寂静在政治领域里意味着统治和不参与，它与社会意义上的"有声音"正相反（Gautier，2015：183）。这种无声可以是被迫的，也可以是揭露压迫的主动手段，从而寂静也可以让人被听见。无论是谁的什么声音带来什么影响，在抗议中使用声音的首要因素是它使人被听见，给予人一个声音。因此，对音乐与抵抗的关系的研究该将此置于政治抗议的广泛的声景中，放在伴随着抵抗的声音、噪音与寂静的连续统一体里（Drott，2015：177-178）。

如果说音乐是声音的高等领域，噪音是对声音的相反价值评判：噪音不仅不是音乐，而且它连作为声音都被嫌弃，噪音是被否定的声音。

合乎人类学家玛丽·道格拉斯对污垢的著名定义,即污垢是错位的物质,我们可以将噪音理解为听觉上的污垢。噪音是错位的声音,从而被视为是危险的。上一章节提到的倾听作为文化行为的视角,加上我们对噪音的理解,让笔者不由自主地比较熟悉的两个地方性声音体验,即荷兰与中国的倾听文化。对笔者而言,荷兰的声景最突出的特性是其似乎强加给人的寂静,成为一种声音文化霸权,而中国的声音文化似乎更包容,接纳了各种杂音:从四处起伏的轿车喇叭声到杂货店外面的推销广播,又从饭馆里喝醉了大声聊天的热闹,到公共场所里带声音玩游戏……这是一个开放性的博弈,一种在西方已经被管制掉了的博弈,在中国也许是少有的相对自由的空间。

第五章 阈限的领域

一、理论上的亚文化

谈及"小众"音乐与其文化,便绕不过青年文化、亚文化等概念。亚文化最一般性的定义是一个嵌入在更广泛的文化中的文化(Adams et al., 2015: 637)。此定义遵从对亚文化研究最有影响力的学派之一,即芝加哥学派。在对亚文化的这种理解的基础上,Yinger(1960: 629)将"以与广泛社会价值的冲突为主题的社群规范体系"排在亚文化的范畴之外,称之逆反文化[①]。

然而,在伯明翰当代文化研究中心(Birmingham Centre for Contemporary Cultural Studies, CCCS)的影响下,抵抗意义成为亚文化范畴中的关键因素。这种概念含义上的转变主要是由1975年首次发表的《通过仪式抵抗:战后英国的青年亚文化》引起的。该书的作者对亚文化给出的界定是:亚文化需要足以使人能够把它从其根源文化(parent culture)辨认出的特殊形状与结构;亚文化需要围绕某

---

① 英文为 contraculture,亦称 counterculture,也被译成对抗文化与反文化。

些行动、价值观、实体的某种使用手段、区域的空间等，使人能够将其从广泛的文化辨认出；亚文化需要使其与其根源文化关联起来的重要事情；如果此类文化有明确的年龄限定，只包含青年人，便叫作"青年亚文化"（Hall and Jefferson, 2006: 7）。我们关注的文化群体很显然更为复杂。首先，活跃于这个文化的人在年龄上差异较大，谈不上纯粹的青年文化。虽然场景中的许多人二十几岁，但相当大一部分的人是30岁以上的，最起码大部分目前活跃的乐手如此，而周日升已接近50岁。其次，他们来自于不同的社会阶层，从都市的上班族到耕地的农村人，因此他们偏离的是相互共享的主流文化，而不仅是自己的"根源文化"。噪音与实验音乐不但不存在阶层限制，反而能够使不同社会阶级的人彼此接触。再次，他们虽然偏离主流文化的程度不同，但有普遍的逆反或者离开主流文化的趋势，而不是以不同的姿态顺从其中。另外，霍尔和杰斐逊关注的亚文化在社会里可见度非常高，引起公众的关注。中国噪音与实验音乐场景的"更小众"不仅是范围大小上的区别，它范围之小也意味着其成员需要更主动地、更有意识地离开主流文化才能接触到、走进它的场景，从而引起了与规模更大的亚文化之间的本质上的差异。

中国的噪音与实验音乐场景偏向于逆反文化，但这里的关键词是偏向。首先，这个场景以音乐为核心，而非以对抗为核心。围绕着音乐的这个场景的成员虽然偏向离开主导文化，但他们之间不仅偏离程度不同，而且离开的方向也不一致。其次，逆反文化有建立像嬉皮公社等非主流社会机构的趋势，而这个场景中虽然有这种因素，但在逆反方面上它更倾向于纯粹的脱离。说白了，逆反文化中的人脱离社会[①]后试图建构新的社会，而这个音乐场景中的人脱离主流文化以后去玩音乐，长久存在于某种局外文化。因此，与其沿用亚文化或者逆反文化概念以描述该文化群体，不如以"场景"一词代之，一个近年来专指围绕着某种音乐风格并且具有相对稳定成员群体的词汇（Adams et al., 2015: 639）。场景作为概念的中立性不仅能够避开亚文化与逆

---

① 如嬉皮士著名口号"Drop out!"。

反文化在理论上的局限,使我们在探讨中尽量避免成见,而且也遵从噪音与实验音乐人以及他们的观众自己的语言习惯。

这当然不意味着全盘抛弃亚文化理论,亚文化领域中的许多研究依然有助于更全面地思考中国的边缘音乐群体。值得一提的、有影响力的研究,探讨"风格"在亚文化中的社会意义。依 Hebdige 看,亚文化对主导文化的挑战不是直接表达的,而是通过外貌,在符号的层面上表达的。亚文化中简单的物品或者风格可以具有象征性的维度,变成了某种自觉地自我放逐(Hebdige, 2002: 2-17)。作者指出意指不必是有意的,非交际性的客体也可以具有符号性。例如,符合习俗的穿着是在某些文化特征的约束下被选择的,因而这些选择是有意义的。亚文化与主导文化的偏差显露主导文化的随意性,由此它们是对符号体系的挑战(Hebdige, 2002: 91, 101)。如此看来,所有亚文化或是具有偏离主导文化因素的场景都有政治性。在穿着、音乐、行为等方面上符合习俗一般是无意的、自然而然的,而偏离习俗并非如此,需要消耗更多能量,由此通常是有意的选择。如果把符合主导文化的无意识的表现,与不符合主导文化的朦胧的意识表现,简化为一个简单的二元对比,前者便是常态的象征,而后者是越轨的象征。由此理解,任何偏离主导文化的现象都具有某种抵制因素。

二、阈限、反结构与共融体

我们关注的这个场景和逆反文化也不完全契合,但《通过仪式抵抗》提及逆反文化的最后一个特征可以给我们指出另一种探讨方向:逆反文化中的青年留在"过渡"时段的时间较长,并且在主导文化中的空隙中建立属于自己的空间(Hall and Jefferson, 2006: 45-46)。虽然作者没有进一步阐述此特点,但我们可以由此联想到更适用于这个实验音乐场景的理论工具——吉纳普在《过渡仪式》(Gennep, 1960)首次提及的并在特纳的《仪式过程:结构与反结构》(Turner, 1991)中得到详细阐述的"阈限"(liminal)概念。阈限与实验音乐的相符已经显而易见。阈限是反结构的领域,它解除社会规范秩序,包括其角色、地位、权力、责任等体系。依特纳看,反结构代表着潜在的可能性,而当社会需要时这种潜能会形成新奇的现象。因此,反结构是新的规范的摇篮,是新文化的来源。回到实验音乐,我们能肯定它是其领域主导文化即流行音乐的创新来源。

如果将阈限理解为一种离开文化结构与约束的存在性体验,便能辨认出噪音与实验音乐场景对阈限的趋势在不同程度上因人而异的实现,这个趋向可以从几个方面谈论:首先需要提及音乐实践本身的仪式性。音乐经常作为建立个人身份认同的基础,像过渡仪式中经受仪式者获得新的社会身份相同。一般的共同体通常是地方性的,但以音乐为凝聚力的场景可以通过培养出同样的音乐品味建立起跨越地方性的共同身份认同和归属感。另外,在音乐的"仪式"中同时也常出现对社会规范的抵抗,如同阈限中颠覆的临时失范,例如在朋克音乐中(Bennett, 2015: 143-147)。然而,音乐的仪式性在现场中还是最为明显的。无论是实验音乐还是古典音乐,看演出的仪式程序非常一致。当观众在阈限约好的时间来到一个与外界界限明确的空间时,场地已经为将会进行的仪式布置好了,观众先走到特定的位置,坐着或是站着等待下一步,此时小声音地交谈还是允许的。仪式现场的灯调得更昏暗是仪式祭司即将登台的明示,从此观众会保持神圣般的安静,甚至为了防止外界的干扰关上手机,直到表演结束,而整个过程像历史上许多其他文化中的仪式一样,通常离不开酒精或者其他用品。噪音音乐表演中的仪式性最为明显。如同萨满的乐手在表演过程中以噪音为媒介带领观众一起进入另一种意识状态,还经常使用香、树枝等道具以完成驱魔式的仪式。此种相似性并非是无意识的,李杨漾、王子衡等噪音乐手都认同萨满文化,而周日升在微信上宣传自己的演出为"最仪式感的"。

其次,此场景中的音乐在形式上呈现的反结构性和强调最大化可能性等特征与阈限相符。无论不同乐手对实验音乐的界定有何不同,大家都认为打破常规、挑战规则,尝试不确定的、未被接受的因素是其主要特征。此外,实验音乐具有阈限模棱两可的特质。举例而言,朱文博寂静中的"等待"和"不像音乐的音乐"都以间隙性为特性,均与"既不是……又不是"的思维模式相合,可以理解为在文化间隙中给自己建构自由活动的空间。这种自由不限于乐手——实验音乐模糊不清的性质意味着听众可以自己建造秩序的范围比较大。

与以上主要提到的非噪音实验音乐不同，噪音不是以其多变性，而更是以其虚无性而倾向于阈限。在北京进行的"噪音星期一"系列的一次演出预报写到"噪音毫无理由，噪音不会改变，噪音无形非人，不死"[①]。与其说噪音相对的是寂静，不如说它相对的是秩序和意义，而正是噪音的"无意义"意味着听众想象力的解放，意义的缺乏等于一切意义的可能性，是绝对的模棱两可（Attali，2009：33）。

林其蔚（2013）讨论日本噪音之时指出：噪音"扮演无差异者的角色，它不指向任何东西，却可以吸收任何东西"，噪音"内部不存在辩证哲学的二元性，它没有其内和其外，对与错，好与坏的差别"。这便涉及到此场景与阈限相关的最后一方面，即他与共融体的关系。噪音在形式上的无差异能否促进存在性共融体的形成？以笔者参加演出的经历，共融体最起码是偶尔实现的，不仅从乐手的角度，观众也能感受到。

总而言之，实验音乐在形式上不停地打破常规，又在腾出来的空间中建立新的规则，只为挑战新规则，是一种尝试各种状态，对抗一切常态的循环，这种在失范中创建新奇文化是阈限的典例。实验作为音乐实践虽然也离不开身体性与感受力，但与噪音相比，它更为理性，或者说更概念化，而噪音更是一种包容万物的混沌状态，其中寻找的是存在性体验。噪音与实验音乐共有的特征是积极地鼓励他人加入实践扩展这个领域。在田野调查中，笔者似乎不认识不激励我"也演起来"的乐手，也没遇到过不鼓励笔者"也办演出"的酒吧经理。这个场景的音乐的阈限性最起码带来了一种对共融体的期望。

[①] https://mp.weixin.qq.com/s/xlLYcQyG5-o17myGBj5LUw。

第六章　被特殊化的空间

一、隐藏文本

特纳认为阈限一定是具有临时性的——"liminal"的原意就是"门槛"，而门槛是要"渡过"的。但阈限的临时性真的如此无可争辩吗？走进了门也许未必意味着我们一定会从门的另一边走出来，而且即使"渡过"了门槛之后也许到达的是一间封闭的房间，一个只能待在里面或者返回原路的死胡同——虽然阈限是"渡过"过程的模棱两可状态，但进入了这个状态不意味着一定能够或者愿意完成渡过的过程，在门槛上徘徊是有可能的，而阈限之门也有可能通向一条长度未知的隧道。由此形成长期属于阈限的空间，而这种空间好比于斯科特笔下隐藏文本的社会空间。

每一种人际关系都是权力关系，而每一种权力关系都有其作为公开文本的主导文化，也有其作为隐藏文本的逆反文化。以斯科特的视角来看特纳提出的理论工具，阈限、反结构与共融体均属于隐藏文本范畴内的社会现象。阈限与隐藏文本两种概念似乎相似，但其背后的矛盾源于特纳关于阈限的社会功能的理解。对于斯科特而言，这些现象是底层反抗统治的隐蔽表现（Scott，2012），而特纳将这些理解为临时在社会结构之外，但最终在主导文化体系之内，因此加固社会结构的现象。

如上所述，笔者认为阈限有无抵抗性取决于其社会环境，而这与阈限的本性无关。用更接近于隐藏文本概念的话说，阈限的抵抗程度取决于文化霸权的厚度。由此，笔者不赞同斯科特隐藏文本中的无所不在的抵抗，也难以接受特纳的一切阈限加强社会现状的观点，而笔者把阈限与隐藏文本看作抵抗的萌芽，它们可以培养出与社会现状对立的文化，也可以被现存文化所吸收，从而被培养成社会现状的新支撑。隐藏文本与阈限最终的社会结果也许部分地取决于对抵抗的有意识程度，但我们同时要承认无意识并不意味着无抵抗。抵抗的界定首先与行为的社会环境直接相关——在极为自由的乌托邦环境下，抵抗的范围会变得微小，而在总体性权力统治下的社会中，几乎所有的社会行动都能变为抵抗。从属群体的隐藏文本制造自己的亚文化，换而言之，每个隐藏文本存在于一种亚文化之中（Scott，1990：27）[①]。亚文化不直接等于隐藏文本，但随着总体性权力的增长，亚文化与隐藏文本的相连性越来越强，因为亚文化必然意味着从某种文化标准中的偏离，而在统治者的理想总体性社会中只有单一的文化与公开文本。

对意识形态的抵抗不意味着意识形态地抵抗，但这并非否定这种现象属于抵抗行为。将源于模糊不清的不满的抵抗，或者无意识的应对需求而自然发生的反抗，包括在阈限中发生的那种反抗，包括在抵抗的范畴之内，反而扩大了抵抗的可能性。这样做并不含有滥用抵抗概念的危险，因为抵抗的范畴本身没有变，某种行动是否属于抵抗依然需要通过分析其文化环境来判断。

二、场景中的抵抗性与局外性

中国的噪音与实验音乐场景是否具有可隐藏的抵抗性？首先需要搞清楚抵抗与社会运动的区别。按照 Drott 的理解，社会运动的特质是为了争辩现存社会安排而开展的反对当权者活动的集体事业，它们通常是针对具体的社会问题而出现的。与此相反，抵抗不一定是集体的，也未必是长期持续性的，它也可以是偶然发生的、投机的。另外，抵抗不一定以实现改变为目标，它也可以是蔑视的表征或是应对日常的社会耻辱和从属的机制（Drott，2015：172）。有鉴于此，一个场景缺乏具体的对抗对象与目标、缺乏有组织的集体政治运动，并不代表它毫无抵抗。

没有人在文化之外，所以没有人在霸权之外，能争取的顶多是一种离开霸权的反向，一种永远达不到目标的对现有文化环境的质疑。这种"文化即霸权"可以举工作的例子来说明："工作主义"是跨阶层的、跨党派的、跨时代的，对于现代人而言，将睡眠之外的大部

[①] 这里所说的亚文化是最一般意义下的亚文化，即一个嵌入在更广泛的文化中的文化。

时间都在工作上花掉,是再自然不过的事情,是像吃饭一样无人质疑的行为。换言之,工作的普遍性是隐藏在常理中的意识形态。这种"真正"的霸权是跨阶级的,也不分弱势群体和强势群体的。由此理解文化和霸权,使我们将一切偏离常态的文化现象视为具有抵抗性,因为它们与意识形态发生了分歧,无论行动者有没有政治性的目标,或者对这种分歧是否有意识。每一个文化都大幅度且无意识地主导人类行为,包括亚文化在内。从而,亚文化的抵抗性只能是相对于其存在之中的主导文化,除非这个亚文化的基本特质是一般性的反秩序。这里关注的噪音与实验音乐场景——至少在符号层面上——以自己的方式,保持这种持续地脱离现有文化的趋势:实验音乐解剖音乐"固有的"结构后重塑新的文化,而噪音以包罗万象的方式走向混沌,由此两者都在文化的子体系中打破常态,挑战统一性。有鉴于此可以再提问,声音或是音乐自身是否带有政治性?

依 Drott(2015:173)看,有些音乐的确带有声音或是风格上的抵抗性,虽然音乐总是因难以摸索的符号使其声音具有歧义,但这种含蓄正是声音适合作为政治争论的载体——它可具有的抵抗是生理感受的,是超越语言的一种隐藏文本。但同样地,这种模糊的本质使声音和音乐作为最佳的统治武器之一。无论是强制性地唱歌,还是为了提高团队精神而在营业场所或者店铺之外跳的"集体操",均属于公开呈现从属权力关系。当然,伴随权力总会有隐藏文本出现,在这种以音乐为媒介的服从仪式,采取敷衍的态度又可以是从属群体的抵抗方式。Attali(2009:7)在他的《噪音:音乐的政治经济学》中称:现代国家为同时不断地窃听和发出噪音的巨大机制,并且问到窃听的声音是什么,使用声音来压制什么?如今最切实际的答案恐怕是:窃听一切,压制所有不一致的声音。Attali 给予音乐浓重的政治意义,认为在调性音乐秩序中唯一的自由是按照其规则表达自己,而颠覆性的噪音表示对文化的自主的要求,以及对差异和边缘性的支持。反之,总体性权力力图保持旋律的主导地位,阻挡新文化,是对异常的拒绝(Attali,2009:7,61)。由此可以说摇滚按照体制的规则在体制内表示不满,而理想中的噪音与实验音乐,在体制外自由地表达任何想法或者感情。在这里可以理解为杂音——即非官方的声音的噪音——被当作隐藏文本或者说阈限的新文化来源。在这种解读中噪音与实验乐手可以将自己的音乐视为非政治的，但其政治性取决于政治环境，它并非是固有的。在总体性社会环境中，一切非官方声音都是政治的，而这些声音中如噪音和实验音乐，有意地发出的杂音作为离主导音乐文化最远，却还被置于音乐范畴之内的声音，是其中政治性最显著的形式之一，可视为官方追求的单一统一性声音的异端。这同时也意味着Attali关于调性音乐、噪音等观点虽然目前在一定程度上可以成立，但给音乐赋予的这种政治性同样也不是声音中固有的，任何声音只能在与被体制所接纳的声音的对比之下而体现出其抵抗性。

此外，值得提出的是，声音和音乐并非是与之外的社会隔离的领域，它反而渗透了每个人的生活。尤其对于这个场景里的许多人而言，对声音的关注是很日常化的实践，就像朱文博在一次演出后的问答中所说的，"有的时候我会突然随意地做田野录音，有的时候也是特别想录某一个听到的声音"。颜峻说每周都办演出的时候，这些就是他生活的一切，而连自称为正常的上班族的李松的工作已多年与音乐相关。简而言之，音乐与他们的生活完全地交织在一起，而这种在日常中专注声音本身可以具有潜意识地抵抗意义。如此说，并非因为声音内在的某些特征，而指的是视角发生的转变。正如跑酷可以视为"情境国际"主张的日常之中的觉察方式，以自己的定义去感受城市环境，专注声音同样可以通过视角的转向走向日常生活的转变。

除了文化霸权、声音等，音乐人的社会身份，也可以作为探讨噪音和实验音乐场景与隐藏文本等概念的相关性的入口。许多场景里的人都有意识地将自己隔离于社会大众范畴之外，认为自己"不正常"，和一般人不一样，而这种与众不同的自我身份认同和贝克尔笔下的"局外人"（Becker, 1966: 1-11）正相合。将他的越轨理论应用到本文关注的领域便可见，发出某一种声音可以是合法的，但因为引起广泛的谴责却称得上越轨行为。此场景中的声音尚未引起谴责是因为它们半隐蔽的状态。越轨行为的形成基于行为与其文化环境发生的冲突，而噪音和实验音乐发生在被特殊化的文化空间里，即小型酒吧。颜峻认为像"小雷音"那样的非盈利自称乌托邦性的场地在现在的北京已经无法运行，因为这种形式是体制之外的，而在酒吧里的活动除了扰民问题，平时与置身于其中的文化环境相符。更确切地说，酒吧的商业实质给予其举办的活动正当性。噪音乐手和"学校酒吧"的合伙人和小宇的观点一样，认为北京当今的社会和经济环境使"小雷音"这种地方再也无法在北京出现。

　　齐美尔笔下的秘密组织中的秘密因素依靠的是他人——个体的存在很难成为秘密，但是一个社会单位可以是秘密的。换言之，秘密组织隐藏的不是个体，而是个体组成的群体或者文化，是人与人之间的一种理解与互动（Simmel，1906）。与此相同，如果噪音与实验音乐场景有需要隐藏之处，那么被隐藏的不是某个人或是某个地方，也不是作为媒介的某一个声音，而是人与人之间形成的文化。这种将自己置于局外却保持低调的局内形象，符合贝克尔分别出来的第四种"越轨"即"秘密越轨"：不妥当的行为发生了，但是它没有被他人发现，或者没有引起犯规导致的反应。贝克尔指出极少有人完全符合或者服从越轨的理想类型，例如一个平时顺从规则的人，在某种情况下，将其他目的——比如说帮助家人等——当作比顺从规范更重要（Becker，1966：20，29）。正如没有完全顺从规范的人，也没有"纯粹"的越轨者，无论一个人或者群体有多地下或是非常规，它必定还有许多符合规范的因素，但这并不否定它的局外性或是抵制性。例如，这些以非常规现场音乐为主的小型酒吧的商业性并非假象，这里挣的也不是假钱，但这种对抵制主导意识形态的一种妥协，是在中国当今文化环境下，这种局外性能够存在的先决条件。

第七章　闹着玩：政治之后的游戏

一、游戏与玩

　　音乐不仅在中文里是可以"玩"的，而且在英语里还是在荷兰语里也如此：we play music，我们玩音乐，we play in a band，我们在一支乐队里玩。音乐的确符合游戏的特征：音乐在时空上有明确的界限，是有秩序的、可重复的，而且它使音乐人与听众超越日常生活的范围，在一般情况下是自愿参与的令人享受的过程。但音乐表演的游戏性不仅限于"玩"音乐的乐手，跳起舞来的观众也具有投身于游戏的心态。由此看来，"玩"音乐是找回被文化隐藏的游戏本性的好手段。谈到这里，游戏与上述的作为阈限领域的音乐实践之间的关系已经不容忽视了，而回忆游戏的其他特征则使游戏与阈限的关联性变得更为明显。游戏中的人临时地离开"真实的"社会生活，进入一个超越现实的领域、游戏在时间和地方维度上有明确的界限，而在这个有限的范围里的世界与外界截然不同。游戏中具有模棱两可的状态，例如在严肃与非严肃之间的徘徊——若将这里的"游戏"写成"阈限"，这句话依然成立。有鉴于此，游戏应该被理解为以自由为基础的阈限领域。不难理解，在这种与一般社会隔离的摧毁秩序、创建秩序的阈限状态中，容易形成共同体。在这个场景中，音乐是不可或缺的因素，但这个因素最终仅作为场景的激发点，而场景的维护和发展通常发生于音乐现场之外，最难忘的时刻也如此。

二、从安那其到后左翼

美国著名实验音乐作曲家约翰·凯奇曾经表示，"我的问题已经成为社会性的，而非音乐性的"（Cage，1967：135-136）。自称为安那其主义者[①]的凯奇将艺术领域视为社会的实验室，而他自己的作品具有同样的倾向，使"实验音乐"的含义变得更加深刻。Haskins（2012）指出凯奇的作曲具有规则，而同时也给予表演者一定的自由，只不过这种自由不会破坏作曲的整合性。类似，安那其实践并非无规则，规则的目的只不过是在保持社会整合的情况下，给予每个个体尽可能多的自由。关键在于维持整合性的规则是主动接受的，若不接受可以选

[①] 安那其主义又译作无政府主义。英文里的 anarchism 和 anarchy 并非仅指向非国家制度，而是包含对一切权力的质疑。为了传达 anarchy 的广泛原意并且避免其他混乱的歧义，本文沿用早期的中文翻译：安那其。

择不参与,而参与之后可以随时退出,这便是安那其与非安那其实践根本性的区别所在。同时,游戏与安那其均建立在此共同基础之上:两者都是选择性加入的。实验音乐玩的是一种安那其游戏——它虽然基于规则,但其规则体系是自己创立并且可变的,而噪音和即兴音乐则将突破规则本身作为游戏,这种反秩序的游戏中即便自然而然地会产生新的规则,但同样会遇到反秩序倾向的冲击。依此视角看,这些非常规的音乐,可以看作对安那其状态的实验与探索。

有趣的是,这种精神可以超越音乐形式,流入场景里的人的生活之中。在第二章里描述的"荒音祭"观众被鼓励自带乐器、自觉参与演出,激励大家自由地自我负责,连临时的舞台都是音乐人和观众连手搭建的。活动结束后,"荒音祭"的发起者王子衡邀请大家写一小段自己的感受。随后在救命小酒馆的微信公众号里发布的这些文字[①]不仅揭露此类活动的安那其状态,而且足以表明观众对此不无意识。唐孟珂在笔记中写道:"荒音祭很棒,这不仅仅是在说音乐本身。它在表面上看甚至是缺乏组织的,在现场很少有组织者公开发话的情况出现。"另一位观众孙玛指出:"这里没有所谓的秩序。一场祭奠,纯粹的声音,放弃感官的舒适,是为了真正的听见。一切都自在地、有序无序地演进。存在即是冲突,而和现实的冲突正是这群人相依取暖的基本状态。山鸣雷电的开场,无我梦中的荒音祭,黑夜里宇宙展开,我们赤裸相遇。"而程程感受到了无序之中的"有序"状况的政治性:"这是反精英主义表达自己的桥梁,也是独立观众的一次体验……"

"荒音祭"在有秩序和无秩序之间的平衡中演进;噪音与实验音乐脱离规范等,这些足以成为提及安那其如此政治化话题的理由吗?即使场景中存在抵抗因素,但它缺乏有组织的集体政治运动,而且部分的音乐人和观众认为自己是非政治的,甚至说自己讨厌政治。实际上,这些实践的确谈不上传统意义上的安那其主义,然而却与后左翼安那其具有许多相似之处。一般意义上的安那其主义存在于左翼的脉络里,

---

① "5月12号第四次荒音祭野长城荒野噪音群记",https://mp.weixin.qq.com/s/FuWW7szgrEUDQBpRCplMZw.

它传统上强调组织的重要性，以政治组织为基础，试图发展出安那其社会。与左翼的集体主义相反，后左翼安那其是反政治的，它强调在当下体会自由，提倡以行动和体验为基础的、非中心化地个体自由结交（Black，2006：68；Black，2015：7-8）。后左翼相信个体日常生活中的许多微妙革命式的自由时刻的积累和融合可以作为通向安那其之路。噪音与实验音乐场景中的非政治倾向由此便可以理解为对政治体制的彻底失望，而这种失望的背后隐藏着对绝对自由的渴望。

需要注意的是，所谓的后左翼安那其是反意识形态的、反政治的趋势，而非是政治流派。这个趋势的种子是早期的"情境国际"播种的。谈论阈限时本文已经初步地触及到了"情境国际"，现在两者之间的相连性变得更为明显。进入阈限的过程必须是某种反文化的过程——抛弃现有的文化后才能达到某种混沌性的状况以建造新的文化、新的形式、新的声音，犹如乐手通过实验在阈限中创造出属于自己的新秩序。早在1957年，"情境国际"的Debord写道：名副其实的实验基于对现存状况的批评，以及对现存状况的超越。他者建造的框架中的个人表达无法称为创造；创造不是物体与形状的布置，而是在这种布置上创造出的新法则（Debord，1957：37）。早期的"情境国际"力图将艺术、政治等领域化为一体，以日常生活为核心。他们将自己的实践总结为发明一种崭新的游戏，其目的在于扩大非平庸的生活领域，尽量减少生活中的虚度。这种游戏与赫伊津哈笔下的游戏的不同在于其彻底地否定了游戏的竞赛因素，同时也否定了游戏与日常生活的分隔（Debord，2006：39）。情境国际的游戏主要具象成建立所谓的情境，即对一个时刻的特质起决定性作用的氛围。很显然音乐，尤其是较为抽象的噪音和实验音乐构造的便是共同感受的氛围，而每一种氛围和情境会引起不同的行动、不同的人际关系等。需要强调的是情境国际心目中的情境不是被动被感受的，而是"活出来"的，并且是过渡性的："被动的观众的角色需要不断地减少，而那些不再能叫作表演者，应该称之为'生活者'的角色需要稳步增长……我们的情境会是短暂的，没有未来的——通道。我们唯独关心真正的生活。"（Debord，2006：41）读到这里难免联想到观众对"荒音祭"的群记，但这种游戏式的实践倾向，在此场景中虽然基于音乐领域，却并不限于此。

工作是与游戏截然相反的领域，从而抵制工作理所当然是后左翼趋势的奠基石之一。赫伊津哈分析道，当业余爱好者成为专业专家之时，真正的"玩"的精神不复存在（Huizinga, 1949: 197）。中国的噪音与实验音乐场景不仅着重维持非专家"自己动手干"的精神，而且场景里的许多乐手选择不当"薪奴"，甚至全盘拒绝工作，可视为富含抵抗意味的行动。这些不工作的乐手不在"失业"的状态中，反之他们选择与工作相反的道路，使自己生活在社会边缘的阈限状态之中。

三、临时自主区域

无论是将自己置于社会边缘、从而容易进入"独立于社会"的阈限状态的乐手，还是在日常生活中与主导文化维持更密切关系的音乐人或是观众，阈限的音乐现场使他们在丁昕所描述的"被特殊化"的场合中相互聚集。这些场合类似于斯科特描述的隐藏文本社会空间，但斯科特笔下的社会空间最终是直接对立于某种公开文本的亚文化，由此它们一般在大众文化之内，而被特殊化的演出场合更加独立于主导文化。有鉴于此，这里谈论的场合与 Bey 提出的临时自主区域更相似。临时自主区域特指有意聚集的群体创造出的独立于其文化环境的社会空间。与噪音和实验音乐场景的文化实践相符，临时自主区域与社会运动不同，不企图改变社会制度或者文化体系，它的主旨是在社会的缝隙中发展出独立的文化空间，并且强调在当下体验平日所缺乏的自由存在性（Bey, 2003: 76, 83, 95）。

贝克尔描述了将其审判者视为局外人的失范者，但临时自主区域使我们发现局外人的另一种可能：这里的人既把自己视为局外人，又不试图成为局内人，反而力争维持局外的位置与身份，实施一种"不跟你玩"的实践。犹如情境国际创建的情境，自主区域一般是临时的，它的创建者不关心过去和未来，其中若有存在性共融体式的自由时刻发生便已达到目标。像游戏一样，临时自主区域在时间与地点维度有限的范围内离开"真实的"生活，只不过这里"玩"出来的自由具有较强的真实性。临时自主区域处于社会间隙之中，也介于严肃和玩之间，临时自主区域的阈限性皆来源于此。这些特质在荷兰的占屋运动中显而易见。

所谓的占屋指进驻有业主但空置的房屋，可以作为满足住房需求的手段，也可以当做反抗炒房团的策略。实际上，占屋运动形成了属于自己的文化空间，一方面围绕着满足基本生存条件，另一方面超越了生存范围。占屋社区经常建立以馈赠为核心的免费店与自定价饭馆、沙龙、酒吧、图书馆、音乐厅、艺术中心等，给艺术家、非法移民、社会活动家等各种社会边缘人群提供了资源与平台，同时也给占屋者自己构建了一种持续性的"狂欢节"的生活环境。荷兰占屋建筑外经常能看到大写的"你们的法律，不是我们的！"的横幅，而这种反制度中的强大是虚假的，是"玩"特有的伪装，但同时也是严肃的，不仅是口号：在荷兰，占屋运动在20世纪60年代开始流行，70年代占屋行为被合法化，90年代占屋运动又开始受到政府的限制，而到2010年占屋重新被非法化。然而，在国家政治的波动中，虽然双方多次发生暴力冲突，但是占屋实践维持了持续性，到目前为止依然保持活力，尽管早已被非法化。临时自主区域在伪装与真实之间的徘徊未必意味着与外界的直接冲突，中国大陆围绕着噪音音乐的集合体"闹唧唧"自称为乌托邦共同体，"嬉皮公社"也不乏游戏式的伪装成分，但临时自主区域中的伪装与严肃界限总是模糊不清的，它总含有伪装成真的承诺。

当今社会的主要阈限领域，即在休闲中形成的被特纳称为liminoid的阈限，通常是周期性形成的。一年一次的节假日作为较长的周期，而交织于日常生活中是周末和夜晚，最短的周期性阈限时段。夜晚的阈限性不容忽视：昨天已经过去，而明天还没到来，一般人早已睡觉，而白天不需上班的许多乐手早已昼夜颠倒，主要在夜里活动。到了周末，乐迷加入他们，在酒吧里一起度过平日之外的时光。像"救命小酒馆"等场地不仅作为将这个场景中关系网络的聚集点，而且也是将这些临时的体验串联到一起的结点，给予它们一定的持久性。

当然，临时自主区域有时也以更短暂的形式在这种结点之外发生。有一次笔者被邀请以乐手的角色参与一个活动，地点为北京市东城区某一栋建筑的楼顶,时间是夏天的一个工作日的下午6点,一共安排了5个表演者免费演出。唯一的宣传方式是熟人在微信朋友圈里分享的一条帖子,里面除了表演者的名字、如何"低调进门"走到楼顶,还有演出时间等没有其他信息,但最终除了乐手自己只有一位观众参加此活动,原因应该是这个时候一般人都还没有下班。"我没有考虑好这一点",组织这次演出的乐手兼组织者说。另一个原因无疑是当天下大雨,露天演出自然很难吸引人。乐手聚集后,我们一起找到了一个既可以避雨也适合表演的地方:在楼顶上还有一间专门的排练室,排练室的窗户没有关好。确认里面没人以后,我们都爬了进去,兴奋地发现这个地方非常适合今天的表演。虽然只有自己人,但我们并不考虑取消活动,一进屋便把堆在角落的椅子在舞台前面摆成一排并开始表演。笔者的演出刚结束之时,我们突然发现有一个男人从后面的门走进了房间,在给我们拍照。他在收集证据,这是剧场的工作人员。"你们在干什么?"他问。"在表演。"刚开始,工作人员还采取了解的态度,表示他也知道艺术家现在很难找到表演的地方,但仍然反复地问"你们是什么单位的?"而每次得到乐手的答复"我们没有单位,我们是地下的"之后,他便开始着急,表示"这是性质问题"。等到工作人员和他上司联系并决定报警的时候,我们冲出门、跑到楼下,再跑出小区。走到街上我们喘一口气,感叹"好刺激!"最终,这变成了一个漫长的夜晚,在深夜的酒吧和饭馆里一起喝酒吃饭,在胡同的犄角旮旯里完成最后几个乐手的演出,直到凌晨才解散。那天,我们给自己打造的文化空间屡次受到外界的冲击,只要被创建便被打破,然而它们存在的那一瞬间,我们却完全沉浸在其中。尝到自由滋味的临时性无法抵消其真实性。

第八章 结论

谈论以不确定性、差异、未知、抵抗语言、体系之外等为特征的文化领域必然会产生许多观点与解读方法之间的冲突和分歧,由于这样情况的存在,本文以倾向、趋势、可能性等为最常用的词汇。最终,我们该怎么诠释这个其中的某些成员自称为"无法定性"的文化群体?如果通过我们现在熟悉的几个视角去阐释,即便它拒绝被界定,我们最起码可以试图测定其方向。

一、声音与社会

声音具有社会性,而倾听是习得的文化行为,因此声音在本质上并不是纯粹的物理现象,而是关系性的。由此得出,任何声音实践,包括倾听或是不听,是社会中的文化行为,无论卷入于其中的人对此是否有意。传统上,作为有秩序的声音的音乐在许多文化里属于稳定性相对较高的文化因素;以变化为特征的实验音乐以及脱离秩序的噪音由此可视为激进的文化作为。这里需要注意,噪音只在文化的诠释中才能产生,是一个十分相对的概念,实际上本文称之为非噪音实验音乐的声音在这个场景之外的广泛社会中也会被当作噪音。噪音是被否定的错位的声音,它的非稳定性代表着在混沌状态中产生新秩序的可能性,因此它被现有的秩序视为与抵抗相关的危险现象。噪音在社会中被镇压、被监控,而管束声音的法规与执行效率能够揭露一个政权的性质。中国的声景接纳着各种杂音,在北京的街道上一个在西方早已被规范掉的开放性声音博弈依然每天都在发生。当社会环境中呈现极度管束和对某种噪音的容忍的并存之时,噪音便成为了体现自由少有的途径,代表着在此差距中形成相对独立的文化空间的境遇。本文关注的音乐场景便位于此种社会间隙。

中国的实验音乐虽然起源于摇滚乐,但实验音乐通过重复地拆建结构的循环,避免摇滚亚文化作为庇护所具有的被动性,它以脱离替代逃避,以创新替代限制。在最一般意义上,这个场景构成了一种亚文化,但其成员年龄与背景上的不一致以及它偏离主导文化的特质使其不符合伯明翰当代文化研究中心或者芝加哥学派对亚文化的定义。围绕着中国噪音与实验音乐的文化领域与逆反文化的概念更为相似,但此场景以音乐而非以抵抗为核心,并且在背离主导文化方面上缺乏成员之间一致的方向与程度。与建立非主流社会机构的逆反文化相比,此场景中呈现出更纯粹的脱离的倾向。

二、自由的空间

本文将自由理解为可行的可能性，这意味着在严重限制可能性的文化环境中，临时的隔离文化环境等于临时可行的可能性，寻找自由也以此种阈限领域为出发点。以挑战规则和尝试不确定的、未被接受因素为特征的实验音乐反复地打破常规，在释放的文化空间中建造新的规则。在这里，离开结构和建立结构双向并存，是尝试各种状态而对抗一切常态的循环，是失范后在阈限中创建新奇文化的实例。与此不同，噪音非以多变性为轴心，其体现的包罗万象式的混沌和秩序与意义作对，而这种虚无意味着想象力的解放和可能性的最大化。这种阈限领域易于共融体的形成，在噪音与实验音乐现场中参与者共同感受合一，彼此之间进入一种单一同步的、流动的事件也有望发生。寻找在演出过程中间或得以实现的存在性共融体体验是这个场景的凝聚剂。

隐藏文本描述的许多社会现象处于阈限范畴内。两个概念相似性较高，但斯科特笔下的隐藏文本代表着社会底层对公开文本的抵抗，而特纳理解的阈限中虽然临时地呈现颠覆权力的姿态，但它最终发生在公开文本之内，因此不构成对现有社会秩序的威胁。阈限和隐藏文本作为理论工具无疑颇有价值，但本人对其分析的文化现象的社会性质的理解偏离两位学者原本的分析。在笔者看来，隐藏文本的存在不意味着无所不在的抵抗，而阈限领域未必在公开文本中形成，因此阈限也不一定加固现存的社会结构。隐藏文本和阈限中的反结构可视为抵抗的萌芽，它们可以培养出更结构性的反抗形式，也可以在主导文化体系中被吸收。某种行为是否属于抵抗不取决于其某些固有的特征，而是相对于社会规范而形成的。同样，阈限中的新奇文化表现是否属于带有抵抗色彩的隐藏文本取决于公开文本的广泛性与内化程度。在一个管束性极高的社会环境中，任何偏离文化规范的实践均被赋予抵抗意义，无论此种文化实践的参与者对抵抗是否有意识。由此而论，本研究关注的场景缺乏统一的抵抗对象，没有为某个政治目标而做出的集体行动，并不意味着其中不存在抵抗行为。从"文化即霸权"的视角看，文化的束缚是无法摆脱的，与现有文化环境背离的实践至多能争取一种反向。噪音与实验音乐至少在符号层面上维持这种永远达不到目的的趋势，对现有文化环境长久持有质疑的态度。两者以各自的方式挑战统一性、打破常规：实验音乐拆除音乐结构后创立新文化结构，而噪音通过无不容纳的方法建造混沌的文化领域。在官方文化极其紧凑的社会环境中，一切非官方之声都带有政治色彩，而噪音与实验音乐发出的是音乐范畴之内离官方文化最远的杂音，可视为官方之声的异端。这种异端性当然不是某种声音形式固有的，它只产生在其与主导声景的相比之下。这些与环境不合的声音之所以不引起广泛的谴责，是因为它们发生于被特殊化的文化空间，而这样的空间给予这些声音半隐藏的特性。小型酒吧的商业性给予其中举办的现场演出以正当性，而场景中所有活动的规模之小使它们不引人瞩目、保证其不受外界干扰地进行。虽然这个场景的一切围绕着音乐，但被隐藏的最终不限于此，还涵盖了人与人之间的关系以及共同创造的文化，而这些是场景的基础。与此相关，是场景中的人互相鼓励彼此，无论是以乐手还是以组织方等角色，在此文化空间中发挥更积极的作用。由此形成了两个相反的趋势：自我边缘化与扩展属于自己的文化区域。

与此论述结合游戏理论有助于进一步理解在独立文化空间形成的音乐实践。游戏可视为阈限的典例，两者共享的特征包括在一个超越现实的领域中临时地离开"真实的"社会生活，在时间和地方维度上具有的明确界限，在严肃与非严肃之间徘徊的模棱两可状态等。游戏的先决条件是自愿性，因此可以将游戏理解为以自由为基础的阈限领域。如果将"玩"从游戏的概念区分开，便会发现与游戏不同，玩未必形成固定可重复的文化形态、玩不意味着秩序，它可以脱离节奏与调和，甚至可以反秩序。玩不需要规则，却可以创造出规则。有鉴于此，实验音乐的游戏因素较强，虽然作曲等于创造游戏，因而具有玩的成分。噪音则更接近于无秩序、无规则地玩。无论是拆建规范还是制造混沌，在演出现场中一起"失范"、共同地建立属于自己的体系引起一种超越单场"游戏"的凝聚力。从而，音乐现场作为共同体的激发点，而场景的发展与维护在时间和空间维度上是超越演出的。

实验音乐可视为某种以自主为基础的安那其游戏，其规则体系不仅是自愿地加入与退出的，而且是自创并可变的。这个将突破规则本身成为游戏的非常规文化领域可以看作对安那其状态的实验，而这种探索是超越音乐形式、融入场景中的人的生活之中的。举例而言，在节日期间和实验乐手阿科一起逛公园的时候，我们发现川流不息的人群形成了方向固定的快速节奏，这使阿科突发奇想：让我们往相反的方向缓慢移动。如此临时地堵塞了人山人海的旅游景点后，我问阿科是否希望他人意识到了刚才构建的情境，她表示不希望被发现、不追求正面冲突："我喜欢秘密的抵抗。"此种日常化的游戏，仅仅以在当下体会独立与自由自身为目的，令人回想情境国际在日常中以游戏式的方式试图扩大非平庸的生活领域。同样的目的足以解释此场景中的许多人对工作和专业化的消极态度——工作是与游戏和自由正相反的领域。这些以游戏为形式的日常化抵制方法在传统意义上都是非政治的，甚至是反政治的，却隐藏着对某种自主的渴望。

虽然上述的"游戏"不限于某个地点，但作为音乐场景，这些实践集中于现场演出场合。这些以小型酒吧为主要形式的空间在文化方面上被特殊化，其内可容纳的行为范围比其外广泛。与斯科特笔下的隐藏文本社会空间不同，这里的偏离因素具有背离而非对立于主导文化的特质。这些场合的独立性更强，由此与临时自主区域的定义相符：有意聚集的群体创造出的独立于其文化环境的社会空间。其中的人不谋求改变外界社会现状，只力求在社会的缝隙中维持属于自己的文化空间，建造一个易于存在性共融体式的自由时刻发生的环境。临时自主区域的间隙性意味着一个持久的阈限状态——它是一个既在社会之中，又在社会之外的区域，因此在其中自由既是伪装的，也是认真且真实存在的。现在社会适于形成基于阈限性的临时自主区域的原因是，如今阈限的产生不再依靠制度化的渡过仪式。现代的阈限多数属于特纳称之为"liminoid"现象——休闲期间自愿进入的阈限状态。由此，在现代的阈限领域中不仅比渡过仪式的阈限中更容易结识志同道合的人，从而促进了共融体的形成，而且移除了阈限原有的监督人。

这种区域在时空维度上不必然是固定的，它可以像短暂的秘密活动一样临时性极高，也可以像"小雷音"失去了实体空间之后，以游动而分散的共同体形式存在。在这种以偏离主流文化为基础的关系网中，小型酒吧等演出场地当作聚集点，使临时的体验结合到一起，由此产生一定的持久性。

音乐历来被当做阈限与激进精神的载体：从初民社会的仪式配乐，到嬉皮运动培育出来的迷幻音乐，又到许多社会运动家以其作为自我表达方式的朋克音乐。与音乐相关的独立社会空间在各地都有很多种类，无论是隐藏的，半隐藏的，还是公开的。台湾有基于音乐的文化行动共同体"愁城"，日本有以小区为基本单位、强调独立和自治的"素人之乱"（王丹青，2018：183，185），西欧有与地下音乐文化息息相关的占屋运动等。显而易见，临时自主区域的倾向绝不是中国的噪音与实验音乐所独有。中国的特殊条件并非是这种音乐场景形成的原因，规模足够小的"小众文化"本来就可以避开许多限制。反结构的抽象音乐与中国的社会文化环境的相关性是非因果性的，某种社会制度、文化环境、审查制度等并不是这种声音出现的先决条件。然而，这些音乐形式是最自由的、最难被抑制的声音实践方式之一，因此非常适于在中国的独特社会环境中创建基于抽象声音的隐藏文本以及其建构的独立文化空间。这个音乐场景倾向于自由、独立等，但中国会有许多具有同样倾向的群体，例如较为独立的艺术家社群等等。由此，不能排除有许多其他领域里形成了同样的临时自主区域式的共同体和社会空间。本项研究专注特定范围之内的对象，并不代表此范围之外不存在由不同对象构成的同类的现象。

三、社会"噪音"

由此而论，噪音与实验音乐场景在这方面的特征何在？在一定程度上，音乐是跨领域的，这个场景除了乐手还从艺术、文学、学术等各种领域和社群，吸引了其中的边缘人物。因此，不同年龄、行业、阶级等的"局外人"容易在这里结合到一起。另外，当然还有这些音乐在声音上的特殊性质。声音本身是不可触摸的，而且基于现场的实验音乐不留下永恒的痕迹，因此很难抓住。虽然在中国更早出现的地下摇滚文化与此场景共享声音上的特质，但相比之下摇滚乐更容易被主导文化和社会体制接纳，甚至被商业化、娱乐化。噪音与实验音乐在声音本身具有的临时性质的基础上再添加了抽象与多变性的层面，由此仅剩下一种模糊不清的、很难被审查到的态度，使其更难被吸收。这些音乐形式之极端保证了自然而然的自我边缘化，噪音的暴躁呈现、实验音乐对听众极高的要求，确保其能够逃避商业化、保留其独立性。

除了上述的特殊倾向和特征，北京噪音与实验音乐场景中的人以及他们创造的社会文化空间似乎拒绝被定位。更准确而言，噪音与实验音乐在拒绝中找到了属于自己的位置，而这个位置不仅是以声音实践来标志的。本场景以音乐为基石，而音乐人建造的文化空间充满着声音层面之外的、非统一性的、因人而异地、以不同形式与程度被呈现出的社会"噪音"。正如作为音乐流派的噪音和实验音乐是官方声音文化之异端，却不争取对主导文化起影响，社会"噪音"便是错位的文化行为，其不力争获取正位的归类，更不试图引起文化的变迁。反之，社会"噪音"仅争取在社会缝隙中持续地维护自己"错位"的文化行为之余地。

社会"噪音"以其边缘化为先决条件，它在否定中才能诞生。由此，社会"噪音"无法抵制——随着被主导社会管制的文化范畴的扩大，社会"噪音"便同步地增长。相对于广泛文化，社会"噪音"永远在局外，但正是因为它依赖于此种相对性，所以社会"噪音"也永远与主导文化在一个连续统一体中，其社会性植根于对社会的否定与被社会否定。社会"噪音"意味着冲突，却未必基于抵抗——基于任何思想倾向、生理需求、热情冲动等等的偏离规范行为，均可以成为社会"噪音"。社会"噪音"可以带来变迁，从而消失，但更可能维持"噪音"的性质，提醒我们被统一的声音之外的存在。这种提醒既可以指向日常生活更精彩的可能性，也可以指出被掩盖的悲苦的社会现实，而提醒我们的可以是任何一种被边缘化的社会群体。

由此而论，社会"噪音"远不限于某一种声音实践。尽管如此，在中国的噪音与实验音乐场景中，噪音各层面的含义均有集中表现。

其中的人争取发出那些我们不爱听的声音，探索在主导文化中被抛弃的声音，以有声和无声的文化实践来体现社会"噪音"。

本文专注的场景之外的社会"噪音"有待进一步地研究。中国噪音与实验音乐场景中的人，对其集体的社会位置和文化边缘性具有一定程度上的意识，但这种意识并非是社会"噪音"的先决条件。在社会中无意识地产生"噪音"的其他边缘群体主要有哪些？集体性的与单独个体的社会"噪音"在形式和性质层面上的区别何在？主导社会对此采取的态度与处理方式又有何不同之处？不同的社会环境中，社会"噪音"的普遍性可以是极高的，而本研究范围有限，因此并未触及到上述类型问题。然而，社会"噪音"之间的差异性值得进一步地探索，通过不同实践的对比推进我们对"噪音"的理解。

参考文献

林其蔚, 2013, "现代性框架的边缘或其外——谢德庆、谢英俊、黄姓涂鸦客、吴中炜、DINO 与蔡绣如的生命创作"（http://www.linchiwei.com/archives/1777）

王婧, 2017, 《声音与感受力：中国声音实践人类学研究》, 浙江大学出版社。

王丹青, 2018, "酱油与筷子，酒与歌——对东亚青年文化行动的一些思考", 《热风学术》2018 年 9 月秋季网刊。

Adams, Rebecca G., Ernstes, Amy M. and Lucy, Kelly M. 2015. "Subculture, Sociology of." in *International Encyclopedia of the Social & Behavioral Sciences,* 2nd ed. Edited by James Wright. Elsevier.

Attali, Jacques. [1985] 2009. *Noise: The Political Economy of Music.* University of Minnesota Press.

Becker, Howard S. [1963] 1966. *Outsiders: Studies in the Sociology of Deviance.* The Free Press.

Bey, Hakim (Lamborn Wilson, Peter). [1985] 2003. *T. A. Z.: The Temporary Autonomous Zone, Ontological Anarchy, Poetic Terrorism.* Autonomedia.

Bennett, Andy. 2015. "Identity: Music, Community, and Self." in *The Routledge Reader on the Sociology of Music,* edited by John Shepherd and Kyle

Devine. Routledge.

Black, Bob. [1997] 2006. *Anarchy After Leftism*. Columbia Alternative Library Press.

Black, Bob. 2015. Notes on "Post-Left Anarchism". Anarchist Library, retrieved on September 13, 2008 (https://theanarchistlibrary.org/library/bob-black-notes-on-post-left- anarchism.pdf)

Cage, John. 1967. "How to Pass, Kick, Fall, and Run." in *A Year from Monday:New Lectures and Writings*. Wesleyan University Press.

Debord, Guy. [1956] 2006. "Report on the Construction of Situations and on the International Situationist Tendency's Conditions of Organization and Action." in *Situationist International Anthology*, edited and translated by Ken Knabb. Bureau of Public Secrets.

Drott, Eric. 2015. "Resistance and Social Movements." in *The Routledge Reader on the Sociology of Music*, edited by John Shepherd and Kyle Devine. Routledge.

Gautier, Ana María Ochoa. 2015. "Silence." in *Keywords in Sound*, edited by David Novak and Matt Sakakeeny. Duke University Press.

Gennep, Arnold van. [1909] 1960. *The Rights of Passage*. The University of Chicago Press.

Graeber, David. 2015. *The Utopia of Rules:On Technology, Stupidity, and the Secret Joys of Bureaucracy*. Melville House.

Hall, Stuart and Jefferson, Tony, eds. 2006. *Resistance through Rituals:Youth Subcultures in Post-War Britain*. 2nd ed. Abingdon:Routledge.

Haskins, Rob. 2012. "John Cage and Anarchism:Notes on Sources and Musical Evocations." Retrieved on May 14, 2018 (http://www.terz.cc/magazin.php?z= 246 & id=264)

Hebdige, Dick. [1979] 2002. *Subculture:The Meaning of Style*. Routledge.

Huizinga, Johan. [1938] 1949. *Homo Ludens:A Study of the Play-Element in Culture*. Routledge & Kegan Paul.

LaBelle, Brandon. 2015. *Background Noise:Perspectives on Sound Art*. 2nd ed. Bloomsbury Academic, an imprint of Bloomsbury Publishing Inc.

Norbeck, Edward. 1974. "The anthropological study of human play." in *Rice Institute Pamphlet-Rice University Studies*, 60(3).

Novak, David. 2013. *Japanoise:Music at the Edge of Circulation*. Duke University Press.

Novak, David. 2015. "Noise." in *Keywords in Sound*, edited by David Novak and Matt Sakakeeny. Duke University Press.

Nyman, Michael. [1974] 1999. *Experimental Music:Cage and Beyond*. 2nd ed. Cambridge University Press.

Rice, Tom. 2015. "Listening." in *Keywords in Sound*, edited by David Novak and Matt Sakakeeny. Duke University Press.

Sakakeeny, Matt. 2015. "Music." in *Keywords in Sound*, edited by David Novak and Matt Sakakeeny. Duke University Press.

Scott, James. 1990. *Domination and the Arts of Resistance:Hidden Transcripts*. Yale University Press.

Simmel, George. 1906. "The Sociology of Secrecy and of Secret Societies." In *American Journal of Sociology*, 11(4).

Sterne, Jonathan. 2003. *The Audible Past:Cultural Origins of Sound Reproduction*. Duke University Press.

Sterne, Jonathan. 2015. "Hearing." in *Keywords in Sound*, edited by David Novak and Matt Sakakeeny. Durham:Duke University Press.

Turner, Victor. [1969] 1991. *The Ritual Process:Structure and Anti-Structure*. Reprint, Cornell University Press.

Turner, Victor. [1982] 1992. *From Ritual to Theatre:The Human Seriousness of Play*. Reprint, Johns Hopkins University Press.

Yinger, Milton J. 1960. "Contraculture and Subculture." in *American Sociological Review*, 25(5).

转型社会中的包工队

朱　涛　中国人民大学社会学系 2017 级
指导教师　郭星华

引　言

一、腊月的常客

　　社会中似乎有一种刻板印象，在说起包工队的时候，大多数的人便会在脑海中浮现出大腹便便的包工头以及面黄肌瘦、讨薪的农民工形象，但这种形象与笔者眼见的却有些出入。笔者对于包工队的了解程度是超过一般同龄人的，在"生于斯，长于斯"的村子里，上一辈人的职业非常固定的只有两种：司机和农民工。如果说成为司机是由于我们镇特殊的地理区位，那么成为农民工则是历史的潮流——改革开放中让他们得以走出农村，涌进城市。村子里的中年男性，几乎都干过工地，做过包工头或者农民工。笔者隔壁的朱叔便是其中转变的一例：1990 年代到广东鞋厂打工，十年之后返乡成为一名汽车司机，在 2010 年创业失败之后又成为了一名农民工，最近几年有了一定积累后也开始承包工地。近几年每当春节临近的时候，都可以看到许多不是村子里的叔叔伯伯来他家"做客"。在那几天里，朱叔家门口总是停满了摩托车，白天客厅里的人似乎就一直没有散过。之前路过朱叔工作的城市，他还请笔者这个侄子吃过饭，见过那些叔叔伯伯，看起来都是和蔼可亲，在一起吃饭时总是互相打趣，关系、氛围也十分融洽。

但在年关将近的时候，就会看到那些笔者曾经感到和蔼可亲的几个人在他家里吵得怒目圆睁，激烈之时，声音一浪高过一浪，平常温和的朱叔在其中时不时还会捶桌子维持秩序。吵完之后，朱叔还会嘱咐婶婶多烧几个菜，其中有些路远的还会留下来吃中饭，吃饭的时候大家似乎又都忘了争吵，这仿佛是一场拉力赛。连续几天之后，朱叔的嗓子都是哑的。当询问起事情的缘由时，朱叔告诉笔者，

"不就是为了那几个工，总是觉得我少算了他们几个的，有些人事没做到几多事，天天跑来吵！……不同的工肯定价格不一样，有些人一看到哪个比他高就不服气，关键是也不看自己做了几多东西……"

婶婶听到后，便过来插嘴道："你二叔（朱叔的亲弟弟）上次就为得几个工在工地上和他打了起来，说你朱叔给他钱给少了，跟那几个人一起……"

"你的 P 话不晓得有许多！"朱叔生气地打断了她的话。

婶婶也是不耐烦说了一句："我讲的哪有错！讲不得了是吧！"转身便走了。

朱叔则对笔者下了"警告""你不要去问二叔，不要听你婶婶乱扯"，之后也表示不想对我说太多。

二、延伸的思考

为什么之前看起来关系融洽的包工队在年关结账时却是这般光景，甚至是一向和睦的亲兄弟在工地上都能打起架来？这让笔者感到疑惑：实际的包工队到底是一个什么样的组织呢？它何以存在？它的结构、它的运作、它的管理又是怎么样的？在初步查阅文献后，笔者发现绝大多数的研究都集中在农民工上，关于包工队内部互动以及管理等组织方面的研究几乎是凤毛麟角，这极大地激发了笔者的研究欲望，并将此作为了初步的研究主题。笔者父亲得知研究主题之后，通过熟人关系让笔者也得以进入到庆江市新城开发区的某工地生活区上，让笔者能更近距离地观察和访谈包工头和农民工们，以此来收集包工队研究的经验材料，回答心中的疑惑。

第一章　导论

一、研究问题

本文采用小群体研究方法对包工队进行研究。社会学家因小群体规模小、面对面（face-to-face）互动以及易于实验等性质发展出许多小群体研究方法及理论，推动了组织、群体等相关方面的研究。西奥多·米尔斯（Theodore Mills）就对其进行过定义和列举，"……小群体就是由两个或更多的人组成的基本单位，这些人为了某种目的而建立起某种联系，并认为这种联系具有意义。有些群体——例如家庭——是相对独立的；而有些群体则是更大的单位的一部分，例如董事会、建筑队、猎队、城镇委员会、仪式舞蹈队、轰炸机组、运动队等"。可见，本文的研究对象包工队，就属于小群体研究的范畴之内。

自中央正式在全国农村实施家庭联产承包责任制以来，农村大量剩余劳动力向城镇迁移，填补了经济发展所需的廉价劳动力，成为城镇化发展的重要推动力之一。在计划经济体制下，国内的建筑行业基本上都是由国营公司承担，到 1980 年代末期，国营企业的建筑工人已达 1000 万人（建设部管理司，2000：5）。改革开放之后，建筑业也成为重点的改革对象，1981 年 10 月颁布的《关于广开门户、搞活经济、解决城镇就业问题的若干决定》以及 1984 年国务院颁布的《关于改革建筑业和基本建设管理体制若干问题的暂行规定》促成了建筑行业的转型，即劳动合同制取代固定工人，固定工人走向市场，采用灵活的雇佣关系。这里的"灵活的雇佣关系"正是以包工队为基础的雇佣形式，而且至今仍然是中国工地上的固定模式，具有顽强的生命力。到 20 世纪末，建筑企业内的固定工人所占比重从 1980 年的 72% 下降到了 35%（潘毅、卢晖临，2009）。截至 2017 年，农民工总量达 28652 万人，其中从事建筑业的民工占比 18.9%，仅次从事于制造业的民工（国家统计局，2018）。正是有了包工队这一雇佣形式，才让 5400 多万的建筑农民工不是无序地分散在各个工地上，而是形成了有序的流动大军。

但是，学界对于以传统社会关系为基础的包工队的评价却并不统一。潘毅和卢晖临（2009）虽然没有把矛头直接指向包工队，但是也对其进行了猛烈的抨击："传统的社会关系，为劳资关系盖上了一层温情脉脉的面纱，一定程度上消解了工人反抗；另一方面遮蔽了的劳资关系像一剂慢性毒药，在资本贪婪地追求剩余价值的过程中，不断腐蚀并破坏传统的社会信任体系。"

他们从媒体报道的"暴力讨薪"事件出发，认为这种行为根源是整个工地建筑体制施加在建筑工人身上的暴力，需要改变目前中国不合理的用工制度，重视全国总工会的作用，以此来保障建筑工人的权益。

郭宇宽（2011）对此文进行了回应，并从中国本土情境以及建筑行业和农民工的理性选择出发，认为包工队虽然不是企业法和劳动法意义上的法人，但是其组织形态和内部协调上却是一种农民工抵御外部风险以及体现当代中国农民企业精神的表现。

那么，包工队到底应不应该存在？或者说它至今仍能够存在的原因是什么？笔者希望从包工队的结构形态以及内部互动入手，去洞察包工队的真正面目。具体来说，笔者将通过几位木工的深度访谈，试图还原他们的职业生命史及其社会网络，从他们几十年的职业生涯中了解包工队的形成和运作，以此去回答三个问题：包工队何以存在？它又是怎么运作的？以及它最终将走向何方？

二、研究意义

包工队是中国独有的现象，发轫于改革开放。之后，几乎所有进入建筑行业的农民工都是通过包工队才得以进入工地。在2017年，就有5400万农民工被一个又一个的包工队联系起来，成为中国经济发展的重要推动力量。如此庞大的一个群体，以此种联结方式伴随着改革开放走过了40年，要研究农民工自然就不能忽视对于包工队的研究。并且，它不仅规模小，而且有着独特的人际关系，是小群体研究和组织研究的重要经验素材。因此，对于包工队的研究具有丰富的学术意义和现实意义。

1. 学术意义

首先,相对于农民工研究热潮,学界关于包工队的研究是比较匮乏的。针对农民工的研究,以往重点关注的是对农民工的认同、经济地位、流动等等,或将农民工群体本身作为研究对象,或个案访谈或数据分析,几乎呈现出饱和状态,但作为联结千万农民工的包工队却显得有些冷清。并且,在为数不多的对包工队进行论述的文章之中,都聚焦在包工队的关系上:一部分法学领域的分析就主要针对包工队中劳动合同关系方面进行了探讨(张立人、黄秀萍、张文俊,2005;沈鸿伟、曹金岗,2014;金英杰,2015;江峰、刘文华,2017);社会学领域里的讨论更多是涉及包工队内部的人情关系(周潇,2007;蔡禾、贾文娟,2009;潘毅、卢晖临,2009;潘毅、卢晖临、张慧鹏,2010),但极少有对包工队展开过系统的论述。因此,对包工队的研究可以对目前已有的研究做进一步的深入和补充。

其次,在于分析方法的特点之上,历时性与情境性的结合。关于包工队的研究,基本上都是情境性分析为主,即聚焦于某一时点的案例或事件的研究。本研究不仅仅有情境性的分析,还讨论了包工队形成的历史和背景。一方面,通过重点访谈田野点上的木工包头某一时期的社会网络构成,了解社会网络因素在包工队的组建和维系中的作用,抽离出包工队何以在工地生存的结构性因素;另一方面,对重点访谈的几位农民工(包工头)的职业生命史进行了分析,希望通过他们几十年的职业生命史,立体地还原包工队的存在。

再次,则是在于理论上的对话。一方面是对于小群体研究方法视野上的拓宽,虽然西奥多已经将"建筑队"划归到小群体研究的范畴之中,但中国的包工队(建筑队)本身几乎只在规模和目的上与西方的建筑队相似,其内部结构和管理则有着天壤之别。另一方面,小群体研究本就是非正式组织以及组织人际关系研究的重要研究方法(斯科特,2011:60-61),因此,本研究结论会在组织研究领域同已有的组织理论进行对话。

2. 现实意义

对于包工队的研究不仅具有丰富的学术意义,更具有深刻的现实意义。自改革开放几十年后,中国已经成为了"世界工地"(潘毅、卢晖临、张慧鹏,2010)。当前,建筑业面临新时代发展任务和深化改革的关键时期(中国人民共和国住房和城乡建设部,2017),笔者认为,这一方面是对于硬性的技术升级的关注,另一方面也需要看到建筑行业内的组织结构升级。毋庸置疑的是,改革开放让中国的经济得到腾飞,有的学者(李国梁,2017:5)指出这种经济发展得益于三个管理学意义上的红利——政策红利、人口(劳动力)红利以及管理红利,而前两个红利的效益已经呈下行之势,管理红利的效益正在慢慢提升。对于"世界工地"的中国来说,建筑产业升级的关键就在于工地运转和管理模式的转变。"层层分包"模式已经在建筑行业扎根几十年,几乎是国内民营建筑行业的通用模式,处在灰色地带的包工队正是这一模式的基础。就最为基础的劳动合同来说,通过初步访谈得知,除却公司与第一层包工头个人签订合同,其余的包工队中的所有人几乎都是没有劳动合同的,并且这种挂靠之下的施工资质以及税收都会成为问题。笔者了解到,此次田野所在的工地的承包商属中国一线的地产开发商之一。其工地的运作模式几乎可以代表着整个中国的工地运作模式,对其内部的包工队的研究正可以为建筑行业转型升级提供第一手经验材料。

三、研究方法

研究方法上,笔者采取的是参与观察和访谈法。

其一,所谓参与观察,即笔者最开始是以木工亲属的身份进入田野点的,这种田野进场的方式能够让笔者更方便地进入到包工队之中,可以很自然地观察到包工队的细枝末节,同时记录下必要的信息。

其二,访谈法,一共分为两种。一种是隐藏在日常聊天当中的访谈,把自己的角色定位成一个好奇的大学生,弱化自己研究者的身份。这种访谈很多时候并不是一对一,在实际过程中,笔者有时都会无法插上话,虽然无法完全控制对话走向,但只要能恰当地引导,便能收集到有用的资料。这种访谈收集到的资料一般都会非常真实,而且时常会有超出笔者预设的重要内容出现。这种访谈有助于更好地理解一些更深层次、不能通过普通的"一对一"访谈所展现的问题(黄盈盈、潘绥铭,2011)。

另一种访谈方式则是在进行普遍的了解之后,选取了关键人物、依据访谈提纲进行的半结构化访谈调查。这种方式并不是从一开始就进行的,而是在经历了一段时间的观察接触之后才有的,此时笔者已经对研究问题有了大致聚焦,依此才能进行选取个案以及拟访谈提纲的工作。鉴于学术伦理,此时会以真实调研者的身份进行访谈,并且在访谈中也会尽力与受访者达成平等的交流关系。

四、田野点以及研究对象介绍

1. 田野点介绍

本次调研的田野点地处 A 省庆江市迎江经济开发区,属于蓝天迎江世纪城四期工程的工地生活区。北靠城河,西侧是在建的四期工程,东面则是已经建好的二期工程,东向通路,直走几百米便可到达新建的楼盘,这里几乎都是建成的或者在建的楼区,属于典型的开发区区位。至于生存于各个楼宇夹缝中的生活区,占地面积约 1500 平方米,里面住着的便是参与建设附近工程的农民工。这个生活区的全貌呈 T 型。走进门,一眼到头的是一条约宽八米、长百米的道路,两侧整整齐齐的"摆放"着灰白色的集装箱房子,尽头处是一方不大的三合院子。大约有三四十间这种房子一间连着一间,没有任何多余的地方。生活区基本设施只有将两间房子改成的厕所和同样大小的澡堂,以及有 8 个水龙头的公共洗衣池。由于厕所修在一排屋子中间,因此每当起风,处在下风向的人们都难免遭罪。北靠城河,风多自北而来,这也决定了居住的格局。在这里稍稍有点职位的都住在上风向的三合院内,而次一点的则住在离厕所最远的大门处。老板们和公司人员基本上都带来了自己的家属一同居住,只有那些最底层的工人混住在一起,笔者最初也是以此对访谈对象做最基本的分类。另外,工人们都是两三人共住一间房子,老板和公司人员却基本保障每人至少两间以上的住房。

该生活区里面生活着不到百人,笔者了解的有钢筋工 6 人(包括小老板 1 名)、电工 1 人(现在在湖北工地)、木工 15 人(包括架子工和地库木工以及各自小老板)。另外,有正式职位的公司人员包括材料员 1 名、质检员 1 名、会计员 1 名、施工员 1 名、食堂(小卖部)工作人员 2 名。这个生活区几乎涵盖了应在一个工地上出现的所有关键人物,是个得天独厚的田野点。

2. 访谈对象

本次访谈主要针对的是木工包工头的职业生命史进行的访谈,是一种关键个案(critical case)的访谈,即从一开始的对整个木工包工队的非正式访谈,到最后以几个关键人物为主的正式访谈。笔者在选取关键性个案的时候,也依照着关键性个案所具有的特征进行选取,即关键性个案首先必须是源自研究者的目的;它也必须经过理论上的考量;最后关键性的个案能够在研究过程中体现出宏观的社会结构与微观的社会行为之间的有机互动(唐丽,2003)。总的来说,在选取个案进行访谈时,笔者选取的是那些具有深刻的理论价值和代表性的个案。

表 1 主要被访者信息一览表(第一次田野)

姓名[①]	性别	年龄[②]	身份[③]	从业时间
宝哥	男	50	木工	零散有七八年
欢哥	男	49	木工/包工头	七年有余
夏会计	男	55	会计	三十多年
斌子	男	25	项目部人员	两年时间
张叔	男	43	木工/包工头	二十九年
吴姨	女	41	张叔爱人/食堂伙食班	前二十年和张叔一直在工地
杜老板	男	48	木工/包工头	三十年整
猴爷	男	70	木工/石匠	四十年余年

大部分访谈对象都是选取自田野点上的木工包工队,其中木工和架子工一共有 13 人,对所有的木工都有过非正式性的访谈,最后深度访谈人数为 8 人,包括包工头、工地会计、项目部人员以及老一辈的木工等(详细见表 1)。尤其是访谈对象张叔,他几乎三十年如一日地

---

① 鉴于学术伦理,文中出现的所有关键性的人名以及地名都经过了匿名化处理。
② 年龄没有在访谈中作为必要问题,是作者根据访谈中信息中大致得出。
③ 这里主要指的是曾经或现在在工地上干过的职业。

在工地工作,并且还兼有农民工和包工头两个身份,具有极高的访谈价值,是笔者重点访谈对象。

第二章 文献综述

本文将包工队作为研究对象,重点关注的是包工队的外部环境以及内部关系结构和管理互动等。那么,包工队相对于一般的组织或者群体来说,它最为明显的特点是什么呢?显而易见,包工队成员人数少、具有面对面的互动形式的特点,属于典型的小群体。米尔斯也曾将建筑队(包工队)纳入到小群体的研究对象中(米尔斯,1998:1)。因此,就必然要对小群体的相关研究进行梳理。另外,在本章中还会对国内关于包工队的经验研究进行回顾和总结。

一、小群体研究视角:内部结构和成员互动

19世纪五六十年代,小群体成为社会学研究的热点,米尔斯将当时小群体的研究成果描述为"成果多如牛毛而种类又五花八门,难以进行浓缩精炼"(米尔斯,1998:1)。毋庸置疑,小群体研究有着"微观社会研究"的重要地位,群体中的某些结构也因此具有了社会层面的意义,齐美尔认为在群体中存在着"社会游戏"(social game),并且"'社会游戏'有更深远的双重意义,不仅是游戏……在社会中玩……而且,在它的帮助下,人们实际上在'玩社会'"(转引自Mills,1958)。国外许多学者就把小群体当作是一种政治活动的观察媒介,因而小群体也就成为了一种政治学的分析单位(Madron,1969;Emmert,1984;Verba,1976),还有学者认为在小群体中的沟通重点在技巧上,所以需要将小群体当成一种研究社会教育的工具(Valentine,1976)。鉴于本文的研究目的,本文将要梳理的文献更多会偏向小群体研究视角本身,主要集中在小群体的内部结构和内部互动上,这也是包工队组织研究的切入点。

1. 小群体内部结构

关于小群体的内部结构,霍曼斯(George C.Homans)在 1950 年出版了《人类群体》一书,他认为在研究小群体中,有着活动、互动以及情感三个核心概念,三者之间的相互关系共同构成群体要素。他对小群体的内部结构进行了系统的分析,根据这三个概念的互动关系的成因,他把小群体分为外部系统和内部系统:外部系统,是因为这三者直接受到群体外部环境的调节和影响;内部系统则是那些超过环境限制而发生的、三者之间的互动关系。其实,外部系统就相当于是组织里明确的规章制度的正式组织,内部系统实则是成员摆脱这些规章制度限制,开展的一些促进成员之间感情、非功利性的活动的非正式组织(刘少杰,2006:122-124)。霍曼斯所论述的小群体内部结构非常类似于正式组织与非正式组织理论中的划分,正式组织对应着外部系统,非正式组织对应着内部系统。当然,这也不排除霍曼斯的研究是根据别人已有的研究材料的缘故,而且他所使用的五个案例中就有一个是霍桑实验的观察点[①]。这种划分对于解释中国的包工队来说存在着问题,因为这种划分都是先有明确的规章制度外部系统/正式组织,然后成员才开始有了以交流感情为目的的内部系统/非正式组织,霍曼斯也曾将内部系统称为"附加系统"(刘少杰,2006:124)。此外,还有诸如 Cohen(1962)对小群体内部不同网络结构影响着人们互动形式的讨论,以及 Riley 和 Burke(1995)从小群体内部成员的身份认同出发,认为群体成员存在着共同的意义结构,即存在着对成员身份以及行为等的共同解释,这种共同的意义结构也可以直接影响着组内成员对彼此的满意度等等较为具体的小群体结构的研究。

2. 小群体成员的互动

德国社会学家齐美尔(Georg Simmel)虽然没有明确地将自己的研究对象称之为小群体,但是他在讨论群体的互动时,就曾深入分析了二人群体和三人群体的区别。在他看来,二人群体最重要的是互动

[①] 五个案例分别是:西部电气工厂中的接线小组(它是作为霍桑研究系列的一部分);诺顿街的帮伙;提克皮亚岛的家族系统;希尔镇以及电气设备公司。(刘少杰,2006:124)

的密切程度要高于三人群体,这导致了二人群体的排他性和冲突更容易发生和表现得更强烈,虽然三人群体只比二人群体增加了一个成员,但是其互动形式却与二人群体相去甚远,因为三人群体的突出特征是获得了支配个体的能力,出现了少数与多数的对立,因此,三人群体是最基本的以及最为完整的社会单位(刘少杰,2006:83-84)。齐美尔的研究对笔者很有启发,因为他从两个方面——数量和质量——讨论了群体互动形式的变化。包工队中的关系组成以及权力结构,便可看成是群体"质量"的一部分。

霍曼斯从群体的凝聚力和交换权力讨论小群体成员之间的互动。在他看来,群体凝聚力的强弱是由不同报酬获得途径比较而来,主要比较的是成员群体内部活动获得报酬与群体外部活动获得报酬以及个人单独活动获得的报酬大小,从而导致群体内部凝聚力不同(刘少杰,2006:83-84)。但无论是群体凝聚力还是交换行为,霍曼斯都是以成本-报酬,也即经济利益作为根本因素来进行解释。显而易见,这可以解释一部分的包工队内部互动,但无法适用于包工队内部有的传统社会的人际关系。不同于霍曼斯的论述,美国东密歇根大学管理学教授特布斯(Tubbs,1988)提出的小群体互动模型(见图1)有三个部分,包括相关因素背景、内在影响以及结果,三者之间相互作用影响着小群体成员的内部互动。

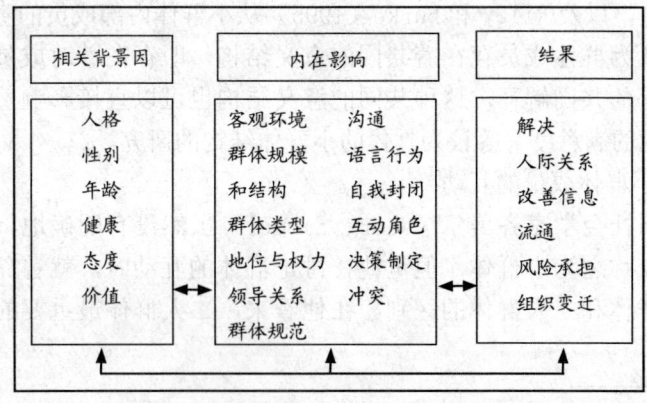

图1 特布斯的小群体互动理论模型(转引自王甫勤,2008)

另外，小群体因其内部互动面对面的形式特点（face-to-face）（Hauge，1980），常常被应用到教育的研究领域。Draskovic 和 Holdrinet 等人（2004）就曾对小群体内的角色以及沟通方式进行过研究，通过对 89 名医学生的调查问卷，发现学生成员的知识获取在很大程度上跟导师的知识阐述活动有关。在国内则更多地应用到体育教学之中，如篮球队、足球队以及健美操队等（蔡春霞、李洋、邵伟德，2006；翁凤瑜、张凯、章朝辉，2011；王连辉、魏佳巍，2018），这些研究的核心都是针对小群体中成员互动的直接性而展开的。总而言之，小群体因其规模小、成员面对面沟通的特点而成为了教育研究领域的重要课题，但目前国内相关研究中的趋同现象非常明显，唯一区别几乎只是针对课程的区别，使得相关研究日趋内卷化。

二、包工队的相关研究

早在改革开放初期，辽宁省建筑工程局（1984）就包工队这一"新兴事物"进行过讨论，其中就将包工队定义为"人员常年稳定，自负盈亏的经济实体。既是公司、工区隶属下的三级管理三级核算的基层组织，又是经营承包单位工程的生产劳动组织"，对包工队遵循的主要政策原则和方法、工资分配形式以及包工队形式进行了说明，认为包工队承包制是对企业经济包干制的重要革新。同样的研究还有左小玲与张运章（1984）关于平顶山矿务农民包工队的研究，认为包工队的企业、个人以及社会效益显著，"是这支队伍具有强大生命力的来源"。可以说，在改革开放初期，包工队的出现使得国内建筑行业摆脱了原有国有企业大包干的弊端，对包工队的研究也是以其优越性为焦点。

随着经济社会的不断发展，对包工队的看法也逐渐发生改变。周潇（2007）的研究则认为包工队中存在着一种"关系霸权"，各种人情关系在包工队组建之初便渗入其中，由此会导致工人即便是在劳动过程中受到不平等的对待时，也会因为社会关系的约束而不好说出口。对关系霸权进行进一步讨论的还有如包工队中"逆差序格局"的存在（蔡禾、贾文娟，2009）。此外，潘毅和卢晖临（2009）认为包工队实质上以乡土关系遮蔽了劳资关系的矛盾，不仅消解了工人的反抗，还腐蚀了原有的乡村信任体系；任焰和贾文娟（2010）则通过对包工制的固有特征、运行逻辑以及兴盛原因的分析，认为包工队制度既满足了城市发展的需要，又满足了资本的弹性积累，但其劳资关系比工业资本中的劳资关系更为残酷和扭曲，更大的危机正在被制造出来，需要对包工制进行更进一步的制度制约。另外，当然也有类似郭宇宽（2011）的研究，从中国本土情境以及建筑行业和农民工的理性选择出发，认为包工队虽然不是企业法和劳动法意义上的法人，但是其组织形态和内部协调上却是一种农民工抵御外部风险以及体现当代中国农民企业精神的表现。

此外，法学界对于包工队也有不少研究。他们的主要争论在于：在司法实践中存在着两种价值观点，一种认为从劳动关系的付出和实际得利角度来看，建筑工人与建筑公司存在劳动关系，另一种则认为建筑工人与包工头存在着雇佣关系（倪巧英，2013）。因此，法学界关于包工队的研究多是在于劳动关系的确认（孙立人，2005；金英杰，2015；江峰、刘文华2017；李雄、毛嘉，2018）。

一言蔽之，随着时代和社会的进步，对包工队的研究也从揭示其优点转向了如今对于其弊端的讨论。纵观从改革开放到如今对于包工队的研究文献，笔者发现，大多数都是应用了小群体研究视角，都是通过对具体到某一个（或少数）包工队内部的互动管理以及关系结构上来进行讨论，但是他们的重点都不在于包工队本身，而往往是带有一种价值预设，针对包工队背后的包工制以及工地本身进行研究。包工队在他们的研究中只是零散地提到某一方面，或管理方面，或关系结构方面，或成员互动方面，但很少有将包工队作为具体的研究对象进行系统的研究。

三、小结

在进行文献回顾的时候，包工队虽然作为小群体理论的研究对象，但学界却很少明确地从小群体的研究视角去系统地研究包工队，这也是笔者研究的切入点。在此，对以往的研究有以下两点批判：

第一，包工队属于小群体研究的范畴之中，但已有研究缺乏此视角下的系统研究。包工队发轫于改革开放之初,在转型时期的中国蓬勃发展,至今仍具有旺盛的生命力,只有在微观层次对其进行完整而系统的研究,才有可能进行更为深入的讨论,不然就无法做出准确的判断。

第二,本文研究的包工队是中国转型时期的独有现象,其形成原因以及成员互动与西方所研究的小群体/组织都存在极大差别,其所得理论对于中国经验必然缺乏解释力。并且,小群体研究给我们提供的更多的是一种研究视角,如何利用其对中国的包工队组织进行观察和研究都必须立足于中国本土情境。关于西方的理论以及概念在中国的应用,费孝通(2000)在城乡发展道路探索上的理论自觉或许可以值得笔者借鉴,他强调在中国问题研究中一定不能全盘照搬西方社会理论和概念,而是要在对其深刻理解的基础上,将其作为参照来创建我们自己的理论。中国的历史和现实决定了我们要深切地理解自己的社会和文化,要"对时代变化做出积极有效的反应"。在中国的情境下,类似于包工队性质的组织不在少数,生硬地用西方理论进行解释只能是东施效颦。因此,本文的旨趣便在于:采用小群体的研究视角,立足于中国实际,探讨包工队的组织形态及其运作,回答它何以存在以及走向何方的现实问题。

第三章 源起:背离土地的农民

在史学研究领域,随着海外学术研究新理论、新方法的不断传入,中国大陆史学界出现了重大转向——宏大叙事和革命话语热潮褪去,关于"草根阶层"的社会史研究则异军突起(戴建兵、张志永,2015)。如在讨论中国的农业集体化时,郭于华(2003)便抛弃了宏大叙事,转而将目光投向了那些被历史"遗忘"的女性[①]。底层人民

[①] 郭于华着眼于农业集体化中的女性的个人口述史,去理解和洞悉农村日常生活中的国家治理模式和国家社会关系,本文采用了同样的视角去研究包工队的形成历史。

是这场工程的参与者和见证者,如果仅仅是从几项政策或文件的发布时间以及一些数字上来看这段历史,未免就陷入了宏大叙事的漩涡。Clandinin 和 Connelly(1996)将个人的经历命名为"神秘、神圣而隐蔽的故事",但正史中,这些农民成为农民工的故事淹没在历史长河之中,他们仿佛不构成历史,或者只有那些数字和他人代言的历史。因此,本章的重点侧重在于田野点上的农民工个人生活史访谈和总结。

"我们说,我们不能预见未来。然而,构成未来的种种条件就存在于我们周围。只是它们似乎都被加上了密码,使我们在没有密码本的情况下难以解读(当本子终于到了我们手中时,却又太迟了)。"(孔飞力,1999:3)如今,当对农民工个人生活史得以了解,拿到所谓历史的密码本再回首时,历史的原貌是否能被彻底地窥探:哪批人最有可能成为农民工?原因又是为何?为了回答这两个问题,本章一共分为两个部分。一方面,宏观的政策历史分析虽然不能提供深度细致的资料,但仍有必要对其进行梳理。另一方面,通过对庆江市蓝天四期工程木工包工队的访谈进行整理,对最初的农民工进城得出结论,即在改革开放初期是有特定两批人最有可能成为第一批农民工和包工头,他们分别是工分制下的义务工和匠工师傅群体[①]。

一、从"固定用工"到"灵活雇佣"

改革开放实现了建筑行业的固定用工制度到灵活雇佣方式的转变。

1980 年代以前,国内建筑业的工作基本上都是由国营企业承担,其采用的是固定的用工制度,即劳动者进入某个企业就无法脱离该单位,与所在的单位保持着终生的劳动合同关系(吴继国,2004)。这种用工制度的优缺点显而易见,优点即能够保障工人的各项福利,提升工人地位;缺点则是固定的用工制度无法合理地配置劳动力,工人积极性不高,机构臃肿,无论是一线工人还是行政部门的工作效率都相对较低。

改革开放之后,建筑业成为了重点的改革对象之一。1981 年 10 月

---

① 包括木匠、砖匠、石瓦匠等等村子里的老一辈手艺人及其学徒。

颁布的《关于广开门户、搞活经济、解决城镇就业问题的若干决定》以及1984年国务院颁布的《关于改革建筑业和基本建设管理体制若干问题的暂行规定》①促成了建筑行业的转型。《规定》明确指出,"国有企业除必需的技术骨干外,原则上不再招收固定职工,积极推行劳动合同,增加合同工的比重"。劳动合同制逐渐取代固定工人,固定工人走向市场,灵活的雇佣关系——正是以包工队为基础的雇佣形式,在市场经济转型下得以迅速发展。建筑企业内的固定工人所占比重也随之下降,从1980年的72%下降到1999年的35%(潘毅、卢晖临,2009)。至此,建筑行业在两个方面开始发生改变:一是建筑企业管理层和劳务层的分离,劳务层开始面向市场招收灵活的雇佣工人,采用承包制;二是随着城乡人口流动的限制减少,一线建筑队伍中的城市居民开始减少,取而代之的是大量进城农民工(谷玉良,2016)。随着市场经济体制的进一步改革,"灵活雇佣"下的包工队更能适应激烈的市场竞争,业已成为国内建筑行业的基本模式。

二、谁能成为农民工?

1. 工分制下的义务工

到1956年底,我国基本上完成了对农业、手工业和资本主义工商业的社会主义改造。其中,农业合作化"是在中国共产党领导下,通过各种互助合作的形式,把以生产资料私有制为基础的个体农业经济,改造为以生产资料公有制为基础的农业合作经济的过程。这一社会变革过程,亦称农业集体化"②。在农业集体化之后,农村劳动力就被紧紧地约束在各种初级、高级的合作社中。③不仅如此,通过性别、年龄

---

① 后文称《规定》。
② 关于农业合作化的详细信息,参见人民网——中国共产党新闻,农业合作化运动,载于 http://cpc.people.com.cn/GB/64156/64157/4512295.html。
③ 到1956年底,参加初级社的农户占总农户的96.3%,参加高级社的达到农户总数的87.8%。

以及"工分考试",[①]他们还被换算成十分制的数值工分,以作区分。在本次田野中,笔者有幸接触到一位"元老"级别的农民工——猴爷。他生于1948年,是弥安镇里最早的农民工之一,至今仍在帮助方圆几十里的人家盖房子,时不时还带着本村的农民工去外省工地干活。据笔者观察,无论是较年轻一辈的农民工还是老一辈的农民工,都尊称他一声"猴爷",可见其在村子里的名望。在谈起他的职业生涯时,猴爷回忆道:

> (我)在将近十六岁的时候就开始参加生产了……参加了大集体……那时候我还不到十工分……也就是做不到全劳力的工,还不是一个全劳力。你不是全劳力,就不把你评成全劳力的工,只给你评成六分工或者八分工……我大哥,(就是)十工分,早上出去就是十工分,(如果是)吃了早饭再出去就只有八工分,女人出去(上工)就只有六工分,一天到晚才六工分。十几岁或更小的小孩出去,队里就记个两分三分……我当时十六岁,刚刚参加劳动,一天到晚才拿八工分。

工分制是在集体经济时期,一种在"按劳分配"指导下的具体措施,是指个体在一个集体中通过其劳动量所占份额来获取报酬的一种分配制度(张江华,2007)。工分制如何影响了最初的劳动力流动以至后来的农民工的形成呢?

对于这个问题的回答,需要对工分制及其所带来的后果进行一番讨论。张江华(2007)与林毅夫关于在集体经济时代下农民集体劳动的效率问题有过争论,他并不认同集体经济效率低下的原因在于劳动激励不足或者是大量"搭便车"现象的存在,工分制实质上就是一种相当有效的劳动激励机制,它的竞争机制使得农民会不断地投入劳动量以来获取工分。那么,到底是什么造成了集体经济下的效率低下呢?

[①] 猴爷对工分考试的描述:"看你的劳动力啊!像我们参加生产的时候,就要看你的能力啊,全劳力就是样样都行,犁耙水扫(音). '犁'就是赶牛耕田,'耙'就是在牛后面扶耙的,'水扫'就是最前面的,把田给弄平的,这是最前面的人。只要你都能干,然后还挑得起做得起……最简单的就是挑稻把,就一捆稻,只要你能挑得起也算是个全劳力,那就是十工分的劳力。"

张给出的答案便是大量的"无效"劳动[①]，其中最为重要的一点便是国家对农村劳动力的调动所产生的：

> 这个公社仅 1976 年，县、区、社、大队四级共有 58 个单位和部门向生产队伸手，从 25 个方面借 63 项名目，平调生产队 776987 个劳动工日，占全社总用工的 32.8%，按平均分配工值折款 27.19 万元，无偿摊派各种开支 55.08 万元，两笔共计 82.27 万元，人均负担 41.7 元。（佚名，1981，转引自张江华，2007）

猴爷对此种调动印象深刻：

> 是啊，或者说到哪里干活就叫我们去。就是外面要做点什么，那么我们队上就必须供人出去……打比修水库啊，队上就要派义务工，修路啊，开荒啊，或者在哪里开田啊，那么一个队要供多少劳力就要调过去。
>
> 那时我们出去帮别人拉板车啊，拉多少钱要交到队里，队里回来记工分。打比方，队里到年终结算，划得到三毛钱一天就是三毛钱一天，能划得到四毛钱一天就是四毛钱一天……一天划三毛多，那是最高工资啊……（按照）总工分值来算……（钱）是没什么用的，就是刷公分回来，他又不把钱（给）到你。
>
> 国家派（出去）的义务工，主要是队上的劳力，就要派出去，轮流的形式出去，你一个月我一个月那样来呗，不过基本上都是十工分的劳力，都要那种能做下去的，会干这种活的……从六几年一直做到七几年，大概也是到土地下放为止，国家分了田分了地。

可以看到，这种"队上派出的义务工"一直持续了很久，"从六几年一直做到了七几年"，采用一种"你一个月我一个月的轮流形式"，招的人都是"十工分的劳力"，并且是"能做下去，会干这种活的人"。有资料显示，这种劳动力的调动占到了用工的三分之一（张江华，2007），主要是负责兴修类似农田水利工程的基础建设。虽然这种调动，

[①] 这种"无效"是针对于农村（公社）近期利益无效，但其中部分（如兴修公共工程）对于国家甚至是村庄的长久意义是无法估量的。

基本上都是在县、区、社、大队监管下进行的，但这几乎是在严格的计划经济背景下，农村劳动力唯一的合法流动，而且其中大多数能被送出去干活的，都是具有一定的"实力"劳力。据猴爷描述，义务工多是修路、修水库等大型工程，相对于农活，其辛苦程度要高出许多，在这种流动中，他们不仅锻炼了自己的技术，而且也积累了工作经验和声望，猴爷现在村子里的老一批工友们基本都是那时候派出去的义务工。当谈到土地下放之后的不同，猴爷并未谈到工作内容的变化：

> 国家派出去的义务工是从六几年一直到了土地下放为止，大概是到八一年为止。之后土地下放了，那就自由了，也不用算工分了，人家直接拿钱请你……我们这些能做房子的就继续做了下去，当然工资也变了，不过当时最高也就能拿个两块钱左右……当然不止在自己村子里了，镇上、外省都去过，哪里有事，人家喊我们，我们就过去……认识的老板多了，事情就多啊！

对于猴爷来说，最大变化在于"自由"和"工资"，即随着计划经济遗产——工分制以及村子大队——慢慢退出农村的历史舞台，他们就有了更大的自由，不必再"一个月又一个月"被派出去做义务工，并且最终到手的收入不再是工分形式，也不用与村子大队交接。随后，寻工范围也扩大，他们不再局限于几个村子内部的做工，开始走向了附近的城镇。这也形成了农民工流动的第一个阶段，即在1980年代初期到1980年代末期的就近就地转移阶段（韩俊，2009：5）。毋庸置疑的是，猴爷凭借着自己在计划经济时期的做工经验，在土地下放之后，自然而然地会成为第一批农民工。因为在他们看来，工作内容在他们看来没有什么变化，但工资却远远高于农活的收入，并且他们多在农闲时出去干活。实际上，他们四处寻工做工，不仅给当时信息闭塞的村子带来许多工地要招工的消息，并且在四处寻工中积累了丰富的信息和"关系"资源。

2. 匠工师傅及其学徒

通过猴爷及其伙伴的访谈，使笔者了解到在计划经济时代，除"义务工"，还有一种与工地工作相似的劳动：

> 除了参加生产，另外就是义务工和帮家边的人干点杂活，就是那些木匠师傅们做的……帮人干杂活，其实就是人家的房子或家具不能用了，得叫人帮忙修啊补之类的……有时候自己做的（家具）卖，像木椅板凳还有桌子竹床之类的，我哥就是木匠嘛……（匠工）师傅是从一开始就有的……当然是更老的师傅带出来的啊！……那时候的普遍价格也就（一天）能划到（得到）两三毛，从做事情的人家拿到钱，跟义务工一样，还是得交到队上，用来换工分……

可以看到，另外一种则是在村子里帮人修补家具或墙体的匠工师傅，多以木匠、砖匠为主。本次田野点上的工地会计，他是村子里最早的建筑农民工之一，很多人也是通过他的介绍来到了这个工地。在职业生涯早期，他是在村子里跟着木匠师傅做学徒的，被下乡招工的小包工头看中，"第一个（次）不是我们找老板（包工头），是老板找到我们的……反正（在村里）都知道谁会泥工、谁会木工，就跟着一起干了"。之后跟着包工头做了几年，因为"学过几年书，能识字写字，会算数就当了会计"，被这边的建筑公司招去当了会计。张叔也有着相似的经历：

> 那时候还只有五年级，没有六年级。她（指吴姨）的姐是送（嫁）到我的本队上的，我的老头子那时候是用手锯拉板子的，就在一块认识了。就跟着她姐夫到我的师傅家去了，叫他把我给带着，做徒弟孩儿。事情就是上户，到别人家去装修，盖房子，就是那种柱子屋……当然，不光是这个啊，还做小木，就是做家具……比如说这个人家要装修，就叫我师傅去人家去，都是一家一家的人家……都是人家主人跑到我师傅家来请，我们就跟着过去做，一家做完了呢，就接连的二家三家四家，都来叫，做就做个把月，最低。

在国外的研究者正在探讨在传统教育中的学习者与现实情境相分离的影响时（Brown, Collins & Duguid, 1989），中国农村的学徒制早已将他们所倡导的理论与实践合一的课堂教育理念付诸行动。学徒制在中国农村有着悠久的传统，其特点是：师徒共同劳动，徒弟在师傅的"口传心授"下习得或掌握一门技艺（吴岳军，2018），木匠、砖匠等农村匠工的学徒制即为张叔口中的"上户"。笔者在农村长大，对此也非常了解。可以说，无论是笔者的村子，还是猴爷张叔等人的村子里，只要是年纪稍长的农民工，访谈中都或多或少谈到过"上户"的经历。在计划经济时代，猴爷也曾说到村子里是有这种雇佣帮工的方式，不过帮工拿到手的钱要交到村子大队记账并换算成工分，而且由于人口流动的限制，基本都是本村内互帮互助。这种方式延续到了今天，笔者所在村子的人家需要盖房，仍然采用的是这种请人"上户"的形式，只是人员的内部关系结构不再以传统师傅与徒弟为主，而更多是类似于某个村子包工队。张叔出生于 1975 年，小学五年级毕业时 14 岁，也就是 1989 年间开始成为了一名木工学徒，开始随师傅在周围村子"上户"，理应是学好手艺后自立门户，但是，在四年学徒期满之后，他并没有成为村子里的木匠，这一人生转变的契机是外来的招工队伍找上了他。

> 当时，家里就两块钱一天，那会子到东北去，他们说那边做木工，高工资有十八块钱一天，确实，我们刚出去的那种就是十五块钱一天，相对于家里来说那就是高得不得了了……（砖匠师傅）是我本队上的，就像现在一个村一个组里面那样，他也是跟着那个老板后面，一开始呢，就认得了那个老板，那个老板就跟他联系，就是到我们这个地方来招工，我也跟着师傅做了那么久了，大家都晓得我是做这行的，（刚好）他那个里面是砖匠、木匠他都要，想着都是熟人，我就跟着去了黑河。

从宏观层次上看，"推拉模型"是解释农村劳动力流动著名理论。从个体张叔身上看，一方面，"高工资有十八块一天"成为城市"拉"力，另一方面，张叔在访谈中也不止一次提到过"家里穷""干农活挣不了钱"之类的话语，这便是农村的"推"力。当然，"拉"力的作用肯定比"推"力更大，占有主导位置（龚维斌，1998：6）。在个体层面，这种"推拉"体现在个体张叔层面上，更多是一种相对剥夺感的产生，即"那边（东北黑河）做木工……相对于家里那就是高得不得了了"。但是，也有学者指出巴格纳（Bagne）"推拉模型"却忽略了劳动者能力、政府的社会改革行为对劳动力转移的影响（徐育才，2006），以及劳动力迁移中的阻力因素（刘庆乐，2015）。从访谈中得知，张叔不仅从这种跟随师傅"上户"的过程中学到技巧，而且更重要的是在这种四处随师傅一起"上户"的过程中，让"大家都晓得了我是做这行的"，获得了一定的职业声望。因此，在一有包工头下乡招工时，就立马通过本村的砖匠师傅找到了他，这是他能够迁移的重要因素。并且，对于"本村队上熟人"的信任也是张叔做出迁移决策的考量因素。回顾张叔的经历可知，首先张叔在"上户"过程中获得劳动技能以及职业声望，碰上包工头下乡招工，这是他能够成为村子最早一批的农民工之一的重要契机。其次，在具体迁移决策过程中，不仅仅是张叔作为一个"经济人"所有的经济理性发挥了作用，而且对"本村队上熟人"的信任是作为"结构洞"也同样发挥了重要作用，它减少了张叔迁移决策中的阻力因素。毋庸置疑的是，在交通以及信息较为闭塞的改革开放初期，很多包工头都是会直接下乡招工，只有像张叔这种本身就拥有一定技术和职业声望的劳动力才是最有可能进入到招工队伍中。

三、小结

19世纪80年代末，在中国的农村已有一批处在时代十字路口的农民，他们不再如父辈一样单纯只从田地里谋生活，转而来到大城市的工地上，面对不熟悉的社会环境，凭借自身的能力在城市上谋生，而建筑业是其谋生从事的最主要产业（李培林，1996；国家统计局，2018）。历史学家温锐曾在其著作《劳动力的流动与农村社会经济变迁》中表明，农民始终是在不断地寻求自由流动和创新空间的（转引自于建嵘，2003），他们并不是安于贫困的一盘散沙，正如这些农民工们一样，抓住历史契机，涌进了城市，但却不是一股盲流。本章对农民的流动进行了历史背景的回顾，并发现了早期的农民工群体，即是拥有着工作技术经验、职业声望和关系资本的"义务工"和匠工师傅及其学徒。借助于改革开放的历史契机，他们实现了自身的流动，并且他们返乡后又成为了本村"民工潮"的推动者。本次访谈张叔、猴爷等人都曾带着本村的农民进城务工，成为了各自村子农民进城的"引路人"。当他们成为包工头返乡时，丰富的乡土关系资源将是他们组建包工队的依靠，并且也造就了包工队与乡土关系的耦合。

第四章　运作：层层分包下的工地"游击队"

本章要讨论的问题是包工队赖以存在的外部环境。包工队伴随着改革开放已经走过了40年，到现在仍然是每个工地上都基本有的农民工队伍。每年都有数以千万计的农民工进入包工队，可以说，在中国任何一个城市的一线基建都是由大大小小的包工队承担起来的。它之所以能一直没被正式的建筑队取代必然有其原因，弄清楚其中的缘由就更能在深层次了解包工队。因此，本章思路就是：首先需要了解其外部环境，也即工地的基本运作模式——层层分包制。其次，再去了解包工队如何在劳动力市场参与竞争。带着这两个问题，笔者对田野点上的包工头、农民工以及公司人员进行了访谈，得出结论是：工地的运作模式为金字塔式的层层分包，而包工队是作为金字塔的最底层而存在。包工队依靠着劳动力的价格优势以及流动性特征，使其在劳动力市场上与正规建筑队竞争时胜出。

一、层层分包：资金风险的分包与施工资质的挂靠

在对层层分包的模式进行分析之前，笔者先对本次在田野点上访谈到的关于人员结构及其运作模式的相关内容进行了梳理：

> 公司不用找工人，公司只用找个头头。像木工，他就找个木工老板，把木工活包给他，他再找人，或者是找更小的老板。一般来说，你做木工老板，那手底下肯定有一帮人跟着你干……（夏会计）
>
> 一般工程就是从项目部开始，然后下面就是木工、钢筋工、泥瓦工、油漆工、水电工、装修工（包工头）。（同上）
>
> 有些东西那还不是项目经理一句话。除了老总就是项目经理有权，

这边总共 12 栋，公司里只做了两栋，其余都包给那些小老板……（这两栋）公司自己带材料，带木板。它只做两栋，其余的他全部转包给别人……公司转包出去的意思就是那些小老板自己带料子做，他们资金比我们肯定雄厚些，他们每栋楼是做到 24 层才结工程款……他想叫谁来做，就叫谁来做……每栋楼做到 24 层开发商才付工程款，其余都是小老板垫。打比方，你要到我们公司来包这栋楼，你要做到 24 层，我才给你工程款，只有百分之七十。一开始还要发生活费、工资，什么钢筋、水泥、打混凝土的钱都是自己垫。（张叔）

施工员①跟木工老板（大老板），然后我们就跟着小架子工老板接触，一层一层……木工老板最起码和施工员有个合同关系之类的，他们谈好价格，多少人，多少钱一个方，然后再散包到小老板，再谈价格，小老板再招人。木工老板就是（负责）搭架子（工）和木工，一般负责着两样，就能够成功，其他就没有别的事情。（宝哥）

总结之，其人员结构的简图如下：

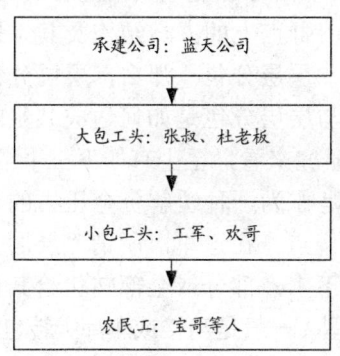

图 2 蓝天四期工程工地人员结构

人员结构一共大致有四大层，从公司项目部到包工头再到最底层的农民工。按照张叔的说法，蓝天公司不仅作为开发商参与竞标，并且他们自己也会承担部分的工程建设，这一期的 12 栋楼就有两栋由公

---

① 事后了解到，这里宝哥所提到的施工员实则应该是项目部人员，包括施工员、安全员、质量员、材料员以及项目部经理等，工人们有时不做区分。

司自己承建，剩下的10栋则又会转包给其他公司或个人。在工程的转包过程中，项目部经理是其中的关键人物，他则负责联系张叔、杜老板这层的包工头，并与他们签订合同。在张叔、杜老板之下，又是像王军、欢哥这层包工头，他们与张叔等一起招人进包工队。实际上，张叔、杜老板以及欢哥他们这两层在很多情况下是互相帮忙的，可能今天在这期工地上，是张叔直接与项目部经理直接联系，而在下次可能是欢哥或者其他人直接与项目部经理联系并承包。另外，除了公司自己承建的两栋，其余10栋楼都是由其他承包的劳务公司或个人全权负责，公司主要的职责是派项目部经理或者质量员等人负责监督。这二者的最基本的区别就是所有建设的材料是否是由公司提供，像张叔、杜老板等人，他们只需要处理好公司提供的有限的工人的生活费，对于建楼材料基本都是由公司提供，他们主要的收入来自于如何将从公司给定的承包资金中节源以及自己所得的一份工人工资。类似这种的分包模式不是本次田野点独有的，这些走南闯北的农民工或者包工头，每次在接受访谈时，都会表示这是全国的通行模式。

简而言之，本次田野点上的人员结构及其工地运作模式，其核心要素不外乎四个字——层层分包。那么，层层分包的运作模式究竟因何而存在呢？包工队与层层分包是如何达成共生的？通过整理分析访谈材料以及结合以往研究来看，至少有如下三个结构性因素：

首先，层层分包是作为一种缓解资金压力的存在，这也是大多数研究者所着重关注的一点。在这里，所谓"层层分包"，其实是最大的开发商将土地承包下来，部分或全部转包给其他较大的建筑公司，这些公司根据工地类型（一般是高楼或车库）转包给第一层大包工头，之后这第一层的包工头又会将工程肢解分包给较小的包工头……这样一层一层下来，每一层包工头只会垫付自己层级所需要的资金（如生活费、材料费等），从而缓解最上层的开发商或建筑商的资金压力。潘毅和卢晖临（2009）曾借用农民工带工师傅的话进行过概括，将工地的运作模式称为"一亿带动九亿的项目"。以蓝天四期工程为例，蓝天公司凭借自身的经济资源与政府合作承接下这块土地的开发，项目部人员对土地的开发事宜进行规划，像这次四期工程一共就被规划为12栋高楼（不包括地库）。随后，项目部再将12栋楼分包给大小建筑公司或者包工头，包工头再组建起包工队进行建设。据张叔的访谈，在蓝天公司承接起这个工程之后，除却自己公司承包的两栋楼的材料费，其余10栋楼工程款（包括材料费、薪资）只需等到楼层建设到24层（共33层）之后才给付70%，此时公司便可以等待售楼资金的流入去填补工程款。在这种资金流转之下，包工头基本上只能等到工程收尾之后才能拿到农民工薪资，农民工平常能拿的是基本生活费。正是因为工人薪资可以不按月发放，这才使得公司的资金流动有了更大一笔空隙。在公司一年的财务收支中，农民工的劳动几乎是从包工头手上无偿"租借"过来的。

其次，在层层分包之下，公司能为包工队提供施工资质。据了解，本次田野点上的任何一名农民工都是没有施工资质的。张叔告诉笔者，他在之前承包的高楼以及现在正在施工的车库，且不论施工资质，连"（建楼）图纸都是一边做一边学着看"，在工地上全凭经验在进行施工。显而易见，这样的队伍是肯定没有建筑资质的。根据住房和城乡建设部提供的建筑业劳务分包企业资质标准（2001-3-8）[①]中，明确对承担分包工程的木工、砌筑、抹灰、石制、油漆、钢筋、混凝土、脚手架、模板、焊接、水暖、钣金以及架线这13项作业的分包企业资质标准进行了严格划分。就拿木工来说，一共分为两级资质等级，每级都有五条资质规定，除却对于注册资本以及施工经验的要求，另外还特地规定了企业必须具有相关专业技术员或本专业高级工的技术负责人，并且要求企业有初级以上木工不少于20人（10人），且中高级工不少于50%，企业作业人员持证上岗率100%。其余各类工种与木工分包作业的要求也大同小异，都对分包企业内的相关人员的资质以及人数进行了规定。在四期工程中，张叔所承包的工地是属于蓝天公司自身承包承建的两栋之一，蓝天公司本身具有的是房屋建筑工程施工特级资质，并且其余的承包资质都一应俱全，当张叔挂靠在蓝天公司下进入工地

[①] 参见中华人民共和国城乡和住房建设部，建筑业企业资质等级标准，专业承包企业资质等级标准，载于http://www.mohurd.gov.cn/wbdt/xzzx/zzfjbz/200611/t20061123_160447.html。

时，他以及他的包工队伍也就具有了施工资质。如果严格按照资质划分标准来说，每个建筑公司都应该有专业的木工、钢筋工、混凝土工等等的工人队伍，并且都需持证上岗。对此，《建筑工程施工转包违法分包等违法行为认定查处管理办法（试行）》（建市[2014]118号）以及《建筑法》第29条第2款都对违法发包、转包、分包及挂靠给不具备相应资质条件的单位等行为都做出禁止性规定。对此，笔者在向张叔询问施工资质时，张叔则认为只有"技术工"像电工才需要证件，而像木工之类的，则明确表示没有证件，木工的图纸就是"自己边做边学"，比较严格实行起来的只有在造桥时才有正规的施工队伍，因为那个"跟做房子肯定是区别的，危险性要高些，质量要求肯定是要高些"。正是这群连基本证件都没有的工人，通过层层分包挂靠在公司之下，便有了施工资质。此举一方面帮助公司节省了长期雇佣专业木工的成本，另一方面也使得没有证件的农民工有资格进入到工地的劳动力市场，进入工地上成为建筑工人。

最后，层层分包之下对于工人的管理，包工头是作为缓冲地带而存在的，他们能有效缓解底层工人与公司的矛盾冲突，节约公司的管理成本。通过结构图也可以看到，包工头（张叔）是作为连接底层工人与建筑公司的节点，公司对于底层包工队几乎不需要任何接触和管理，在笔者调研的一个月期间内，项目部人员少数几次来到工地生活区，通常也都是到几个包工头房间里打牌或者聊天。从本次工地生活区装空调事件来看，便可看出包工头在调节工人与公司矛盾中的安全阀作用。因为宝哥和陈叔这群木工是临时跟着欢哥来到了工地，所以他们的寝室在生活区是少数没有空调的房间，并且当时正值盛夏，集装箱式的房子内经过一天的暴晒是不能住人的。白天要高强度地作业，晚上却不能好好休息，木工们便不断地联系张叔，要求张叔必须解决这个问题。他们使用的话语也都是"不解决空调的问题，我们休息不好也不能好好做事啊！"，采用半威胁的方式进行诉求。张叔则对笔者抱怨，这笔装空调的钱实则是公司要解决的问题，因为生活区内的设施都是由公司提供，不可能由包工头去解决，但是他在面对工人们的诉求时却没有将责任推给公司，而是不断地向工人们保证"一定尽快解决"。当笔者询问张叔为何不让工人直接联系项目部,而让自己去承担这个责任时,张叔则表示,如果工人都吵到项目部去了,那么项目部经理就会觉得你"管不了人",之后有工地也可能不会找你来干。经过一个星期左右,通过张叔不断地与项目部经理沟通反映,最终空调问题得到了解决。从这次装空调的事件中可以看到,装空调实质上是农民工与公司的矛盾,但是张叔却成为其中的调解者,最后当项目部经理来到生活区查看空调安装情况时,项目部经理反倒树立起了关爱农民工的好形象,双方的矛盾集中爆发在张叔身上,矛盾双方没有任何接触,似乎没有矛盾。张叔告诉笔者,工地上只要不是大问题,通常都是以此种方式来解决。确实,这样既避免公司与大规模工人的矛盾,并且包工头与农民工的熟人关系也使得工人们的矛盾冲突弱化,就如同张叔害怕在项目部经理那里留下"管不了人"的印象一样,在没有合同保障的情况下,农民工在有矛盾时也会考虑到熟人情面以及预期工作机会的可能性而放弃争取某些应得的权益。

二、游击队:包工头的相对稳定与农民工的流动性

建筑行业的农民工与其他产业内的农民工最大的区别在于双方流动性的区别,如一般制造业的民工,一般都会在某个加工工厂工作几年甚至数十年之久,但这种情况在包工队里几乎是不可能发生的,这些农民工辗转于国内各工地上,国内有学者(江峰、刘文华,2017)从研究劳动关系的角度将其称为"雇佣弹性",即"工人无劳动合同、无保险福利、无节假日休息、招之即来,挥之即去"。这一点往往被学界拿来作为攻击包工头以及包工制的理由,因为在这种流动性极高的情况下,农民工与包工头基本不会签订劳动合同,因此他们也很难获得基本的工作福利。对于这种流动性,夏会计则表示:

> 比如我现在在这儿,在公司干,这个老板说他年龄到了就不想干了,那我不能就回家啊,我还能干呐!那么其他熟悉我的就会过来问我,什么什么工地差个会计,你要不要去啊之类的,或者是有老板过来说哪哪

工地差个会计，我就可以去了嘛！一旦我到了另外一个工地，老板就会问我有没有熟悉的钢筋工和木工啊，那我肯定就打电话给熟悉的钢筋工木工，告诉他这边的消息，那他有空肯定就来了嘛！都是这样的。

同样地，木工老汪则对此有过类似的表达：

> 我今天跟这个老板做，等有空了，明天又跟那个老板做，我们这边小老板都是这样的。这个老板手里的活没有了，那我们不能不干活啊！我们是干一天拿一天的钱，我不能回家养老啊！像我们这种年龄还好，那些三十多岁、四十多岁的，他们家里都是有负担的，不可能没活就去休息了。

不难看出，处于连接公司与农民工两端的包工头掌握着工地资源的一手信息，处于层层分包最底层的农民工他们要做的是等待包工头的召集电话。但是，笔者发现这种流动性是有差异的，从张叔和杜老板到老汪和欢哥等人再到陈叔和宝哥等人，他们的流动性随之降低。张叔是从2008年跟着蓝天公司一起，期间只有几年是跟另外一家公司合作，而杜老板则是从蓝天公司进入到庆江市之前就在合作，他们大包工头基本上不会随意流动，张叔的说法是"我没必要跑，目前蓝天在庆江的工地不是我能全部做完的，等到做完，我估计也干不动了"。从张叔这层包工头往下便是像老汪、欢哥这种小包工头，他们流动性就相对大一些，老汪是前几年才到了庆江，欢哥则是去年才到庆江，这期工程结束后便准备离开庆江去往隔壁市，再到宝哥陈叔他们，就完全处于无计划的流动中，宝哥对此的形容是"打一枪换一个地方，只要有（工地），我们闲着，我们想去就去"。这种流动性的差异在张叔的职业生命史中也可以体现出来，在1993-2007年期间，张叔很少在一个地方待过三年以上，只有在庆江市成为了直接与公司联系的大包工头之后才在庆江停留了10年之久。

对于流动性来说，木工包工头张叔则对笔者说道：

> 钱是赚不完的……合作好了这个公司有工地啊，他就直接跟你讲，工地什么时候开工，这时候你就和项目经理谈谈就行了。

> 那还不是看关系，看人好不好，做事靠不靠谱，关系打得好就行。就好比这个高层和地库的区别，我做这个高层，我和那些人关系好不好就关系到我能不能能拿到高层，因为做高层的人多。不像做地库，这是两个概念，地库因为热天做得热，太热了，受不了。地库热得不通风，做高层的人就多了啊，做高层人就直接找到我。

既是架子工又是小包工头的欢哥，在谈到要离开庆江市的原因时说道：

> 我们这些小包工头、农民工哪有他们木工老板（大包工头）赚钱，他们自己跟着做有一份钱，并且我们每个人的帐他都是抽了自己的一份，只要公司还要继续开发，他们就不用着急找工地，我们就不一样，哪不要养家糊口，只有自己一份工的钱，我现在抽的话，一方也就能抽到一块两块，这才几多钱？这个地库是个收尾工程，做完了还要等上一段时间，我等不起，就算我等得起，我介绍过来的那几个也等不起，我们不像他们（张叔），和公司合作不愁下顿，我们这边没做完就要开始联系下一个，你不走不就只有等着困醒。

这种流动性的差异不难理解。首先对于包工头来说，他们在某一工地较多的地区需要与当地的建筑公司建立起稳固的合作关系，这种合作关系的建立不是简单地凭借技术和名声，与项目部人员的人情关系的建立尤其重要。在本次调研过程，张叔和吴姨就曾为送礼一事发生过争吵。当时蓝天公司老板的父亲去世，这本是一件私事，但不仅项目部经理因此事陪同公司老板回老家，并且像张叔这一层级的包工头每人都送了两千到五千元不等的礼金，但是笔者也了解到这礼金并不是直接送到公司老板手里，而是由项目部经理代收，这一点。吴姨表示送两千送得太多了，"是家里那边红白喜事的十倍了"，张叔则认为这是个"常数""该送的还是必须得送"。他们在某地区一旦与公司项目部建立起了稳定的合作关系，就可以在较长时间内一直与公司合作，不需要四处寻找工地承包。其次，对于农民工来说，他们却不能保证一直能被包工头联系。对于公司来讲，包工头相对来说是一种刚需，一个工地是必须有包工头的，但是对于农民工来说，工地上需要的农民工数量是不定的。

因为建筑业的周期性和地域性，只有那些"等得起"的大包工头能够有良好的预期而不需要太多流动，对于底层农民工他们通常是"等不起的"，需要不断联系工地。这种农民工的高流动性也是他们在面对正规施工队时具有的优势，张叔和杜老板对此曾提到：

> 正式施工队……有是有，但人不多，跟我们没什么区别。我只知道呢，他们工资是按月结，清一色的衣裳……公司里到点上班到点下班……干活肯定是这边更快，因为到点下班那样来说，就相对来说少了一些调度……对于我们农民工，（公司）这样招来一个包工队是完全不需要成本的，基本上就是生活费，这个还是我垫付……保险都是公司统一搞，他买多少个人的，他一般不是按照人名买，是按照今年要买多少个人的保险，统一买好。他不可能各个人都去登记，是按照多少人去买的。其实公司不买保险也不行，开发商也不会给你做，大大小小的事情总是有的。（张叔）

> 正式施工队工资不是一样的嘛！他们是规定好上班和下班时间。有时候活紧张也叫不动他们，他们到时候就下班了。你看这个夏天，我们公司里就安排了一早一晚干，早上可以起早点干，晚上凉快也可以去干，但是那些正规施工队就不行啊，他们是正规的嘛！尤其是那些加急的工程，要几个月内完成的，那些正式施工队根本完成不了啊！他们就是浪费钱，我们省钱一点……打比方我们上午需要三个人，我们就调三个人过来，下午不需要就调到另外工地上去了……我们技术又是没什么区别，他们还没我们有经验！（杜老板）

与正式施工队相比，农民工的流动性使得他们在节约公司成本上面完全胜出，并且在赶工程进度方面极具优势，此时，正规施工队遵循的正常时间上下班成为一种劣势。在张叔和杜老板看来，农民工与那些正规的建筑成员在技术上是没有区别的，并且那些施工队因为缺乏调度，面对"尤其是那些加急的工程，要几个月内完成的，那些正式施工队根本就完成不了"，是在"浪费钱"，他们农民工则"省钱一点"。确实，当笔者听闻地库工程进度较慢时，张叔便在与老岳的晚间闲聊过程中召集了工人,并且工人在第二天就来到了生活区投入了工地工程,这种调动的速度以及灵活性是正规施工队无法比拟的。

三、小结

"层层分包"首先是作为顶层建筑公司转嫁资金风险而存在的,他们在层层发包转包逐层转嫁风险责任的同时,获得了最大利润(江峰、刘文华,2017),并且在这之下,利用人情关系组建起来的包工队几乎是无偿租借给建筑公司,这也是包工队能够存在的根本原因。另外,没有施工资质的包工队挂靠在大的建筑公司下获得了进入工地的施工资质,虽然不符合现有的关于工地施工的规定,但是由于其根本的包工制问题没有得到彻底解决,因此这种现象仍然是大行其道。最后,在层层分包之下,农民工因收入和就业预期不得不采取四处流动的"游击队"式的工作方式,这使得他们相对于正式施工队伍来说更具市场优势,并且公司可以从不签订劳动合同中节省更多成本。

可以看到,包工队通过包工头的人情关系进行组建,并且双方的人情关系代替了合同成为双方的"质押",使得农民工劳动力被无偿租借给劳务公司。之后,包工头成为了公司代理人,对包工队进行了"化零为整"的管理,农民工与公司的矛盾集中爆发在包工头身上,而双方的人情关系又为矛盾的爆发提供了缓冲,节约了公司的管理成本。因此,包工队成为了层层分包之下能够最大限度帮助公司节省成本的工人队伍,从而能够在工地的劳动力市场的竞争中胜出,具有了旺盛的生命力。

第五章 关系结构:三缘合一

在包工队中,业缘关系的存在是显而易见的,工人们在工地工作而结识便会形成业缘关系。但是,业缘关系并不能从完整意义上代表包工队内部的人际关系，他们之间还存在着大量的血缘和地缘关系。为了弄清楚包工队内部的关系结构，在本章中，笔者首先会对血缘、地缘以及业缘关系的先赋性和后致性进行讨论。其次，会对本次木工包工队内部现存的社会关系网络进行描述。再次，从内部互动上讨论了不同关系的作用。本章的结论是：一方面，血缘和地缘关系在包工队的形成中起到了关键作用，在没有合同的包工队中，这二者是信任获得的基础。另一方面，血缘、地缘以及业缘关系在包工队内部的人际交往以及作用层次上都有着区别。在人际交往上，业缘关系只能通过工作时间的安排影响人们的互动，而实质上起决定作用的仍然是血缘和地缘关系的亲疏。并且，在包工队的层级结构中，大包工头与小包工头（招工）之间往往没有直接的血缘或地缘关系，多是一种从业缘发展而来的熟人关系，血缘和地缘关系多存在于农民工和招工的小包工头之间。

一、关系的先赋性与后致性

血缘关系可以说是人类最初始和本源的关系（徐勇，2018）。《辞海》对"血缘"的解释为"血统上的关系"，而这种关系范围在中国语境下却是十分模糊的。一方面，狭义范围上的血缘关系可能仅仅指因生育或婚姻而产生的社会关系，包括父母、兄弟姐妹以及由此而派生的其他亲属关系（李汉宗，2013）。由于古代的宗法制和各种日常的纠纷解决多以此为依据，因此其划分极其严格，通常是以父宗为主，通过服制（五等）进行亲疏的排序。[①] 另一方面，广义血缘关系的范围甚至可以扩大到整个中华民族，称"炎黄子孙"，并形成了中国特有的血缘理性（徐勇，2018）。根据研究目的，在本章中所讨论的血缘关系也主要以狭义的血缘关系为主。另外，血缘与地缘关系几乎不可分离。地缘关系指的是"由于长期居住在一起、共同生产和生活而形成的社会关系"（奚从清，2012：156）。在中国的传统社会中，尤其

---

① 对于亲属关系范围的划分，详细参见瞿同祖，《中国法律与中国社会》，北京：商务印书馆，2010（2017.3 重印），第 1-4 页，此处限于篇幅不表。

是在乡村，血缘和地缘关系在人际交往中往往是杂糅在一起的，血缘关系的投影而形成地缘关系，"地域上的靠近可以说是血缘上亲疏的一种反映，区位是社会化了的空间"（费孝通，1998：70）。毋庸置疑，这种血缘与地缘关系的杂糅状态在包工队中并未得到改变。

与被访者有着血缘、地缘关系的人物，在被访者职业生涯中都曾扮演过重要角色：

> 她（指吴姨）的姐是送（嫁）到我的本队上的，我老头子那时候是用手锯拉板子的，就在一堆（块）认识了。就跟着她姐夫到我的师傅家去了，叫他把我给带着，做徒弟孩儿……去南昌是被亲家(认亲)叫过去做的……来庆江是和叔佬一起合伙承包的做的工地……（张叔）

> 我姐姐在这边……她是跟着我姐夫（李伯）出来做事的，就把我带出来做这个了（木工）。（威子）

> 我跟欢儿哥是同祖宗……就是同姓共一个祖宗祠堂，他家往上是二房，我家是三房，不过他的辈分要比我高一辈，但在外面都是叫欢儿哥。（威子）

> ……是我的一个堂弟，他之前就在外面打工嘛！不然我一个人怎么找到上海的，要有目标的……他在外面打工,过年回来我就问他在哪打工，他说在盛泽，我就和他邀好了，过完春节一起出去，然后就去了盛泽嘛！（杜老板）

> 我最开始是和堂哥学开车的，后来跟着家里弟弟一起去了工地。(杜老板)

> 欢子（欢哥），跟我王军儿是亲家关系，又是好朋友，王军儿又是我村的女婿。他们以前一起干过工地，又默腻（默契）得很，我就跟着欢子来了。（陈叔）

在这些人的职业生涯中，充当"结构洞"的关键人物的人与他们几乎都有血缘或者地缘关系。在1980年代末期，建筑业改革导致劳务层和管理层的分离，此后出现了两批包工头，一批是原有的体制内的工人，他们以本身在农村拥有的丰富的社会关系资源为支撑在农村招人；另一批则是农村的匠工师傅们，他们本身拥有技术以及职业声望，并且扎根农村，带着一批同行以及学徒，因此同样成为了第一批包工头（吴继国，2004）。这二者的关键资源都是在农村有着丰富的社会关系资源，他们以此能得到进城农民工的信任，从而雇佣他们组建起包工队。在其中，血缘关系和地缘关系便是首要能够利用起来的关系资源。这种情况到如今都没有发生改变，在没有合同约束的包工队中，无论是包工头还是农民工，血缘和地缘关系是双方获得信任的重要保障。可以说，血缘与地缘关系在包工队的关系结构中是一种先赋性的关系，它先于包工队的形成而存在。

与血缘与地缘关系不同，业缘关系是在包工队组建之后才形成的，它是一种后致性的关系。郑杭生（2003：151）曾对业缘群体进行过定义："基于成员间与职业间的联系而形成的群体叫业缘群体"，并认为"这种类群体的出现是生产力日益发展、社会分工越来越细、阶级社会逐步产生的结果"。可见，业缘关系指的是以共同的职业为纽带，在长期的共同工作中而形成的社会关系，并且业缘与血缘关系、地缘关系有着根本性的不同，它不是与生俱来的。业缘关系是几乎所有正式组织中都必然会产生的一种关系。

二、包工队的关系描述

根据访谈，笔者对木工包工队的内部关系结构进行了梳理（如图3），并从几个关键人物的相互关系出发做简要说明。

首先，王军与欢哥的社会关系是属地缘关系。虽然在欢哥口中两人有血缘关系，因为王军有个同村的堂姐曾嫁到过欢哥的村子里，因此王军是他的"亲家"，但并不是实质上的血缘关系。欢哥和王军是在干工地时认识的，此后又一起承包过工程，欢哥也是通过他认识了张叔。这次工地工程虽然王军没有参与，但是威子、陈姨、李伯以及陈叔都是王军给介绍到欢哥的招工队伍中的。李伯是王军同乡（不同宗），实质上是地缘关系；陈姨是李伯的老婆，威子是陈姨的同村子的堂弟；陈叔和王军因为二者村子里的堂兄弟姐妹之间的联姻而成为亲家关系，欢哥在介绍陈叔的时候，也曾说到"他是王军的岳父佬"。

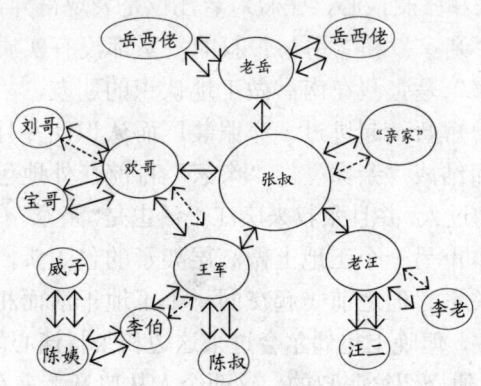

图 3 包工队人际关系简图 [①]

其次,欢哥与张叔没有任何地缘或血缘关系,他们二人通过王军认识,有过一年的合作经历。且张叔对欢哥的评价是"非常不错的朋友,虽然当时亏了一点,但是他人做事还是非常老实的,人也非常好,我和他非常亲近,在一起工作常常谈心"。二人虽然不是同一地方的人,但口音却几乎一样,据张叔说,这是因为他们祖籍是从欢哥所属的县城搬过去的,因此在语言沟通上非常顺畅,这也是让张叔感到亲近的重要原因。本次欢哥主要负责架子工的招工,除却王军给欢哥介绍的工人,宝哥和老刘是欢哥亲自招到包工队的。宝哥和欢哥属同乡,并且是同宗同姓,"共一个祖宗祠堂"。老刘是欢哥岳父同乡,与欢哥家离得不远。

再次,老汪和张叔是"隔壁邻居"关系,两人村子离得不远,属于地缘关系。去年就是老汪和张叔带来的一帮亲戚在一起干活,"但因为有些人调皮捣蛋",所以工地没有按时完工,其中就剩老李和汪二因为是其中比较勤恳老实而留了下来,老李和汪二以及老汪都是同乡。笔者也发现张叔与老汪的关系是最好的,每次晚上的访谈中,老

[①] 以人们之间最主要的关系为准。其中,单条箭头线表示两人之间只有纯粹的业缘关系(如张叔与欢哥);双条箭头线表示两人之间存在着血缘和地缘关系(如宝哥和欢哥);虚线则表示血缘关系并非是真实意义上血缘关系,存在一种"拟亲属化"(郭于华,1994)的关系(如张叔口中的亲家则是两人熟识之后,张叔认其儿子为干爹而形成的)。

汪总是会过来和张叔谈心,张叔对老汪也是表现得异常信任。

最后,"亲家"和老岳与张叔的关系都没有实质上的血缘和地缘关系。"亲家"是张叔在南昌做工地认识的朋友,"家离得不远",他们之前因曾短暂一起进过一家服装厂而认识,并且张叔认了他的孩子为干儿子而结成"亲家"。"亲家"目前在外地包工地,但是也为张叔这边调动过人,并且张叔来庆江干活也是"亲家"介绍过来的。另外,老岳目前在本市另一个工地上做高层架子的包工头,虽与张叔关系并无血缘地缘关系,但之前一起在同一个工地干活而相识多年。他不在这个生活区住,但晚上也偶尔会过来这边和张叔谈心。此次的两个"岳西佬"①就是他介绍给张叔的,这两个人从口音上来看也应该是地缘关系。杜老板(老杜)与张叔其实同属于这个公司的几个主要小老板之一,此次张叔建车库的架子工多由杜老板负责,而钢筋工多由杜老板(老杜)招工管理。

可以说,包工队中的任何一个人在包工队中有着血缘或地缘关系,熟人关系普遍存在。"从熟悉中得到信任"是传统中国社会中信任生成的基本逻辑,其实质是本土化情感信任的建构路径(吴宝,2017)。农民工进城需要亲戚、同乡提供有关工地招人的信息。进入劳动力市场,同乡、亲戚相对来说比陌生人更加可靠,这是农民在不熟悉市场法则的情况下,极大规避风险的理性选择。并且,工地生活区就是一个微缩版的农村社区,最大的不同可能就是大家的工作场所从田地转向了工地,工作内容也从农活转变成了工地基建。在中国的传统农村的社区中,人际关系的主要组成部分就是血缘和地缘关系,在工地生活区也倾向于建立起此种人际关系。笔者在生活区待了一个多月,大家总是会把笔者与其他人联系在一起,在谈起某个人的时候也总是会说到他是谁的老乡。即便两人没有任何关系时,也倾向于去创造熟人关系,如吴姨就不止一次向笔者抱怨过,张叔老是会半开玩笑半当真地跟生活区的一些有孩子的工友讨论娃娃亲,张叔和"亲家"的关系也是一例。一方面,农民工不仅是通过自身的血缘、地缘的联

---

① 无歧视意义,在工地上很多时候都是以地域开头的称呼方式。

系来到工地,而且在城市里的生活区内也倾向于形成他们熟悉的血缘与地缘合一的社区,这种血缘与地缘的合一便是原始状态的社区(费孝通,1998:70)。另一方面,建立起的人际关系也为日后再次合作打下基础。在交往中,双方都有着直接或间接的熟人关系在其中,信任往往由此而来。

三、成员间的交往

对于包工队内部成员间的交往,笔者主要是从居住位置、业余活动以及不同层次主体的交往上进行说明。

首先,个人的居住位置仍以血缘地缘关系的亲疏为基准。为了方便对此说明,笔者对宿舍进行编号并制成表格,画出相对位置如图4。据笔者观察,虽然在生活区空余的宿舍还有很多,但他们仍然是按照血缘地缘关系的亲疏聚居,并没有整个包工队都住在相邻的一处。不仅仅是他们木工包工队,晚上在乘凉聊天时可以看到,所有居住在一起的工人口音都是相似的,便可判断出整个生活区的居住位置大致都遵循着这条规则,即以"血缘投影成地缘",业缘关系并没有对各自的居住位置以及活动的空间位置产生较大影响。

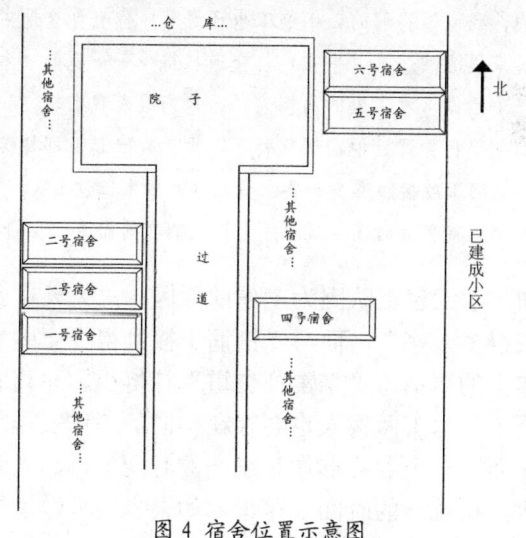

图4 宿舍位置示意图

表2 居住情况说明表

宿舍	成员	简要关系
一号	宝哥、陈叔、欢哥	宝哥与欢哥是同村同宗；陈叔是王军的"岳父"；王军介绍陈叔到欢哥
二号	威子、刘哥	威子是陈姨的同村堂弟；刘哥是欢哥的岳父同乡
三号	李伯、陈姨	李伯是王军同乡；李伯陈姨为夫妻
四号	"岳西佬"	两人为老岳同乡
五号	张叔、吴姨	两人为夫妻关系
六号	老汪、汪二、老李	老汪、汪二以及老李属地缘关系；与张叔家乡离得近，但不同村；是张叔的好朋友

其次，业缘群体有着相同的业余时间，但实质性的业余活动仍以血缘地缘群体为主导。因为工作的原因，业缘关系会导致业缘群体有着相同的时间安排，宝哥在谈到包工队的工作内容时曾说到：

> 我们这个除了钢筋工、木工，我们搭架子的（也属于木工），总体来说，还剩浇混凝土的。就只有那样四个版块的人在做事。另外就是一些施工员和那些……放线的……搞那么些东西的。没有什么皮扯的，他们做他们的，我们做我们的。钢筋工也还好啊！你有什么地方搞错了，他们也会过来提醒呐……（平常）打交道打得少……我们（木工）就是一个先做一个后做（木工里的两拨人），他们跟着我们转，我们跟着他们转。我们把平板弄好，他们铺就行了。天天在一起，那样接触得多一点，（而）钢筋工就接触得少一些。我们（整个木工包工队）一搞好了，他们（钢筋工）就在上面搞，（顺序上）他们在前面做，我们在后面。

可以看到，木工包工队因为工作的原因，"天天在一起"与本队的木工"接触得多一些"，而与"钢筋工接触得少一些"，有些接触也是因为工作上的事情，"平常打交道"打得少。并且即便是在包工队内部，架子工与木工两拨人也会存在不同的工作安排，接触的机会也因此较少，而同一个业缘群体是统一的时间安排，人际交往发生的可能性会更大。在统一的时间安排下，如果当天只做了半天工或者没有做工，像威子、李伯和陈姨三人在闲暇时间会去附近的城河里抓鱼；宝哥、欢哥和陈叔则喜欢在门口乘凉聊天，偶尔也会去城河边上散步乘凉；张叔和老汪几乎每天晚上都会在房子里聊天等等。如果第二天没有工作的话，有的工人还会在空调比较好的房子里打牌。据笔者观察，这些活动，除了打牌，工人们基本上都是与亲戚同乡一起进行。打牌则是那些没有直接亲缘或地缘关系的工人之间在打，同乡之间鲜有在一起打牌的，参与这项活动的人多是因业缘关系而结识的工友。这也不难解释，同乡或亲戚之间打牌更多像是一种"内耗"，并且打牌这项活动的公平性也是排斥有血缘、地缘关系的人同时上场。在这种情况下，人们之间纯粹的业缘关系反而成为参与这项活动的最合适的关系。总而言之，由于不同工作时间的安排，业缘关系会导致像木工、架子工不同群体的业余活动交往的分化，但在群体内部的交往仍是以血缘、地缘关系为主。

最后，在包工队中，大包工头（张叔）与小包工头（欢哥、老岳）之间往往并无直接的血缘或地缘关系，只有在小包工头和农民工之间往往存在血缘或地缘关系，这点在人际关系图中也体现了出来。在前面层层分包时提到，从项目部经理到大包工头再到包工队内的小包工头，他们之间往往都是以业缘关系联系起来的，尤其是项目部经理和大包工头之间，他们之间都有着明确的合同关系。本次调研的工程承建方公司在整个庆江市就一个项目部经理，张叔、杜老板是笔者所在生活区的大包工头，老汪、欢哥、王军、老岳等人都是小包工头，他们几个之间几乎都是没有血缘关系的。据张叔的反映，项目部经理有很大的权力去选择将工程包给谁，然后再与之签订合同，这一点在前文的"层层分包"模式中就有提到，张叔提到项目部经理选人的标准是"老实，肯干的"，亲缘和地缘关系不是首要的考虑因素，张叔和杜老板与项目部经理也没有任何的血缘关系。同样地，小包工头和大包工头的关系与项目部经理和大包工头的关系相似，他们之间都是一种分包的形式，不同的是在项目部经理与大包工头之间有合同约束，但在大小包工头之间却只有口头协议。由于血缘或者地缘关系的存在，如拖延工期、偷工减料等利己的机会主义行为出现成本相对较低，而如果是纯粹的业缘关系中，也即张叔口中的"朋友"，为了持久的合作必须考虑到对方的心理账户①，因为双方在再次合作时会对其在各自心理账户上印象与记忆进行考量（严维石，2016）。另外，小包工头的主要工作是帮助大包工头招人，显然当二者都通过血缘或地缘关系招人时，如果二人本身就存在血缘或地缘关系，那么小包工头招人途径便会大大缩小。在管理上，大包工头也不希望有太多亲戚，因而小包工头的选择上则偏向于是那些没有直接的血缘或地缘关系的人选，关于这一点将会在第七章包工队的管理中进行说明，此处不赘述。但是，大小包工头之间也并不是完全没有关系，可以看到的是，像欢哥、老岳以及王军与张叔之间都是由业缘关系发展而来的熟人关系，并非纯粹的业缘关系。无论是血缘、地缘还是业缘关系，在没有合同的约束下，熟悉仍是信任的主要来源。

四、小结

在三缘合一的关系结构中，包工队中的每个人都跟大包工头或小包工头有着血缘、地缘或者是由业缘而来的熟人关系，这很容易产生误解，如今虽然已经走过了"民工荒"的高潮，但是工地一线工人绝对不是一份普通人都愿意去的工作，工地上也常常出现缺人的情况。那么，为何非得有"关系"才能进入包工队呢？

实则不然。首先，通过关系招人是一种尽可能规避风险的方式。处于底层的包工队内部往往是没有合同约束的，即便是大包工头像张叔、杜老板一样也是可以随便走的，"上一个钢筋工老板就是连夜走了"（杜老板），更何况是在包工队内部。一方面，任何一个人进包工队都是不需要合同的，纸面上的合同只会在项目部经理和最大的包工头签，而包工头与包工队里的小包工头以及农民工之间没有任何合同，他们通常是采用口头承诺的形式。另一方面，任何一个人离开包工队几乎零成本，并且工程进度又很大程度依靠于工人自觉。层层分包之

---

① 萨勒在分析成本效率时提出了心理账户概念（1980），经过不断完善之后，心理账户指的是人们在心理上对结果（尤其是经济结果）的编码、分类和估计过程（转引自严维石，2016）。

下,资金流动的风险伴随着每一层,即便是像张叔这种底层的包工头,他们能不能拿到钱需要工人能够准时地完成工作。在张叔的职业生涯中,每次包工失败都付出了将近几年的时间才能恢复到正常生活的收支水平。其次,在内部成员的互动上,仍然体现出对传统社会人际交往模式的复刻。中国传统社会的人际关系以血缘和地缘关系为基础,形成了"差序格局",即便是城市的正式组织里面,主体之间的互动方式和整个社会网络的运作也倾向于复制亲缘群体的运作方式(卜长莉,2003)。在包工队中则体现得尤为突出,他们虽然在城市中工作,但延续着的是乡村传统,不同的关系是他们人际交往的基础,他们倾向于使用熟悉的一套交往规则。最后,在层层分包的模式下,越往上层,其关系越接近纯粹的业缘关系,越往下血缘和地缘关系的影响就越大。可以说,血缘、地缘关系在最底层的招工中作用非常大,而在大小包工头以及包工头与公司之间,血缘和地缘关系的存在感就会被削弱,业缘关系所起的作用也就越大。但社会关系是社会资源的传输带,是合作行为产生的根基(李汉宗,2013),即便是上层包工头之间的合作,他们之间的关系也会由业缘关系发展而成熟人关系,成为他们以后合作的基础。

第六章 管理:家长制

本章要探讨的内容是包工队内部的管理模式,重点关注张叔与其包工队内部的农民工的互动及管理过程,主要涉及到包工队的考勤制度和工作安排两个方面。在第四章中曾讨论了包工头作为公司与农民工的缓冲区,节约了公司的管理成本,但是杂糅了血缘、地缘以及业缘关系的包工队内部又是如何管理的呢?包工队内部没有合同的约束,并且也没有任何明确的规章制度,农民工几乎处于一种高度自由的状态,工程进度以及生活费等各项成本的压力仍然需要他采用合适的管理方式。经过笔者观察和访谈,包工队的管理过程其实是一种以包工头为核心的家长制管理。

家长制的本义指的是家长在家庭中拥有绝对权力的一种家庭制度，其主要特征是个人的高度集权（魏继昆，2018）。在组织研究领域，家长制研究最早源于20世纪中后期我国港台地区以及东南亚地区的华人企业的研究，主要内容仍然是探讨企业内部是如何复刻传统社会中的家族式管理方式。有学者对公司企业内家长制领导做出定义，"在一种人治的氛围下，显现出严明的纪律及权威、父亲般的仁慈及道德的廉洁性的领导方式"，概括起来便是恩威并施、以德服人（杨斌、丁大巍，2012）。在包工队中，这种家长制表现为是一种个人高度集权下的恩威并施。经过笔者的观察和访谈，在"三缘合一"的关系结构中，家长制管理也是包工头对农民工的核心管理方式，但是其中又存在一定弹性，因为即便是在施工过程中，张叔也并非能够完全以个人意志指使着包工队内的任何一个人，常常需要"恩威并施"的灵活使用才能提高整个包工队效率，不至于延误工程进度。鉴于包工队本身就没有太多的条条框框式的管理，本章所讨论的管理活动主要涉及考勤制度、工作指导两个方面上。

一、考勤制度

工作考勤可以说是包工队中最为重要的管理方面，因为这是工程进度的基本保障，但是由于没有合同以及各种明文规定，包工队的考勤管理并不如正规企业公司里一般简单。包工队内的考勤管理主要涉及出工的记录和工作时间的规定。

包工队出工的考勤分别有两份记录，一份是张叔自己进行的记录，另一份则是在每个宿舍的门背后的出工表上，由工人每天晚上自行对工作时间进行的记录。对于表格的记录，一方面是用来日后结算薪资时进行核对，另一方面则是对于工程进度的预估。虽然张叔有着自己的一份记录，但时常会让欢哥、老汪等人进行核对和监督，以此来对工程进度进行估算。陈叔就是因为天气热好几次半天没有去工地，在一次欢哥和张叔核对出工情况的聊天中，张叔就曾骂道：

老陈他能不能做？！早上做哪有那么热？好几次都不来了，现在这样紧张，他老人家倒好天天跑去困，你那里还能叫两个人来不？老陈实在不能做就跟他说一声，老是这里疼那里疼，这哪里行呐！

欢哥对此也是无可奈何：

> 天确实太热了，是有点做不下去，人真是难得叫。老陈呢，是年纪大了点，做肯定是能做的，他是说手有点酸，现在歇了这几天怕要好点吧？你这把人家叫走怕有点不好意思啊！王军怕要讲多话了。

当张叔怀疑"老陈能不能做"并要求换人的时候，欢哥是首先表明了天气热招人的困难，并且说明了老陈的难处，也表示老陈是只会歇这几天的不会影响之后的出工。另外，欢哥"搬"出了王军，这层关系他们都是了解的——陈叔是王军的"岳父佬"，而王军又是二人的朋友，并且半途将人赶走，在欢哥眼里是"有点不好意思的"，也就是情面上过不去。张叔之后也没再提起要替换陈叔，而是借一次发放生活费时来到笔者寝室，向陈叔询问和暗示，"手好了吧？莫耽误着，该去医院就去，不行就回家休息休息。"

陈叔也能明白这种充满暗示意味的询问，他没有"想回家休息"而是表示手没有太大问题，之后也就很少再出现过自己一个人回来休息的情况。当我询问到这件事时，陈叔则表示，这种"旷工"行为在工地上很常见的，这就是工地的"自由"。不仅仅是陈叔，连张叔自己也曾提到过这种工地上的"自由"，张叔曾在早年进厂从事衣服加工，但是不到半年就离开干工地去了，跟笔者说的原因是：

> 厂里做，吃苦倒不是很吃苦，但是太不自由了，一个月三十天有得天把两天假就是不得了，人闷得难受，就跑来做工地了……工地一个月只要一二十天有活干，其实算下来不比厂里差，还不用天天干，工地上就是这种好，我还可以照顾到我家妹（其小女儿），要是在厂里一天到晚的，哪里有时间……工地上，做累了想歇就可以歇半天，落雨（下雨）天气不好的时候就停工，家里有事跟工头说一声，一般也是可以走的，没什么限制。

之前进过厂的架子工威子也曾说过类似的话，他们都认为是工地上比进厂自由。可见在工地上，类似陈叔这样的旷工是比较常见的，但是基本上也都是休息个一天两天，工地上也会时常有着工作四五天休息个半天一天的情况，这主要是由于建筑材料以及其他工人进度没跟上而导致的。由于需要不断赶工程进度，张叔在面对陈叔情况出现时，都是找到带他们进包工队的人，先是通过他们这层小包工头施加压力，然后再自己灵活使用可能接触到的机会，或骂或暗示，让那些旷工的工人回到正常的工作时间来。但是这一招似乎对亲缘关系不起作用，张叔就曾向笔者提到去年包工失败的原因：

> 像去年干活一样，就有一些调皮捣蛋的，今年还想来，我就不让他们来了……就是那些懒的，捣糨糊（偷懒）的，这边望着那边高的，不怎么老实的……就是带了太多亲戚，不说你要哄着他做，他还一会这样不划算，那样不划算的，事情根本没法做，又是那样的一层关系，你也不好说他们，到后面反正就没按时做成功……也不是讲不能带亲戚，不能带多了，太多了是个人都应付不过来……

潘毅和卢晖临（2009）也曾谈到过这个问题，包工头之所以会招老乡或亲戚就是因为"传统的社会关系，为劳资关系盖上了一层温情脉脉的面纱，一定程度上消解了工人反抗"。但从包工头的角度来说，在面对亲戚时，张叔则会因为"那样的一层关系"而"不好说他们"，以至于无法进行有效的管理。亲缘关系此时反而会成为一种"武器"，就像张叔去年包工的失败一样，无疑他在工程早期就发现"磨洋工"的存在，但从结果上来看，他因为考虑到亲戚关系的情面也没有让亲戚走人或做出有效的管理，从而导致了工程无法按时完成。

关于工作时间的规定，出工的时间通常是不固定的，天气是一个主要的影响因素，张叔在这方面的管理通常是根据个人的"感觉"。由于张叔会跟着工人一起在工地上干活并监督他们，因此他自己能够感觉到天气对于施工的影响。在调研过程中，张叔第一次改变时间是因为白天温度越来越高，工人们出工的时间从原来的六点提早到了将近五点。张叔对此是在工地上休息时半商量半要求的语气说给工人听，

"这几天越来越热了,你们早上就起早点,五点多起来做凉快些,下午就晚点过来,三点多差不多就要凉快点"。工人们对此也是寥寥几句的回应,张叔对此只是又加了一句"起来着就都互相喊一下,热天做事是只有这样"。张叔一边说话一边自顾自地收捡一些工具,工人们则是坐在阴凉的地方休息,不知是一上午的劳作让他们无力回应,还是用沉默来表达对这要求的不满。笔者曾经对张叔询问要改上班时间的原因时,张叔回答道,

> 中午天气热狠了,我自己都做不下去,就莫谈他们了,安全也是一方面,只是讲我们不是做高层要稍微好点。说是说加班,其实算下来,一天也满不了一个工,早上就算 5 点到,11 点半下班,中午 3 点去 6 点下班也才 9 个半小时,(而且)之前是两点到五点,这几天要做到六点还要使劲盯到,不然工程真赶不上,公司天天跟催命一样,本来 8 月 10 号就要交工的,现在估计 8 月 20 去了。那不只有早上起早点加点班?工地上做事肯定没有上班舒服的,你要赚这个钱哪能不吃苦,不像你们大学生找的工作,况且又不是只让他们加班,他们做事我也要一起做,有时候比他们还搞的晚些,你也知道,有几天晚上我都是一个人在那搞到上 10 点去了。

对此,宝哥等人曾在晚间闲聊时谈到了自己的看法:

> 热天确实太热,这个天,两点多做确实不像话,早起点也是为了凉快点,中午多休息会呐,哎呀,不像在外面公司里上班,规定什么时候去就什么时候去,落雨下雪都一个样,工地上太热肯定是做不下去的,出了事他们也担不起,我们做地库还要好点,那些做高层外架的……前几年不就是热天中暑还是什么的摔死了一个。(宝哥)
>
> 你又是算不来账,凉快是凉快,中午到 3 点去,你做两个小时就回来啊?怕莫得(没有)那么好的日子过吧!凉快是凉快,晚上也凉快哦!张老板他是包着工的,还不是催着我们赶时间,这个样子本来就不可能准时做得完,8 月肯定是要做到月底都不一定……就是这样赶着我们做也不见得有多快(宝哥)

> 早就早点，管他呢，早点做完回家休息，这个天真不是人做事的天，太热了，要晓得还是做地库哦，做高层真不敢想！……反正啊，账是变不了的，多做了也少不了你的，少做了也多不了，那个本子上也不能多个几笔，该是多少就是多少，10个小时一个工，随他去算，少不了一分我的。（威子）

从张叔的角度来说，他需要权衡天气炎热对于工人工作的影响，并且出于安全考虑，在天气逐渐变热的时候，调整工作时间是必要的。那么，天气到底多炎热会影响到施工安全？无疑，在工地一起干活的张叔是有着自己的感受，加上自己30多年的工地经验，只需当他自己感觉到"天气热狠了，我自己都做不下去"的时候，便会去调整包工队的工作时间。另外，张叔也面临着来自工程进度的压力，所以他并不是真正想让工人白白多休息中午一个小时。按照他在工地上的说法，似乎只是把中午工作的时间挪到了早上，但其实工人是早上提前一个小时加班，下午仅仅是将工作时间往后推了一个小时。一算下来，看似关心的因为天热让工人中午多休息的一个小时，换来的不是每天减少的工作量，而是每天又多了一个小时的工作量。并且，张叔晚上从项目部搬来了很多解暑的十滴水和风油精之类的解暑药品，让每个工人都来领了不少，这似乎是加班的奖励，并且在分发解暑药品的同时，叮嘱着大家要"早起互相喊一下"。之后几乎每隔几天，都会有人到张叔房子领这些解暑药品，张叔也会借此进行一些诸如"确实有点热，要注意点"的寒暄。

从农民工的闲聊对话来看，反应则有所不同。对于宝哥来说，他认为工作时间的调整是常事，和张叔有着一样的"工地都是这样的，不像在外面公司里上班"的论调。从言语中可以看出，他是比较偏向理解张叔的做法，认为张叔是出于安全问题而将中午的工作调到早上，因为"出了事他们也担不起"。笔者的另外一个室友的态度则与之相反，他戏谑宝哥"不会算账"，并且认为是不存在"中午三点过去，做两个小时又回来"的"好日子"，指出了张叔要改时间的真正原因，即"赶时间"，也清楚地了解到工程进度一直在拖延。威子是三人中年纪最小的，他只想"早点做完回家休息"，因此即便他知道其实调整时间是在加班，也没有太多想法，一方面他认为天气热是需要调整的，另一方面他又认为"账是变不了的"，因为记工是按照10个小时算一个工，因此即便是加班了照样能拿到钱，不是白做的，少不了一分他的。

从后来整体的效果来看，张叔的个人权威还是起到了作用。因为这次工作时间的调整在包工队中很快就得到了执行，除了第一天是张叔带头过来喊大家早起，在之后就没再讨论过这件事，大家每天都很准时的在四点半就起床去工地了，晚上回来的时间也从最早的五点半左右到了六点半，甚至有时候到了七点，并且张叔几乎每次都是最晚才回来，这无疑也影响着大家的下班时间。

二、工作指导

如果说考勤制度上的管理需要张叔灵活利用一些手段才能实现较好的管理效果，那么在工作指导和安排上，张叔则掌握了绝对权力，工人的工作内容完全取决于张叔的指挥。

> 他是木工老板，该怎么做肯定要听他的，不听他的听谁的？他承包的工程，怎么做他心里有数，不用我们插嘴，他说怎么做我们跟着做就行了（老汪）

> 施工员把线放好，木工老板拿到图纸，这个工地该怎么做就定型了，不用你操心，你就只管笔直做就行了，这又不是你家建房子，是吧？没有疑问的……哪怕是错了也要跟着木工老板做啊！（宝哥）

> 怎么做，你知道怎么铺平板怎么搭架子就行，该哪样施工都是图纸上规划好了，张老板把图纸一铺，指着这里搭那里搭，板子锯多少米都是他的事，你做好自己的事就行了，哪还管得许多？（刘哥）

> 我不会看图纸，只有他能看，叫我怎么做就怎么做呗！（李伯）

确实，在包工队中能够接触到图纸也就张叔和欢哥以及老汪，他们三个人能把图纸完整看下来的也就张叔一个人，张叔时常会带着图纸晚上过来，给工人们安排明天哪里搭架子或者往哪里铺平板。在这个过程中，没人会质疑张叔的安排。如工人们所说，在工地上，工程该怎么做都是按照图纸上来，而图纸的解释权都是掌握在包工头手中，连从业木工30年的张叔对图纸都是"边做边学"，其他人就更只能唯张叔马首是瞻了。并且，笔者发现张叔骂人也多是因为工人们没能理解他的意思施工。

笔者碰到的一次骂人的经历，就是因为宝哥和陈叔没有按照张叔规定的2.1米去裁锯钢管，导致张叔晚上拿着图纸过来骂他们。陈叔他们的意思是钢管是已经锯的痕迹就没有再次锯，然后张叔直接臭骂了陈叔一顿，"你锯个P，我看你眼睛瞎了，明明是原来的管子在那里！2.5（米）就多了啊！"，之后又拿出了图纸和他们说了后期的工作安排。当张叔走后，陈叔和宝哥当作没有任何事发生一样，也没有议论这件事，只是欢哥提到了一句"我说了那个东西肯定不止2.1米，叫你们搞不搞，非要挨了骂才晓得"。当第二天笔者询问到那个2.1米的钢管时，他们都是笑着反问笔者"挨骂还没有挨够？"在工地上，张叔因为工作上的事几乎骂过所有人，全然没有顾及社会关系和情面，而且工人被骂之后也都没有任何反抗，都是默默接受。至于"骂"，张叔的看法略有不同：

> 这哪是叫骂？工地上讲话哪有不重的，声音大点也是方便在工地上能听得到。再说，不按规矩来肯定要挨骂啊！出了事怎么办？我们以前在黑河做，你要做错事的话，那老板都是直接上手的，我这说几句哪谈得上骂了……那倒不会记恨我，没有那么严重，这事很正常啊！文化水平不高，肯定会说一些粗话，工地做事没有那么多轻声细语啊……主要是要让他们把事做好，他们也都知道，不涉及什么个人的，也没人会说什么，正常。

在张叔看来，这并不是一种"骂"的行为，并且这在工地上非常常见，因为"主要是让他们把事做好"并且"不涉及个人"，所以也就没人会因为这个伤害情面。确实，在工地上，时常可以看到张叔在大声地"指导"着工人们的工作，但几乎很少有人会因此而与张叔发生争吵。究其原因，张叔这种权威来自于对技术的掌控和解释，即便他对于图纸也是"边做边学",但工人们仍然对于张叔的技术有着近乎崇拜的感情,尤其是张叔看懂图纸的能力和几十年专职木工的经验。可以说,复杂的工地图纸在文化程度不高的农民工面前就是包工头工作权威的重要来源之一,张叔在给他们讲解图纸时,他们的态度通常都会变得异常认真。自然,张叔在工作指导这方面的管理就不用考虑策略,完全可按个人意志指挥工人。

三、小结

在本次调研的木工包工队中,张叔无疑是绝对权力的拥有者,管理模式也呈现出以他为核心的家长制管理。在出工考勤上,张叔对于工作时间的调整完全是依据自己对于天气的感受以及自身的经验;在工作安排上,则完全是根据自己对图纸的理解,没人敢质疑他的权威。但是又由于包工队中的各种社会关系的存在,在实际管理过程中又需要顾及到人情关系,尤其是在考勤制度方面基本不会采用类似正式组织的惩罚机制(如罚款、直接辞退),大多数都会采用灵活的策略去达到目的,就如同第五章提到的张叔去年包工的失败一样,即便那群亲戚一直吵到没有完成工作,张叔也是等到下一个工地才重新招了人,包工队"三缘合一"的关系结构决定了在管理方面不能过于正式化,需要对各种人情进行综合考量。

第七章 总结与讨论:第三类组织

本文从包工队的形成历史、外部环境以及内部关系结构和管理互动上全方面位地探讨了包工队的存在。那么,包工队到底是一个什么样的组织呢?用小群体视角,对包工队组织各项要素进行讨论之后,鉴于包工队内特殊的人际关系组成,笔者想在正式组织与非正式组织的二元框架内找到包工队的位置。在此之前,首先需要对正式组织与非正式组织的概念进行简要的回顾,以作为划分的依据。

19世纪20年代,在早期的组织研究领域,由于长期忽视人与人际关系因素的影响,学界在很长一段时间内都忽视了非正式组织的研究,组织就是组织,没有正式与非正式之分,学者们更多关注的是如何在明确的组织架构之下提升组织效率,如泰勒、法约尔等人的科学管理理论以及韦伯的科层制理论。这时候的工人是没有感情的工具,只需按照科学的方法工作,便能使组织发挥最大的作用。法约尔与泰勒写作年代相同,如果说泰勒关注的是车间层次的管理,那么法约尔关注的则是管理者层次的活动(罗宾斯,2008:28)。法约尔所试图达到的,也是为组织的管理者找到一般的、科学的原则,组织中的个体异质性的因素仍然被忽略。此二者的理论传统属于管理学传统,而韦伯的科层制理论则被称作社会学传统。韦伯所论述的"纯理性"的科层制组织有以下几个基本的特征:基本职能专业化和劳动分工;有明确的职权等级;稳定不变的规章制度;职员非人格化;量才用人;行政效率(于显洋,2016:47)。这些早期的研究统一地忽视了人际关系、感情等因素在组织中的存在,所讨论的组织也自然不包括非正式组织。正式组织被当作概念提出是在非正式组织被提出之后再提出的,在没有提出正式组织概念之前,结构正式化便是用来判断、识别组织(也就是正式组织)的根据(李国梁,2017:11)。20世纪30年代,乔治·梅约(Mayor)根据其主持的"霍桑实验"得出结论:正式组织中存在着非正式组织,非正式组织有自己的行为规范,很多时候与管理的正式规定相冲突,影响生产效率(杨文士、张雁,1999:45-48,65-66)。参与此实验的两位助手——罗特利斯伯格和迪克森(Roethlisberger & Dickson)在1934年出版的《管理与工人》一书中论述道,"正式组织是指被公司明确的规则、制度明确规定的各种互动模式,以及在人的组织或者在人的组织与技术组织之中,政策所规定的具有或者被期望去获取的那些关系"(转引自李国梁,2017:11)。另外,社会系统学派的创始人巴纳德(Chester Irving Barnard)也对此进行过详细说明,他认为正式组织是"合作系统是指两个或两个以上的人,为了共同实现一个明确的目标,以特定的系统关系组成的、包含物质因素、生物因素、人的因素和社会因素在内的复合体",而非正式组织的特点为"非正式组织具有不确定性和非结构化特性、而且没有确定的分支机构。我们可以将其视为无固定形态的、非均匀密度的群体"（巴纳德，2016：52，92）。

那么根据学界已有研究，包工队到底属于正式组织还是非正式组织呢？如果说结构正式化是识别正式组织的依据，那么包工队里则呈现出一种无明确规章制度的低结构化程度。因此，包工队是断然不可被划分到正式组织一类的。那么，包工队属于非正式组织吗？答案也是否定的。虽然说包工队的关系结构以及看似随意的规则满足非正式组织的要求，但是不能忽略的是非正式组织最为鲜明的特点，即组织目的以满足成员情感为主，并非是包工队具有的工地建设等有经济产出的目的。总的来说，通过小群体研究视角对包工队进行了全方位的探讨之后，笔者发现无法用原有的正式组织和非正式组织概念去描述包工队，二者都存在着以偏概全的问题。

一、作为第三类组织的包工队

简要回顾全文，我们可以梳理出包工队的历史脉络：在改革开放之初形成了两批包工队，一批是从原有国有企业公司脱离的技术工人；另外一批就是村子里的有经验的义务工和匠工师傅们带头而形成，这二者都依靠自身在农村丰富的关系资源进行招工，组建了包工队。并且，在建筑业内管理岗和劳务岗分离的环境下，建筑业不断发展，包工队成为了"层层分包"之下的工地"游击队"，依靠其成本优势成为了主流的工地建筑队伍。虽然人们之间没有任何的合同关系约束，"招之即来，呼之即去"（江峰、刘文华，2017），但依靠血缘、地缘等熟人关系，在包工头与农民工之间形成了独特的信任机制，熟人关系成为主要的劳动力获取途径。如今在建筑业内，本应是由正式施工队承担的工作基本全部由那些没有资质的包工队承担，虽然在大的承包和建筑公司内，仍然实行的是在现代企业内正式化的管理，但在此之下包工队由于熟人关系的存在，实行的又是另一种非正式化的管理。在包工队的内部，管理上几乎没有任何明文规定，其管理方式是一种以包工头为核心的灵活的家长制管理。除却工作内容上的以包工头绝对为核心，在其他管理过程中，复杂的人情关系是重要的考量因素。

从中我们可以看到，以上的种种因素都使得包工队无法被纳入到正式组织／非正式组织的二元框架之内，从而成为介于正式组织与非正式组织之间的第三类组织。

为了对此进行更好地说明，笔者将包工队与正式和非正式组织的特点进行归纳，并从组织目的、成员来源、层级结构、成员关系、管理制度以及组织稳定性六个方面进行对比说明。

第一，组织目的。正式组织一般有着自己明确的目的，如公司企业就是创造经济利益，笔者在这里将这种目的与非正式组织情感性的目的相对，称其为功利性的目的，这种目的往往都是有一定经济产出。在包工队中，组织目的就是为了完成工地工程，显而易见的，这不是满足工人们特殊的情感需要，是一种功利性的目的。为了完成工地，包工头或招工的才将农民工们聚集在一起，这也是它能和非正式组织区分开来的重要因素之一，

第二，成员来源。正式组织因为有着明确的规章制度，对于进入组织的成员必然也要通过规章制度的选拔，在现如今的公司企业里都有专门的人事部门对成员进行聘任。并且，聘任标准一般都是与公司需要相符的个人专业能力。非正式组织由于其目的就是在于满足成员的情感或兴趣上的需要，所以其成员也都是依靠情感或兴趣的纽带而进入组织，熟人关系在其中起到较大的作用。对于包工队则不同，他们对于成员的聘用并没有明确的规章制度，成员也多是通过熟人介绍，依靠血缘、地缘关系进入其中。在本次调研的木工包工队中就可以看到，里面每一个人都是通过各种各样的血缘、地缘以及熟人关系进入其中，可以说，基于血缘、地缘关系以及熟人的信任，是包工队成员来源的重要途径。

第三，成员之间的关系。因为成员来源途径的不同，必然导致成员关系的不同。在正式组织中，成员之间在进入组织之前几乎没有任何社会关系，进入组织之后才形成业缘关系，而在非正式组织中，成员因特殊的兴趣或情感满足而结识，形成的人际关系便以趣缘为主。

根据前文的结论，在包工队中的成员关系就相对复杂，是一种"三缘合一"的状态：在包工队组建之前，包工队的成员之间就已

有了血缘、地缘以及熟人等各种关系；在组建之后，又因为包工队的工作原因而彼此形成业缘关系，并且血缘、地缘关系仍在其中发挥着重要影响。在本次调研的木工包工队中，所有人几乎都和张叔以及招工的欢哥等人有着血缘、地缘以及熟人关系。只不过在大包工头张叔和小包工头欢哥等人之间多是一种因曾经的业缘发展而来的熟人关系，在小包工头与农民工之间几乎都是血缘与地缘关系，纯粹的业缘的关系只存在于不同小包工头带来的亲缘和地缘群体之间。

表3 正式组织、类正式组织、非正式组织的特点比较①

	正式组织	类正式组织	非正式组织
组织目的	功利性	功利性	情感性
成员来源	组织选择聘任	多依靠血缘、亲缘关系	基于特殊情感纽带形成
关系组成	以业缘关系为主	血缘、地缘为主	趣缘关系为主
管理制度	有明确成文的规章制度对组织进行管理	几乎没有成文规定，个人的家长式管理	有独特的行为规范，有时会与正式组织的规定相悖
层级结构	有明确的层级结构	少数处于组织层级上层，其余成员结构扁平	没有明确的层级，结构松散
组织稳定性	非常稳定，成员流动受合同等规定限制	管理层较为稳定，底层成员流动性高	进入和离开组织没有太大限制

第四，管理制度。在正式组织内部，通常都有着明文的规章制度对成员进行管理，而在非正式组织内部则是有着其独特的行为规范，通常是与其兴趣或情感相关，并且会常出现有与正式组织规定相违背的情况。反观包工队的管理制度，一方面几乎不存在任何的明文规定，有的也仅仅是公司在工地上张贴的安全条例，例如笔者就曾因没有佩戴安全帽被禁止进入工地。另一方面，包工队中的管理以包工头个人为核心，对工人工作的考勤（数量）以及具体操作（质量）进行监督管理，并且管理通常会受到包工队内部复杂的人情关系的影响。总的来说，包工队中的管理制度既非正式组织明确的规章制度，也非非正式组织形成的独特规范和准则，是一种以包工头个人高度集权的家长

---

① 比较维度参考了何淳宽等人（2009）的"论大学与科研机构中的准正式组织"，《科研管理》，第3期。

制管理。

第五，层级结构。由于目的性质的区别，正式组织内部一般都有着明确的职责划分，与此相适应的便是明确的层级结构，它们之间往往权责明确；非正式组织则没有明确层级，人员结构也相对松散，并且成员之间也通常是一种相对平等的地位。在本次调研的包工队中，张叔无疑处在包工队中管理层当中，但是像欢哥和老汪等小包工头几乎只负责招人进包工队，他们在工地上与其他工人并无二致。可以看到，虽然包工队的目的与正式组织相同，但由于规模较小，层级结构呈现出以包工头领导个人为管理者，其余成员通常只有模糊的层级分化，没有明确规定的层级范围和职能。

第六，组织稳定性。在正式组织中，无论是管理者还是普通的组织成员都会受到正规的合同关系约束，因此其组织内部的人员更替处于相对稳定的状态，并且具有一定的周期性。对于非正式组织来说，其稳定性取决于个人情感或特殊兴趣的满足，对于成员的离开通常没有明文规定的约束，其中每个人的流动性几乎是相同的。在包工队中，流动性对于不同的成员高低也有不同。像张叔、杜老板这种大包工头一般都是与几家公司有着长期合作，并且具有合同关系。往下的如欢哥、老汪、老岳则流动性较大，会跟不同的大包工头联系，但是在工期之内一般都不会离开。而包工队中的其他人则处于一种不受约束的状态，流动性也是最高的。整体来说，包工队的组织不如正式组织一般长期稳定的存在，没有实质性的合同对他们进行约束。

可以看到，除了第一个组织目的的比较，后面五个结构因素都从不同方面比较了包工队的结构化程度。包工队拥有着明确的功利性目的，但是其结构化程度却非常低，本次田野中张叔也曾透露他同时担任着农民工和包工头，"平常就和他们（农民工）一样"。由于组织目的性质与正式组织的相似，因此称之为"类正式组织"。类正式组织，其定义为"没有明确规定的规章制度，内部的管理以个人高度集权的家长制为特点，人员组成多依靠血缘、乡缘等人情关系为纽带，并且有着非情感性的共同目的人的集合体"。类正式组织，也即本文最重要的发现，突破了传统的正式／非正式二分的局限，不是在二者理想类型下的某一特例,而是与二者有着显著的区别。可以说,类正式组织的成长往往伴随着改革开放后,大量的乡村劳动力涌进城市,乡土关系及其互动模式在规范尚不完善的市场经济体制中起到了替代作用,包工队便是其中最为典型的一例。

二、走向何方：再谈包工队内的"关系"

近几年,学界对于包工队或包工制几乎呈现出一边倒的抨击之势(周潇,2007；潘毅、卢晖临,2009；蔡禾、贾文娟,2009；马洪君,2011；金英杰,2015；江峰、刘文华,2017),其中讨论最多的就是包工队内的"关系",可以说包工队正是由于其内部独特的"关系"而使得它与许多组织群体区别开来。笔者在本节希望从"关系"出发,探讨包工队——类正式组织该走向何方的问题。

包工队的组织目的和关系结构决定了它与正式组织和非正式组织的区别,这是由于在转型时期中国建筑业对于劳动力的大量需求,而丰富的乡土关系资源正是包工队组建的根本支撑,它调动了不计其数的农村劳动力,成为了转型时期中国社会独特的第三类组织——也即"类正式组织"。费孝通就曾指出,中国传统社会的人际关系就是以血缘和地缘为主,从而形成了差序格局的模式。这种差序格局模式在如今仍然极大影响着人们之间的互动,不仅仅是在农村中,在城市里的许多正式单位中,人们的互动模式仍然在一定程度上复刻了传统社会中的人际互动模式(卜长莉,2003)。对于这种传统社会人际关系的复刻是第三类组织形成的关键因素。这些人情关系往往能迅速确立人们之间的信任,是许多资源获得的重要途径,包工队就依靠此而形成。当然,不容忽视的是,在这种组织中,各种利益分配以及管理都需要对已有的人情关系进行考量,在这种人情关系考量中实现的个人利益,会损害到个人甚至是组织发展。对于农民工个人,学界已经从"关系霸权""逆差序格局"等等进行了说明(周潇,2007；蔡禾、贾文娟,2009)。对于组织目的的阻碍,就如同张叔对于陈叔旷工的管理以及他去年包工失败的经历一样,都是为了考虑到人情关系的维持,不得不做出有损组织目的达成或组织发展的决定,而且这些后果基本上又会通过资本运作转嫁到农民工身上。并且，有一种趋势是即便没有血缘或亲缘等关系，在与那些尚且没有关系的主体打交道中，都会通过拟亲缘的方式"拉"关系或者"找"关系，让对方成为自己的"熟人"，便于亲近起来，各种事情的解决就可以依循人情而定了，各种利益的获得也就不难实现了（郭于华，1994）。

张叔也许只是改变的缩影——他决定此后不再让亲戚进入包工队，表明他已经认识到包工队里人情关系的弊端。当成员是为了达成满足情感的目的而联系在一起时，是不需要太多的规章制度和管理的，但包工队是为了达成功利性的目的，具有经济性的产出，在"情"与"利"考量中，必然难两全。在社会组织日益规范化的今天，不仅依靠人治和关系情面的管理是难以维持其本身的利益，并且市场经济体制的发展和完善也会对包工队提出更严格的要求，也许科层制式的正式组织才是第三类组织的最终归宿。关于此类组织的讨论[①]，有的学者也给出了自己的看法，马学军在对近代把头包工制中的组织形式[②]进行讨论时，认为这种类型的组织"虽然不符合西方科学理性化的生产管理标准，却可以在近代中国长期存续，还是一种颇为有效的生产作业方式"，并且其组织存续的社会经济条件和社会伦理该如何回应韦伯的命题，仍需要更进一步的研究（马学军，2016）。

参考文献

巴纳德，2016，《经理人员的职能》，电子工业出版社。
卜长莉，2003，"'差序格局'的理论诠释及现代内涵"，《社会学研究》，第1期。
蔡春霞、李洋、邵伟德，2006，"在健美操教学中运用小群体教学模式对大学生心理健康影响的教学实验研究"，《北京体育大学学报》，第9期。
蔡禾、贾文娟，2009，"路桥建设业中包工头工资发放的'逆差序格局''关系'降低了谁的市场风险"，《社会》，第5期。
戴建兵、张志永，2015，"个人生活史：当代中国史研究的重要增长点"，《中共

[①] 此外，也可认为郭星华与韩可一的《夹缝中的生存策略——以永年标准件小微企业为例》也部分谈到此类型组织的发展。
[②] 一种类似包工队的雇佣形式，可以认为是包工队的前身。

党史研究》,第5期。

费孝通,2000,"我们要对时代变化作出积极有效的反映",《社会》,第9期。

龚维斌,1998,《外出劳动力就业与农村社会变迁》,文物出版社。

谷玉良,2016,"建筑业劳务分包制研究:现状及其展望",《中国劳动关系学院学报》,第2期。

郭星华、韩可一,2017,"夹缝中的生存策略——以永年标准件小微企业为例",《山东社会科学》,第12期。

郭于华,1994,"农村现代化过程中的传统亲缘关系",《社会学研究》,第6期。

———,2003,"心灵的集体化:陕北骥村农业合作化的女性记忆",《中国社会科学》,第4期。

郭宇宽,2011,"'包工队'模式再认识:合约性质、制度约束及其利益相关者",《开放时代》,第6期。

国家统计局,2018,"2017年农民工检测调查报告",载于 http://www.stats.gov.cn/tjsj/zxfb/201804/t20180427_1596389.html。

韩俊,2009,《中国农民工战略问题研究》,上海远东出版社。

何淳宽、曹威麟、梁樑,2010,"论大学与科研机构中的准正式组织",《科研管理》,第3期。

黄盈盈、潘绥铭,2011,"论方法——定性调查中的'共述''共景''共情'的递进",《江淮论坛》,第1期。

建设部建筑管理司,2000,《中国建筑文化中心新中国建筑业五十年1949-1999》,中国三峡出版社。

江峰、刘文华,2017,"'包工制'下的个人承包用工法律规制研究",《中国劳动》,第6期。

金英杰,2015,"建筑行业农民工劳动关系确认的思考",《中国劳动》,第10期。

孔飞力,1999,《叫魂:1768年中国妖术大恐慌》,上海三联书店。

李国梁,2017,《非正式组织理论及其显性化研究》,中国社会科学出版社。

李汉宗,2013,"血缘、地缘、业缘:新市民的社会关系转型",《深圳大学学报(人文社会科学版)》,第4期。

李培林,1996,"流动民工的社会网络和社会地位",《社会学研究》,第4期。

李雄、毛嘉,2018,"建筑领域农民工的劳动关系认定",《中国劳动》,第4期。

辽宁省建筑工程局，1984，"包工队承包制是经营方式上的重要改革"，《建筑经济研究》，第2期。

刘庆乐，2015，"推拉理论、户籍制度与中国城乡人口流动"，《江苏行政学院学报》，第6期。

刘少杰，2006，《国外社会学理论》，高等教育出版社。

罗宾斯、德森佐、穆恩，2008，《管理学原理》，中国人民大学出版社。

马学军，2016，"把头包工制：近代中国工业化中的雇佣和生产方式"，《社会学研究》，第2期。

米尔斯，1988，《小群体社会学》，云南人民出版社。

倪巧英，2013，"建筑业外包劳动关系的规制研究"，上海社会科学院。

潘毅、卢晖临，2009，"谁更需要包工头"，《南风窗》，第9期。

潘毅、卢晖临、张慧鹏，2010，"阶级的形成：建筑工地上的劳动控制与建筑工人的集体抗争"，《开放时代》，第5期。

瞿同祖，2010，《中国法律与中国社会》，商务印书馆。

任焰、贾文娟，2010，"建筑行业包工制：农村劳动力使用与城市空间生产的制度逻辑"，《开放时代》，第12期。

沈鸿伟、曹金岗，2014，"建筑施工领域劳动关系应如何认定"，《中国劳动》，第8期。

斯科特、戴维斯，2011，《组织理论》，中国人民大学出版社。

唐丽，2003，"网络的生产：以一个地方性黑市经济的演化为关键案例"，载于《北大清华人大三校优秀硕士论文选编：2002-2003》，山东人民出版社。

王甫勤，2008，"大学生人际关系影响因素的实证研究"，《大学教育科学》，第1期。

王连辉、魏佳巍，2018，"小群体足球教学模式对中学生身体素质的影响"，《中国校外教育》，第19期。

魏继昆，2018，"延安时期中国共产党人对党内家长制批判及其当代价值"，《江西师范大学学报（哲学社会科学版）》，第5期。

翁凤瑜、张凯、章朝辉，2011，"小群体教学模式在高校健美操课教学中实验研究"，《北京体育大学学报》，第8期。

吴宝，2017，"从个体社会资本到集体社会资本——基于融资信任网络的经验证据"，《社会学研究》，第1期。

吴继国，2004，"科层制模式和'同''缘'模式——建筑企业组织双层结构和运行模式分析"，中国人民大学。

吴岳军，2018，"现代学徒制背景下陶瓷传统手工技艺传承人才培养研究——以无锡工艺职业技术学院为例"，《教育理论与实践》，第6期。

奚从清，2012，《现代社会学导论》，浙江大学出版社。

徐勇，2018，"祖赋人权：源于血缘理性的本体建构原则"，《中国社会科学》，第1期。

徐育才，2006，"农村劳动力转移：从'推拉模型'到'三力模型'的设想"，《学术研究》，第5期。

严维石，2016，"小群体中互惠行为机理研究：基于行为经济学视角"，《中央财经大学学报》，第3期。

杨斌、丁大巍，2012，"'兄长式'而非'家长制'：基于文化视角的当代中国企业领导模式研究"，《清华大学学报（哲学社会科学版）》，第2期。

杨文士、张雁，1999，《管理学原理》，中国人民大学出版社。

于建嵘，2003，"要重新认识和解放农民——读《劳动力的流动与农村社会经济变迁》"，《中国农村经济》，第11期。

于显洋，2016，《组织社会学（第三版）》，中国人民大学出版社。

张江华，2007，"工分制下的劳动激励与集体行动的效率"，《社会学研究》，第5期。

张立人、黄秀萍、张文俊，2005，"建筑工程层层转包中工伤认定的讨论"，《中国劳动》，第4期。

郑杭生，2003，《社会学概论》第三版，中国人民大学出版社。

中国人民共和国住房和城乡建设部，"引领技术创新支撑建筑业优化升级——部工程质量安全监管司负责人解读《建筑业10项新技术（2017）版》"，载于http://www.mohurd.gov.cn/zxydt/201711/t20171114_233968.html。

周潇，2007，"关系霸权：对建筑工地劳动过程的一项田野研究"，载于《北大清华人大社会学硕士论文选编》，山东人民出版社。

左小玲、张运章，1984，"一种可取的用工形式——平顶山矿务局农民包工队情况的调查"，《煤炭经济研究》，第7期。

Brown, Collins and Duguid, 1989, "Situated cognition and the culture of

learning", in *Educational Researcher*, Vol. 6, No. 4.
Clandinin and Connelly, 1996, "Teachers' Professional Knowledge Landscapes: Teacher Stories. Stories of Teachers. School Stories. Stories of Schools", in *Educational Researcher*, Vol. 25, No. 3.
Cohen, 1962, "Changing Small-Group Communication Networks", in *Administrative Science Quarterly*, Vol. 6, No. 4.
Draskovic and Holdrinet et al, 2004, "Modeling small group learning", in *Instructional Science*, Vol. 32, No. 6.
Emmert and Balch, et al, 1984, "Biobehaviorism and Small Group Research [with Commentaries]", in *Politics and the Life Sciences*, Vol. 3, No. 1.
Hauge, 1980, "A Second Look at Small Group Instruction", in *The Clearing House*, Vol. 53, No. 8.
Mills, 1958, "Some Hypotheses on Small Groups from Simmel", in *American Journal of Sociology*, Vol. 63, No. 6.
Riley and Burke, "Identities and Self-Verification in the Small Group", in *Social Psychology Quarterly*, Vol. 58, No. 2.
Roethlisberger and Dickson, 1956, *Management And the Worker*, Harvard University Press.
Tubbs, 1988, *A Systems Approach to Small Group Interaction* (3rd ed), Random House.
Valentine, 1976, "Using Small Group Methods for Social Education", in *The Clearing House*, Vol. 50, No. 3.
Verba, 1961, *Small Groups and Political Behavior*, Princeton University Press.

附录：三校 2019 年社会学硕士论文题目汇总

北京大学社会学系（78 人）

柴婷婷：社会资本与个人网络求助——以 S 医院病患公益众筹为例
陈启凡：政策驱动、机制模仿与资本裹挟下的中国共享经济模式
陈　钥：创业融资与性别信仰——一个关于北大创业者的实证研究
陈阳婧：医务社会工作在基层医疗机构的嵌入研究——以北京 D 市区卫生服务中心为例
陈　拙：制度排斥与家庭决策：打工子弟学校初三学生教育选择中的社会再生产
陈子晗：我听过我在——90 后青年音乐聆听行为与自我认同
迟梦昕：人口疏解中的房东与房客：政策与行为考察
从　雪：网络直播中主播与粉丝的互动研究
代瀚锋：城市居民社会经济地位对其自评健康的影响研究——基于 CFPS 的检验
代雨珊：农村基层政府精准扶贫政策执行偏差研究
冯　雅：体制转型与连队生产生活
高含昀：角力：城市文化遗产保护中的主体互动——以"白塔寺再生计划"为例
高正予：电子商务进村政策何以成效甚微？——云南省永德县案例分析
管曦彤：农村老年妇女的累积性多重弱势分析
韩志昕：产业扶贫场域中的权力关系与政策实践——对黑龙江省 G 村产业扶贫项目的研究
黄曰诚：中国东部农村家庭轮流养老决策问题分析——以苏北 JC 村为例
吉砚茹：从康德到歌德：齐美尔论现代个体的形式与生命

江世君：农村扶贫场域中的权力关系与政策实践——以黑龙江A市为例
金　杨：教育政策、地位维持和校外补习：北京中产阶级家庭的适应性决策
李　白："疏解"之下：个体户的社会关系网络与经营机会结构——以北京市A服装批发市场为例
李晓鹏：海淀区未成年人社会服务项目评估研究
李永真：皖北D村家庭养老模式变迁研究
李由君：三十年代乡村建设的困境——以山东乡建院为例
梁维聪：中国农村代际关系类型及其影响因素——基于CHARLS2015年追踪调查数据的实证研究
林岱仪：社会组织网络模式内外部合法性建构——基于义仓发展网络的案例研究
林斯澄：社会演化与个体性——斯宾塞的社会政治思想
刘　畅：作为非正式规范的"生存责任"：在变动社会中的恒常——以四川省宜宾市某村的代际关系研究为例
刘大权：中国老年人居住意愿和实际居住方式的差异及其影响因素
刘　杰：共建共治共享：资源整合下支持型社会组织参与社区治理调研报告
陆腾莹：从"受害者"到"自立者"——遭受家庭暴力女性的身份建构与重构
罗　祎：做电商：平台地位红利的生产、分配及约束
吕园园：不同病程精神分裂症患者的家庭支持研究——支持提供者的视角
马芳园：疏解何以可能——北京市人口疏解的政策个案
马　刚：彩礼性质与家庭关系——农村出嫁女儿的视角
马晓霞：神圣空间——一座村庄寺院的社会人类学研究
苗　苗：分裂的个体化：中国城市单亲母亲的家庭生活样态建构
宁嘉慧：中国高校教师的时间利用及其性别差异——基于2011年全国科技工作者时间利用调查
欧阳明雪：社团组织参与对普遍信任的正向激励作用
彭书婷：在孝义与亲情之间——代际关系视角下对老人善终问题的人类学研究
彭　依：自我控制视角下涉罪未成年人的矫正：基于对某机构历奇辅导小组的研究
綦郑潇：制度化边缘参与：青少年司法社工的职业困境与应对——以C机构为例
任鼎鼎：当代藏密东渐的机制——针对北京宁玛派宗教组织及其信众的个案研究
任鹤坤："悬浮的孤岛"如何落地：乡土教育的实践困境——一项乡村教育实验的

个案研究
沙　迪：社会生态视角下农村计生伤残家庭的居家照料研究——以 B 市 L 乡为例
尚　书："二点五次元"：从中国女仆咖啡厅看虚拟社区与现实世界的拉锯战
苏亚晨："孝"的维系力：农村养老政策与家庭成员的行动理论
唐金泉：不确定性与实习生加班同意的形成
仝晓霞：独扶母亲的赋权实践模式探究——以"一个母亲"公益机构为例
王皎玉：双重张力——基督教神学院的教育现状与困境
王斯佩：家庭暴力受害者小组工作服务研究——以北京市 Y 机构家庭暴力受害女性支持小组为例
王星宇：乡村活力何以维系？——基于浙东 Q 村公共参与的个案研究
王娅力：合作治理网络中的社会服务递送及社会工作实践——以基层儿童福利院试点项目在四川省的实践为例
王雨婷：社会目标的实现何以可能？——制度逻辑理论视角下对北京市 L 社会企业的研究
王芸琪：社会工作者在重性精神疾病同伴支持小组中的角色实践——基于北京市柳区重性精神疾病同伴支持
韦晓丹：居住安排对老年人自评健康影响的实证研究——基于 CLASS2014 数据的验证
向　鸿："直男"是个好词吗？——性别话语的负面建构
谢　莹：社会资本视角下基金会筹募能力研究——以 D 基金会为例
许立欣：成为青年素食者：自我规训、社会适应和动机分享
杨　帆：三年丧——汉唐大臣丁忧考论
杨　飒：与时代同行——谢晋及其电影创作的社会学研究
杨　哲：行动者 - 系统 - 动力学视角下专业实践空间的准备、形成和获得——以北京市 S 医院的医务社会工作实践为例
尤　唯：社会排斥视角下城市社区成年精神病患者的康复困境研究——以 B 市 Z 社区为例
于倩倩：社会工作者介入城市空巢老人居家养老服务的角色实践困境研究——以北京市 Y 街道为例
玉书涵：在关帝庇佑下：一个晋南小村落的传统及其变迁（1978-2019）

袁丽娟：北京市教育政策对流动儿童教育机会获得的影响研究
袁郅超：独生子女与非独生子女生育意愿比较研究
曾格子：高考状元的竞争实现了社会福利最优吗？——对高考录取中的博弈策略探讨
张常煊：仪式中的"人-物-神"——对壤塘确尔基寺六供祭祀社会的人类学研究
张春净：农村家庭教育决策研究——以A省D村为例
张　恒：当代儒家复兴管窥——基于《儒家邮报》的中国儒学现状研究
张　净：异性恋亲密关系中的互动惯习与性别角色构建研究
张晓晔：作为日常生活实践的辍学：基于云南苗村的个案研究
赵　强：从民族民间文化到公共文化——基于成吉思汗祭奠的人类学研究
赵小彤：社区居家养老服务政策执行偏差问题研究——以A市B区C街道养老驿站为例
周婧仪：老年人社会休闲活动对其生理健康的影响探究——基于2014CLHLS的检验
周　棋：委托代理关系下社会组织的控制行为研究——以X组织为例
朱瑶瑶：社区社会组织与邻里社会资本的建构——以"彩虹花公益小书房"星河站为例
邹璟怡：结构化视角下失地老人的社会适应实践——以C市H村为例

清华大学社会学系（12人）

白明泽："建房子与管租户：公租房政策中"居住的政治"
曹立坤：风投网络的技术传递效应：网络功能与制度逻辑
陈心仪：时间银行：国内外互助实践的启示——基于社会交换论的视角
邓　洁："双创"背景下社会网络对创业绩效影响研究
高辰辰："集体性"的存续与变化——对Y村旅游发展过程的个案研究
李天策：结构与禀赋：农村贫困的家庭因素及政府扶贫机制研究
李　钰：大喇叭又响起来：国家角色转变背后的"喧嚣"与"沉寂"
刘　昀：娃的诱惑：女性主义视角下的中国"母职"话语
施阮正浩：情感、制度与认知解放：对燕京学堂事件的集体表达研究

王　凡：工作中的等待：一种特殊的时间体验及其生成
萧泳红：资源重置与文化生态失衡——一个澳门街区的个案研究
张　爽：好大学能否带来更高收入：大学选择性对初职收入的影响

中国人民大学社会学系（42人）

陈建丽：影响青少年冰雪运动参与的因素及其机制分析——以北京市一零一中学为例
戴艺伟：家长参与子女家庭作业研究
单　馨：结构还是流动？对社会信任影响因素的研究
丁　帅：留乡记：返乡大学生社会融入的过程研究——以江西省H县返乡大学生为例
杜文婧：日常生活中的青年群体"吐槽"式交往行为研究——基于研究生群体的访谈研究
宫　铭：互联网技术如何影响文化资本的代际传递——以中产阶级家庭为例
黄尔瑶：区划与认同——基于广州市番禺区行政区划与文化认同变迁的定性研究
黄　政：社会转型背景下的纠纷实践与秩序建构——基于华村土地承包费征收的探讨
江　沛：规范激活与亲环境行为的再发生机制——有机农业参与者的行为研究
李梦鸽：少数民族大学生的社会交往与民族认同研究——以N大学蒙古族学生为例
李亚珠：跑团的黏合性研究——以人大马拉松协会为例
李运秋：山东丁村清明祭祖仪式恢复的原因分析
刘籽昕：婚礼"喝糖茶"：人们是如何进行交往的
罗云月："跑马者"的意义世界
马　颖：城市社区项目制治理的实践过程与运作机制
石兆君：不如跳舞：对某城市舞馆非专业舞者的社会学考察
田丹盟："动力-路径"机制下基层治理制度变迁研究——以华道街区域化党建为例
田　钰：酒精依赖症患者日常生活的失序与重建

王　沫：封闭系统的"开放"压力：以网络时代龙泉寺的组织运行危机为例
王　蹊：船老大——一个舟山海岛的民族志研究
王雨帆：说与不说之间：脏话社区的分化与认同
王元超：减负政策与教育不平等——以课外补习机会为例
王　源："双管齐下"：社会治安综合治理执行中的制度资源与组织资源
夏艳春：农村留守儿童的日常生活呈现
夏　雨：社会支持对老年人慢性病控制的影响及其城乡差异
肖　烨：打工还是读书：从中等职业学校学生的选择看社会再生产
肖韵笛："表面文章"火爆的深层逻辑：以B站美妆视频的消费影响为例
许斌清：苏南地区"两头婚"的社会动机和运行机制分析
杨乔乔：空间权利的矛盾与协调——以长青镇绿化隔离带拆迁安置为例
杨钰晨：城市社区中表象空间的差异与冲突——以晨月小区停车楼事件为例
姚永珊：医生专业权威对医患冲突的影响研究
于茜茹：社会阶层对青少年审美能力的影响
岳素欣：法礼机制的失灵与乡村纠纷的升级——基于石头村"磨坊冲突"的个案研究
张春雪：儿童学业成绩反馈的变化对父母教育期望变化的影响
张　科：政会脱钩下行业协会的生存与发展研究——以中国连锁经营协会为例
张世健：中学生恋爱真的会影响学习成绩吗？——一项基于CEPS的实证研究
郑家豪："后真相"现象：信息生产与消费的情感化
郑　婕：城市随迁老人的社会适应分析——在成都市进行的个案研究
郑舒婷：城市化对社会关系的影响——基于CGSS2012的实证分析
周骥腾：平台化交易的维持机制——以北燕村樱桃市场为例
周　萌：城市青年的文身实践——基于Q刺青店的田野调查

注：本书选入的8篇论文题目未列入总目中。